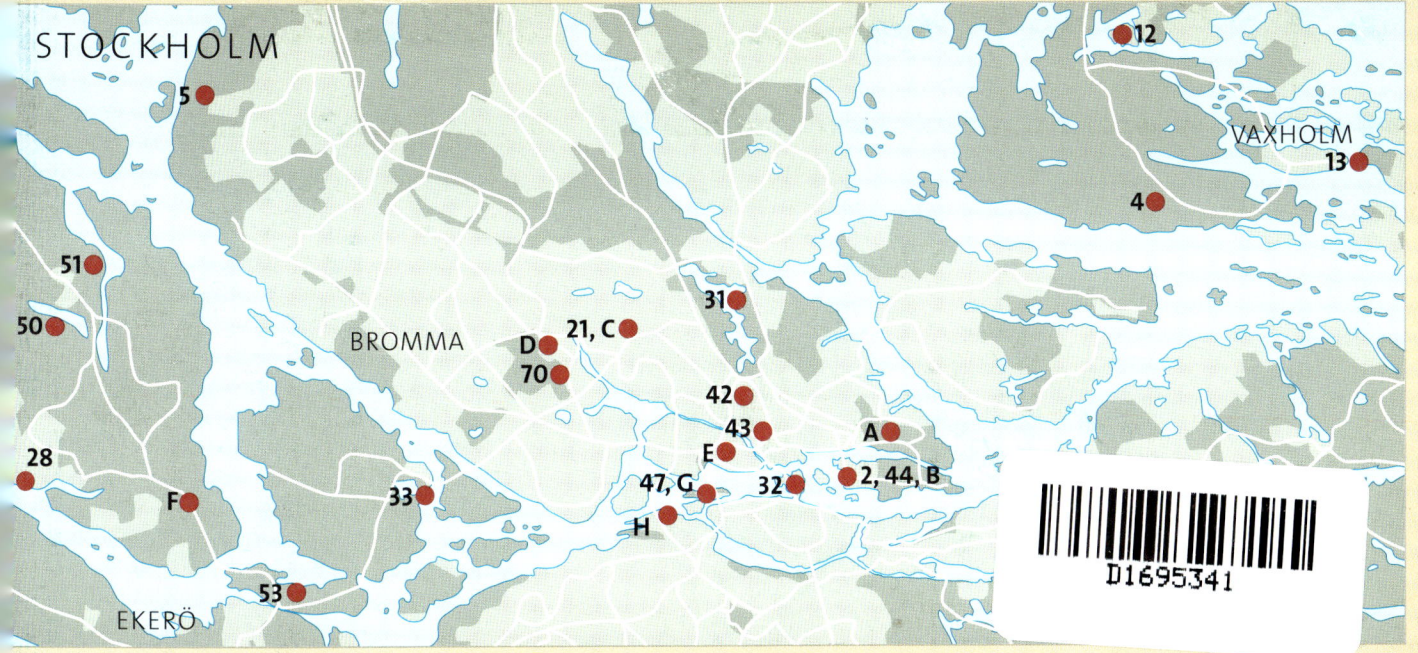

Spielfilme sind nach Astrid Lindgrens Büchern entstanden. Für sämtliche Filme von 1953 bis 1987 schrieb sie das Drehbuch. Die Karten zeigen die wichtigsten Drehorte.

MEISTERDETEKTIV BLOMQUIST (1947)
1 Sala

PIPPI LANGSTRUMPF I (1949)
2 Djurgården, Stockholm (Villa Kunterbunt)
3 Södertälje (Hafen)

KALLE BLOMQUIST LEBT GEFÄHRLICH (1953)
1 Sala
4 Bogesund, Vaxholm
5 Hinderstorp, Jakobsberg

RASMUS UND DER VAGABUND (1955)
6 Trosa

KALLE UND DAS GEHEIMNISVOLLE KARUSSELL (1956)
7 Mariefred

KALLE BLOMQUIST – SEIN SCHWERSTER FALL (1957)
6 Trosa (Stadt, Redaktion, Ruine)

BULLERBÜ I (1960–61)
8 Veda, Väddö (Bullerbü, Heuschober, Straßen)
9 Gåsvik, Roslagen (Haus des Schuhmachers)
10 Västernäs, Väddö (Schule)
11 Österlisa (Bullerbü, Innenaufnahmen und Dorfladen)

SALTKROKAN (1964–67)
8 Veda gård, Väddö (Scheunenszenen)
12 Svavelsön (Winterszenen)
13 Vaxholm (Winterszenen)
14 Enmyra gård, Bergvik (Fuchsjagd, Besuch vom Weihnachtswichtel)
15 Anten-Gräfsnäs (Zug)
16 Källskär, Valdemarsvik (Szenen mit Rüpel und Knurrhahn)
17 Norröra, Roslagen (Saltkrokan)
18 Utfredel, Roslagen (Schmugglerszenen)
19 Grisslehamn, Väddö (Melcher kauft das Schreinerhaus)
20 Eckerö, Åland (Bucht im Mühsak-Film)

PIPPI LANGSTRUMPF II (1969–70)
7 Mariefred (Hafen)
13 Vaxholm (Seeräuberfestung)
14 Enmyra gård, Bergvik (Tierszenen)
21 Råsunda (Jahrmarkt)
22 Visby (Villa Kunterbunt, Stadtszenen)
23 Fårö (Piratenschiffe)
24 Lummelunda (Grotte)
25 Eksta (Donner-Karlsson und Blom)
26 Gervalds (alte Mühle)
27 Tofta (Strandszenen)
28 Stenhamra, Ekerö (Bergszene, Schwimmen, Fahrradbau)
29 Vinströmmen, Voxnan (Stromschnellen)
30 Växbo (alter Hof)
31 Bergianska trädgården (Dschungel)
32 Gamla stan, Stockholm (Seeräuberlager)
33 Kanton, Drottningholm (Tommys und Annikas Elternhaus)
34 Röros, Norwegen (Winterszenen)
35 Barbados (Strände und Dschungel)
36 Budva, Jugoslawien (Seeräuberstadt)

MICHEL AUS LÖNNEBERGA (1971–73)
7 Mariefred (Jahrmarkt von Vimmerby)
37 Gibberyd (Katthult)
38 Grönshult bei Vimmerby (die ersten Szenen)
39 Näs, südlich von Vimmerby (Auktion von Backhorva)
40 Bollstabruk, nördlich von Kramfors (Winterszenen)
41 Mariannelund (Innenaufnahmen)

KARLSSON AUF DEM DACH (1974)
42 Vasaviertel, Stockholm (Idungatan, Karlbergsvägen usw.)
43 Centralbad, Stockholm (Karlssons Haus)
44 Vergnügungspark Gröna Lund, Stockholm (Flugtour)

DIE BRÜDER LÖWENHERZ (1977)
45 Tomelilla (Heckenrosental)
46 Brösarps backar (Reitszenen)
47 Långholmen (Brand, Studioszenen)
28 Stenhamra stenbrott, Ekerö (Szenen mit Katla)
48 Den gamle by, Århus, Dänemark (Tengils Stadt)
49 Island

MADITA (1979–80)
50 Sånga-Säby, Färingsö (Schule)
51 Hilleshög, Färingsö (Schule)
52 Järsta gård, Vattholma (Birkenlund, Abbes Zuhause)
53 Malmvik, Lovö (Stierszene)
54 Söderköping (Stadt)
55 Forsbacka (Herbstball)
56 Enköping (Flugschau)
57 Länna (Eisenbahn)
58 Smådalarö (Maifeuer)

RASMUS UND DER VAGABUND (1981)
59 Dala-Järna (Stadt)
60 Gagnef (Almhütte, Bahnhof)
61 Gamla Linköping
62 Ånhammar, Trosa, Gnesta

RONJA RÄUBERTOCHTER (1984)
63 Fjällbacka (Wolfsklamm)
64 Bläsens Steinbruch, Fröskog (Burghof der Mattisburg)
65 Sörknatten (Mattisburg)
66 Blåsjön (Stromschnellen)
67 Ristafallet (Lachsfischen)
68 Hallands Väderö (Buschwindröschenwiese)
69 Laxarby, Dalsland (Graugnome)
70 Bromma flygfält (Sprung über den Höllenschlund)

BULLERBÜ II (1986–87)
71 Sevedstorp (Bullerbü)
72 Tveta, Målilla (Schule)
73 Mossjön, Pelarne (Schlittschuhlaufen, Angeln)
74 Rostorpssjön, Pelarne (Baden, Krebsfang, Haus des Schuhmachers)
75 Stensjö by, Oskarshamn (Schuhmacherszenen)
76 Gladhammar (Dorfladen)
77 Björnlunda, Sörmland (Mühle)

LOTTA AUS DER KRACHMACHERSTRASSE (1992–93)
78 Vimmerby (Astrid Lindgrens Welt)

KALLE BLOMQUIST (1996–97)
79 Norrtälje

Filmstudios für Innenaufnahmen:
A Sandrew-Studios, Stockholm (Gärdet) – 1947–57
B Sandrews Novilla, Stockholm (Djurgården) – PIPPI LANGSTRUMPF I
C SF Filmstaden, Råsunda – PIPPI LANGSTRUMPF II
D Europa-Film, Bromma (Bällsta) – KARLSSON, MADITA
E Artfilm, Stockholm (Kungsholmstorg) – BULLERBÜ I, MICHEL
F Artfilm, Skå-Edeby – SALTKROKAN
G SF, Långholmen – DIE BRÜDER LÖWENHERZ
H SF, Gröndal – BULLERBÜ II
I Norsk film, Oslo – RONJA

Gelöscht

PETTER KARLSSON & JOHAN ERSÉUS

Von Pippi, Michel, Karlsson & Co.

ASTRID LINDGRENS FILMWELT

Deutsch von Dagmar Brunow

VERLAG FRIEDRICH OETINGER · HAMBURG

JOHAN ERSÉUS ist Journalist, Übersetzer und Autor. Er schreibt u. a. die Fragen für ein beliebtes Quiz der schwedischen Zeitung »Expressen«. Gemeinsam mit Petter Karlsson hat er bereits ein Buch über schwedische Erfinder veröffentlicht.

PETTER KARLSSON, 1960 geboren, ist Journalist beim »Expressen«, Fußballkommentator und Buchautor. Er hat bereits mehrere Bildbände über typisch Schwedisches veröffentlicht.

© Verlag Friedrich Oetinger GmbH, Hamburg 2006
Alle Rechte für die deutschsprachige Ausgabe vorbehalten
© Johan Erséus und Petter Karlsson, 2004 (Text)
© Robban Andersson, Jacob Forsell, AB Svensk Filmindustri,
Jan Holmlund/Pressens bild, Astrid Lindgren (Fotos)
Die schwedische Originalausgabe erschien bei Bokförlaget Forum,
Stockholm, Schweden, unter dem Titel »Från snickerboa till Villa
Villerkulla – Astrid Lindgrens filmvärld«
Veröffentlicht durch Vermittlung von Bonnier Group Agency,
Stockholm, Schweden
Deutsch von Dagmar Brunow
Satz: UMP Utesch Media Processing GmbH, Hamburg
Druck und Bindung: J. P. Himmer, Augsburg
Printed in Germany 2006
ISBN-13: 978-3-7891-3405-0
ISBN-10: 3-7891-3405-8

www.oetinger.de
www.astrid-lindgren.de

INHALT

Es begann mit einem Schiffbruch …	6
Oh, wie haben wir es schön in Bullerbü!	8
Weißt du was, Onkel Melcher?	36
Hier kommt Pippi Langstrumpf!	64
Immer dieser Michel!	106
Der beste Karlsson der Welt!	134
Stolz-Jungfrau auf Birkenlund – Madita	150
Wiesu tut sie su? – Ronja Räubertochter	172
Nangijala – Die Brüder Löwenherz	196
Bildregister	222

Es begann mit einem Schiffbruch ...

»Weckt mich, wenn das Schiff in Flammen aufgeht«, sagte Astrid Lindgren und lehnte sich zufrieden in ihrem Kinositz zurück.

Sie wusste ja sowieso, wie der Film endet.

Ihre Freundinnen hatten ihr von dem Schiff erzählt, das über das dunkle Meer fährt, auf Grund läuft, Feuer fängt, sinkt und ... im Grunde war nur die Feuersbrunst richtig spannend, fand Astrid Lindgren.

Für die kleine Bauerntochter war es der erste Kinobesuch überhaupt. Die ganze Angelegenheit versprach nur bedingt Spaß zu machen. Aber eine Feuersbrunst ist immerhin eine Feuersbrunst, dachte sie sich und kratzte das Geld für die Eintrittskarte für das Kino in Oskarshamn zusammen. Dort wollte sie für einen Abend Abwechslung vom Alltag in Vimmerby genießen, mit seinen Knechten, Außenklos und Viehauktionen.

Siebzig Jahre später sollte ein Reporter feststellen, dass von allen schwedischen Schriftstellern Astrid Lindgrens Werke am häufigsten verfilmt worden sind – sogar die Giganten August Strindberg und Selma Lagerlöf hatte sie abgehängt. Über diese Tatsache grübelte sie ungefähr eine halbe Sekunde lang nach und platzte dann mit der üblichen Ironie heraus:

»Na ja, die beiden ... die sind ja ... zu vernachlässigen!«

Selten hat wohl ein Nationalmonument Kunst, Literatur und sich selbst so respektlos behandelt.

Astrid Lindgren hat sich ihr Leben lang aus ihrem Ruhm nichts gemacht. Nicht, dass sie keinen Nutzen aus ihm gezogen hätte. Sie nutzte ihre Berühmtheit, um gegen Käfighühner, Steuerbürokratie, Kindesmisshandlung und »Skinhead-Geist« auf die Barrikaden zu gehen.

Zur Filmerei aber blieb sie auf Abstand.

Die ersten Versuche (ein rührseliger *Meisterdetektiv Blomquist* und ein *Pippi*-Film, in den man eine alberne Liebesgeschichte eingebaut hatte, damit er ein größerer Erfolg an den Kinokassen wurde) hatten ihr eine Lektion erteilt. Ab jetzt würde sie auf jeden Fall die Drehbücher selber schreiben und damit basta.

Außerdem hatte sie das Glück, bald einen kurzsichtigen, etwas weltfremden Mann kennen zu lernen, der seinen Debütfilm über den småländischen Künstler Döderhultarn gemacht hatte.

Das war der Beginn einer lebenslangen Freundschaft.

Sicherlich wäre Astrid Lindgren auch ohne Olle Hellbom eine ebenso »große« und berühmte Schriftstellerin, aber ihr Leben wäre bestimmt nicht so spannend gewesen.

Der Weg vom Tischlerschuppen bis zur Villa Kunterbunt ist gar nicht so weit, wie man glaubt. Meistens schlängelt er sich dahin wie ein småländischer Schotterweg, aber die Anekdoten, die sich um ihn ranken, sind viele, und er windet sich sonderbarer, als man ahnt.

Sicher, an einigen Filmen hat der Zahn der Zeit seine Spuren hinterlassen. Ein wenig unbeholfen wirken sie, veraltet, manchmal schlichtweg pathetisch. Doch haben sie alle, ausnahmslos, unser Bild von Kindheit geprägt, mit ihren Schreckensmomenten und Verzauberungen. Astrid Lindgren hat uns ein immerwährendes Reich der Kindheit geschenkt.

Wenn es auch nicht die ganze Zeit brannte, dann doch recht oft.

Und die Gefahr einzuschlafen besteht kaum.

Petter Karlsson & Johan Erséus

Oh, wie haben wir es schön in Bullerbü!

Auch wenn *Pippi Langstrumpf* Astrid Lindgrens erster Kinderbucherfolg war und *Meisterdetektiv Blomquist* ihre erste Verfilmung, ist der ideale Ausgangspunkt für eine Reise durchs Astrid-Lindgren-Land immer noch ein winziges småländisches Dorf mit sechs(einhalb) Kindern und drei roten Holzhäusern.

Astrid Lindgren hat nie geleugnet, dass sie in den Bullerbü-Büchern die Geschichte ihrer eigenen glücklichen Kindheit erzählt. Nachdem unzählige Kinder auf der Suche nach Bullerbü vergeblich Landkarten studiert hatten, veröffentlichte die Zeitung *Röster i Radio* Astrid Lindgrens Antwort auf die vielen Anfragen aus aller Welt.

»*Bullerbü hat es einst gegeben, aber das ist lange her. Nicht immer war es so, wie in den Büchern erzählt wird – das ist es nie –, aber die Kinder gab es, die Spiele, die Weiden voller Steinhaufen und wilder Erdbeeren, die Bullerbü-Kinder liefen barfuß herum, bauten Spielhäuschen und Hütten und zogen wilde Erdbeeren auf Halme. Die Heuhaufen gab es, in denen die Bullerbü-Kinder manchmal übernachteten und sich Höhlen ins Heu gruben. Den Eulenbaum gab es, in den Bosse aus Bullerbü einmal ein Hühnerei legte und die Eulen*

ein Küken ausbrüten ließ, die Wühlmausfarm gab es, ›Bullerbüs Wühlmausfarm‹, obwohl die Wühlmäuse schon in der ersten Nacht ausgebrochen sind ... zu Lasses größtem Gram. Die Frühlingsstelle im Wassergraben gab es, wo Inga und Lisa im Schutz des Faulbaums saßen und ›selbst nicht wussten, was sie tun‹, die Schlüsselblumenwiesen gab es und die Buschwindröschenstellen, wo die ersten Buschwindröschen wuchsen, die kluge Stute Svea gab es, und sie war genauso klug, wie es im Buch steht, den bösen Widder gab es und den netten Großvater, der den Kindern aus Bullerbü Kandiszucker schenkte und immer ›ach jajajaja‹ sagte, ihn gab es auch, oh ja, das ganze Bullerbü gab es, und Lisa wohnte in einem alten roten Holzhaus mit weißen Fensterrahmen, vor dem ein rundes Blumenbeet lag. Das rote Haus steht noch heute. Aber das kann kaum ein Trost für diejenigen sein, die in ihren Briefen die Frage stellen: ›Gibt es Bullerbü?‹ Das Bullerbü, das sie meinen, ist verschwunden und kann es nie wieder geben ... ach jajajaja! Aber ab kommenden Herbst könnt ihr samstagabends im Fernsehen etwas sehen, was all dem ziemlich nahe kommt.«

Bullerbü ist also auf keiner Landkarte zu finden, aber wer will, kann nach Sevedstorp pilgern, das in der Nähe von Mariannelund liegt. Mit seinen drei nebeneinander liegenden roten Holzhäusern, in dessen mittlerem übrigens Astrid Lindgrens Vater Samuel August seine Kindheit verbracht hat, gleicht Sevedstorp Bullerbü aufs Haar. Kein Wunder, dass man hier die neuere *Bullerbü*-Verfilmung gedreht hat! Das eigentliche Vorbild für die *Bullerbü*-Geschichten ist aber der ehemalige Pfarrhof Näs, der damals noch vor den Toren des kleinen Städtchens Vimmerby lag und der Pächterfamilie als Wohnhaus diente. Hier kam Astrid Anna Emilia Ericsson am 14. November 1907 zur Welt. Seit den sechziger Jahren ist die Stadt unaufhörlich gewachsen, und nun ist auf der einstigen Kuhweide von Näs ein Wohngebiet entstanden, dessen Straßen nach Astrid Lindgrens Figuren benannt sind. Dass man ausgerechnet auf dem Weg zu ihrer geliebten Buschwindröschenstelle eine Trafostation gebaut hat, hat die Autorin nicht zu Unrecht verärgert. Dafür steht aber noch der beste Kletterbaum der Welt auf dem Pfarrhof: der Eulenbaum der Bullerbü-Kinder, eine riesige Ulme, deren Vorfahren bis ins 15. Jahrhundert zurückreichen. Hier hatte Astrids großer Bruder Gunnar den Eulen einmal ein Hühnerei untergejubelt, das diese brav ausbrüteten – daraus wurde dann die Henne Albertina.

LINKS: *»Schöne Wurst, schöne Wurst.« Und wieder haben sie einen Ring Bratwurst von der besten vergessen. Den Weg zum Dorfladen fand man nicht in Småland, sondern in Roslagen. Für die Filmaufnahmen mussten Lisa und Anna einen Umweg gehen, denn in Wirklichkeit lag der Laden im Dorf Österlisa bei Norrtälje direkt gegenüber von der Unterkunft des Filmteams.*

VORIGE SEITE: *Das erste Film-Bullerbü lag in Veda auf Väddö.*

DIE WAHREN BULLERBÜ-KINDER: Ingegerd, Astrid, Stina und Gunnar Ericsson mit ihren Eltern Samuel August und Hanna. Das Bild entstand 1918 auf dem Hof Näs, der am Rand der Kleinstadt Vimmerby liegt und für Astrid Lindgren zur Inspirationsquelle wurde.

MUTTERSEELENALLEIN und niedergeschlagen kam Astrid Lindgren 1926 in Stockholm an. An einem ihrer ersten freien Tage ging sie in die Stadtbibliothek – und glaubte zu träumen! So viele Bücher! Sie schlenderte durch die Regalreihen, suchte sich ein Buch aus, nur um an der Ausleihe von einem jungen Mann zu erfahren, dass sie einen Bibliotheksausweis bräuchte.
Eine Woche würde es dauern, bis der fertig wäre. Daraufhin konnte Astrid Lindgren ihre Tränen nicht mehr zurückhalten und weinte hemmungslos. Später sollte sie sich noch oft an die bodenlose Enttäuschung erinnern, die sie damals empfand.

AUS POMP UND STATUS machte sich Astrid Lindgren überhaupt nichts. »Ich habe mal den Fehler gemacht, bei einer Premiere eine Limousine vorfahren zu lassen«, erzählt der Theaterdirektor Staffan Götestam. »Als der Wagen kam, setzte sie sich fröhlich auf den Beifahrersitz anstatt auf die Rückbank. Sie wollte sich doch mit dem Chauffeur unterhalten!«

Unaufhörlich dachte sich Gunnar, der knapp ein Jahr älter als Astrid war, neue Spiele und allerlei Schabernack aus – wie später Lasse aus Bullerbü. 1939 übernahm er den elterlichen Hof, saß für den Bauernverband im Reichstag und schrieb unter dem Pseudonym »Gunnar, Pächter auf Lid« satirische Jahreschroniken über das Leben in Svitjod, wie Schweden im Altnordischen heißt. Inspiriert von der Hühnerfarm seiner Mutter Hanna, hat er sich sogar einmal an einer groß angelegten Wühlmausfarm versucht, die 1920 immerhin mit einem Preis auf der Landwirtschaftsausstellung in Vimmerby ausgezeichnet wurde.

»Der netteste Großvater der Welt«, der den Kindern Kandiszucker schenkte und immer »ach jajajaja« sagte, hieß Samuel Ericsson (1845–1926). In Astrids Kindertagen bewohnte er eine Dachkammer im roten Haus auf Näs.

Weder Samuel August oder Hanna noch Großmutter Ida, Großvater Jonas Petter oder Großmutter Lovisa aus Pelarnehult kommen direkt in Astrid Lindgrens Geschichten vor, dafür standen für das Festessen bei Tante Jenny der jährliche Weihnachtsschmaus bei der Großmutter und ihre Kirschengesellschaften Pate. Auf dem hoch gelegenen großmütterlichen Hof in Pelarne, von dem aus man einen großartigen Blick über den See Mossjö hat, stehen noch heute die Knorpelkirschbäume, deren unterste Zweige immer für »Kerstin« und andere Knirpse reserviert waren.

Nach Gunnar und Astrid kamen Stina (1911) und Ingegerd (1916) auf die Welt. Die vier Geschwister haben später einhellig bestätigt, dass ihre Kindheit wirklich so idyllisch und verspielt war, wie sie in *Bullerbü* beschrieben wird. Nicht umsonst klingt der Ausruf »Oh, wie haben wir es schön!« durch jeden Band.

Ein typischer Ausspruch von Astrid Lindgren war: »Oh, was haben meine Geschwister und ich gespielt. Von morgens bis abends. Unermüdlich, voller Eifer und Freude, manchmal unter Lebensgefahr, aber das begriffen wir nicht.«

Wie die Bullerbü-Kinder blieben allerdings auch die Kinder auf Näs von der eintönigen Plackerei der Landarbeit nicht verschont. Auch Astrid und ihre Geschwister hatten zwischen Rüben und Nesseln auf Knien gelegen und sich abgerackert so wie 30 Jahre später Astrids Tochter Karin:

»Meine Sommer auf Näs waren wie in Bullerbü«, erzählt Karin Nyman. »Die Kinder aus Bullerbü verdienten beim Rübenverziehen 9 Kronen und 40 Öre, genauso viel wie ich in einer Ferienwoche in den vierziger Jahren. Das hat Mama direkt von mir übernommen!«

Auf Näs gab es auch den Graben, in dem Lisa und Inga sitzen und hin und her überlegen, ob sie es wagen sollen, die verzauberte Kröte zu küssen. In Wirklichkeit haben sie sich das nicht getraut. Der Heuboden, wo Lasse, Bosse und Ole sich als Gespenster verkleiden, um Lisa, Inga und Britta einen Schrecken einzujagen, befand sich in der 106 Meter langen Scheune auf dem Hof. Die Ericsson'schen Kinder sprangen von den Dachbalken oder gruben geheime Höhlen ins Heu. Hier durften auch Landstreicher übernachten – allerdings erst, nachdem sie ihre Streichhölzer abgegeben hatten. Am 1. April 1971 brannte die Scheune dann doch ab, allerdings bei einer Feuerwehrübung.

Anders als ihre Kollegin Lina in Katthult spielt die Magd Agda in Bullerbü keine so große Rolle. Aber sie ist den unzähligen Mägden nachempfunden, die in der Küche in der aufklappbaren Küchenbank schlafen mussten und ihre kläglichen Besitztümer in einer Kommode auf dem Dachboden aufbewahrten. Von einer dieser Mägde, die ihr neues Gebiss nicht im Alltag abnutzen wollte, stammt Agdas berüchtigter Satz: »Zum Schweinefüttern und Kühemelken sind diese Zähne noch allemal gut genug.«

Als Achtzehnjährige verließ Astrid Lindgren 1926 den Garten Eden, weil sie ein uneheliches Kind erwartete und mit dem Kindsvater nichts zu tun haben wollte. Die Erinnerung an ihre Kindheit aber hat sie überall mit hingenommen: »Selbst weiß ich bis ins kleinste Detail, wie es ist – oder besser gesagt war –, ein småländisches Bauernkind zu sein

MEISTERDETEKTIV BLOMQUIST *(1947) war die erste Astrid-Lindgren-Verfilmung. Der Kampf zwischen den verfeindeten Gruppen Weiße und Rote Rose entwickelt sich zur Ganovenjagd, nachdem Eva-Lottas »Onkel Einar«, der gerade neu in der Stadt ist, Kalle Blomquists Misstrauen erregt hat. Die Story erinnert an Hitchcocks Film* **Shadow of a Doubt (Im Schatten des Zweifels)** *aus dem Jahr 1943.*

OB ER SCHON EINMAL *von einer Astrid Lindgren gehört habe, wurde der Kameramann Rune Ericson 1947 gefragt.*

»Das hatte ich nicht«, erzählt Ericson. Trotzdem durfte er als Zweiundzwanzigjähriger gleich bei seinem ersten Film, **Meisterdetektiv Blomquist***, Chefkameramann sein.*

Die Zusammenarbeit mit Olle Hellbom, die 1952 bei dessen Kurzfilm **Döderhultarn** *ihren Anfang genommen hatte, nahm Ericson 1977 mit* **Die Brüder Löwenherz** *und 1981 mit* **Rasmus und der Vagabund** *wieder auf. 1984 filmte Rune Ericson auch* **Ronja Räubertochter***. Im Jahr 2000 gewann er für seine Erfindung des Filmformats Super-16 einen Oscar.*

und in einer Kleinstadt aufzuwachsen.« Nach ihrem Umzug nach Stockholm schöpfte Astrid Lindgren aus ihren Erinnerungen wie aus einer Quelle und verarbeitete sie in ihren Artikeln, die sie ab 1933 in Weihnachtsbeilagen und Tageszeitungen veröffentlichte. Heute kommen einem diese Texte wie Vorstudien zu den *Bullerbü*-Büchern vor.

Nach *Britt-Mari erleichtert ihr Herz* und ihrem Durchbruch mit *Pippi Langstrumpf* (1945) verwandelte Astrid Lindgren die Pflastersteingassen und Gärten um den Båtsmansbacken in Vimmerby in einen Schauplatz für eine Detektivgeschichte. Im Jahr darauf reichte sie das Manuskript beim Kinderbuchwettbewerb des Verlags Rabén & Sjögren ein, mit dem Ergebnis, dass sich *Kalle Blomquist – Meisterdetektiv* den ersten Preis mit einem anderen Buch teilte und Astrid Lindgren nie wieder an einem solchen Wettbewerb teilnehmen musste.

Das Manuskript für *Wir Kinder aus Bullerbü* hatte die Autorin damals gleichzeitig mit *Pippi* eingereicht. Zwar gewann es keinen Preis, wurde aber zur Veröffentlichung angenommen. Das Buch erschien 1947, als Astrid Lindgren bereits ihre Halbtagsstelle bei Rabén & Sjögren angetreten hatte. 1949 folgte *Mehr von uns Kindern aus Bullerbü*, 1952 *Immer lustig in Bullerbü*.

Die Produktionsfirma Sandrews hatte schon in den vierziger Jahren zwei Bücher von Astrid Lindgren verfilmt: *Meisterdetektiv Blomquist* (1947) und *Pippi Langstrumpf* (1949).

1947 hatte Olle Nordemar, der als Kameramann für die Sandrews arbeitete, die kleine Filmgesellschaft ARTFILM gegründet. Mit ihrem erfolgreichen Film über Thor Heyerdahls Kon-Tiki-Expedition hatte die ARTFILM Gewinne gemacht, die sie nun in ihren ersten Spielfilm investieren konnte. Nordemar kontaktierte Astrid Lindgren, die mit einer neuen Kalle-Blomquist-Verfilmung einverstanden war – unter der Bedingung, dass sie das Drehbuch schreiben durfte. Mit dem Film *Kalle Blomquist lebt gefährlich* (1953) begann eine Zusammenarbeit, die über drei Jahrzehnte andauern sollte. Zwei Jahre später folgten *Rasmus und der Vagabund* und 1956 *Kalle und das geheimnisvolle Karussell*. Danach trat der Mann auf den Plan, dem die Schweden ihre größten Kinoerfolge verdanken: Olle Hellbom.

Hellbom hatte 1952 einen preisgekrönten Kurzfilm über den Künstler »Döderhultarn« für die ARTFILM gedreht und danach in erster Linie Drehbücher geschrieben oder Auftragsfilme produziert. Im Frühjahr 1957 bot sich ihm plötzlich die unerwartete Gelegenheit, die Regie bei *Meisterdetektiv Blomquist – sein schwerster Fall* zu übernehmen.

»Papa war total pleite und ohne feste Arbeit«, erzählt Olle Hellboms Sohn Jan. »Da fragte Nordemar ihn, ob er für das übliche Honorar für ihn arbeiten würde. Erst als Papa zugesagt hatte, erfuhr er, dass er Regie führen sollte. Für weitere Honorarverhandlungen war es damit zu spät. Das sah Olle Nordemar ähnlich, aber Papa war trotzdem froh über den Regieauftrag.«

Olle Nordemar stellte Astrid Lindgren den 32-jährigen Olle Hellbom vor, die sofort einverstanden war. »Es war Liebe auf den ersten Blick«, beschrieb Nordemar später. »Olle ist so unwahrscheinlich geduldig, und er ist ein Mensch, der nicht nur reden, sondern auch gut zuhören kann. […] Das hat Astrid ausgesprochen gefallen.«

Auch mit der Zusammenarbeit war Astrid Lindgren zufrieden. Der flott erzählte *Kalle Blomquist – sein schwerster Fall* war ein suggestives Drama, in dem in der Auseinandersetzung der Geheimbünde »Weiße Rose« gegen »Rote Rose« sogar ein Mord passiert. Der Film war für Kinder freigegeben worden, doch Hellboms eigentliche Zielgruppe waren Jugendliche. Das sollte sich mit dem nächsten Projekt der ARTFILM ändern: der Verfilmung der *Bullerbü*-Bücher.

Die Einführung eines regulären Fernsehprogramms in Schweden 1956 bedeutete für die Kinolandschaft zwar eine Bedrohung, eröffnete aber gleichzeitig neue Märkte. Für eine schwedische Kinderserie zum Beispiel. Davon waren Olle Nordemar und Olle Hellbom so überzeugt, dass sie beschlossen, Astrid Lindgrens fröhliche Kindheitsschilderung auf eigene Kosten in 13 Teilen zu verfilmen.

Aus dem Material der drei Bücher verfasste Astrid Lindgren ein Drehbuch mit typisch Lindgren'schen Regieanweisungen: »Die Mädchen singen und gebärden sich wie die schlimmsten Operndiven, dazu Aufnahmen vom Weg, auf dem die Kinder herumspazieren, wobei sie so viel oder so wenig singen, wie es dem Regisseur gefällt.« Das vergilbte Drehbuchexemplar, in das Olle Hellbom seine Anmerkungen und Änderungen gekritzelt hat und wo er hier und da einen Dialog ergänzt hat, ist noch erhalten. So erfahren wir, dass er mit der Szene mit dem Wassergeist unzufrieden war: »Wird von Astrid umgeschrieben, damit sie viel, viel besser wird.«

Bullerbü war eine ausgesprochene Low-Budget-Produktion, die ohne ausgebildete Schauspieler auskam. Als Requisiten benutzte man das, was man am Drehort fand, Originalton konnte man sich nicht leisten. Der O-Ton wurde zwar mitgeschnitten, aber die gesamte Serie später im Studio komplett nachsynchronisiert.

DER KAMERAMANN OLLE NORDEMAR und *Lennart Bernadotte legten im Frühjahr 1947 jeder einen Zehnkronenschein als Startkapital in eine Zigarrenkiste – damit war die* ARTFILM *geboren. Die Filmgesellschaft, die ab 1953 fast alle Astrid-Lindgren-Verfilmungen produzieren sollte, nahm in einer bescheidenen Wohnung in der Stockholmer Eriksbergsgatan ihren Anfang. Kamen wichtige Auftraggeber zu Besuch, musste sich der Kameramann Stig Hallgren in der winzigen Dunkelkammer verstecken.*

Nach einem Jahr zog die ARTFILM *an den Kungsholmstorg 6, wo bis 1985 der Firmensitz lag. In erster Linie produzierte man Reisefilme, Schulfilme, Kunstfilme und andere Auftragsfilme.*

Lennart Bernadotte hatte 1932 nach seiner Hochzeit mit Karin Nissvandt auf seine Prinzenwürde verzichtet. Von seiner Großmutter, Königin Victoria, bekam er das Schloss Mainau auf der Bodenseeinsel, wo er eine Landwirtschaft betrieb, bis die Nazis das Schloss 1938 beschlagnahmten. 1940–46 arbeitete er in Stockholm als Drehbuchautor, Kameramann und Regisseur bei der EUROPA-FILM. *1949 verkaufte Bernadotte seinen Anteil an* ARTFILM *an Olle Nordemar und kehrte nach Mainau zurück, wo er 2004 im Alter von 95 Jahren starb.*

FISCHFANG IN BULLERBÜ. *Unter Olle Hellboms Aufsicht angeln die Mädchen am Österlisasjö in Roslagen. Der Film entstand mit äußerst geringen Mitteln und einem Filmteam, das nur aus einem Dutzend Mitarbeitern bestand.*

VORIGE DOPPELSEITE: *So sieht das Paradies von oben aus. Als sie die Bullerbü-Geschichten schrieb, hat Astrid Lindgren vermutlich diese drei Höfe in Sevedstorp im Kopf gehabt. Auf dem Mittelhof hatte Astrids Vater Samuel August seine Kindheit verbracht. Die Neuverfilmung von* **Bullerbü** *in den achtziger Jahren entstand inmitten der Weiden und Höfe von Sevedstorp.*

Das Filmteam lebte oft von der Hand in den Mund. »Für einige Abschnitte gab es nicht einmal ein Drehbuch, sondern Papa hielt das *Bullerbü*-Buch in der Hand und filmte drauflos«, erzählt Jan Hellbom.

Der Kameramann Stig Hallgren erinnert sich, dass *Bullerbü* mit ganz geringen Mitteln entstand: »Wir waren ein sehr kleines Team, alle waren für alles zuständig. Am Ende eines Drehtages haben der Tontechniker Bengt Schöldström und ich in einem Haus, in dem später Innenaufnahmen gedreht werden sollten, gestrichen und tapeziert. Ich kann mir nicht vorstellen, dass ein Filmteam heute so etwas mitmacht.«

Den Mythos, man habe alte Filmreste von früheren Dreharbeiten verwendet, kann Stig Hallgren entkräften: »Wir haben ausschließlich neuen Rohfilm der Marke Ektachrome benutzt. Aber als er von 16 mm auf 35 mm aufgeblasen wurde, machte uns das Rot Probleme. Deshalb sieht es etwas unregelmäßig aus.«

Bestimmt gehen die meisten Zuschauer davon aus, dass die Serie in Småland gedreht wurde. Aber Olle Nordemar war der Überzeugung, die gesamte Produktion nach Småland zu verfrachten, würde das Budget überschreiten. Deshalb ordnete er an, Bullerbü dürfe höchstens 100 Kilometer entfernt von Stockholm liegen, und damit basta. Die Wahl fiel auf den Landstrich Roslagen. Nach langer Suche fand man endlich ein Dorf mit drei nebeneinander liegenden Höfen.

»Meine zehnjährige Halbschwester Marianne hat die Häuser bei einer Autofahrt entdeckt«, erzählt Jan Hellbom. »›Hier ist es ja‹, hat sie gesagt.« Gemeint war Veda, eine kleine Siedlung in Väddö, rund 30 km nordöstlich von Norrtälje. Im Vorspann zur Serie sieht man den Nordhof, den Südhof und den Mittelhof, die sich an der – mittlerweile asphaltierten – Dorfstraße aneinander reihen. Die eigentlichen Aufnahmen entstanden aber gegenüber auf dem gleichnamigen Hof Veda, der immer noch von Göran und Endis Andersson bewohnt wird, wie damals, als Olle Hellbom im Spätwinter 1960 mit seinem Filmteam hier aufkreuzte. Das Hauptgebäude ist seit den Dreharbeiten nicht mehr renoviert worden. Deshalb sieht die Vortreppe noch genauso aus wie damals, als Lisa dort saß und ihr Lämmchen streichelte.

»Hier in der Küche haben sie nicht gefilmt, dafür aber in der Glasveranda im oberen Stockwerk«, erzählt Göran Andersson, den wir in einer Szene mit seiner Pfeife sehen, wie er in der Scheune alles weihnachtlich zurechtmacht.

»Dass die Kinder um den Weihnachtsbaum tanzen, war kein Einfall von Olle Hellbom«, sagt Görans Frau Endis. »Bei uns steht nämlich immer ein Weihnachtsbaum im Stall, und als die Filmleute ihn entdeckten, haben sie sich gefreut. Mag sein, dass wir in einigen Szenen zu sehen sind, weil wir ja im Stall gearbeitet und gemolken haben, aber meistens haben sie so lange abgewartet, bis wir fertig waren.

In der Stallszene ist unser Schwein zu sehen«, erzählt Endis Andersson weiter. »Ich kann mich nicht erinnern, dass es einen Namen hatte, aber seitdem nannten wir es nur noch ›Filmstar‹. Als wir es geschlachtet haben, hieß es: ›Jetzt essen wir den Filmstar auf!‹«

Die Einladung zur Filmpremiere nach Stockholm mussten die Anderssons ausschlagen. »Zu der Zeit hatten wir keinen, der uns im Kuhstall ablösen konnte. Deshalb war Kino nicht drin«, erzählt Endis.

Ihr Sohn Mats, der inzwischen den elterlichen Hof bewirtschaftet, lag bei den Dreharbeiten noch im Kinderwagen. Heute wohnt er auf dem Südhof. Der Mittelhof steht leer und verfällt allmählich, seit sein letzter Bewohner 2003 starb. Im Nordhof wohnt Inger Larsson mit ihrem Mann und dem Hund Shiba, der jeden Eindringling in die Flucht schlägt. Inger erinnert sich noch an die Dreharbeiten vor rund vierzig Jahren: »Unser Hof ist in einigen Winterszenen zu sehen. Wenn Kerstin auf dem Hügel Schlitten fuhr, durften wir nicht aus dem Haus gehen. Zu der Zeit, als die Serie im Fernsehen lief, habe ich im Seuchenkrankenhaus von Norrtälje gearbeitet. Ich hab gesagt: ›In diesem Haus wohne ich‹, aber kein Kind hat mir geglaubt.«

Ab und zu kommen Leute vorbei, die wissen, dass *Bullerbü* hier

OLLE NORDEMAR *(1914–99) hatte in den vierziger Jahren als Kameramann gearbeitet. Am Ende des Zweiten Weltkriegs reiste er in die USA, um sich aus Hollywood Anregungen mitzubringen. Er schaffte Nordeuropas erste »optische Bank« an, ein Gerät für Spezialeffekte, bei dem die Filmkamera an den Projektor angeschlossen ist.*

Dieses Gerät ermöglichte erst den Kon-Tiki*-Film. Der norwegische Entdecker Thor Heyerdahl war 1947 mit seiner Besatzung auf dem Floß Kon-Tiki in die Südsee gesegelt. Von ihrer Expedition brachten sie 2600 Meter belichteten Film mit, der aber zu verwackelt war, um ihn zu zeigen.*

Nordemar ließ den Schmalfilm auf 35 mm vergrößern, stabilisierte die Bilder, sortierte eine Tonne Abfall aus, schnitt Fotos ein, ließ Karten zeichnen, auf denen Figuren animiert wurden, stellte mit den Teilnehmern einige Szenen nach – und gewann 1951 den Oscar für den besten Dokumentarfilm. Kon-Tiki *sicherte den wirtschaftlichen Fortbestand der kleinen* ARTFILM.

Über seine Hollywood-Kontakte bekam Olle Nordemar 1953 den Auftrag, in Afrika einen Tarzan*-Film zu drehen. Als sich nach Recherchen vor Ort herausstellte, dass das Projekt zu teuer werden würde, sollte der König der Affen wieder, wie gehabt, im Studio agieren. Statt mit* Tarzan *musste sich Nordemar mit* Kalle Blomquist lebt gefährlich *begnügen.*

Als die ARTFILM *1966 von* SVENSK FILMINDUSTRI *aufgekauft wurde, wurde Nordemar neuer Geschäftsführer und entwickelte sich zu einem Machtfaktor im schwedischen Filmgeschäft. Er produzierte sämtliche Astrid-Lindgren-Filme bis einschließlich* Madita *(1979–80), wobei sein Name im Abspann letztlich nur noch eine Formsache war.*

OLLE HELLBOM (1925–82), alias »Ollebom«, war der Macher der größten Publikumserfolge im schwedischen Film. Der filmbegeisterte junge Mann aus dem Stockholmer Arbeiterviertel Södermalm begann seine Karriere als Journalist, wurde dann PR-Chef bei Nordisk Tonefilm und feilte an Drehbüchern herum, unter anderem zu **Sie tanzte nur einen Sommer**.

Im ersten Halbjahr 1951 stellten die schwedischen Filmproduzenten aus Protest gegen die hohe Vergnügungssteuer die Spielfilmproduktion ein und investierten dafür in Kurzfilme. Olle Hellbom wollte gern einen Film über den smäländischen Künstler Axel »Döderhultarn« Pettersson drehen, doch alle Produktionsfirmen lehnten ab – bis auf die Artfilm. Der experimentelle Kurzfilm, dessen Spezialeffekte mit Hilfe der optischen Bank entstanden, wurde mehrfach mit Preisen ausgezeichnet. Der Sprecher war übrigens ein Freund Hellboms, Allan Edwall, ein junger Schauspieler aus Jämtland, der später noch oft in Hellboms Filmen auftauchen sollte: als Anton Svensson, Glatzen-Per oder Maditas alkoholisierter Nachbar Onkel Nilsson.

Döderhultarn war der Startschuss für eine dreißigjährige erfolgreiche Zusammenarbeit. »Olle Nordemar merkte sofort, dass an Olle Hellbom etwas dran war«, erzählt der Dokumentarfilmer Lennart Ehrenborg, der den Kontakt zwischen den beiden »Olles« vermittelt hatte.

Obwohl sich Olle Hellbom seit einer langwierigen Krankheit, unter der er als Kind gelitten hatte, nur mit Mühe bewegen konnte, führte er bei rund 40 Filmen Regie. Die Hälfte davon waren Astrid-Lindgren-Produktionen.

gedreht wurde. Einmal kamen Besucher in einen Garten gestiefelt, in dem ein großer Sonnenschirm mit einer Getränkereklame stand. Sie glaubten, sie seien in einem Café für Bullerbü-Touristen gelandet. Das stimmte zwar nicht, aber Kaffee haben sie trotzdem bekommen.

Für die Außenaufnahmen, insbesondere für die Winterlandschaften, eignete sich Veda wunderbar, aber die Innenaufnahmen entstanden weiter südlich. »Und zwar auf einem Bauernhof an der Straße in Österlisa, bei Länna«, erzählt der Kameramann Stig Hallgren.

Heute begrüßt ein handgemaltes Schild mit der Aufschrift »Bullerbü« die Besucher. Astrid Lindgren war das Dorf auf dem Weg zu ihrem Sommerhaus nach Furusund aufgefallen. Olle Hellbom fand die Lage des Hauses auf dem Hügel gut geeignet, zumal sich sehr passend eine Schotterstraße den Hang hochschlängelte.

Die Requisiten fand das Filmteam bis auf wenige Ausnahmen vor Ort auf dem Hof. »Unser Pferd und unsere Schafe sind im Bild. Das Pferd, das Ole den Zahn zieht – ›der automatische Zahnzieher Svea‹ –, war unsere Stute Pärla. Die ließ sich durch nichts aus der Ruhe bringen«, erzählt Ebbe Alfonsson, der damals knapp 20 Jahre alt war.

Ebbes Vater, Alfons Jansson, spielte den Müller Johann, der die Kinder auf seinem Wagen mitnimmt. Seine Mutter kommt als Frau Karlsson aus dem Laden.

»Papa musste mit Pferd und Wagen vier Kilometer nach Täby fahren, weil man die hügelige Landschaft unbedingt im Film haben wollte. Sie filmten auch unsere Kühe auf der Weide. Außerdem kauften sie zwei Lämmer, um die ich mich kümmerte. Das Lamm Pontus, das Lisa mit zur Schule nimmt, habe ich im Wald dressiert.

Im Haus selber brauchten wir nicht viel zu ändern. Den alten Holzofen gab es schon und alles andere auch. Sie haben benutzt, was da war. Sogar unsere alten Betten«, erzählt Ebbe Alfonsson.

Im Vergleich zu den Häusern in Väddö, die eher den Bullerbü-Höfen entsprachen, waren die Häuser in Österlisa winzig. Untergebracht war das Team in einem Haus, das im Erdgeschoss nur ein Zimmer mit Küche hatte und im oberen Stock ein weiteres kleineres Zimmer. Hier und im Nachbargebäude entstanden die meisten Innenaufnahmen.

Obwohl der Ton nachsynchronisiert wurde, war Ebbe von Bengt Schöldströms Aufnahmegeräten schwer beeindruckt: »Ich trieb mich ständig in seiner Nähe herum und weiß noch, dass wir Kopfhörer trugen und unsere Mikrofone auf Mama und Papa richteten, als sie von Hand die Kühe molken. Obwohl wir in 30, 40 Meter Entfernung standen, konnten wir hören, wie der Milchstrahl in den Eimer zischte.«

In einer Folge laufen Lisa und Anna (wie Inga im Original heißt) immer wieder denselben langen Weg zum Dorfladen, weil sie so vergesslich sind, und singen ihr Lied »Wurst, schöne Wurst« über »einen Ring Bratwurst von der besten«. Eigentlich hätten sie sich den Umweg sparen können, denn in Wirklichkeit lag das Geschäft direkt gegenüber – nur zehn Meter entfernt!

»Das war wirklich eine Low-Budget-Produktion«, erzählt Ebbe Alfonsson. »Ich erinnere mich dunkel, dass Mama und Papa überhaupt kein Geld sahen. Aber es war eine nette Abwechslung in ihrem Leben – sie waren in einem Film zu sehen!«

Zu sehen sind auch die sechs kleinen Darsteller – aber nicht zu hören! Bei der Nachsynchronisation wurde nämlich der Ton komplett neu aufgenommen. Ein Grund war, wie schon erwähnt, dass man auf diese Weise die Drehkosten relativ niedrig halten konnte, zumal man bei den Dreharbeiten weniger Zeit verlor. Immerhin musste keine Szene noch einmal gedreht werden, weil Hintergrundgeräusche von Flugzeugen oder Autos die Aufnahme unbrauchbar gemacht hätten.

Außerdem war es für den Regisseur Olle Hellbom leichter, wenn er seine Anweisungen bei laufender Kamera geben konnte. »Hier entwickelte er seine typische Arbeitsweise, Kinder während der Aufnahme zu instruieren«, erzählt Jan Hellbom. »Diese Methode hat er seither immer bei seiner Regie verwendet.«

»Einige Leute stören sich daran, dass die Kinder nicht selber sprechen, meine Frau zum Beispiel mokiert sich ständig darüber«, sagt Stig Hallgren, der Kameramann. »Aber auf diese Art sind viele Aufnahmen spielerisch entstanden und die Arbeit während der Postproduktion hat noch einmal so viel Spaß gemacht.«

Er erinnert sich noch an die kreative Phase im kleinen ARTFILM-Atelier, als die Fernsehfolgen fertig geschnitten waren und nun der Ton gemacht wurde: »Wenn die Kinder im Gras herumlaufen, hört man ein Klebeband, das abgezogen wird. Wenn sie durch den Schnee gehen, knirscht Kartoffelmehl. Und wenn der Hund vom Schuhmacher seine Knochen nagt, dann knabbere in Wirklichkeit ich auf einer Filmspule – dem Kern einer Filmrolle. Mein Sohn, der uns dabei beobachtete, hatte großen Spaß daran, dass sein Vater knabberte, während der Hund den Knochen runterschlang.«

Ursprünglich hatte Astrid Lindgren, wie im Buch, Lisa als Erzählerin vorgesehen. Doch anstelle der Lisa-Darstellerin Lena Wixell, die im späteren Leben tatsächlich Bäuerin wurde, sprach die angehende Regisseurin Catti Edfeldt den Kommentar: »Ich hatte damals eine

DER ÜBERZEUGTE *Sozialdemokrat Olle Hellbom produzierte in den fünfziger Jahren eine Reihe Kurzfilme für den Schwedischen Gewerkschaftsbund und die Genossenschaft. Er drehte Wahlkampfspots für die Sozialdemokraten und absolvierte mit den Sozis aus der Parteispitze ein Medientraining. Als Tjorven & Co populär wurden, sprach der sozialdemokratische Parteisekretär Sten Andersson begeistert davon, dass »unser Regisseur« Saltkrokan gedreht habe.*

1959, im Jahr vor den ersten Bullerbü-Verfilmungen, drehte Olle Hellbom den gesellschaftskritischen Film Raggare (Die Hemmungslosen), zu dem er auch das Drehbuch geschrieben hatte. Der Film über kleinkriminelle Jugendliche und Jugendkultur wurde viel diskutiert. Wieder sprach Allan Edwall den Kommentar.

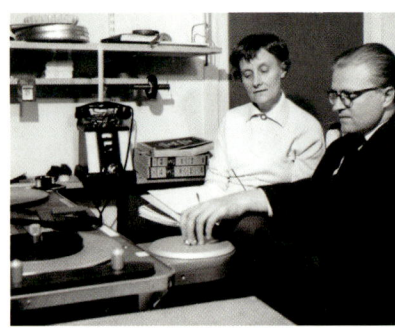

ASTRID LINDGREN und Olle Hellbom hatten sofort die gleiche Wellenlänge und produzierten ein Vierteljahrhundert lang Schwedens beliebteste Kinderfilme.

Während der Postproduktion im bescheidenen Filmstudio der ARTFILM war Astrid Lindgren oft dabei, um bei Bedarf schnell einen Dialog zu ändern. Bei der ersten *Bullerbü*-Serie wurde der Ton komplett im Studio nachsynchronisiert.

IN DEN VIERZIGER JAHREN versuchte Astrid Lindgren in der Zeitung *Dagens Nyheter* Glossen unterzubringen. Manchmal klappte es, aber oft bekam sie ihre Texte zurück. Einmal hatte der zuständige Redakteur daruntergeschrieben: »Das Mädchen kann zwar schreiben, aber es ist doch etwas zu ungestüm.«

unglaublich kindische, kecke Stimme. Wenn meine Kinder sich die alten Aufnahmen anhören, liegen sie vor Lachen am Boden.«

Catti Edfeldt, die später noch bei vielen Astrid-Lindgren-Verfilmungen mitarbeiten sollte, hat sich in ihrer dreißigjährigen Karriere bei SVENSK FILMINDUSTRI hauptsächlich mit Kinderschauspielern und der Nachsynchronisation beschäftigt.

Olle Hellboms Tochter Tove, ein Knirps von knapp zwei Jahren, ist in der Rolle der entzückenden kleinen Kerstin zu sehen. Dass sie überhaupt mitspielte, ließ sich nur durch Bestechung erreichen, indem sich ihre Mutter Birgit mit den Taschen voller Schokolade neben der Kamera in die Hocke ging. Wenn Tove lachen sollte, winkte ihr Papa Olle zu, der in seine Hand ein lachendes Männchen gezeichnet hatte.

Bei der Nachsynchronisation der Serie wurden dagegen andere Saiten aufgezogen, erzählt Tove Hellbom. »Ich habe eigentlich keine Erinnerungen mehr an Bullerbü; wenn ich die Filme sehe, erkenne ich mit Glück das eine oder andere Kleidungsstück wieder. Dagegen hab ich im Nachhinein viel über die Arbeiten im Studio gehört – wie sie versucht haben, mich zum Weinen zu bringen. Erst haben sie mir einen Löffel mit Essen hingehalten und ihn dann weggezogen! Die reinste Kindesmisshandlung! Für einige der Laute, die Kerstin von sich gibt, hat man sogar meinen Bruder genommen. Er war etwas älter als ich und leichter zu instruieren.«

Tove Hellbom hat sich trotz eines solchen Karrierestarts nicht vom Film abschrecken lassen. Nachdem sie ihre Kindheit mehr oder weniger bei den Dreharbeiten von *Saltkrokan*, *Pippi* und *Michel* verbracht hat, war sie für Requisite, Ausstattung und Szenenbild u.a. bei *Die Brüder Löwenherz*, *Ronja Räubertochter*, *Rasmus und der Vagabund* sowie bei der Neuverfilmung von *Bullerbü* in den Achtzigern verantwortlich.

Neben Tove Hellbom begegnen wir zwei weiteren Personen in beiden *Bullerbü*-Verfilmungen. Catti Edfeldt übernahm bei der Neuverfilmung 1985 die Regieassistenz und Elisabeth Nordkvist hat in beiden Versionen mitgespielt. 1960 war sie neun Jahre alt, spielte Blockflöte und sang gern.

»Eines Tages stand Olle Hellboms Frau Birgit bei uns in Hammarbyhöjden vor der Tür. Sie hatte mich in einer Kindersendung im Fernsehen gesehen und fand, dass ich nach Bullerbü passen würde. Die anderen Kinder hatte man schon über eine Zeitungsanzeige ausgewählt. Ich machte Probeaufnahmen und zwei Tage später hatte ich die Rolle als Anna.« Elisabeth kannte zwar die Bücher nicht, wollte aber gerne

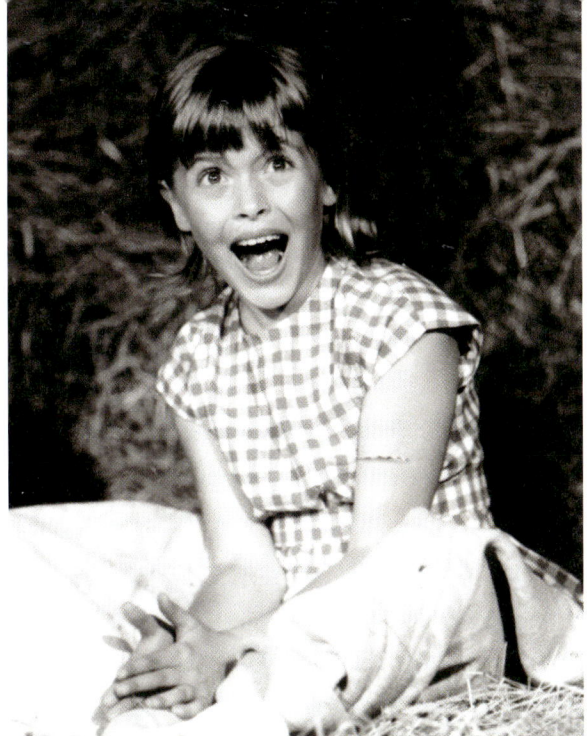
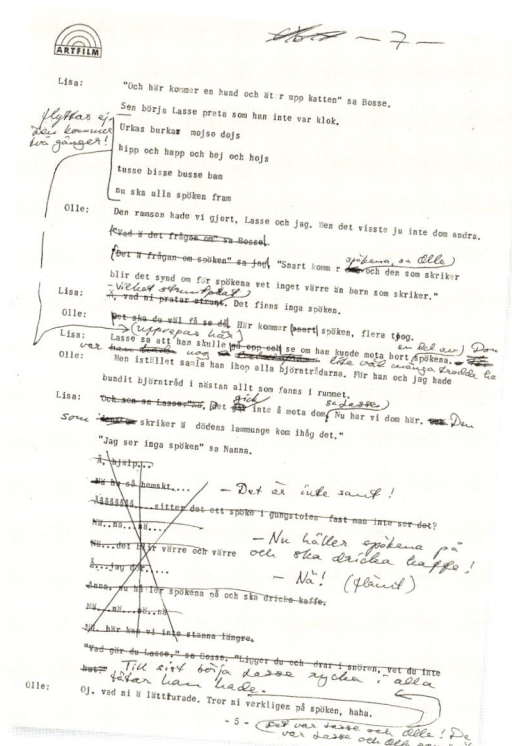

ES SPUKT! *Anna (Elisabeth Nordkvist) brüllt vor Entsetzen über die weißen Gespenster, die die Mädchen auf dem Heuboden erschrecken. Weil man die Gespensterszene nicht geprobt hatte, war die Überraschung echt. Die Szene wurde mehrmals umgeschrieben, und über eventuelle psychische Schäden, die die Kinder dabei davontragen könnten, hatte man vorher eingehend diskutiert.*

mitmachen. Ihre Eltern dagegen waren etwas skeptischer: »Dreharbeiten für einen Film – was soll denn das sein?«

»Wir haben zwei Sommer und zwei Winter lang gedreht, immer zwei, drei Monate am Stück. Es hat Spaß gemacht, alles war gut organisiert und wir hatten mehrere Kindermädchen. Dass wir Kinder nicht selbst im Film gesprochen haben, hat mir gar nichts ausgemacht. Aber man hört mich singen – ›Wurst, schöne Wurst‹ und so –, zusammen mit einem Mädchen, das ein beliebter Kinderstar war«, erzählt sie.

Ein Höhepunkt war die Szene mit den Gespenstern auf dem Heuboden. Elisabeth Nordkvist erinnert sich, wie Olle Hellbom den Mädchen im Heu etwas vorflunkerte.

»Er sagte: ›Jetzt dürft ihr ganz viele Brote essen‹, und als wir gerade Wurst in uns hineinstopften, tauchte plötzlich ein Gespenst auf! Aaaaah! Was haben wir geschrien! Von mir gibt es eine Nahaufnahme, wie ich mit weit aufgerissenen Augen schreie. Die ist nicht gestellt! Das hat nur deshalb so gut funktioniert, weil wir vom Film keine Ahnung hatten. Olle Hellbom hatte als Regisseur ein gutes Händchen für Kinder.«

Gespenster in Bettlaken lösen bei den heutigen hartgesottenen Kindern wohl keine Alpträume mehr aus. Jan Hellbom erinnert sich, dass

RASMUS war die herausragende Astrid-Lindgren-Figur der fünfziger Jahre. Der fünfjährige Eskil Dalenius entwickelte sich zum Publikumsliebling, nachdem er bereits in *Kalle Blomquist lebt gefährlich* allen die Show gestohlen hatte. Das war übrigens der erste Film, zu dem Astrid Lindgren das Drehbuch geschrieben hat. Für den kleinen Eskil, der heute als Arzt in Dalarna lebt, schrieb sie auch *Rasmus und der Vagabund* (1955) und *Kalle und das geheimnisvolle Karussell* (1956).

Bei den Probeaufnahmen für die Rolle des Rasmus überzeugte Eskil auf Anhieb. Astrid Lindgren hat erzählt, wie sie schon nach wenigen Sekunden dachte: Hier haben wir Schwedens kleinen Liebling. Wohin Eskil auch ging, kamen wohlmeinende Tanten auf ihn zu und wollten ihn berühren. »Die dachten wohl, dass von ihm eine Kraft ausgeht«, sagte Astrid Lindgren.

1981 wurde *Rasmus und der Vagabund* mit Erik Lindgren als Rasmus neu verfilmt. Es sollte Olle Hellboms letzter Film werden.

seine Eltern intensiv über die Gespensterszene diskutierten: »Weil sie die Szene so gruselig fanden, wurde beim Essen viel darüber geredet. Mama war ja Kinderpsychologin. Nachher sollten die Kinder Bilder malen und darüber schreiben. Die Kinder sagten, dass es zwar gruselig war, aber auch Spaß gemacht hätte – gerade weil es so herrlich gruselig war!

Papa hat immer betont, dass es bei den Dreharbeiten eine psychologische Betreuung gab. Das war Mama. Außerdem war da noch sein Freund aus Kindertagen, Åke Edfeldt, Cattis Vater, der später Pädagogikprofessor wurde.«

Zwar wurde die Fernsehserie fertig produziert, doch hatte man vom Sender SVERIGES RADIO eine eindeutige Absage in der Tasche. Dafür lief die Serie unmittelbar nach ihrer Fertigstellung im deutschen Fernsehen. Aus den drei Episoden »Spuk auf dem Heuboden«, »Zähneziehen tut nicht weh« und »Kerstin geht auf Abenteuer« entstand der Film *Ein Wiedersehen auf Bullerbü*, der Weihnachten 1960 in die schwedischen Kinos kam. Ein Jahr später strömte das Publikum zu Weihnachten in die Fortsetzung *Die Kinder von Bullerbü*, die aus den Abschnitten »Der Schuster und sein Hund«, »Lasse, der Eisläufer«, »Lisa und ihr Lämmchen« und »Mittsommernacht« bestand.

Dank der Popularität der Filme und der überschwänglichen Kritiken änderte die schwedische Fernsehanstalt ihre Meinung und nahm die Serie im Herbst 1962 ins Programm.

Im Rückblick kommt es einem ganz selbstverständlich vor, dass die Lindgren-Produktionen immer größer wurden und Millionen von Zuschauern in die Kinos lockten. Aber damals ließ sich diese Entwicklung überhaupt nicht vorhersehen.

Bullerbü war ursprünglich als Experiment gedacht, weil Olle Hellbom ausprobieren wollte, ob man nicht auch für kleine Kinder Filme machen konnte. Seine Zielgruppe waren Vier- bis Fünfjährige, was die naive Bildsprache der Filme erklärt.

In der Zwischenzeit erhielt Hellbom eine Anfrage aus den USA, ob er nicht eine Fortsetzung von *Bullerbü* drehen könne.

»Er wusste nicht, wie das funktionieren sollte. Die Kinder waren doch in der Zwischenzeit größer geworden! Ihm erschien der Gedanke völlig absurd, mit neuen Darstellern statt mit der alten Crew zu drehen«, sagt Jan Hellbom.

Irgendwann war aber auch in Schweden die Zeit reif für eine neue *Bullerbü*-Verfilmung. Zwar lief die alte Serie regelmäßig im Fernsehen, schließlich sogar in Farbe, aber es stach immer mehr ins Auge, dass sie weit hinter der technischen Entwicklung zurückgeblieben war. Deshalb regte die Produktionsgesellschaft SVENSK FILMINDUSTRI eine Neuverfilmung der Geschichten von Lasse, Bosse, Lisa, Inga, Britta und Ole an.

Wer aber sollte Regie führen? Olle Hellbom war 1982 gestorben. Die Wahl fiel auf einen neuen Star am Regiehimmel, für den Olle Hellbom in vieler Hinsicht ein Lehrmeister gewesen war: Lasse Hallström. Außerdem hatte Hellbom einige der ersten Hallström-Filme produziert. Lasse Hallström hatte im Sommer 1985 die Dreharbeiten für *Mein Leben als Hund* beendet und nahm nun seinen letzten schwedischen Film in Angriff, bevor er mit seiner Hollywood-Karriere durchstartete.

Im Herbst 1985 setzten sich der Produzent Waldemar Bergendahl, Catti Edfeldt, Astrid Lindgren und Lasse Hallström zusammen, um das Bullerbü-Projekt zu besprechen.

»Kurz zuvor war Tage Danielsson gestorben [der Regisseur von *Ronja Räubertochter*, AdÜ]«, erzählt Catti Edfeldt. »Da wandte sich Astrid an Lasse und sagte zu ihm: ›Ich habe nicht vor, dich gern zu haben. Denn alle Regisseure, die ich mag, sterben einfach.‹ In dem Moment ging ein Mann am Fenster vorbei, der an der russisch-schwedisch-norwegischen Koproduktion von *Mio, mein Mio* mitgewirkt hatte und den Astrid nicht mochte. Sie sah ihm lange nach und sagte dann: ›Der dagegen schwebt nicht in unmittelbarer Lebensgefahr.‹«

Für Astrid Lindgren war die Neuverfilmung der *Bullerbü*-Bücher ein gelungener Abschluss ihrer fast vierzigjährigen Filmarbeit, in der sie für über zwanzig Spielfilme die Drehbücher geschrieben hatte. Pünktlich zu ihrem 80. Geburtstag 1987 konnte sich die Autorin damit aus dem Filmgeschäft zurückziehen. (Jedenfalls beinahe, denn weil sie gerade in Schwung war, verfasste sie im Jahr darauf noch die Drehbücher für zwei Kurzfilme.)

Diesmal war es beschlossene Sache, dass Bullerbü zurück nach Småland geholt werden sollte! Am liebsten wollte man in unmittelbarer Nähe zu Astrid Lindgrens Vimmerby drehen. SVENSK FILMINDUSTRI ließ über eine Zeitungsanzeige drei nebeneinander liegende Höfe suchen, wobei es ausdrücklich »nicht Sevedstorp« hieß.

Sevedstorp, rund zehn Kilometer westlich von Vimmerby, spielte

DIE SCHRIFTSTELLERIN KERSTIN EKMAN

gehörte Ende der fünfziger Jahre zum kleinen Team der ARTFILM, das nur aus sechs Leuten bestand. Sie schrieb unter anderem Drehbücher für Kurzfilme.

»Kerstin und ich reisten durch das Land und machten Aufnahmen zur Schulreform«, erinnert sich der Kameramann Stig Hallgren. »Gleichzeitig schrieb sie einen Fortsetzungskrimi für das **Filmjournal**, *der jede Woche abgeliefert werden musste. Ich musste sie ständig daran erinnern und der Text landete immer in letzter Minute im Briefkasten.«*

Kerstin Ekman schrieb in ihrer Zeit bei der ARTFILM ihre ersten Bücher. Ihr einziger Einsatz für die Lindgren-Verfilmungen ist wohl, dass sie ihre schwarze Katze auslieh. Die sieht man nämlich auf der Fensterbank am Anfang von **Meisterdetektiv Blomquist – sein schwerster Fall** *(1957).*

Kerstin Ekman äußerte sich später sehr warmherzig über Olle Hellbom als einen »eigentümlichen Mann, rastlos, intensiv, nicht leicht zu verstehen oder auszuhalten, mit einem bizarren Humor und starker Schwärze, die er in gewisser Weise losließ, wenn er Kinderfilme machte. Olle war ungeheuer intelligent. Er hat immer sehr gut überlegt.«

für Astrid Lindgren eine wichtige Rolle. Als Siebenjähriger war ihr Vater Samuel August mit seiner Familie vom nahe gelegenen Hamphorva nach Sevedstorp in den Mittelhof gezogen. Hier wohnte die Familie bis 1895, als Samuel August seine Eltern überreden konnte, Pächter auf dem Pfarrhof von Näs zu werden. Auf dem Weg nach Pelarne kyrkby hat er sich übrigens – wie Michel – als Gatterjunge verdingt, was ihm einmal, als er dem Großhändler Sörensen sämtliche dreizehn Gatter öffnen durfte, die unglaubliche Summe von 65 Öre einbrachte.

In der Kirche von Pelarne gaben sich Samuel August und Hanna 1905 das Jawort. Bei der Repetitionsprüfung im gegenüberliegenden Gemeindehaus war sie ihm zum ersten Mal aufgefallen. Hannas Elternhaus Pelarnehult lag nur vier Kilometer nördlich von Sevedstorp.

Astrid Lindgren kannte Sevedstorp von den Besuchen mit ihrem Vater, und wusste, dass die Höfe genauso aussahen, wie sie es in den *Bullerbü*-Büchern beschrieben hatte.

Als sich mit der Zeit herausstellte, dass kein anderer Drehort geeignet schien, gab Astrid Lindgren nach: »Dann versuchen wir es eben mit Sevedstorp!« Allerdings legte sie viel Wert darauf, dass man die

»**WELCHE WAREN** sollten wir uns noch merken zu vergessen?« Das småländische Original Lasse Ståhl, Onkel Emil aus dem Kaufmannsladen in Storbü, war einer der »echten Småländer«, die Lasse Hallströms *Bullerbü*-Verfilmung Lokalkolorit gaben. Dies war Hallströms letzte Produktion vor seinem Weggang nach Hollywood. Im Jahr zuvor hatte er mit **Mein Leben als Hund** Erfolge gefeiert.

recht betagten Bewohner in Ruhe ließ – darunter ihren ehemaligen Mitschüler Olle Svensson, der auf dem Mittelhof lebte. Prompt rückten die Handwerker an, um die zweihundertjährigen Gebäude wieder mit Holztüren zu versehen und die verglaste Veranda auf dem Südhof in ihren Originalzustand zurückzuversetzen. Weil in Sevedstorp keine Innenaufnahmen geplant waren, konnten die alten Leute in ihren Häusern bleiben.

Das hatte man nun davon! Als man im Garten die Szene drehte, in der Inga und Lisa ausreißen wollen und Inga an einer Schnur zieht, um Lisa zu wecken, dröhnten lauthals die Fernsehnachrichten aus Olle Svenssons Fenster! »Er darf sie erst zu Ende gucken, ehe wir ihn bitten, den Fernseher auszuschalten«, entschied Regisseur Hallström.

Als Astrid ihre Filmkinder zum ersten Mal in Sevedstorp traf, sagte sie warnend: »Wenn ihr nachts jemand flüstern hört, dann ist es bestimmt mein Papa Samuel August!« Wer weiß, vielleicht hört man sein Flüstern noch heute. Kommt man an einem Tag nach Sevedstorp, an dem nicht lauter Reisebusse den Blick verstellen, kann man sich davon überzeugen, dass Bullerbü sich nicht verändert hat.

Seit den fünfziger Jahren sind die Häuser nicht mehr renoviert worden. Die Scheunen stammen aus den zwanziger Jahren – genau aus der Zeit, in der Lasse Hallströms Verfilmung spielt. Daher brauchten nur wenige Requisiten ergänzt zu werden, z.B. ein Pfahlzaun, ein Milchbock, Büsche, Zäune und Wäscheleinen. Stina Pettersson erinnert sich: »Auf sämtliche Blechdächer wurden Platten mit Schindeln gelegt. Auf dem Südhof hat man Ziegel ausgetauscht und auf der Wiese die Stromleitungen abmontiert. Um einige Stromkästen haben sie kleine Holzhäuschen gebaut und ein anderer Stromkasten wurde in einen Stein aus Styropor verwandelt.«

Im Februar 1986 begannen die Dreharbeiten. Weil gerade viel Schnee lag, filmte man als Erstes die wilde Schlittenfahrt auf der hügeligen Dorfstraße.

»Sie haben die Szene immer wieder von vorn gedreht«, erzählt Stina Pettersson. »Am Ende hat eines der Kinder zu Lasse Hallström gesagt: ›Mach's doch selber!‹ Es ist wohl ziemlich anstrengend, in einem Film mitzuspielen.«

Catti Edfeldt war für das Casting der jungen Darsteller zuständig und besetzte die Rolle der Kerstin mit ihrer zweijährigen Tochter Tove, die nach Tove Hellbom benannt war.

»Es war die einfachste Lösung, dass ich Kerstins Mutter spiele. So

DOPPELTER EINSATZ: *die kleine Kerstin und ihre Mutter. Bei den Dreharbeiten lief die Regieassistentin Catti Edfeldt in Bullerbü-Outfit herum, in der Hand ein Walkie-Talkie, auf dem Arm ihre Tochter Tove und die Taschen voller Bonbons. Damit das eigensinnige Mädchen den Hund Swipp streichelte, versteckte man Süßigkeiten in seinem Fell.*

hatte ich sie unter Kontrolle«, erzählt Catti Edfeldt. »Tove ist im Film superniedlich, aber sie erinnert sich noch heute mit Schrecken daran, wie sie damals Seife ins Auge bekam.«

Sicherlich hat sie auch ein anderes Ereignis nicht vergessen, das noch dramatischer war.

»Im Winter sollten wir eine Szene drehen, in der wir mit dem Schlitten zum Weihnachtsschmaus fahren. Unser Pferd war ein wilder schwarzer Nordschwede, und als der Schlitten bei einer riesigen Schneewehe umkippte, landeten Tove und ich darunter. Der Schlitten drückte mir auf den Arm und alle Bänder im Arm gingen kaputt, es tat schrecklich weh. Sie brachten mich in eine Hütte und flößten mir Whiskey ein. Aber als wir dann ins Krankenhaus kamen, konnte ich nicht operiert werden – weil ich zu viel Whiskey getrunken hatte. Außerdem trug ich ja noch die Festtagskleider aus der Szene, und als man mir die Kleider aufschneiden wollte, schrie ich nur: ›Nein, nein, nicht das Sonntagskleid!‹«

Catti Edfeldt wohnte mit ihrer kleinen Tove bei Stina Pettersson. »Das war wohl eine anstrengende Zeit für die beiden«, erzählt Stina. Catti kam mit Tove, die in eine Wolldecke gehüllt war, gegen zehn, elf Uhr abends nach Hause und fuhr mit ihr, wieder in eine Decke gehüllt, am nächsten Morgen um sieben Uhr wieder los.«

Zahlreiche Szenen entstanden in Sevedstorp. Der Dachboden vom Schweinestall wurde zum Heuboden, in dem die Kinder herumtoben, und in der Scheune, die heute das Café beherbergt, filmte man kalbende Kühe. Weil im Drehbuch von rotbraunen Kühen die Rede war, es im Dorf aber nur schwarzbunte gab, hatte man eigens Kühe von Skorparp hergebracht. Unterdessen ging der Betrieb auf den Höfen weiter.

»Sie haben mitten in der Heuernte gefilmt«, erinnert sich Stina Pettersson. »Alles musste zum Stillstand kommen, dann wurde gedreht – und danach durften die Traktoren wieder eine Weile fahren.«

Dass man die meisten Drehorte in der Umgebung finden konnte, war vor allem Kenneth Roth zu verdanken, dem Hausmeister der Schule von Pelarne. Er wurde als 3rd-Unit-Kameramann und Logistik-Experte engagiert, er organisierte Schulkinder, geeignete Locations, Requisiten oder Tiere. All das war 1985 nicht mehr so einfach wie noch 1960!

In Södra Vi trieb man einen Mähdrescher mit Dampfantrieb auf und stieß bei der Gelegenheit auch auf zwei pflegeleichte Arbeitspferde für die Kinder. Die Ochsen, die den Pflug ziehen sollten, ent-

---

VIELE EHEMALIGE KINDERDARSTELLER *aus den Astrid-Lindgren-Filmen hatten nachher Schwierigkeiten. Linda Bergström, die in Lasse Hallströms* **Bullerbü***-Filmen die Lisa gespielt hatte, litt noch Jahre später unter Mobbing: »Das war zwar nichts als reiner Neid, aber es war trotzdem schrecklich.«*

IN DER ERSTEN EINSTELLUNG war der Wassergeist noch splitterfasernackt, wie es sich für einen echten Wassergeist gehört. Nachdem Crispin Wendenius (Lasse) heftig protestiert hatte, durfte er sich seine Unterhose wieder anziehen. Die verbarg man in der aufsteigenden Gischt der Stromschnellen bei Bråneholm.

deckte man in Vena. Das Schulhaus, wo die Lehrerin (Ewa Carlsson) von den Kindern in den April geschickt wird, war die ehemalige Schule von Tveta bei Målilla, die schon in den fünfziger Jahren ihren Betrieb eingestellt hatte – aber die Schulbänke und das übrige Mobiliar waren noch da.

Die Szene beim Schlittschuhlaufen entstand auf dem See Mossjö bei Pelarne. Nur die Szene, als Lasse ins Eis einbricht, wurde in Stockholm gedreht (sicherheitshalber hatte man Froschmänner unter dem Eis postiert). Das nächtliche Krebsfischen fand auf dem Rostorpssjö statt, allerdings erst, nachdem Stina Pettersson und andere Dorfbewohner dort Flusskrebse ausgesetzt hatten. Als die Kinder in einer anderen Szene in diesem See angeln, wartete man nicht lange ab, bis ein Fisch anbiss, sondern hängte gleich einen Brachsen an den Angelhaken.

Für die Stadtkinder war vieles neu und ungewohnt, zum Beispiel, wie man aus Rinde kleine Boote schnitzt. Deshalb hat man für die Szene zwei Kinder aus der Gegend genommen und sie von hinten gefilmt.

Damit den Kindern nicht zu viel zugemutet wurde und man an zwei Orten gleichzeitig drehen konnte, hatte man in der Schule von Pelarne für jeden der sechs Darsteller ein Double ausgewählt. Weil man kein Mädchen fand, das so groß war wie die Britta-Darstellerin Ellen Demérus, ging die Rolle an Anders Jonsson aus Hamphorva.

ALS SIE ÄLTER WURDE, machten Astrid Lindgren ihr schlechtes Sehen und ihr schwindendes Erinnerungsvermögen zu schaffen. Wie gewohnt meisterte sie auch diese Situation mit einer gehörigen Portion Selbstironie.

Die Illustratorin Ilon Wikland erzählt, dass Astrid Lindgren sich den Code zu ihrer Haustür in der Dalagatan merkte, indem sie das alte Lied »Siebzehn Jahr, glaub ich, ich wohl war« sang. Gleichzeitig erinnert sich Leif Ruhnström, der Schwiegersohn ihres Bruders Gunnar, an ihr unglaublich gutes Gedächtnis: »Fünf Jahre vor ihrem Tod bot sie sich an, ein komplettes Bestandsverzeichnis über alles, was es in ihrer Jugend auf Näs gab, anzulegen. Sie hatte ein phänomenales Gedächtnis für solche Dinge. Astrid und Ingegerd wetteiferten immer, wer von beiden sich am besten erinnern konnte.«

DIE PRODUKTIONSKOSTEN für Lasse Hallströms *Bullerbü*-Filme beliefen sich auf 12 Millionen schwedische Kronen. An den Kinokassen setzte der Film 15 Millionen Kronen um.

LAUT DREHBUCH spielte die *Bullerbü*-Neuverfilmung in den zwanziger Jahren. Als die Bullerbü-Kinder Silvester feiern, wird an einer Stelle das neue Jahr 1929 erwähnt. Die Kostüme stammten originalgetreu aus dieser Zeit, und selbst für die Kleider, die man eigens für den Film nähen ließ, verwendete man originale Stoffe aus den zwanziger Jahren. Das gefiel den Kindern überhaupt nicht, weil die Kleider kratzten und pikten.

MIT EINEM DIPLOM bedankte man sich bei allen Kindern, die sich am Auswahlverfahren zu den *Bullerbü*-Filmen beteiligt hatten. Im Durchschnitt kamen auf eine Rolle eintausend Bewerber.

»Man hat mir eine blonde Perücke aufgesetzt, und dann war ich Britta im Schneesturm, auf dem Heuboden, beim Krebsfang, beim Blumenpflücken, auf dem Weg zum Wassergeist und zum Laden. Dass ich ein Mädchen gespielt hab, hat mir nichts ausgemacht, aber wenn ich erzähle, dass ich Britta war, glaubt mir immer keiner. Man merkt nicht, dass Britta von einem Jungen gespielt wird«, erzählt Anders stolz.

»Und ob!«, protestiert seine Schwester Anette, die als Statistin bei *Bullerbü* mitgespielt hat. »Du hast einen anderen Gang als ein Mädchen, und außerdem heben Mädchen beim Laufen ihre Füße nicht so hoch!«

Die beiden müssen bei dem Gedanken kichern, dass sich die Hauptdarsteller fast nicht trauten, sich den Schafen zu nähern, und sogar vor den Kühen Angst hatten. Während die Dorfkinder sich für ihre Statistenrollen schon morgens um sieben in der Schule versammeln mussten, erschienen die sechs kleinen Schauspieler erst kurz nach neun.

»Es waren minus zwanzig Grad, wir trugen kurze Hosen und es gab nur einen Heizlüfter«, sagt Anders.

»Ich fand es ungerecht, dass wir unsere Haare nicht lang und offen tragen durften«, beschwert sich Anette. »Ich musste meine Zöpfe abschneiden, während Lisa langes Haar haben durfte. Aber wenn man dabei sein wollte, musste man sich damit abfinden. Schließlich hat es uns ja Spaß gemacht! Ich hab mit Lisa und Britta Lesezeichen und Radiergummis getauscht, während Anna eher für sich blieb oder mit den Jungen zusammen war.«

Roland, der Vater von Anders und Anette, musste sich einen Bart stehen lassen, bevor er als Knecht im Film Pferd und Wagen lenken durfte.

Im Wald hinter dem See Rostorpssjö steht neben einer breiten Steinmauer und einem schrottreifen grünen Saab das Häuschen, in dem der böse Schuhmacher mit seinem Hund Swipp wohnte.

Eigentlich hieß der Filmhund Acke. Wenn ihn die Kinder »Swipp« riefen, deutete er es als »Sitz!« und setzte sich hin.

»Der Kläffer dachte, wir wollten ihn an der Nase herumführen, und wurde richtig wütend«, erzählt Kenneth Roth. »Nach der Hälfte der Dreharbeiten mussten wir einen anderen Hund als Double suchen, einen Border Collie vom Hof Rostorp. Weil der aber weiß war, mussten wir ihm Schuhcreme aufs Fell schmieren, damit er wie der andere Kläffer aussah.«

ZWEI GENERATIONEN *Anna/Inga vom Nordhof begegnen sich in Sevedstorp. Elisabeth Nordkvist, die 1960–61 Anna spielte, wurde ein Vierteljahrhundert später die Mutter vom Nordhof. Die kleine Anna Sahlin wurde später unter dem Künstlernamen Sahlene Sängerin.*

»Um eine staubige Straße zu bekommen, hängten wir einen dicken Holzklotz hinter ein Auto und fuhren damit über Lehm. Dabei wirbelte höllisch Staub auf!«, erinnert sich Kenneth Roth. »Den Schneesturm haben wir mit einer Schneeschleuder und einem Propeller erzeugt. Die Kinder konnten einem leidtun. Sie wurden umgeweht und bekamen Eisstücke in die Ohren.«

»In den *Bullerbü*-Filmen haben viele Laiendarsteller aus der Umgebung mitgespielt«, erzählt Catti Edfeldt. »Das war für uns neu, hat aber viel Spaß gemacht, weil uns die Umgebung auf diese Weise viel vertrauter wurde. Diese Leute haben zur Authentizität beigetragen.

OLOF SJÖGREN *aus Vimmerby bewarb sich um die Rolle als Ladenbesitzer, weil er selbst dreißig Jahre lang einer war. Aber Catti Edfeldt besetzte den 72-Jährigen, der zeit seines Lebens keinen Tropfen Alkohol getrunken hatte, für die Rolle des alkoholisierten Schuhmachers Nett. Dabei hatte Sjögren schon in Amateurtheaterrevuen der Nüchternheitsloge auf der Bühne gestanden.*

EIN WIEDERSEHEN AUF BULLERBÜ

Regie: Olle Hellbom
Produzent: Olle Nordemar
Drehbuch: Astrid Lindgren
Premiere: 17. Dezember 1960
Besetzung: Tomas Johansson (Lasse), Kaj Andersson (Bosse), Jan Erik Husbom (Olle), Lena Wixell (Lisa), Elisabeth Nordkvist (Anna), Kim Åsberg (Britta), Tove Hellbom (Kerstin)
Musik: Charles Redland
Drehorte: Väddö und Österlisa in Roslagen
Handlung: Olle hat einen losen Zahn; die Mädchen übernachten im Heu und werden von den Jungen erschreckt, die sich als Gespenster verkleidet haben; Anna und Lisa müssen immer wieder zum Einkaufsladen gehen, weil sie ständig etwas vergessen, und spielen hinterher Kindermädchen für Kerstin.

DIE KINDER VON BULLERBÜ

Premiere: 16. Dezember 1961
Besetzung: Die Kinder spielen in der Scheune Verstecken, Lasse fällt in ein Eisloch, Olle bekommt vom Schuhmacher den Hund Swipp. Lisa zieht das Lamm Pontus auf und bringt es mit zur Schule. Am Ende feiern alle Mittsommer.

Besonders gut hat der Schuhmacher gespielt, der unglaublich wütend werden konnte.

Die Szene, in der der Schuhmacher (Olle Sjögren) die Kinder über die sumpfigen Wege jagt, wurde im Museumsdorf Stensjö bei Oskarshamn gedreht. Trotz der Kälte musste sie mindestens fünfzehnmal wiederholt werden. Und als sie endlich im Kasten war, fragte der Kameramann Jens Fischer: »›Mist, hat der Film eigentlich die richtige Lichtempfindlichkeit?‹ Also noch fünf Aufnahmen!«

»Der Schuhmacher hatte so lange im kalten Wasser gestanden, dass er eine Lungenentzündung bekam«, sagt Tove Hellbom, die bei den Dreharbeiten für die Ausstattung verantwortlich war.

Eine andere wichtige Rolle spielte die småländische Natur, von der Astrid Lindgren einmal gesagt hat, sie habe ihre Erinnerung und ihre Sehnsucht mehr geprägt als Menschen. Und vielleicht ist Jens Fischers poetische Kameraführung tatsächlich die größte Leistung dieser Filme. Selten haben sich mehr blühende Wiesen, nebelverhangene Waldseen, glitzernde Wintergärten und sprudelnde Frühlingsbäche auf einer Leinwand getummelt. Es ist ihm nicht anzukreiden, dass die Pflanzen manchmal nicht so recht zu der Jahreszeit passen wollen. Was haben Spätsommerblumen beim Mittsommerfest zu suchen?

»Bei den Naturaufnahmen wurde oft geschummelt und die Jahreszeiten stimmen nicht immer. Pflanzenkennern wird auffallen, wie sehr wir gemogelt haben. Das ist eben so!«, gibt die Regieassistentin Catti Edfeldt zu.

Ansonsten waren die Drehbedingungen in jenem Jahr ungewohnt ideal, wie sie sich erinnert: »Wir hatten einen schneereichen Winter, wie es ihn heute kaum noch gibt. In Småland war es ganz einfach unglaublich schön, voller Schnee – fantastisch! Wir haben viel Zeit im Freien verbracht, um draußen zu filmen, was heutzutage eigentlich gar nicht mehr üblich ist. Unsere Dreharbeiten fingen im Winter an und gingen bis weit in den Sommer hinein.«

Auf diese Weise kam Material für zwei Spielfilme zusammen: *Wir Kinder aus Bullerbü* (auch: *Die Kinder von Bullerbü*) und *Neues von uns Kindern aus Bullerbü*.

Lasse Hallström, der an seinem 40. Geburtstag eine fünf Meter lange Erdbeertorte auf einem Brett serviert bekam, wohnte mit seiner Familie in Pelarne, wo er ein Haus gemietet hatte.

»Lasse ist ein guter, unkomplizierter Regisseur. Er strahlt eine enorme Ruhe aus und hat viel Geduld«, erzählt Tove Hellbom, die schon bei *Der Gockel* und *Mein Leben als Hund* mit ihm gearbeitet hatte.

IN BULLERBÜ *ist immer was los! Nichts ist unmöglich im Astrid-Lindgren-Land, auch nicht die wilde Kombination von alten Milchkannen und Amischlitten.*

Sie kann sich eigentlich nur an ein einziges Missgeschick bei den Dreharbeiten erinnern: »Plötzlich starb das Lamm, mit dem wir die Szene in der Schule drehten. Es war ohne seine Mutter, weshalb ich es in eine Kiste im Auto setzte und mit der Flasche fütterte. Das Lamm war ziemlich schwach. ›Es sieht nicht ganz gesund aus‹, meinte der Kameramann. ›Ach, es ist nur ein bisschen müde vom Trinken‹, sagte ich. Aber als wir das Lamm am nächsten Tag vom Bauern abholen wollten, war es gestorben. Zum Glück hatte er viele Schafe. Wir suchten uns ein Lamm aus, das fetter und lebendiger war. Wenn man sich den Film genau anguckt, fällt es einem auf.«

Zwar waren die Arbeitstage der sechs Kinder ziemlich kurz, doch hellwache Zehnjährige sind natürlich den ganzen Tag in Fahrt.

»Kinder sind ja unglaublich! Sie sind total witzig und denken sich die ganze Zeit verrückte Sachen aus«, sagt Catti Edfeldt. »Einer der absolut besten Lacher in all den Jahren beim Film war, als sich die

Bullerbü-Kinder am Mittwoch vor Ostern Zettel auf den Rücken heften. Wir wollten gerade drehen, wie die Kinder Agda, der Magd, einen Anhefter anstecken, da bekam Crispin Dickson, der den Lasse spielte, einen solchen Lachanfall, dass er sich gar nicht mehr einkriegen konnte. Das kam wirklich von Herzen. Das Lachen haben wir noch im Archiv – und ich habe es bis jetzt in all meinen Filmen verwendet.«

> **ALS 1986** *wieder jemand kritisierte, dass Astrid Lindgren auch diesmal nicht den Nobelpreis bekommen hatte, zuckte sie nur mit den Schultern:* »Wünscht mir bloß nicht so ein Schicksal. An Preisen hat man schwer zu schleppen. Ich werde einen Zettel an der Tür aufhängen: ›Preise werden montags zwischen eins und drei in Empfang genommen.‹« *Und als damit immer noch nicht alle Nörgler besänftigt waren, sagte die 79-jährige Schriftstellerin:* »Nein, ich bin froh, dass ich ihn dieses Jahr nicht bekommen habe. Er wäre nur ein Hindernis für meine Karriere gewesen.«

Als Einzige aus der ersten Bullerbü-Generation hat sich Elisabeth Nordkvist der Schauspielerei verschrieben. Fünfundzwanzig Jahre später zog es sie wieder nach Bullerbü: als Ingas und Brittas Mutter in der Verfilmung von Lasse Hallström.

»Ich hatte schon vorher mit Lasse gearbeitet, als wir uns bei der Verleihung des schwedischen Filmpreises, der Guldbagge-Gala, über den Weg liefen. Mir war zu Ohren gekommen, dass er einen *Bullerbü*-Film drehen wollte, und ich fragte ihn, ob ich diesmal eine Mutter spielen durfte. Und das durfte ich.«

Lasse Hallström stellte bei den Dreharbeiten fest, dass in *Bullerbü* »die Kindheit als Paradies« geschildert wird, und erklärte programmatisch: »Ich will einen schönen und tröstlichen Film über die kleinen Dinge des Lebens machen. Das kann man dieser Tage gut gebrauchen. Schön und idyllisch soll er sein, aber nicht klebrig süßlich. Ich möchte vermeiden, dass die Kinder puppenhaft und übereifrig wirken.«

»Lasse hatte die alten Verfilmungen nicht gesehen und wollte das auch nicht, aber mir gefallen die alten Filme eigentlich besser als seine«, sagt Elisabeth Nordkvist. »Vergleicht man die beiden Fassungen, merkt man, welche ohne Ton gedreht wurde. Dass Olle uns bei laufender Kamera Anweisungen gehen konnte, war ein echter Vorteil. Aber Hallströms Verfilmung hat auch Spaß gemacht. Ich hatte das Gefühl, mich in der Darstellerin der Anna wiederzuerkennen – in Anna Sahlin aus Söderhamn, die jetzt Sängerin ist.«

Ja, die Ingas aus Bullerbü haben dieselbe Laufbahn eingeschlagen (auch wenn die erste Film-Inga Anna hieß, wie in der schwedischen Buchausgabe). Beide sind musikalisch und lieben es, auf der Bühne zu stehen – wenn auch nicht auf derselben.

Anna Sahlin hat unter ihrem Künstlernamen Sahlene Schallplatten mit Liedern aus den Astrid-Lindgren-Filmen aufgenommen, ist 2002 beim »Eurovision Song Contest« für Estland angetreten und hat sich 2003 für die schwedische Vorentscheidung qualifiziert. Sie kommt aus einer musikalischen Familie, hat sich als Pin-up für Jugendmagazine ablichten lassen, mehrere CDs veröffentlicht, hat eine eigene Homepage und tritt häufiger bei Quizsendungen im Rate-Team auf.

Elisabeth Nordkvist findet man eher auf der anderen Seite der Barrikade: Die radikale Schauspielerin war langjähriges Mitglied der Agit-Prop-Truppe *Fria Proteatern*.

Während Anna Sahlin wie viele der jüngeren Astrid-Lindgren-Darsteller nur ungern mit ihrer Filmrolle in Verbindung gebracht werden will, sieht Elisabeth Nordkvist die Sache positiv: »Wenn *Bullerbü* zum dritten Mal verfilmt wird, dann muss ich wohl den Schuhmacher spielen oder den Großvater.«

Vermutlich kann man dann immer noch auf Sevedstorp als Filmkulisse zurückgreifen. In der Hochsaison kommen bis zu 2000 Besucher pro Tag hierher, doch auch in der übrigen Zeit hält pro Tag mindestens ein Auto auf dem Hof vor der Scheune.

»Aber ein großes Geschäft ist nicht daraus geworden«, sagt Stina Pettersson. »Den kleinen Laden mit dem Café haben wir 1987 aufgemacht. Nach den Dreharbeiten hat man uns gesagt, wir sollten froh sein, dass es noch so ruhig ist, weil sie in Katthult wegen der Besucherscharen ja nicht mal mehr in ihre eigenen Häuser kamen. Aber so schlimm ist es bei uns nicht geworden, und es macht Spaß, sich um die Touristen zu kümmern.«

Im Laden werden T-Shirts angeboten, gestrickte Handschuhe, Bücher, Eis, Buttermesser, Ansichtskarten, Kunsthandwerk und Plüschtiere. Elche in allen Variationen werden mit Vorliebe von deutschen Touristen gekauft. Stina Pettersson erzählt lachend:

»Wir öffnen zu Beginn der Sommerferien und schließen wegen der Deutschen nicht vor dem Herbst. Ich hab fast das Gefühl, ich spreche schon deutsch, obwohl ich es gar nicht kann.

Bevor der Film entstand, haben wir Sevedstorp nie mit Bullerbü in Verbindung gebracht«, fährt sie fort. »Heute erzähle ich, dass ich in Bullerbü wohne, und wir überlegen, ob wir nicht ein Ortsschild mit ›Bullerbü‹ beantragen sollen. Ich hab gehört, dass der Ort, an dem *Michel* gedreht wurde, sich jetzt auch ›Katthult‹ nennt, warum also nicht?«

Ja, warum also nicht? Dann brauchen wenigstens die Kinder auf der ganzen Welt nicht mehr enttäuscht ihre Atlanten zuzuschlagen. Denn Bullerbü gibt es natürlich doch!

WIR KINDER AUS BULLERBÜ
Regie: Lasse Hallström
Produzent: Waldemar Bergendahl
Drehbuch: Astrid Lindgren
Premiere: 6. Dezember 1986
Besetzung: Anna Sahlin (Inga), Henrik Larsson (Bosse), Harald Lönnbro (Olle), Linda Bergström (Lisa), Crispin Dickson Wendenius (Lasse), Ellen Demérus (Britta), Tove Edfeldt (Kerstin)
Drehorte: Småland (Sevedstorp, Tveta, Gladhammar, Stensjö by), Södermanland
Handlung: Lasse spielt den Wassergeist, Olle bekommt den Hund des grimmigen Schuhmachers, in Bullerbü wird Mittsommer gefeiert, man fängt Krebse, und auf dem Heuboden spukt es.

NEUES VON UNS KINDERN AUS BULLERBÜ
Premiere: 5. September 1987
Handlung: Man feiert Weihnachten, Festessen bei den Verwandten, Schlittschuhlaufen, Silvester, Aprilscherze. Lisa bekommt ein kleines Lamm, Olle hat einen losen Zahn. Lisa und Inga passen auf Kerstin auf und wollen von zu Hause ausreißen.

Weißt du was, Onkel Melcher?

Kaum hat die 17-jährige Reporterin mit ihrer Freundin im Juli 1925 den Garten der berühmten Ellen Key betreten, da fällt ein riesiger Hund über die beiden her. Sobald etwas in seine Nähe kommt, schnappt seine sabbernde Schnauze zu wie ein Fuchseisen. Gerade als er das Bein der Begleiterin erwischt hat, erscheint die betagte Ellen Key auf ihrem Balkon. Im lose hängenden Unterkleid herrscht sie die beiden jungen Frauen an: »Was wollen die Mädchen?« Als sie das Blut entdeckt, wird sie nachgiebig. Gnädig senkt sie ihre Stimme, winkt die ungebetenen Gäste zu sich und befiehlt der Siebzehnjährigen: »Knöpf mir den Unterrock zu.« Unterdessen verarztet die Haushälterin das Bein der Freundin.

Stotternd versucht die junge Reporterin den Besuch zu erklären. Seit dem letzten Herbst arbeitet sie als Volontärin bei *Wimmerby Tidning*. Für 60 Kronen im Monat liest sie Korrektur, schreibt kurze Meldungen und ist als Reporterin unterwegs. Zum Beispiel hat sie über die Einweihung der Eisenbahnstrecke von Vimmerby nach Ydre berichtet. Kurz zuvor hatte sie eine mehrtägige Wanderung unternommen, deren Erlebnisse sie in drei Reportagen zum Thema »Auf der Walze« verarbeitete.

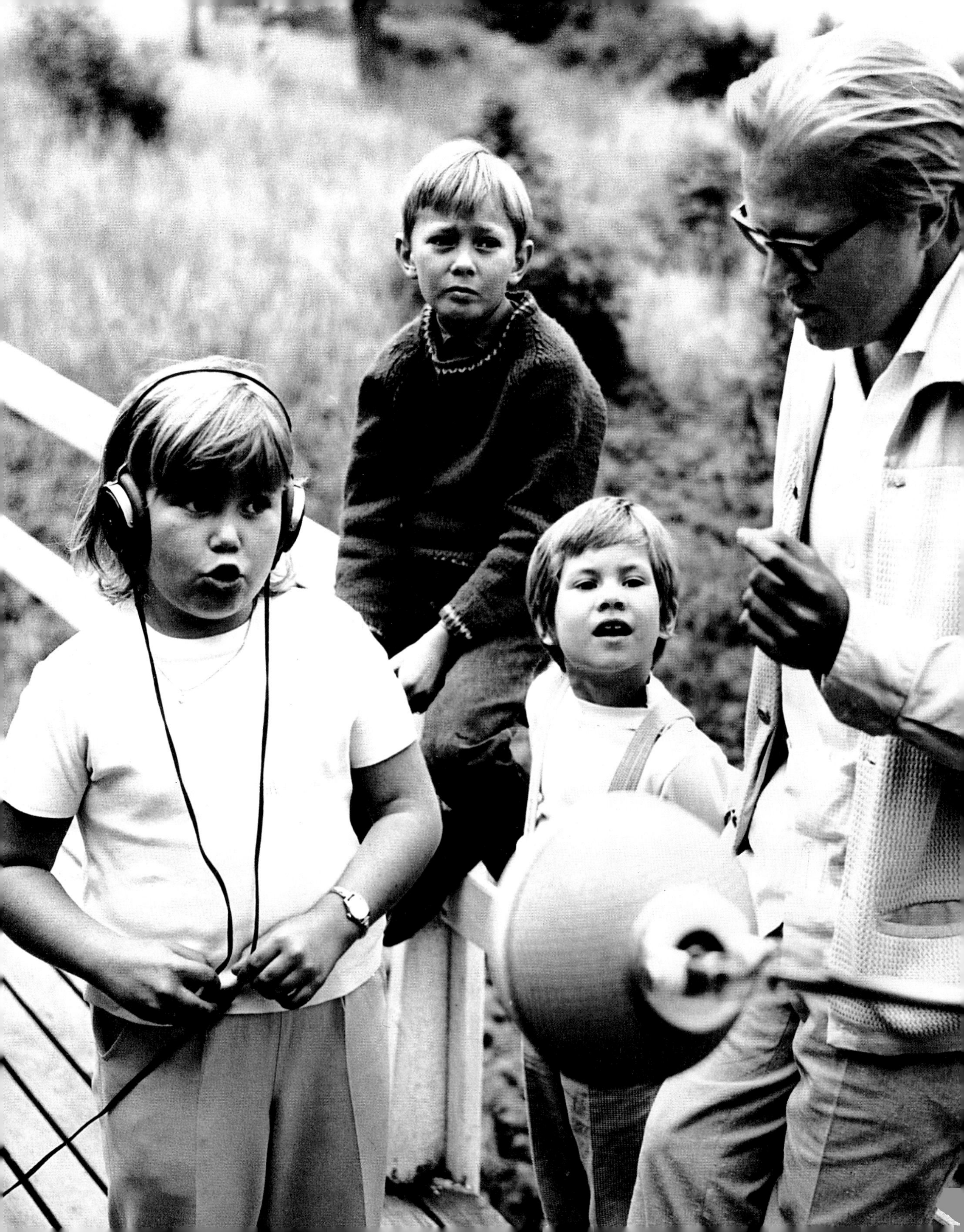

Diese Begegnung zwischen Ellen Key und Astrid Lindgren wird in die Literaturgeschichte eingehen: Die alternde Pädagogin und Frauenrechtlerin trifft auf die junge, noch unbekannte småländische Bauerstochter und zukünftige Geschichtenerzählerin von Weltruhm.

Doch das ist längst nicht alles.

Zu welcher Hunderasse gehörte der Riese, der vor lauter Übermut Astrid Lindgrens Begleiterin angefallen hat? Wie hieß die Haushälterin? Und welcher Spruch hing, säuberlich gestickt, in Ellen Keys Flur an der Wand?

Na, hätten Sie's gewusst?

Die richtigen Antworten lauten: Bernhardiner, Malin und »Dieser Tag ein Leben«, Worte des Dichters Tomas Thorild aus dem 18. Jahrhundert, in denen vermutlich ein Teil der Lebensphilosophie Astrid Lindgrens enthalten ist.

Und damit sind wir schon auf Saltkrokan gelandet …

Oder besser gesagt auf Norröra, wie die Insel in Wahrheit heißt. Norröra, der – neben ein paar Hektar Tannenwald und Acker – von der Eiszeit geschliffene Felsen in den wunderschönen Stockholmer Schären, dieser »zu Gulasch zerhackten Landschaft«, wie es der schwedische Schriftsteller Hjalmar Söderberg ausdrückte.

Astrid Lindgren, die sich mittlerweile als Bürokraft und Stenografin in Stockholm verdingte, war schon bald der wilden, wehmütigen Schönheit der Schären verfallen. Hier, drei Stunden Dampferfahrt von Stockholm entfernt, lag das Sommerhaus ihrer Schwiegereltern. Vor einem alten roten Bootshaus vertäut lag das Segelboot der Familie Lindgren, das den Namen »Saltkrokan« trug. Für die naturliebende Bauerstochter aus Småland war dies sicherlich genau der richtige Ort, an dem sie nach Herzenslust die Sommerfrische genießen konnte.

Viele Jahre später sollten schwedische Kritiker die »unrealistische, stereotype Idylle« der Fernsehserie bemängeln, in der Angst, Gewalt und das Böse ebenso ausgeblendet waren wie zankende Eltern und andere Probleme. Doch Astrid Lindgren hat *Saltkrokan* zeitlebens damit verteidigt, dass sie darin die Idylle eines Kindheitssommers beschrieben hat.

Am Ende des ersten Abschnitts hält Melcher eine unglaublich schöne, tiefsinnige Lobeshymne auf den Sommer, der nur zum Wohle des Kindes geschaffen wurde. Der Sommer gilt hier als die Zeit, in der das Kind noch Kind sein darf. Er ist wie ein geheimer Raum, der Erwachsenen nicht mehr zugänglich ist.

BEINAHE HÄTTE ES gar kein Saltkrokan gegeben! Olle Hellbom sollte nämlich eigentlich *Eremitkräftan*, den Romanerstling des schwedischen Autors Sven Delblanc, verfilmen. Das Projekt war schon unter Dach und Fach. »Warum Olle den Film nie gemacht hat, ist bis heute unklar«, erzählt Hellboms Sohn Jan. »Sonst wäre aus *Saltkrokan* nie etwas geworden und aus den anderen Lindgren-Verfilmungen auch nicht. Papas Karriere hätte sicher ganz anders ausgesehen. Denn *Eremitkräftan* ist eine äußerst existenzielle Geschichte, so weit entfernt von einem Kinderfilm wie nur möglich. Ich weiß, wovon ich rede, weil ich selbst gerade dabei bin, ihn zu verfilmen.«

ASTRID LINDGREN hatte ihr Segelboot »Saltkrokan«, ein Mälar 30, ihrem Verlagsleiter Hans Rabén abgekauft. Als Tjorven & Co sie in ihrem Sommerhaus in Furusund besuchten, zeigte sie auf eine kleine Jolle, die direkt daneben lag, und scherzte darüber, dass sie »Syltkrukan« (Marmeladentopf) hieß.

In Melchers Worten steckt zweifellos eine gehörige Portion Astrid Lindgrens eigener Lebensphilosophie. Bald beginnt das harte, unbarmherzige Leben der Erwachsenen, noch aber hat man Zeit zum Spielen, zur Insel Kattskär hinüberzurudern, nach Wracks zu tauchen oder für 25 Öre Kaninchen zu kaufen und sich darüber kaputtzulachen, wie der Tollpatsch Melcher Wespen verscheucht.

Dabei war *Saltkrokan* gar nicht so sehr Astrid Lindgrens Herzensangelegenheit, sondern eher die von Olle Hellbom. Vielleicht wollte sich der Regisseur damit die Kindheit erschaffen, die er niemals hatte. Anstatt sich seinen Traum zu erfüllen und Schmetterlingssammler zu werden, musste er sein krankes, widerspenstiges Bein ruhig halten und seine Freunde mit der Schmetterlingsjagd beauftragen. Sein Regietalent hat sich also schon früh abgezeichnet.

Ebenfalls ein großes Interesse am *Saltkrokan*-Projekt hatte der Produzent Olle Nordemar. »Eines Tages meinte Nordemar zu mir, ich hätte ihm doch versprochen, einen Film für ihn zu schreiben, der in den Schären spielt«, erzählte Astrid Lindgren. »An das Versprechen kann ich mich nicht erinnern. Jedenfalls hätte ich mir im Traum nicht 13 Folgen vorgestellt!« Mit der international geläufigen Zeitschiene von dreizehn Wochen hat man mit *Saltkrokan* also schon früh auf einen Auslandserfolg spekuliert.

Saltkrokan ist die einzige Lindgren-Erzählung, die direkt für das Fernsehen entstand. Der Titel stammt also von einem Segelboot, aber auch von einer Insel weiter südlich in den Stockholmer Schären. »Eine unbewohnte kleine Felseninsel, völlig ab vom Schuss«, wie es in einem Zeitungsartikel hieß. Davon hatte Olle Hellbom allerdings noch keine Ahnung, als er mit dem Hubschrauber über die Inselwelt flog, um nach einem geeigneten Drehort Ausschau zu halten, den er mit Tjorven, Skrållan und Melcher bevölkern konnte.

Ja, diese Tjorven. Die Darstellerin der Malin, Louise Edlind-Friberg, ist davon überzeugt, dass Astrid Lindgren anfangs einen kleinen Jungen als Tjorven im Kopf hatte: »›Tjorv‹ kommt von ›korv‹ [dem schwedischen Wort für ›Wurst‹, AdÜ]. Ich glaub, das ist småländisch. Jedenfalls hatte man einen dürren kleinen Kerl im Kopf.«

Doch auch in diesem Fall haben die Figuren ein Eigenleben. Als Tjorven in den Schären Gestalt annahm, wollte sie auf keinen Fall ein Junge sein. Für die Rolle hatte man Kristina Jämtmark ausgewählt, eine zahnlose Fünfjährige, die alle mit ihrem sinnlosen Redefluss umgarnte. Dürr war sie zwar, aber war sie wirklich die richtige Tjorven?

ONKEL MELCHER versuchte vergebens, die Wespen im Schreinerhaus auszurotten. Ob das Vorbild dafür Olle Hellboms eigener Vater war? In seinem Sommerhaus auf der Schäreninsel Mörkö wollte der Künstler Emil Hellbom ein Wespennest ausheben, wurde von den Wespen angegriffen, fiel von der Leiter und brach sich die rechte Hand. Den restlichen Sommer über musste er seine Bilder mit links malen. Olles Bruder fand, dass die mit links gemalten Bilder gelungener waren als die rechtshändigen.

TJORVEN KAM EIGENTLICH aus Lappland. »In den fünfziger Jahren hatte meine Mutter eine Haushaltshilfe, die Gerda Nordlund hieß und aus Jokkmokk kam«, erzählt Astrid Lindgrens Tochter Karin Nyman. »Und Gerda hatte eine Nichte, die Tjorven genannt wurde, was Mama einen lustigen Namen fand. Ich bin also ganz sicher, dass sie ihn daher hat.«

Laut Drehbuch war Tjorvens richtiger Name Karin Maria Eleonora Josefina Grankvist. Und ihre Schwestern Teddy und Freddy waren eigentlich auf die Namen Teodora und Frederika getauft.

BOOTSMANN VERURSACHTE dem Filmteam eine ganze Reihe Probleme. Mit seinem Schnarchen hielt er nachts die Kinder wach. Außerdem dauerte es sechs Stunden, bis sein dichtes Bernhardiner-Fell getrocknet war, wenn er in einem unbeaufsichtigten Moment ein Bad im Meer genommen hatte. Angst vor Kühen hatte Bootsmann auch und Tjorven verfolgte er auf Schritt und Tritt, bis es ihr manchmal zu viel wurde und sie rief: »Sperrt den Hund ein!«

Weil anfangs niemand so richtig mit dem Hund vertraut war, übernahm es Olle Hellbom, Bootsmann einzugewöhnen. Abends schlossen sich die beiden in einen Schuppen ein. Morgens wankte der Regisseur schwer mitgenommen und mit roten Augen heraus. Bootsmann hatte die ganze Nacht über gefurzt! Als Hellbom es nicht länger aushielt und die Tür zum Lüften öffnen wollte, war der Hund ausgerissen. Das Thermometer stand auf 29 Grad minus. Hellbom hatte beinahe Frostschäden davongetragen, als er sich mit seinem lahmen Bein durch den Schnee schleppte.

Am nächsten Tag hielt er die Whiskeyflasche ganz dicht an seinen zitternden Körper und murmelte: »Sind die Rollen nicht umgekehrt? Sollen nicht Bernhardiner Menschen aufspüren?«

»Sie war eine total ulkige Figur«, erinnerte sich Olle Hellbom. »Doch dann kamen mir Zweifel. War sie für eine solche Rolle nicht noch zu klein? Wir wollten sie so gerne dabeihaben, aber … Na, und dann kam Maria Johansson, und alles war klar. Wenn sie ihren Dialog sprach, hatte das eine ganz andere Wirkung. Aus der Zahnlosen wurde dann Stina, für die Astrid noch schnell eine Rolle ins Drehbuch schrieb.«

Zweifellos ein Geniestreich! Denn die knuddelige Sechsjährige, die nun mit roten Wangen und glänzenden Augen auf den Plan trat, war eine der besten Entdeckungen in der schwedischen Filmgeschichte.

»Ich war mir ganz einfach sicher, dass ich die Rolle bekomme. Schließlich wollte ich sie haben. Mir war die Konkurrenzsituation gar nicht klar«, erzählt Maria Johansson aus Stockholm, die schon als Dreijährige in einer Kindertheatergruppe mitgespielt hatte. Sie war fröhlich, hellwach, schlagfertig und strahlte eine angeborene Selbstsicherheit und Würde aus. Im Nu hatte sie sich mit dem Kameramann Kalle Bergholm angefreundet und ihren Anspruch auf seinen roten Stuhl geltend gemacht.

Tjorvens Freund Pelle wurde vom achtjährigen Stephen Lindholm gespielt. Er weiß noch, wie man über die Fernsehnachrichten Kinder dazu aufrief, sich für eine Rolle in der geplanten Serie *Ferien auf Saltkrokan* zu bewerben. »Ich habe meine Mutter überredet, meine Bewerbung einzuschicken. Plötzlich meldete man sich und wollte Probeaufnahmen machen. Es ging um kurze Szenen und Dialoge wie ›Meine Großmutter hat einen Papagei, der sagen kann: Zum Kuckuck mit dir!‹ Anscheinend lief es gut, denn ich war bis zur letzten Runde dabei. Dann wurde ich krank und bekam Fieber. Meine Mutter wollte mich nicht fahren lassen, aber ich hatte mich entschieden. Ich wollte wirklich Pelle sein!

Aber dann sollten wir eine Szene drehen, in der ich Malin umarme. Weil ich gerade von Mädchenbazillen gehört hatte, wehrte ich mich mit Händen und Füßen. Als ich nach Hause kam, hab ich es Mama erzählt, die nur meinte: ›Aber dir ist doch klar, dass du dann nicht Pelle sein kannst?‹ Mist, ich begriff, dass ich mich ordentlich blamiert hatte. Als Mama weg war, rief ich selber Olle Hellbom an. Er war überrascht, sagte dann aber: ›Schön, dass du anrufst. Weißt du, wir sitzen hier und haben uns überlegt, dass wir dich so gern als Pelle hätten.‹ Ehrlich, ich bin vor Freude die Wände hochgegangen, bis meine Mutter nach Hause kam.«

Von Anfang an wurde ein hohes Arbeitstempo vorgelegt. In einem Interview erklärte Astrid Lindgren, sie wolle sich »beeilen, bevor die Umwelt von Kunststoffbooten und anderen so genannten technischen Errungenschaften zerstört wird«. Binnen dreier Monate hatte man alle Rollen besetzt und das Filmteam fuhr in die Schären, um die Winterszenen für die Folgen 9 und 10 zu drehen, nämlich eine Fuchsjagd und einen Weihnachtsmann auf seinem Schlitten. Olle Nordemars Wochenendhaus in Svavelsö wurde zum Hauptquartier, was praktisch und billig zugleich war. Der Regisseur Olle Hellbom sah in seinem gefütterten Nappaledermantel und seiner riesigen Pelzmütze aus wie ein Polarforscher.

»Es war saukalt«, erinnert sich Stig Hallgren, der die Winterszenen filmte. »Bei der Schlittenfahrt herrschten garantiert 25 Grad unter null. Zwischendurch mussten wir immer mal wieder die Kinder aufwärmen.«

Stephen Lindholms erste Erinnerung fällt handfester aus:

»Man fuhr uns in einem Minibus hin und ließ uns in einer Schneewehe aussteigen, woraufhin als Erstes ein riesiger Hund auf mich losschoss, seine Vorderfüße auf meine Schultern legte und mich geradezu in den Schnee *hineindrückte*. So etwas Riesiges hatte ich noch nie gesehen. Das war Bootsmann ...«

Besser gesagt Caesar, wie der 90-Kilo-Hund in Wirklichkeit hieß. Er war ausgewachsen und stark wie sechs Männer. Möglicherweise ist der Name »Bootsmann« aus Astrid Lindgrens Unbewusstem aufgetaucht, wie »Malin« und »Dieser Tag ein Leben«. In Vimmerby gibt es nämlich einen Båtsmannbacken, und neben der damaligen Redaktion von *Wimmerby Tidning* liegt ein Hof, der an die Grankvists, Tjorvens Familie, denken lässt: Grankvistgården.

»Bootsmann war ein echt lieber Hund, aber er hat unglaublich gesabbert«, erinnert sich Stephen. »Jeden Abend drehte er zehn Runden, kippte dann wie erschossen um und fiel in Tiefschlaf. Einmal gab es ein Tauziehen zwischen Bootsmann und sechs Leuten vom Filmteam. Die sechs klammerten sich an das Tau, fielen aber um wie Kegel. Tjorven hatte Bootsmann im Griff, weil sie Trockenfisch in ihren Taschen hatte.«

Die übrigen Tiere kamen vom Emmyra Gård bei Söderhamn. Stephen Lindholm erinnert sich, wie aufregend es war, als der Naturfilmer Johan Wiklung mit riesigen Käfigen ankam, in denen es kratzte und wuselte.

»Einmal durften wir zu seinem Hof fahren, aber da wurde ich von

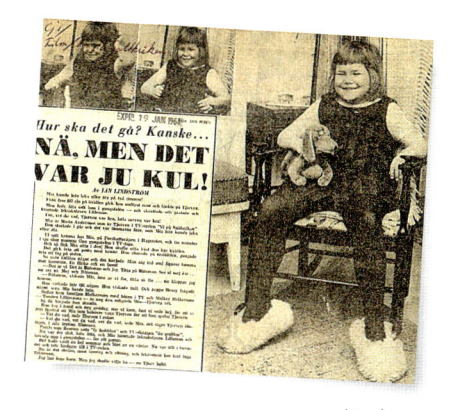

SIE KAM WIE EIN WIRBELWIND *und in der Hand hielt sie ihren Plüschhund. Als die Fernsehserie 1964 ausgestrahlt wurde, war Maria Johanssons Popularität als Tjorven nicht zu überbieten. Sie war zwar erst sechs Jahre alt, aber schon eine talentierte Schauspielerin.*

BEIM VORSPRECHEN im Königlichen Dramatischen Theater stolperte Torsten Lilliecrona über einen Teppich. Die Jury brach in dröhnendes Gelächter aus, aber der angehende Onkel Melcher rief: »Still!« und trat noch einmal auf. Schnell hatte er den Spitznamen »Der Faule« weg, nachdem er einen Extrajob als Lagerarbeiter angenommen hatte, aber schon nach drei Tagen wieder aufhörte.

RECHTS: Die Winterszenen entstanden auf der dicken Eisschicht vor dem Kastell von Vaxholm, weil der Produzent Olle Nordemar (in der hellen Jacke) es unnötig fand, mit dem Eisbrecher bis Norröra herauszufahren. Maria Johansson hatte alle Hände voll zu tun, sich um Caesar zu kümmern oder Bootsmann, wie er seitdem heißt. Mit Trockenfisch konnte sie den 90 Kilo schweren Hund überallhin locken. Jedenfalls beinahe.

einem Pferd gebissen. Das Biest hat mir seine Zähne in den Arm gehauen. Das hat das Kaninchen übrigens auch gemacht. Die Fuchswelpen haben mich gekratzt. Ich war zwar, wie Pelle, Tierfreund, aber nicht so extrem. Ich habe beim Angeln durchaus einen Wurm an den Haken gehängt und bin auch nicht der Meinung, dass Wespen so überaus nett sind.«

Der Fuchs, den wir im Winter die Hühner stehlen sehen, war zwar zahm, aber am Drehort in Roslagen hat er sich nie blicken lassen. »Da war weit und breit kein Fuchs«, erzählt der Bauer Göran Andersson auf dem Hof Veda in Väddö – wo man auch die erste *Bullerbü*-Version gedreht hat. Man hat einfach erst den Fuchs in seinem Auslauf in Söderhamn aufgenommen, anschließend den Jäger, wie er zu den Tannenzweigen hinüberspäht, die man in den Schnee vor Vedas Scheune gesteckt hatte, um dann alles zusammenzuschneiden.

Und die zweibeinigen Darsteller?

Na, die waren auch eine ganz lustige Mischung aus jungen Hühnern und alten Hasen.

Torsten Lilliecrona (Melcher) hatte bereits 1926 als Fünfjähriger sein Debüt im Radio absolviert. Bengt Eklund (Tjorvens Vater), sein Kollege am Königlichen Dramatischen Theater in Stockholm, war aus Ingmar Bergmans Film *Die Zeit mit Monika* (1953) bekannt und beliebtes Titelmotiv von Filmzeitschriften. Eva Stiberg (Tjorvens Mutter) hatte in Gustaf Molanders Film *Eva* (1948) mitgespielt, der nach einem Drehbuch von Ingmar Bergman entstand.

Die Darsteller von Teddy, Freddy, Johan und Niklas hatte man aus sage und schreibe 7000 Bewerbern herausgefiltert. Auch Astrid Lindgrens langjährige beste Freundin Elsa Olenius, die selber ein Kindertheater betrieb, vermittelte der Filmcrew begabte Darsteller. Mit den Kindern machte Olle Hellbom immer einen kleinen Test: »Beschimpf mich und sag, dass ich ein Dreckskerl bin.« Wer sich das nicht traute, wurde gleich wieder nach Hause geschickt.

Daneben sieht man in *Saltkrokan* ganz normale Schärenfischer, alte Omas, Kinder, Ruderboote, Treibnetze und den alten Dampfer »Valkyrian«, der eigentlich kurz vor der Verschrottung stand, aber nun noch einige Sommer lang als »Saltkrokan I« Aufschub erhielt.

»Und Heringsmöwen«, sagt Stephen Lindholm. »Der Kameramann Kalle Bergholm war völlig vernarrt in Heringsmöwen. In jeder Einstellung sollten sie zu sehen sein. Er hat dafür extra Fische ins Wasser geworfen. Oft mussten wir wegen der elenden Möwen mit dem Dreh warten.«

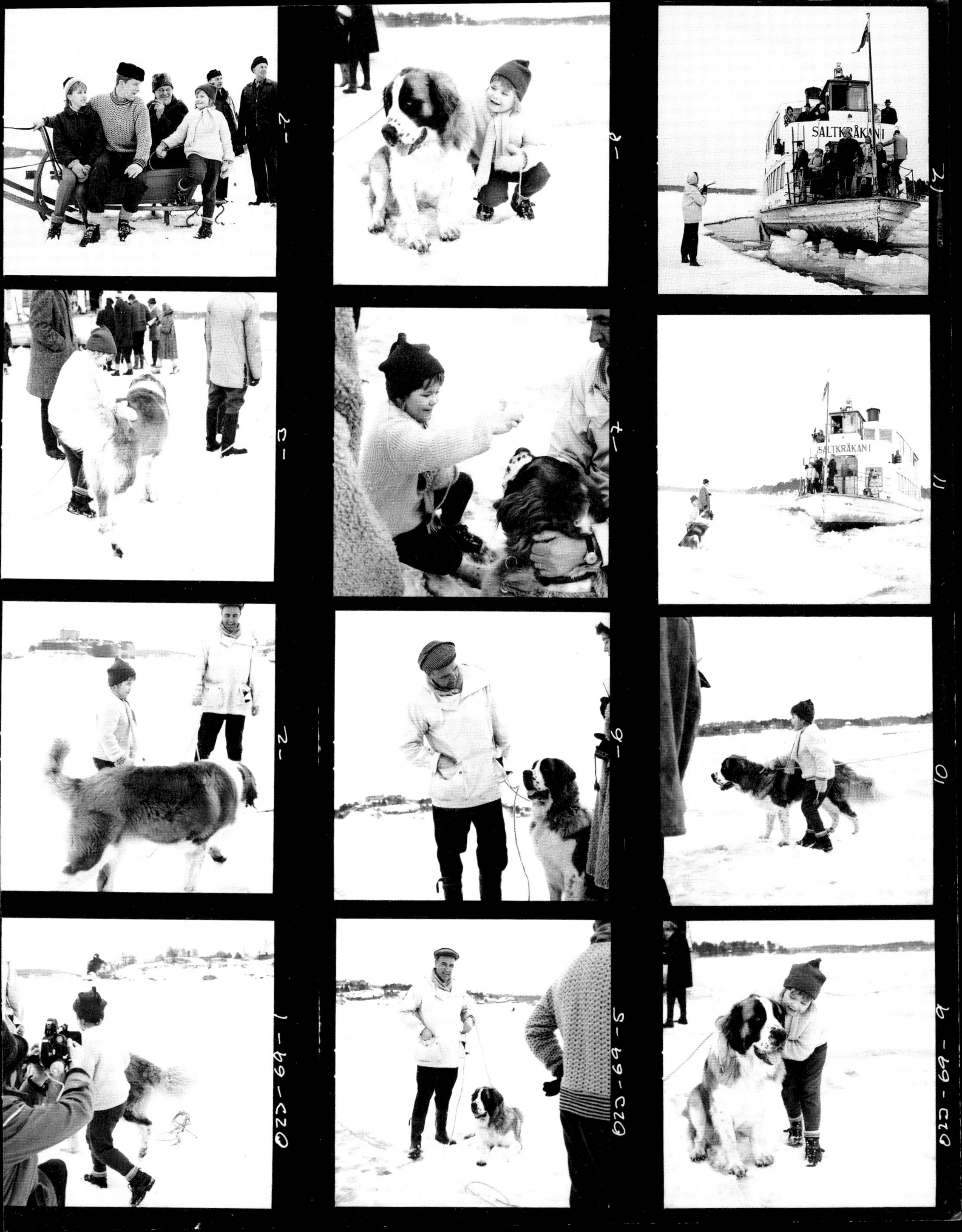
SALTKRÅKAN I
SALTKRÅKAN I

KALLE BERGHOLM, der Kameramann, bekam im Nachhinein viel Kritik von seinen »künstlerischen« Kollegen, die seine Aufnahmen platt und postkartenhaft fanden. »Man fand ihn altmodisch, aber in Wahrheit hat Kalle einen Superjob hingelegt«, meint der Kameramann Bo-Erik Gyberg. »Die Fernseher hatten damals eine schlechte Farbtoleranz, sie kamen ganz einfach nicht mit großen Kontrasten zurecht. Und das hatte Kalle total im Griff. Er wusste genau, was man brauchte, damit die Bilder auf allen Apparaten gut rüberkamen. Er war ein Held.«

ALS ASTRID LINDGREN das Drehbuch zu *Saltkrokan* schrieb, war ihre Enkelin gerade auf den Namen Malin getauft worden. Anfang der sechziger Jahre war dies kein häufiger Vorname, doch ein paar Jahre später erfreute er sich – dank *Saltkrokan* – großer Beliebtheit.

»STINAS« LIEBLINGSSPRUCH »Bei uns in der Straße, da ...« und andere Lügenmärchen hatten ihr in Wirklichkeit die Darstellerinnen von Teddy und Freddy als Gutenachtgeschichten erzählt. »Ich war so klein, dass ich die ersten Abende auf Norröra weinte«, erinnert sich Kristina Jämtmark alias Stina. »Ich hatte wohl nicht richtig begriffen, dass Mama und Papa bei den Dreharbeiten nicht dabei sein würden. Um mich zu trösten, haben mir Teddy und Freddy Geschichten erzählt. Die hab ich dann ungefähr eine Million Mal dem gesamten Filmteam erzählt. Ich war nämlich genauso eine Nervensäge wie die Stina im Film. Am Ende reichte es Olle Hellbom und er sagte: ›Vielleicht hört das Gör endlich auf, wenn wir die Geschichten in den Film schreiben!‹«

In dem Gewimmel aus Profis und Amateuren, Kindern und Erwachsenen, Hunden und Heringsmöwen fühlte sich eine trotzdem als Außenseiterin: »Ich war die Einzige, die weder Kind noch Erwachsene war. Deshalb war ich sehr unsicher. Und weil ich nie eine Zeitung zu Gesicht bekam, wusste ich nicht, ob ich gut genug war. Ich hatte das Gefühl, für das Filmteam nur eine verwöhnte Tussi aus Östermalm zu sein. Außerdem war Malin ja so makellos und fehlerfrei. Dabei bin ich zwischen Schären und Booten auf Dalarö groß geworden. Ich hab sogar freiwillig die Klotonnen ausgeleert, nur um zu zeigen, dass ich keine Oberschichtstussi war«, erinnert sich Louise Edlind, die aus dem noblen Stockholmer Viertel Östermalm stammt. Mit sieben Jahren spielte sie in einer Schulaufführung einen Hund und vergoss heimlich Tränen, weil sie nicht die Prinzessin sein durfte. In Interviews hat Louise immer erzählt, dass ihre Schwester die Bewerbung für *Saltkrokan* abgeschickt habe, obwohl es in Wirklichkeit ihre Mutter war.

»Der ganzen Familie war es sooo peinlich, dass es Mamas Idee war. Dass sie selber Theaterträume hatte, hätte Mama nie zugegeben. Als die Serie ausgestrahlt wurde, hat Papa sich ruhig im Sessel zurückgelehnt und nur gesagt: ›Am besten war der Hund!‹«

Der Kameramann Stig Hallgren erinnert sich noch, dass er Louise Edlind im ersten Sommer als »anstrengend« empfand: »Sie konnte sich vor der Kamera nicht so gut bewegen. Beim Gehen schraubte sie sich geradezu nach vorn, was echt dämlich aussah. Aber wir bekamen es hin, indem wir sie aus einer anderen Richtung filmten.«

Dass sich Astrid Lindgrens Begeisterung für die wohlerzogene Arzttochter in Grenzen hielt, machte die Sache nicht einfacher, meint Louise Edlind: »Ich weiß, dass Astrid mich eigentlich nicht für die Rolle haben wollte. Malin sollte ja 19 sein und ich war erst 16. Aber die Probeaufnahmen klappten recht gut und Olle muss Astrid wohl überredet haben. Die beiden haben sich voll und ganz vertraut.

Ehrlich gesagt, hat Astrid auf die Figur der Malin nicht gerade ihre Energie verschwendet. Malin war für sie einfach nicht wirklich spannend. Mit Jungen konnte Astrid sich viel besser identifizieren. Guck dir doch an, wie oft ihre Figuren Jungen sind. Ich meine, im Grunde ist nicht einmal Pippi ein Mädchen. Sie ist ja eher ein ... Wesen. Und Pippis Mama ist tot und die von Madita liegt meistens krank im Bett.«

Ja, und was ist Tjorven *eigentlich*?

Es ist vielleicht typisch, dass die kleine naseweise Stina Kleidchen und Spitzen tragen darf, während Tjorven robust in Latzhose und Süd-

OB ER SEINE EIGENE verlorene Kindheit wiederfinden wollte? Olle Hellbom hatte seine ersten Sommer in der Schärenidylle auf Mörkö verbracht, konnte aber nie mitspielen, weil er die meiste Zeit ans Krankenbett gefesselt war. Mit großer Lust und einem Riesenvorrat Zigaretten machte er sich nun an *Ferien auf Saltkrokan*.

wester herumtrabt. Die Hauptfiguren von *Saltkrokan* sind zweifellos Tjorven, Melcher und – zu einem gewissen Grad – Pelle. Um sie kreist die Geschichte.

Louise Edlind erinnert sich noch gut daran, was sich hinter den Kulissen von Saltkrokan zugetragen hat, welche Diskussionen geführt wurden, wie man lebte, spielte, sich kabbelte und bei den Aufnahmen schummelte. »Olle war der zentrale Punkt, um den sich alles drehte. Damals war er erst um die vierzig, aber in meinen Augen war er ein alter Opa. Er hat einem ein solches Vertrauen eingeflößt. Und er war derjenige, der mich nicht als höhere Tochter verspottet hat. Er war intelligent, warmherzig, voller Humor und ganz bescheiden. Ich weiß noch, wie er auf seinem Stuhl saß. Sein krankes Bein hing schlaff runter, seine Haare waren strähnig, er rauchte die ganze Zeit und hatte sich ein kleines Männchen in die Hand gemalt.«

Manchmal malte er ein Schwein, manchmal eine Katze, die miaute. Als Skrållan im Alter von 21 Monaten auf der Bildfläche erschien, war dies eines von Olle Hellboms Patentrezepten, um sie zum Lachen zu bringen. Und was für Bootsmann der Trockenfisch war, waren für Skrållan die Bonbons, die Olle Hellbom aus seiner Hosentasche zog.

ALS ER WÄHREND DER DREHARBEITEN zu *Saltkrokan* in die Stadt zum Labor fahren sollte, ließ der Kameramann Stig Hallgren aus Versehen ein paar Filmdosen mit frisch belichtetem Material auf dem Autodach liegen. »Aber als ich aus dem Auto stieg, lagen die Dosen noch auf dem Dach. Ich war ziemlich aufgeregt, bevor ich alle Papiere herausgesucht hatte und kontrollieren konnte, ob die Anzahl stimmte. Ich habe mich nie getraut, Olle Nordemar die Geschichte zu erzählen.«

ZWEI KLEINE PRIMADONNEN in einer Drehpause. Vor allem Maria Johansson tauschte zu gern ihre Latzhose gegen Seide und Spitze ein. Kristina Jämtmark wirkt nicht weniger zufrieden, obwohl sie sowieso die meiste Zeit ein Kleid tragen durfte.

Nach jeder Aufnahme bekam die jüngste Hauptdarstellerin der Welt Süßigkeiten. Wenn Skrållan »Isch« sagen sollte, kroch der Regisseur auf allen vieren durchs Gras, biss in einen Löwenzahn und sagte »Isch!«, bis sie ihm das nachmachte. Sollte sie »Bumm!« rufen, ließ sich Olle Hellbom zuerst einen schweren Gegenstand auf den Fuß fallen. Nur als sie mit den Fuchswelpen Floß fahren sollte, setzte er statt Skrållan sicherheitshalber lieber eine Puppe aus Zelluloid auf das Floß.

»Olle hatte ein absolutes Gehör für Kinder. Nur ein einziges Mal fand ich, dass er einen Fauxpas begangen hat. Skrållan sollte traurig sein, weil sie nicht ins Bett gehen wollte. Da ließ er sie erst zu Mittag schlafen und steckte sie danach wieder ins Bett. Was hat sie gebrüllt! Ich weiß noch, dass ich das sehr brutal von ihm fand«, erzählt Louise Edlind.

»Malin« bekam wiederum Ärger, wenn sie eine Drehpause dazu nutzte, sich auf einem Felsen zu sonnen. Schließlich musste ihre Bräune immer gleich bleiben. Auch nasse Haare waren ein Problem. »Tjorven« erzählt, wie wütend sie war, wenn sie beim Baden ihre Haare nicht nass machen durfte. Und »Pelle« erinnert sich noch an Olle Hellboms strafenden Blick, als er von einem Fußballspiel mit einem blauen Auge zurückkam. Er hatte ein Knie ins Auge bekommen.

Hellbom löste das Problem ganz einfach, indem er das blaue Auge mit in den Film schrieb. Pelle sitzt auf dem Dach und soll die Wespen streicheln und sagt dann, dass Wespen zu ihm immer nett seien. Und dann folgt ein Schnitt, worauf man die Schwellung sieht und Pelle »fast immer« sagt.

Es hätte nicht viel gefehlt und die Kinder hätten die Arbeit des Skriptgirls übernommen.

Die Journalistin Inger Marie Opperud, die vor Ort die Dreharbeiten verfolgte, war beeindruckt, dass die Kinder sich genau erinnern konnten, wie in einer früheren Szene eine Mütze gesessen hatte oder welche Strümpfe ein Darsteller getragen hatte. »Sie unterbrachen die Aufnahme und sagten: ›Aber in der letzten Szene hatte ich doch eine Spange im Haar.‹ Das Drehbuch durften die Kinder allerdings nie lesen, ich glaube, das war Olles Taktik. Sie saßen oft auf seinem Schoß, bis er sich die Szene fertig überlegt hatte und sagte: ›Jetzt geht's los!‹ Er entwickelte die Szenen oft spielerisch.«

Der Pelle-Darsteller Stephen Lindholm hat eine ähnliche Erinnerung: »Er saß da, die Beine übereinander geschlagen, rauchte seine Kent und malte komische Muster ins Drehbuch. Er war immer völlig gelassen, selbst wenn um ihn herum alles tobte. Wenn einer der Darsteller nicht in der richtigen Stimmung für eine Szene war, konnte er damit warten. ›Okay, die drehen wir später.‹ Seine Regie bestand beispielsweise darin, dass er etwas über die Szene erzählte und sagte: ›Und dann kommt Melcher rein und sagt das und das, und dann antwortest du: Papa, Papa …‹ Wir spürten den Ernst, aber nie einen Druck. Ich kann mich an keine einzige Streiterei erinnern, auch wenn es sicherlich welche gegeben hat.«

Die Tjorven-Darstellerin Maria Johansson hat erzählt, dass »Onkel Olle« nie laut wurde: »Am liebsten lag er im Gras auf dem Bauch und erzählte, wie er sich die Szene vorstellte. Danach kam ein lautes: ›Daaanke!‹ Das Vertrauen, das er uns Kindern schenkte, war unglaublich.«

Wenn Tjorven trällernd zwischen den Bootshäusern herumspazieren sollte, reichte es, wenn Olle Hellbom zu ihr sagte: »Es wäre gut, wenn du beim Laufen singst.« Und Maria Johansson nickte.

»Darf ich mal hören?«, fragte Olle.

»Nee.«

»Okay.«

Und die Kamera lief.

Maria Johansson hat später betont, dass die meisten Szenen keineswegs nur improvisiert waren, sondern das Ergebnis intensiver Proben: »An meinem Mund kann man erkennen, wie konzentriert ich den Dialog der Erwachsenen verfolge.«

Viele Dialoge wurden nachsynchronisiert. Olle Hellbom hat oft darauf hingewiesen, welche Freiheiten diese Methode mit sich brachte: »Ein erwachsener Schauspieler hat vielleicht acht bis zehn verschiedene Tonfälle auf Lager. Ein Kind höchstens zwei oder drei. Selbst wenn zwischen dem Dreh und der Nachsynchronisation im Studio Monate vergehen, kriegst du das gleiche Ergebnis.«

Von großem Nutzen war Olles kleine Tochter Tove, die mit erst anderthalb Jahren als Kerstin in *Bullerbü* ihr Leinwanddebüt gegeben hatte. Jetzt war sie fünf Jahre alt und ihre Aufgabe war es, als Lichtdouble die jungen Darsteller zu entlasten: »Ich war ungefähr so groß wie Tjorven, Pelle und Stina. Ich musste sie vertreten, wenn die Kameras eingestellt wurden. Und in den Pausen hab ich mit ihnen gespielt.«

Wichtig war auch Olles Frau Birgit, die bei den Dreharbeiten die private Gesprächs- und Sparringspartnerin des Regisseurs war. »Sie war die unentlohnte Frau hinter dem Mann«, erzählt Tove Hellbom. »Sie fuhr die Kinder hin und her, holte Leute ab, kümmerte sich ums

WÄHREND EINES WEIHNACHTSKONZERTS
in Stockholm saß eine schon ältere Astrid Lindgren neben der Kulturjournalistin Maria Schottenius, die erzählt: »Astrid war dünn wie eine Schneeflocke, sang aber aus vollem Halse. Trotzdem war der Dirigent Anders Öhrwall nicht mit uns zufrieden. Wir mussten das Lied wiederholen. ›Seid froh‹, brüllte die Gemeinde noch lauter. Astrid auch. Als das ganze Lied auf das Lauteste fertig gesungen war, flüsterte Astrid mir zu: ›Wenn er jetzt nicht zufrieden ist, kann man ihm auch nicht helfen.‹«

LOUISE EDLIND-FRIBERG *begann politisch unerfahren die Schauspielschule, biss sich an Mao und Che Guevara die Zähne aus und kam zu dem Schluss, dass sie in Wahrheit liberal war. Heute sitzt sie für die schwedische »Folkparti« im Gemeinderat und ist stellvertretende Abgeordnete im Schwedischen Reichstag und im EU-Parlament in Brüssel. Hier führt sie gerade eine Trauung durch.*

Essen und besprach spätabends noch mit Papa, wie man bestimmte Szenen auflösen konnte. Mama war Psychologin, sie verstand Kinder sehr gut. Die beiden haben bestimmt sehr gut zusammengearbeitet.«

Im Nachhinein vermitteln die Dreharbeiten zu *Saltkrokan* den Eindruck einer ungewöhnlich reibungslosen und harmonischen Zusammenarbeit.

Die Produktionsfirma ARTFILM hatte ihren Sitz sogar zeitweilig nach Norröra verlagert. Im Juni lud man kurzerhand das halbe Büro mitsamt Schneidetischen und allem Drum und Dran auf ein Dampfschiff. In einer alten Scheune baute man den Krämerladen sowie die Küche und Stube der Melcherssons nach. Den Schneideraum installierte man im Stall des letzten Inselbauern. Bekam eines der Kinder Heimweh, ließ man einfach die Eltern kommen. In den Drehpausen gab es frisch gefangenen Barsch, freitags ging man in die Sauna und für die Kinder zeigte man *Donald Duck*-Filme. Johan und Niklas bekamen 5 Kronen für jeden Frosch, den sie in den Feuchtgebieten fanden und der als quakendes Requisit in Pelles Tierpark zum Einsatz kam. Mit dem Wetter hatte man Glück, denn die Sonne brach immer im richtigen Moment durch. Regen wurde mit einer Handspritze erzeugt und für Abendaufnahmen benutzte man einfach eine niedrigere Blende. Und Malins Gang sah inzwischen auch viel natürlicher aus.

In alten Zeitungsausschnitten ist nachzulesen, wie Tjorven einen Teller Risotto vorgesetzt bekommt, aber feststellen muss, dass es sich um dieselbe Grütze handelt, die sie am Tag davor dem Wichtel rausgestellt hat. Wir erfahren, dass Pelle in die Tochter des Scriptgirls verliebt ist. Ihr Bild versteckt er unter seinem Kopfkissen – bis Tjorven es aufstöbert! »Wir haben Spaß und es ist wie bei uns im Sommerhaus«, erzählt Tjorven. »Wir baden die ganze Zeit, malen und erzählen uns Geschichten. Wir haben drei Kaninchen, die ab und zu ausreißen, und die müssen wir dann wieder einfangen. Wenn wir filmen, macht es meistens total Spaß. Am witzigsten ist Onkel Torsten, weil er immer so lustige Sachen sagen darf und so viel Quatsch macht.«

Und Astrid Lindgren? Welche Rolle hat sie bei den Dreharbeiten zu *Saltkrokan* gespielt? Sie hat Sahnetorten-Feste organisiert!

Eine Anekdote erzählt davon, wie Stephen Lindholm angelaufen kommt und ruft: »Habt ihr etwa …«, woraufhin Olle Hellbom ihn unterbricht und sagt: »Ruhe, Aufnahme!« Als die Szene im Kasten ist, spricht Stephen den Satz zu Ende: »… die Torte schon aufgegessen?«

Nein, das hatte man nicht, sondern alle bekamen ein Stück ab. Als Erwachsener erinnert sich Stephen angewidert, dass die Torte einen ganzen Tag lang in der Sonne stand, bis die Szene, in der Pelle Namenstag feiert, an die Reihe kam. »Wir drehten die Szene immer wieder, bis die Sahne total ranzig war. Danach konnte ich jahrelang keine Torte mehr essen.«

Jan Hellbom erinnert sich, dass Astrid Lindgren das Team höchstens dreimal besuchte, aber nicht etwa, um sich in die Dreharbeiten einzumischen. »Von wegen! Sie hatte in Furusund Torte gekauft. Das Vertrauensverhältnis zwischen ihr und Olle war enorm. Manchmal rief er sie an und sagte: ›Oje, wir haben den Namen von diesem oder jenem Ort vergessen‹, und da hatte sie sofort die Antwort auf Lager. Oder: ›Wir brauchen eine neue Szene, so und so‹, und sie schrieb blitzschnell eine. Oder: ›Wir mussten das noch mal drehen und es wurde so und so.‹ Worauf Astrid sagte: ›Wunderbar!‹«

In den alten Drehbüchern, die heute im Schwedischen Filminstitut archiviert sind, ist nachzulesen, wie Astrid Lindgren am Anfang recht detaillierte Szenenanweisungen gibt: *Wir sehen Saltkrokan mit den umliegenden Schären in einer fantastischen Luftaufnahme.* Oder über Personen: *Vesterman: ein hartgesottener Kerl aus den Schären, nicht besonders intelligent, aber mit einer gewissen Bauernschläue.* Mit der Zeit aber lässt sie Olle Hellbom immer mehr entscheiden und erlaubt ihm, Dialoge und Szenen zu streichen, die ihm nicht gefallen. Zum Beispiel, dass Familie Melchersson in einer Villa in Äppelviken wohnt. Oder dass Pelle glaubt, Malins Verlobtem sei der Blinddarm geplatzt, weil er »zu viel geschaukelt« hätte. Dass Vesterman droht, Skrållan mit seiner Flinte zu erschießen, wurde vermutlich als zu brutal empfunden, ebenso dass Tjorvens Papa findet, Noah hätte alle Mücken erledigen sollen, bevor er die Arche verließ. Gestrichen wurde auch eine lange Szene, in der Melcher vor Malins Hochzeit seinen Frack anprobiert und Tjorven ihm wohlmeinend mit einer großen Schere die Frackschöße abschneidet.

Stinas Prahlerei ist im Drehbuch stärker ausgeprägt als in der fertigen Fassung. Olle Hellbom strich auch einen alten Mann heraus, »der den ganzen Winter über in seinen Kleidern baden geht«, und eine Frau aus unserer Straße in der Stadt, »die acht Kinder hat und ihnen gleichzeitig die Windeln wechseln kann«.

Melchers Lockruf für Skrållan »Hmmm, lecker Bonbons« schien Olle Hellboms Idee zu sein, ebenso wie die Schlussszene, in der Skrållan Melchers frisch gestrichene Küche mit Farbe voll schmiert.

FERIEN AUF SALTKROKAN – DER VERWUNSCHENE PRINZ
Regie: Olle Hellbom
Produzent: Olle Nordemar
Drehbuch: Astrid Lindgren
Premiere: 24. Oktober 1964
Darsteller: Torsten Liliecrona (Melcher Melchersson), Louise Edlind (Malin), Maria Johansson (Tjorven), Kristina Jämtmark (Stina), Stephen Lindholm (Pelle), Manne Grünberger (Vesterman), Siegfried Fischer (Söderman), Torsten Wahlund (Peter Malm), Björn Söderbäck (Johan), Urban Strand (Niklas), Lillemor Österlund (Teddy), Bitte Ulvskog (Freddy)
Musik: Ulf Björlin
Drehort: Norröra in den Stockholmer Schären
Handlung: Tjorven bekommt eine junge Robbe, die sich in Vestermans Fischernetz verfangen hat. Die Robbe wird Moses getauft. Malin wird von Peter Malm umworben, der eine Robbe an seiner Universität braucht. Pelle lässt Moses frei und bekommt dafür Peters Welpen Jum-Jum. Und Peter bekommt Malin.
Kurioses: Die Robbe Moses hatte eine Schwäche für Ziegenmilch.

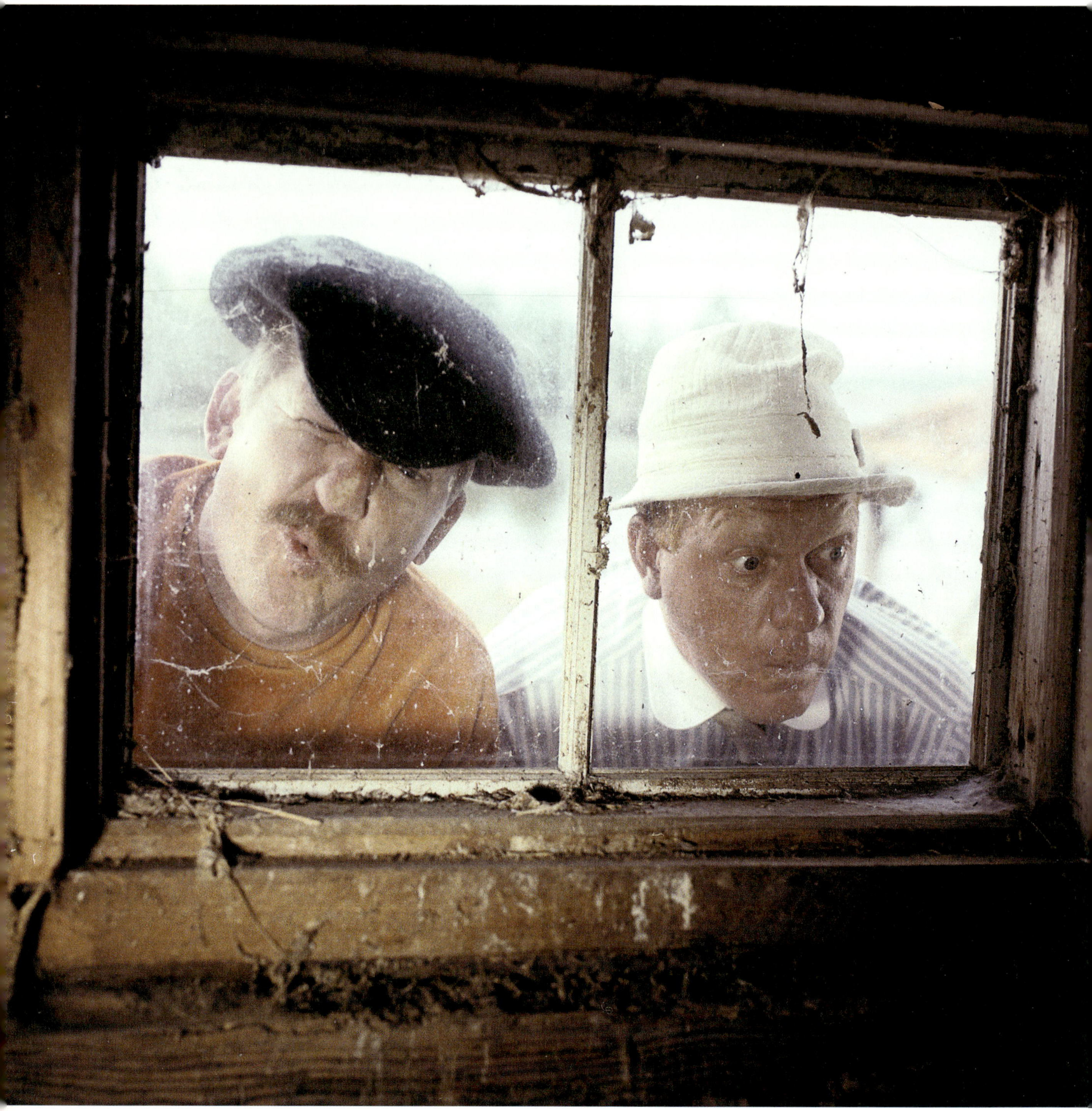

Dagegen hat Astrid Lindgren in *Ferien auf Saltkrokan – Der verwunschene Prinz* vermutlich die Szene hinzugefügt, in der Melcher einen Anleger baut und, als Moses ihm zwischen den Beinen herumwuselt, ins Wasser fällt. Am Rand steht in ihrer typischen Handschrift: *Doch, einen ordentlichen Platscher müssen wir haben!*

Zur Fernsehpremiere der ersten Folge im Januar 1964 machte die Tageszeitung *Expressen* einen Hausbesuch bei der Tjorven-Darstellerin Maria Johansson, die die Journalisten in riesigen Plüschpantoffeln empfängt. Als die ersten Bilder über den Bildschirm flimmerten, rief sie: »Da sind wir! Bootsmann und ich! Guckt euch Bootsmann an! Seht ihr mich? Jetzt seht ihr mich. Mich und Bootsmann!« Und dann flüsterte sie dem Reporter zu: »Bootsmann war so lieb, guck mal, wie lieb der war ... jetzt streichel ich ihn.«

Als Tjorven ihr »Onkel Melcher, weißt du was« sagt, meinte Maria Johansson: »Weißt du was, weißt du was, weißt du was ... das sagt Tjorven andauernd. In allen dreizehn Filmen!«

Tjorven heimste den Titel der »größten Filmpersönlichkeit Schwedens« ein, *Saltkrokan* wurde zur »besten Fernsehsendung des Jahres« gekürt und Torsten Lilliecrona zum »besten Schauspieler«. Im schwedischen Wohlfahrtsstaat war das Saltkrokan-Fieber ausgebrochen.

Louise Edlind-Friberg erinnert sich, wie sie sich plötzlich im Badelaken posierend auf einem Zeitschriften-Cover wiederfand: »Ich hab diese Fotos gehasst! Ich fand mich so dick und hässlich. Erst mit 24 Jahren hab ich mich getraut, meinen ersten Bikini zu kaufen.«

Von wegen! In Wirklichkeit sollte Malin zum Liebling der Schweden werden! Ein Bewunderer schreibt: »Du hast interessante Beine. Können wir uns nicht treffen?« Für viele Männer wurde sie mit ihren weizenblonden Haaren zum Sexobjekt. »Dabei war es gefärbt! In Wirklichkeit war ich aschblond! Man kann sagen, dass ich in jeder Hinsicht eine Unschuld war. Viele Jahre später meinte meine erwachsene Tochter zu mir: ›Mama, hast du nie kapiert, wie viele Typen davon geträumt haben, mit Malin ins Bett zu gehen?‹ Ich war wie vor den Kopf gestoßen, denn daran hatte ich wirklich *nie* gedacht!«

Das erinnert an Maria Johansson, die später erzählt hat, dass ihr nie klar war, wie lustig sie mit ihren runden Wangen und ihrer Latzhose aussah: »Mein Selbstbewusstsein war enorm. Keinen Moment lang hatte ich Selbstzweifel. Ich habe keinen Gedanken daran verschwendet, dass ich dick war. Erst als ich viele Briefe von dicken Kindern bekam, ging mir ein Licht auf. Für sie war ich ein Trost.«

DIE LETZTE SALTKROKAN-VERFILMUNG
Ferien auf Saltkrokan – Glückliche Heimkehr sollte an die Erfolge ihrer Vorgänger anknüpfen.

VOR DEM LETZTEN FILM *Ferien auf Saltkrokan – Glückliche Heimkehr* hatte Torsten Lilliecrona eine Gage gefordert, die absolut das Budget sprengte. Das war von ihm ein bewusster Schachzug, denn er war die Rolle leid. Der Tropfen, der das Fass zum Überlaufen brachte, war, als er eines Abends in Göteborg in *Macbeth* auf der Bühne stand und das Publikum mitten in Shakespeares Drama johlte und rief: »Da kommt ja Melcher!« Außerdem beschwerte er sich augenzwinkernd, dass er nachts nie mit dem übrigen Filmteam zusammensitzen durfte: »Die Kinder sollten ja auf mich geprägt werden. Also musste ich zu Hause sein und ihnen Gutenachtgeschichten vorlesen, anstatt Whiskey zu trinken!«

MEHL UND MILCH waren oft Olle Hellboms letzte Rettung. In den Szenen, als die Familie Melchersson auf Saltkrokan ankommt oder wenn Pippi durch den strömenden Regen reitet, kommt der »Regen« von einer Handspritze. Damit die Tropfen zu sehen waren, hatte man Milch ins Wasser gegeben. Auch ohne Adleraugen kann man erkennen, dass es nur direkt vor der Kamera »regnet«, während es im Hintergrund trocken ist und die Sonne scheint. Und wenn der Schnee bei den Dreharbeiten zu Michel vorschnell taute, behalf man sich, indem man Mehl um die Häuser streute.

»STINA« BEKAM ihren Namen, weil er so ähnlich klang wie »Kristina« – wie die Darstellerin eigentlich hieß. »Astrid schrieb meine Rolle im Nachhinein ins Drehbuch. Auch im Winter hielt sie weiter Kontakt zu uns Kindern. Ab und zu kam eine kleine Postkarte. Im Rückblick sind meine Erinnerungen an Saltkrokan nur nett. Klar haben sich Tjorven und ich manchmal mit Pelle gestritten. Aber ich liebte es wirklich, in meinen Kleidern zu baden und zu fluchen.«

Die Medienaufmerksamkeit, die nun vom Stapel brach, glich einer Massenhysterie. In den Printmedien wurde *Saltkrokan* von allen Seiten analysiert. Den säuerlichsten Ton schlug die Zeitung *Dagens Nyheter* an, die fragte, »ob es im Jahre 1964 keine relevanteren Traumwelten für Kinder gebe«. Wildfremde Leute begrüßten Torsten Lilliecrona mit »Hallo, Melcher«. Im Treppenhaus der Lindholms drückten sich kleine Mädchen herum, die dem Pelle-Darsteller Stephen angelutschtes Eis anboten.

Maria Johansson, die 20 Briefe pro Tag bekam, beschwerte sich, dass ihre Mitschüler ihr so »auf den Rücken hauen, dass ich nicht Seil springen kann«. Dank ihrer Schlagfertigkeit und ihrer markanten Sprüche wurde die Sechsjährige schnell zum Liebling der Journalisten.

Im Mai 1964 bat sie in einem Brief den beliebten Humoristen und Revue-Autor Kar de Mumma um Eintrittskarten für eine seiner Revuen, weil ihre Mutter Geburtstag hatte. In der Vorstellung sollte die Schauspielerin Inga Gill eine Tjorven-Parodie aufführen. Das klang lustig, fand Maria. »Bestell Tante Inga, sie soll nicht nervös sein. Ich finde es ganz einfach, Tjorven zu spielen.«

Für die Beantwortung von Bootsmanns Fanpost erklärte sich Maria zuständig. Obwohl Bootsmann sich zwischen den Dreharbeiten in Östergötland erholte, war die Liebe der beiden ungebrochen. An ihrer Wand hatte sie ein großes Poster von Bootsmann hängen. »Oh, Bootsmann! Der ist so lieb!«, wiederholte sie in Interviews, die nun immer häufiger wurden.

Im dritten *Saltkrokan*-Film bekam Bootsmann allerdings Konkurrenz. Die Robbe Moses war erst einen Tag alt, als man sie per Hubschrauber aus der Ostsee fischte. Aus seinem weißen Babypelz guckte Moses mit großen neugierigen Kulleraugen in die Welt. Er wohnte in einer Kiste und war sehr gesellig. Gierig schlang er seine tägliche Ration von drei Kilo Hering hinunter, dazu einen Cocktail aus Sahne, Ziegenmilch und Öl, und er wuchs in einem Tempo, dass man beinahe zugucken konnte.

Als Moses im Sommer endlich in den Filmstudios von Råsunda ankam, bekam er eine eigene Garderobe mit einem Stern an der Tür. Tjorven kam über den Flur gerast, wich aber zurück, als die kleine Robbe ihr einen Kuss geben wollte.

Bevor der Film unter dem Titel *Tjorven, Matelot et Moïse* beim Filmfestival von Cannes im Wettbewerb lief, gab es in Norrtälje eine Sneak-Preview, bei der Stina dem Publikum in der Pause Witze erzählte. »Was ist blau und springt von Baum zu Baum?« Als einige Tage später Stockholm an die Reihe kam, war der Ansturm enorm! Nur Bootsmann blieb der Premiere fern: Er vertrug das Autofahren nicht.

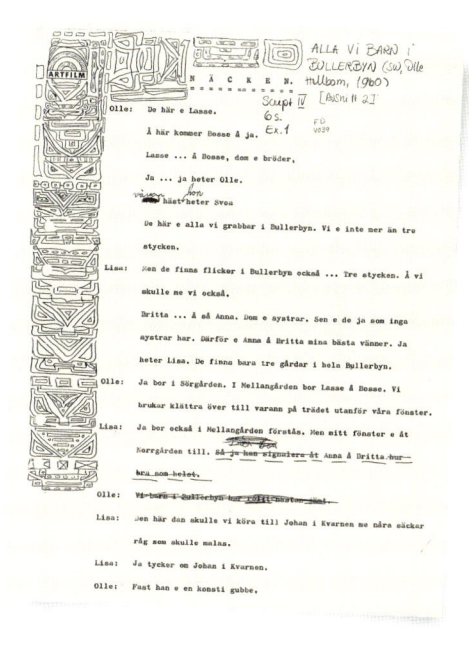

Selbst der damalige König Gustav VI. Adolf kam zur Premiere. Von der Begegnung existieren entzückende Fotos, wie der betagte Regent Tjorven und Stina die Hand schüttelt – der einen im rosa Seidenkleid, der anderen in ihrem üblichen Tjorven-Outfit. »Oh, war ich wütend«, gab Maria Johansson später zu. »Ich hatte mich so auf die Premiere gefreut und auf mein Kleid und die Schleifen. Und dann rief Olle an und sagte, ich solle diese schreckliche karierte Latzhose anziehen, die mir zu dem Zeitpunkt nur noch bis zu den Knien ging, ungefähr.« Aber Maria kannte die Spielregeln. Wenn es um Film ging, hatte Onkel Olle das Sagen und niemand sonst. Tjorven lächelte daher ihr schönstes Lächeln und antwortete artig dem König, als der sagte:

ZWEI KRITZELKÖNIGE *haben sich gefunden! Wenn sie auf Olle Hellboms Block zeichnen durfte, war Skrållan – Kajsa Dandenell – bester Laune. Olle Hellboms Kritzeleien bestanden aus schlangenförmigen Symbolen, die den Rand des Drehbuchs füllten (wie hier zu einem der* **Bullerbü***-Filme). Ab und zu malte er sich in einer Pause eine Katze in die Hand, womit er Skrållan auf Kommando zum Lachen brachte.*

53

DIE BEGEGNUNG zweier Filmstars. Die Robbe Moses, die man aus der Ostsee gefischt hatte, lebte von Heringen und Ziegenmilch, hatte einen eigenen Stern an der Garderobentür und wurde schnell zum Liebling des Filmteams. Hinter den Kulissen gab es ein Double, das weitaus schlechter gelaunt war. »Ein völliger Dummkopf von Robbe«, sagt Olle Hellbom. »Ich bin froh, dass wir ihn nie einsetzen mussten.«

»Wie schön, dich mal wirklich zu treffen.«
»Ja, schön, dich auch mal zu treffen.«

Der letzte Saltkrokan-Film, *Ferien auf Saltkrokan – Glückliche Heimkehr* (1967), war ein Wettlauf mit der Zeit. Melcher war nicht mehr dabei, Bootsmann war in Rente und in den Körpern der jungen Darsteller spielten die Hormone verrückt. »Der Film entstand im letzten Moment«, erinnert sich Jan Hellbom. »Pelle war im Stimmbruch und Tjorven wuchsen Brüste. Onkel Melcher war nicht einmal mit dabei – man hört ihn zwar, aber es ist Olles Stimme.« Nun spielte Skrållan die Hauptrolle und als Gaststars waren die beliebten Entertainer Hasse Alfredsson und Tage Danielsson in der Rolle der Schmuggler zu sehen.

Den Schauplatz des Schmugglerdramas verlagerte man von Saltkrokan in die äußersten Schären; in Wirklichkeit nach Källskär in den Schären von Gryt in Östergötland. Hasse Alfredsson stieß erst später zu den Dreharbeiten dazu, weil kurz zuvor sein Sohn Mats bei einem Stromunfall ums Leben gekommen war. Hasse war am Boden zerstört, doch als echter Profi riss er sich zusammen und verwandelte sich vor laufender Kamera wie von Zauberhand vom trauernden Vater in den despotischen Schmuggler Rüpel, der seinen trägen Kumpel Knurrhahn piesackt. Auf Astrid Lindgrens Anweisung im Drehbuch, *Als Hasse entdeckt, dass das Boot verschwunden ist, springt er in wahnwitziger Raserei umher*, verwandelte er sich von Kopf bis Fuß in einen wilden Schmuggler.

»SALTKROKAN I«, der Dampfer, der eigentlich Kaminholz werden sollte, aber stattdessen ein Filmstar wurde, wurde später auf Öland zu einem schwimmenden Restaurant umfunktioniert. Mit der Zeit durfte er auf den Seen Vänern und Vättern umherfahren, liegt heute in Jönköping vor Anker und wird nur noch im Sommer benutzt.

54

Die Filmarbeit war wie eine Therapie für Hasse Alfredsson. Mehrere Beteiligte erinnern sich später, dass die Rollen von Hasse und Tage bewusst als Teil der Trauerarbeit gestaltet waren. »Es hieß, das sei ›gut für Hasse‹«, erinnert sich Stephen Lindholm. »Der Tod des Sohnes war die ganze Zeit präsent. Seine Frau war mit dabei, das weiß ich noch, und ich hab sie den ganzen Sommer kein einziges Mal lächeln sehen. Aber Hasse … ja, es schien, als wäre er durch die Trauer übertrieben aufgekratzt. Wir Kinder hatten riesigen Spaß, weil sich die beiden grandiose Spiele ausdenken konnten. Im Nachhinein glaube ich, es ging vor allem darum, die Dämonen zu vertreiben.«

Hasse Alfredsson sagt selber, dass er sich kaum an diesen Sommer erinnern könne: »Ich hatte persönliche Probleme. Welches Jahr war es? Ah ja, ja, ich meine, dass es ansonsten nett war. Die Kinder waren alle total nett. Dieser kleiner Moppel, wie heißt der noch, ah, ja, Tjorven. Sie hat später in einem meiner eigenen Filme mitgespielt, in *Der einfältige Mörder*. Soweit ich mich erinnern kann, haben wir damals aber nie über *Saltkrokan* gesprochen.«

Waren die Rollen extra auf Hasse und Tage zugeschnitten?

»Davon weiß ich nichts. Als Olle Hellbom uns ansprach, stand das Drehbuch schon. Aber klar, es wurde natürlich einiges improvisiert. Selbst heute werde ich von Kindern noch als Rüpel erkannt.«

Ihr habt Zigaretten geschmuggelt?

»Ja, denn es sollte etwas leicht Anrüchiges sein, aber keine Drogen.«

In Wirklichkeit war die Schmuggelware noch harmloser. Jan Hellbom erinnert sich, dass er heimlich ein Paket aufgemacht hat und zu seiner Enttäuschung feststellen musste, dass die »Zigaretten« nur aus Filtern bestanden.

Auch ein Kindheitssommer dauert nicht ewig. Nach fünf intensiven Jahren war das Abenteuer Saltkrokan vorbei. Das Leben wurde wieder Alltag – und trotzdem war nichts mehr, wie es einmal war. Wenn man heute den Schärendampfer Richtung Norröra nimmt, begegnet man keinem majestätischen Bootsmann.

»Meine Tochter hat mich gerade gefragt, ob sie Tjorven und Pelle treffen wird«, erzählt eine Mutter, die gerade auf Norröra angekommen ist. »Ich hab gesagt, das ist höchst unwahrscheinlich. Daraufhin hat mich meine Tochter gefragt: ›Wieso? Sind die tot?‹«

Das frisch gestrichene Schreinerhaus ist jetzt wieder auf Vordermann gebracht. »Jahrelang hat es durch das Dach geregnet«, erzählen

ANFANGS WAR IHR VERHÄLTNIS *etwas angespannt, aber mit der Zeit wurden Astrid Lindgren und »Malin« gute Freunde. »Wir haben uns Briefe geschrieben und uns zu runden Geburtstagen besucht«, erzählt Louise Edlind-Friberg. »Ich weiß noch, dass Astrid Lindgren mich einmal gefragt hat: ›Bist du glücklich, Louise?‹ Ich sagte wohl etwas in der Art von, wenn man nicht unglücklich war, weiß man nicht, was Glück ist. Die Antwort gefiel ihr. ›Das hätte von mir sein können!‹«*

NA KLAR IST DAS PELLE! *Stephen Lindholm erinnert sich gern und mit Wärme an **Saltkrokan**. »Aber es hat Jahre gedauert, bis ich nach der Szene im Garten Torte essen konnte.« Heute ist er Journalist bei einer Gewerkschaftszeitung.*

DAS ORIGINALDREHBUCH verrät, dass Tjorvens Lied »Malins kleine Skrållan« ursprünglich »Malins kleine Pia« heißen sollte.

EVA STIBERG (Tjorvens Mutter) starb 1990 im Alter von 69 Jahren. Bengt Eklund (Tjorvens Vater) starb acht Jahre später, im Alter von 73 Jahren, nachdem seine Karriere ins Schlingern gekommen war. Nach *Saltkrokan* spielte er einen Zirkusdirektor, aber dann forderte sein hektisches Leben seinen Tribut in Form von Krankheiten, Scheidung und einem heftigen Streit mit Ingmar Bergman, der mittlerweile Intendant am Königlichen Dramatischen Theater in Stockholm war. Das Ergebnis war, dass Eklund jahrelang nur kleinere Rollen bekam. Am Ende verließ er das Dramaten, zog sich in seine Wohnung in der Stockholmer Altstadt zurück, rauchte Zigarre und las. Erst als Pelle Berglund einen Schauspieler mit einer enormen Autorität für die Rolle des Alten in *Coq Rouge* 1989 brauchte, tauchte Bengt Eklund wieder aus der Versenkung auf. Sein Blick war immer noch eisblau, seine Repliken punktgenau und sein berühmter Schauspielkollege Stellan Skarsgård sagte später über ihn: »Es ist eine Unverschämtheit, dass dieser Mann seit den sechziger Jahren auf keiner Leinwand zu sehen war.«

seine Besitzer, die Erikssons. »Wir mussten überall Eimer hinstellen, genau wie in der Fernsehserie. Weil das Haus mehrere Jahre vermietet war, haben wir uns nicht darum gekümmert. Jetzt renovieren wir es und finden dabei jede Menge witziges Gerümpel.«

Die Erikssons haben mittlerweile eingesehen, dass ihnen ein Kulturschatz gehört. Kerstin, die Mutter, ist im roten Häuschen aufgewachsen und ihr Sohn Jonas erzählt, dass niemandem klar war, was das Filmteam eigentlich vorhatte. »Es hieß, sie hätten sich ein Haus auf Söderöra ausgesucht, aber dann haben sie bei einem Landgang zufällig unseren Familiensitz entdeckt. Mein Onkel Henry hat als Statist in der Fernsehserie mitgespielt. Er fährt den Dampfer ›Saltkrokan‹. Und Källskär, wo die Kinder die Schmuggler entdecken, ist die Insel Utfredel von meinem Opa, wo er Robben und Wasservögel gejagt hat. Manchmal fahren wir dahin. Es ist ein wunderbarer Ort. Ein Deutscher, der die ganze Serie auf Video hat, kommt jedes Jahr hierher. Letzten Sommer haben wir vergeblich eine Höhle gesucht, die in einer Folge vorkommt. Als er wieder zu Hause war, bekamen wir einen Brief von ihm, in dem er schrieb, dass er die Höhle mit Hilfe des Videos lokalisiert hätte.«

An ein Ereignis aus dem Sommer 1963 erinnnert sich Vater Arvid am besten: Mit einem Mal stand der riesige Bootsmann in der Küche, ging geradewegs auf den einjährigen Sohn zu und beschnupperte ihn. »Er war ungeheuer groß. Mein Sohn hatte kein bisschen Angst, ich aber umso mehr!«

Jahrelang versuchte die Familie das Schreinerhaus vor dem Ansturm der Touristen zu schützen, aber als klar war, dass das Haus Allgemeingut geworden war, eröffnete man unter dem Motto »If you can't beat them, join them« ein Café. Wer höflich darum bittet, darf außerdem einen Blick in das schwedenrote Schreinerhaus werfen, in dem die Zeit stehen geblieben ist. Doch unserer Erinnerung wird ein Streich gespielt.

In der Ecke steht noch Melchers originaler Schreibtisch, aber der Kachelofen ist ein anderer. In der Küche liegen Rohrleitungen frei. Im Garten, wo man einen stabilen Baum für Melchers Hängematte und ausgeklügelte Wasserrinnen erwartet, ist nur noch ein Baumstumpf übrig geblieben. Und die Bucht liegt völlig verkehrt: nicht direkt hinter dem westlichen Giebel, sondern mehrere Kilometer entfernt.

Das liegt daran, dass die Landschaft komprimiert und dem Bildschirmformat angepasst wurde. Dennoch überwiegt der Eindruck, dass sich auf Tjorvens Insel nur wenig verändert hat. Das Schild von

Nisse Grankvists Krämerladen baumelt immer noch in einem Nebengebäude auf Norröra, wo sich heute ein Café befindet.

»Mitte der Achtziger bin ich noch mal rausgefahren, doch der Anblick der Kahlschläge und der Wochenendhäuser für die Stockholmer hat mich traurig gemacht«, erzählt Stephen Lindholm. »Die Sommergäste beschweren sich über Krach, Gestank und Fliegen. Mit der Zeit beschränkt sich das Leben in den Schären auf den Verkauf von T-Shirts und Souvenirs wie am Mittelmeer. Das ist tragisch.«

Heutzutage sieht er sich keine Folge von *Saltkrokan* mehr an, aber das ist keine bewusste Entscheidung: »Sicher, die Siebziger waren eine Zeit, in der alles problematisiert wurde, und ich dachte: Meine Güte, wie oberflächlich! Wie spießig! So völlig ohne Gesellschaftskritik! Heute sehe ich mich eher als Botschafter, denn das waren ja fantastische Sommer! Und die Serie hat sich über die Jahre gut gehalten.«

Seit 1983 arbeitet Stephen Lindholm als Journalist für die Gewerkschaftszeitschrift *Kommunalarbetaren*: »Papa hatte eine Ventilationsfirma und Mama hat bei Marabou in der Schokoladenfabrik geputzt. Typische Arbeiterklasse eben.«

Heute trägt er einen kurzen Bart, hat zwei Töchter, spricht seinen Vornamen »Stefen« aus und sagt, es vergeht keine Woche, in der er nicht erkannt wird. »Die erste Krise, na ja, nicht wirklich Krise, aber ... na ja, als Teenager gab es eine Zeit, wo ich meine eigene Identität gesucht habe, da war Pelle eine Last. Er war ja ein ziemliches Weichei. Ich fand, dass ich viel cooler war. Oder als ich Praktikum bei den Fernsehnachrichten machte, da sind die Zeitungen wieder aufgewacht: ›Pelles Bildschirm-Comeback‹. Das fand ich nicht gut.«

Als er als Nachrichtensprecher bei *Aktuellt* einsprang, hat es angeblich kritische Zuschauerreaktionen gegeben. Manche Zuschauer fanden, dass sie sich nur schwer auf die Nachrichten konzentrieren konnten, weil sie die ganze Zeit an Pelle aus Saltkrokan denken mussten. »Ich glaub nicht, dass diese Geschichte stimmt. Aber nach einer 18-Uhr-Sendung hat der Redakteur Ivo Grenz zu mir gesagt: ›Jetzt lass mal diese Schlafzimmerstimme sein.‹«

Heute sehe ich meine Bekanntheit eher als eine Art Türöffner. Aber nicht so, dass ich im Restaurant anrufe und einen Tisch für Pelle bestelle; das würde kaum klappen. Und manchmal, wenn ich Minister oder andere Machthaber interviewe, Fragen vorbereitet habe, um sie so richtig auseinander zu nehmen, ist alles für die Katz, wenn einer plötzlich sagt: ›Aber zuerst musst du erzählen, wie es war, Pelle zu spielen!‹«

NACH SALTKROKAN *bot man »Malin« – Louise Edlind-Friberg – eine Rolle als Rennfahrerwitwe von Steve McQueens Co-Fahrer in* Le Mans *(1970) an.*

»Am Anfang passte ihnen nicht, dass ich nicht so blond war wie in Saltkrokan: ›Du siehst nicht richtig schwedisch aus.‹ Aber ich bekam die Rolle trotzdem, eine kleine Rolle. Die meiste Zeit saß ich in ›the pit‹, guckte den Typen beim Reifenwechsel zu und sagte Dinge wie: ›Oh, please, darling!‹ und ›It really isn't that bad.‹ Am besten erinnere ich mich noch daran, wie alle vor Steve McQueen buckelten. Er konnte stundenlang 500 Leute warten lassen, weil die Sterne nicht richtig standen. Und Maud Adams bekam nie die Rolle als seine Frau, weil sie größer war als er, das ertrug er nicht. Alle lagen wie Fußabtreter vor ihm am Boden.«

Du auch?

»Äh, ... ja ... äh ... ja, wenn wir eine Affäre hatten, dann dürfte die inzwischen verjährt sein, oder?«

MIT 29 JAHREN *heiratete Maria Johansson Kjell Tovle, mit dem sie die Schauspielschule besucht hatte. Jemand bemerkte lakonisch: »Man weiß, dass man alt geworden ist, wenn Tjorven in die Opernbar kommt und einen Whisky Sour bestellt.«*

NÄCHSTE DOPPELSEITE: *Eine Ferienidylle auf Saltkrokan heute. Die Insel Norröra in den nördlichen Schären vor Stockholm lockt vor allem Familien an. Es gibt auch eine richtige Insel namens Saltkrokan, die etwas weiter südlich in den Schären liegt.*

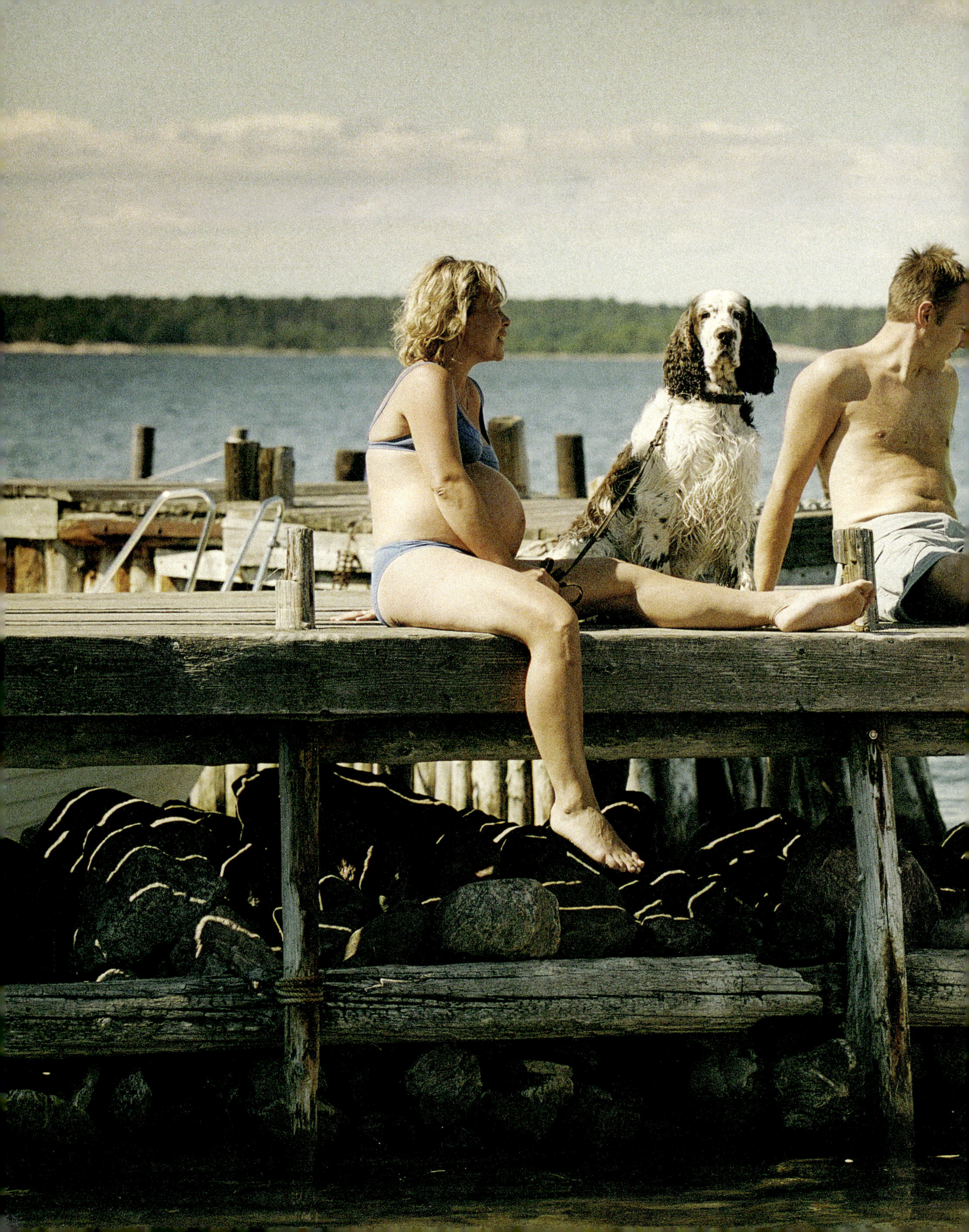

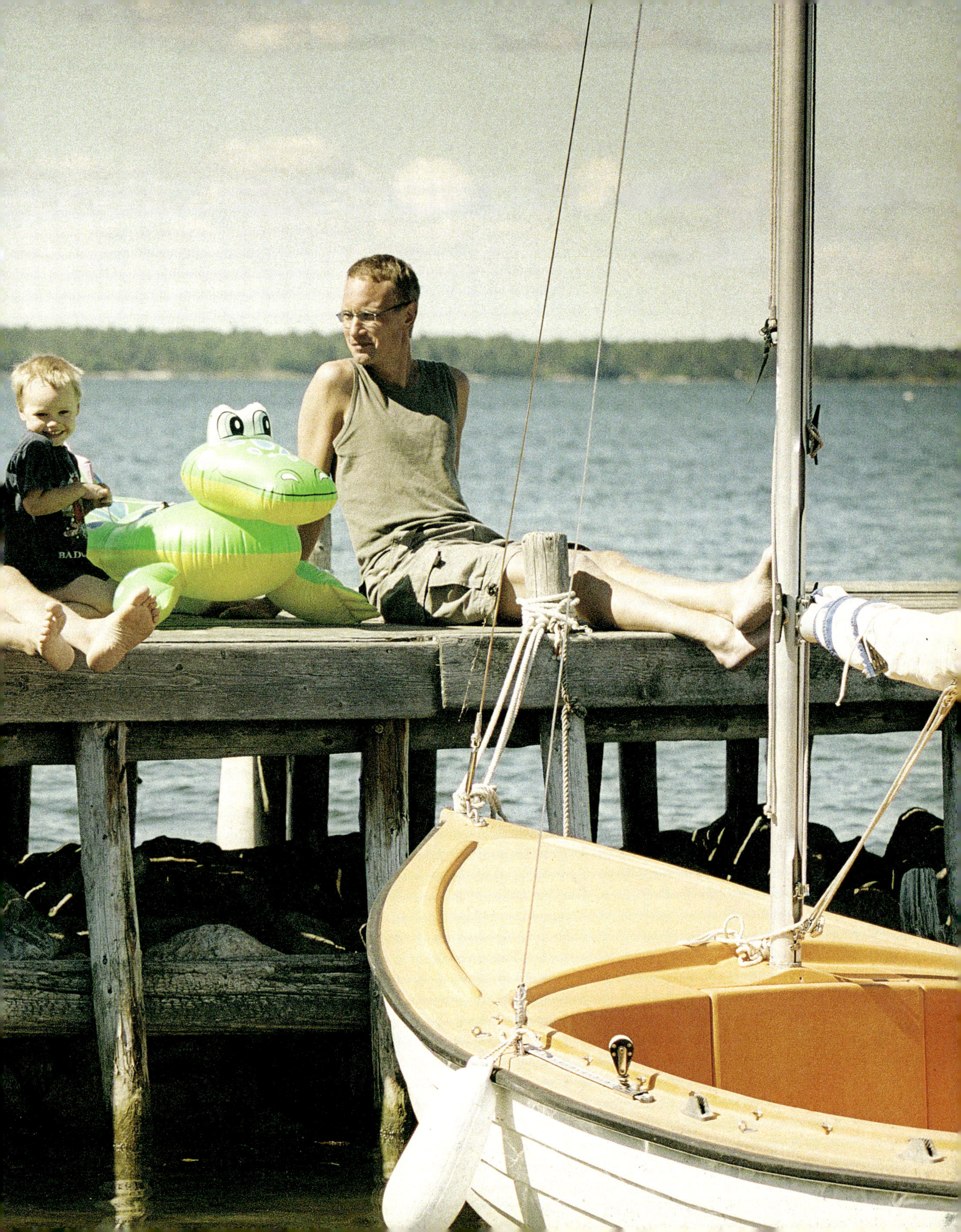

GEFILMT WURDE hauptsächlich auf Schienen. Neben den Schauspielern bestand das Filmteam aus 35 Mitarbeitern. Einmal hat man es sogar geschafft, 42 Szenen an einem Tag abzudrehen. Jeden Tag produzierte man 3 Minuten fertigen Film – und das bei einer Gesamtlänge der 13-teiligen Serie von 6 Stunden und 15 Minuten. Nach der Arbeit spielte man Fußball, begab sich auf Froschjagd, angelte Barsche und sah sich in einer alten Scheune Filme an. Hin und wieder kam Astrid Lindgren zu Besuch und brachte eine Torte mit.

Und was ist mit der Schauspielkarriere? Die hat er sich schon bald aus dem Kopf geschlagen, obwohl er von den jungen Darstellern vielleicht der beeindruckendste war. »Wenn man mit ihm redete, fiel er gar nicht so auf, aber im Bild machte er sich gut«, erzählt der Kameramann Stig Hallgren.

»Ich sehe ja, wie schwierig es für Inger Nilsson und Maria Johansson war«, sagt Stephen Lindholm. »Und Torsten war danach unglaublich verbittert: ›Melcher hat meine Karriere kaputtgemacht‹, hat er manchmal gesagt. Da hätte ich auch landen können. Damals hatte man ja fast den Status eines Rockstars. Auf der anderen Seite mussten unsere Eltern einen Vertrag unterschreiben, dass die Filmgesellschaft die Entscheidung traf, bei welchem PR-Kram wir mitmachten. Man ist sehr behutsam mit uns umgegangen. Ich glaube, man wollte uns schützen.«

Nach ein paar Werbefilmen für Scheuerpulver, Ketchup und Toilettenpapier beschloss Stephen Lindholm, das Gymnasium zu beenden, danach ein Jahr im väterlichen Betrieb zu arbeiten, um dann Journalistik zu studieren. »Ich hab erst als Zwanzigjähriger erfahren, dass man aus Hollywood angerufen hatte, um mir eine Rolle anzubieten. Meine Eltern hatten geantwortet: ›Ums Verrecken nicht!‹ ›Das war doch dumm‹, meinte ich, aber heute bin ich froh darüber.«

Einmal hat er ein Interview mit einer gewissen Maria Johansson geführt. »Da ging es um eine Demonstration, bei der sie mitgemacht hat. Deshalb hab ich Tjorven im Artikel wohl kaum erwähnt.« Aus der knuddeligen Sechsjährigen ist eine attraktive Mutter von zwei Kindern geworden. Heute spricht sie nur ungern über *Saltkrokan*. Um sich ein Bild ihrer weiteren Karriere zu machen, muss man Einzelteile zu einem Mosaik zusammenfügen:

Als Elfjährige hatte sie sich für ihr Honorar von rund 2000 Kronen pro Staffel ein Klavier gekauft. Sie hatte ein eigenes Zimmer, töpferte, war Pfadfinderin und stand auf Popmusik.

Mit vierzehn lud sie die Presse zum Tortenessen in der Badewanne ein, ging ins Jugendzentrum und hörte Led Zeppelin. Sie war gerade auf einer *Pippi Langstrumpf*-Filmpremiere gewesen, wo keiner der Fotografen sie erkannt hatte. »Das war ein doofes Gefühl.« Und dann mit einem Augenzwinkern: »In der Schule sagen sie, dass ich genauso einen dicken Hintern hab wie Tjorven.«

Mit achtzehn machte sie wieder Schlagzeilen, als sie gegen die autoritäre Schulform der Schulbühne von Skara protestierte, dem einzigen Gymnasium im Land, bei dem Theaterspielen auf dem Stundenplan stand. Unter anderem wurden die Schüler und Schülerinnen gezwungen, mitten im tobenden Putzkräftestreik vor dem König aufzutreten.

Ja, und dann jagte ein Rollenangebot das nächste. Maria besuchte die Schauspielschule, jobbte im Königlichen Dramatischen Theater, bekam eine Rolle in der Filmkomödie *Der Gockel*, spielte eine Hure in Brechts *Dreigroschenoper* im Parktheater und die lahme Anna in *Der einfältige Mörder*. Barfuß empfing sie die Presse in ihrer Wohnung auf Södermalm, zwischen verwelkten Topfpflanzen, Zigarettenqualm und Bücherregalen, in denen Shakespeare neben Astrid Lindgren stand. *Saltkrokan* begegnet sie mit gemischten Gefühlen: »Irgendwie war es ... rührend. Dass sich die Leute noch an mich erinnern. Aber als Teenie war es anstrengend. Wollten die Leute nur mit mir zusammen sein, weil ich bekannt war?«

In einem späteren Interview begegnen wir Maria Johansson als

NACH SALTKROKAN *arbeitete Torsten Lilliecrona weiter fürs Kinderfernsehen. Trotzdem wurde er die Rolle des gutherzigen, trotteligen Melchersson nie los. Nach seiner vorzeitigen Pensionierung setzte er sich auf einem Hof bei Vingåker zur Ruhe. Es zeigte sich, dass »Melcher« in Wirklichkeit sehr gut darin war, die Erde umzugraben, Hechte zu angeln, Fenster zu tischlern und Bäume zu fällen. Im Oktober 1999 starb der Schauspieler im Alter von 78 Jahren.*

BOOTSMANNS BERÜHMTHEIT *führte sogar zu einer gerichtlichen Auseinandersetzung. Seine erste Besitzerin behauptete, dass sie in Wahrheit ihren Hund nie weggegeben, sondern nur verliehen habe.*

TORSTEN WAHLUND, *der Darsteller des Zoologen Peter Malm, der Malins Mann und Skrållans Vater werden sollte, hatte schon 1956 in* Kalle und das geheimnisvolle Karussell *mitgewirkt. Darin spielt er den Baron von Rencken, den Freund von Kalles älterer Schwester Britta.*

**FERIEN AUF SALTKROKAN –
DAS TROLLKIND**

Premiere: 27. November 1965
Drehorte: Norröra; im Atelier der ARTFILM *auf den Mälarinseln.*
Handlung: Malin heiratet Peter und bekommt das kleine »Trollkind« Skrållan, das Stina für 25 Öre dem Fischer Vesterman verkauft. Stina geht mit Skrållan in den Wald, um sie dem Troll zu übergeben. Skrållan treibt mit ein paar Fuchswelpen auf einem Floß Richtung See und wird vom Dampfer »Saltkrokan« wieder eingesammelt.
Kurioses: Das Kind, das ursprünglich für die Rolle vorgesehen war, wurde nach ein paar Tagen wieder nach Hause geschickt. Skrållan wird von Kajsa Dandenell gespielt.

freier Regisseurin. Sie hat eine Kinderoper in Göteborg inszeniert und auf der Operahögskolan Schauspielunterricht gegeben. Ihrer Meinung nach verdanken wir Astrid Lindgren, außer dass sie »ein wunderbarer Mensch« war, die besten Mädchenschilderungen in der schwedischen Literatur: »Die Mädchen in ihren Büchern sind stark und anspruchsvoll, sie dürfen hässlich und streitbar sein und sagen, was sie denken. Mädchen brauchen solche Vorbilder und keine süßen Prinzessinnen.«

Dann machte sie eine neue Kehrtwende: Im Herbst 2004 sitzt die ehemalige Tjorven an einem eigenen Tisch in der Bibliothek der Stockholmer Universität und lässt mitteilen, dass sie ihren Doktor der Schauspielerei machen will. Erneut ist sie unwillig, über *Saltkrokan* zu sprechen. Ruft man sie an, herrscht zuerst Stille im Hörer. Dann hört man einen müden Seufzer. »Nein, mich kriegt ihr nicht.«

Die anderen Kinder sind in alle Winde zerstreut, wie eine Pusteblume nach einer Schärenbrise. »Skrållan« war zu jung, um sich an die Dreharbeiten zu erinnern, aber heute wohnt sie an einem anderen Ort, der von Wasser umgeben ist, in Visingsö. »Stina« wollte früher Kaltmamsell werden, folgte aber der Familientradition und wurde erst Friseurin im elterlichen Salon und später Rezeptionistin. »Teddy« wurde Tierärztin, »Freddy« Wirtschaftsprüferin, »Niklas« Marketingmanager und »Johan« als einziger ehemaliger Darsteller tatsächlich Schauspieler. In einer freien Theatergruppe im Värmland spielte er unter anderem Beckett: »Ich weiß noch, als ich auf einer Sprachreise in Wales war und *Saltkrokan* englisch synchronisiert im Fernsehen lief. Meine Gastfamilie verstand nur Bahnhof: Da sprach der Kerl plötzlich perfekt englisch!«

Bleibt nur noch »Malin«.

Nach *Saltkrokan* besuchte Louise Edlind in der Schweiz eine Haushalts- und Sprachenschule, heiratete früh und bekam zwei eigene »Skrållans«, Sten junior und Michaela. Die Sehnsucht nach dem Rampenlicht führte jedoch zu einer Karriere auf Umwegen: In einem Dokudrama über Christopher Lee 1970 saugt dieser ihr das Blut aus. 1980 Bachelor in Kulturkommunikation. Produzentin beim Parktheater. Kleine Auftritte in Lustspielen. Eine betagte Jane im Leopardenschurz neben einem ergrauten, etwas gelangweilten Tarzan in einem Werbefilm für Schokolade im Frühjahr 2003.

»Und obwohl ich über 560 Folgen von *Vänner & fiender (Freunde und Feinde)* gedreht habe, wollen alle nur über Malin reden. In vierzig

Jahren ist keine Woche vergangen, in der mich nicht jemand auf *Saltkrokan* angesprochen hat. Es ist schon merkwürdig: Auf der Bühne hab ich im Lauf der Jahre Maditas Mama gespielt, Pippis Lehrerin und – sogar – Tjorvens Mama!«

Aber nicht alle sehen in ihr die Malin. Als Louise im November 1966 den zukünftigen Krebsforscher Sten auf Skeppsholmen heiratete, mitten im grassierenden *Saltkrokan*-Fieber, war sie dankbar, dass dieser Mann sich nicht für fünf Öre um Malin geschert hat, um »ihren albernen Watschelgang und ihr rundes Gesicht, aus dem Dialoge strömen, die kein lebendes Wesen sagen würde«, wie Louise damals in einem Interview sagte.

»Das war einer der Hauptgründe, warum ich mich in Sten verliebt habe. Dass er nie eine einzige Folge von *Saltkrokan* gesehen hatte. Dass er keine Ahnung hatte, wer Malin war, als wir uns trafen.

Erst viele Jahre später hat meine Tochter zu mir gesagt: ›Mensch Mama, kapierst du's denn nicht? Das hat Papa natürlich nur so gesagt. Jeder Mensch wusste doch, wer Malin war.‹ Inzwischen sind mein Mann und ich seit 37 Jahren verheiratet und er behauptet immer noch, dass er nicht wusste, wer ich war, als wir uns trafen. Soll man das glauben? Soll man das? Was?!«

FERIEN AUF SALTKROKAN – DIE SEERÄUBER

Premiere: 10. Dezember 1966
Musik: Ulf Björlin. »Albertina« von Evert Taube.
Drehorte: Norröra; Eckerö auf den Åland-Inseln.
Handlung: Die Kinder verbringen einen Spaßtag, an dem Melcher unablässig ins Wasser fällt. Auf einem alten Wrack in einer Bucht spielt man Seeräuber und kämpft um den »Mühsak-Diamanten«.
Kurioses: Der »Mühsak« war eigentlich eine Emaillefigur, die der Künstler Karl Axel Pehrson entworfen hat.

FERIEN AUF SALTKROKAN – GLÜCKLICHE HEIMKEHR

Premiere: 2. Dezember 1967
Drehort: Källskär in den Schären bei Gryt.
Handlung: Die Kinder landen auf einer Insel, auf der auch zwei Zigarettenschmuggler, Knurrhahn und Rüpel, ihr Unwesen treiben. Der böse Rüpel klaut das Wildkaninchen der Kinder. Dank Skrållans Charme wird das Kaninchen freigelassen und die Zigaretten werden verbrannt.
Kurioses: Die Schmuggler werden vom beliebten Komiker-Duo Hasse und Tage gespielt (Hans Alfredsson und Tage Danielsson). Ursprünglich waren die beiden auch für die Rollen der Polizisten Kling und Klang bei **Pippi Langstrumpf** *vorgesehen.*

FERIEN AUF SALTKROKAN

Premiere: 30. November 1968
Handlung: Der Schriftsteller Melcher Melchersson kommt mit seinen Kindern nach Saltkrokan. Seine Versuche, Wespen auszurotten oder Gartenmöbel zu streichen, scheitern kläglich. Mit Pelles und Tjorvens Hilfe rettet er das Schreinerhaus vor dem Verkauf.
Kurioses: Der Film ist ein Zusammenschnitt der Fernsehserie von 1964.

Hier kommt Pippi Langstrumpf!

Der Kleine Onkel bekam Beruhigungsmittel eingeflößt. Herr Nilsson biss um sich und pinkelte jeden an, der nicht rechtzeitig fliehen konnte. Pippi entpuppte sich als beleidigte Leberwurst, die schmollend in der Ecke saß, während Tommy und Annika nachts als Räuber die Gegend unsicher machten. Pippi Langstrumpf stellt wie immer die Welt auf den Kopf. Das geht nun schon seit über sechzig Jahren so.

Pippi ist ausnahmsweise nicht Astrid Lindgrens Fantasie entsprungen, sondern ein Einfall ihrer sechsjährigen Tochter Karin, die mit einer Lungenentzündung im Bett lag und ihre Mutter bat, ihr eine Geschichte zu erzählen. Ihre Aufforderung »Erzähl mir von Pippi Langstrumpf!« ist berühmt geworden.

Weil Astrid Lindgren sofort begriff, dass zu einem derart sonderbaren Namen nur ein äußerst eigenartiges Mädchen passte, fing sie an zu erzählen. Dass die Abenteuer der Pippilotta Viktualia Rollgardina Pfefferminz Efraimstochter Langstrumpf überhaupt zu Papier gebracht wurden, haben wir dem trügerischen Neuschnee auf einem vereisten Gehweg beim Vasapark zu verdanken. An einem Märztag im Jahre 1944 war Astrid Lindgren nämlich auf der vereisten Straße ausgerutscht und nun mit einem verstauchten Fuß ans Bett gefesselt.

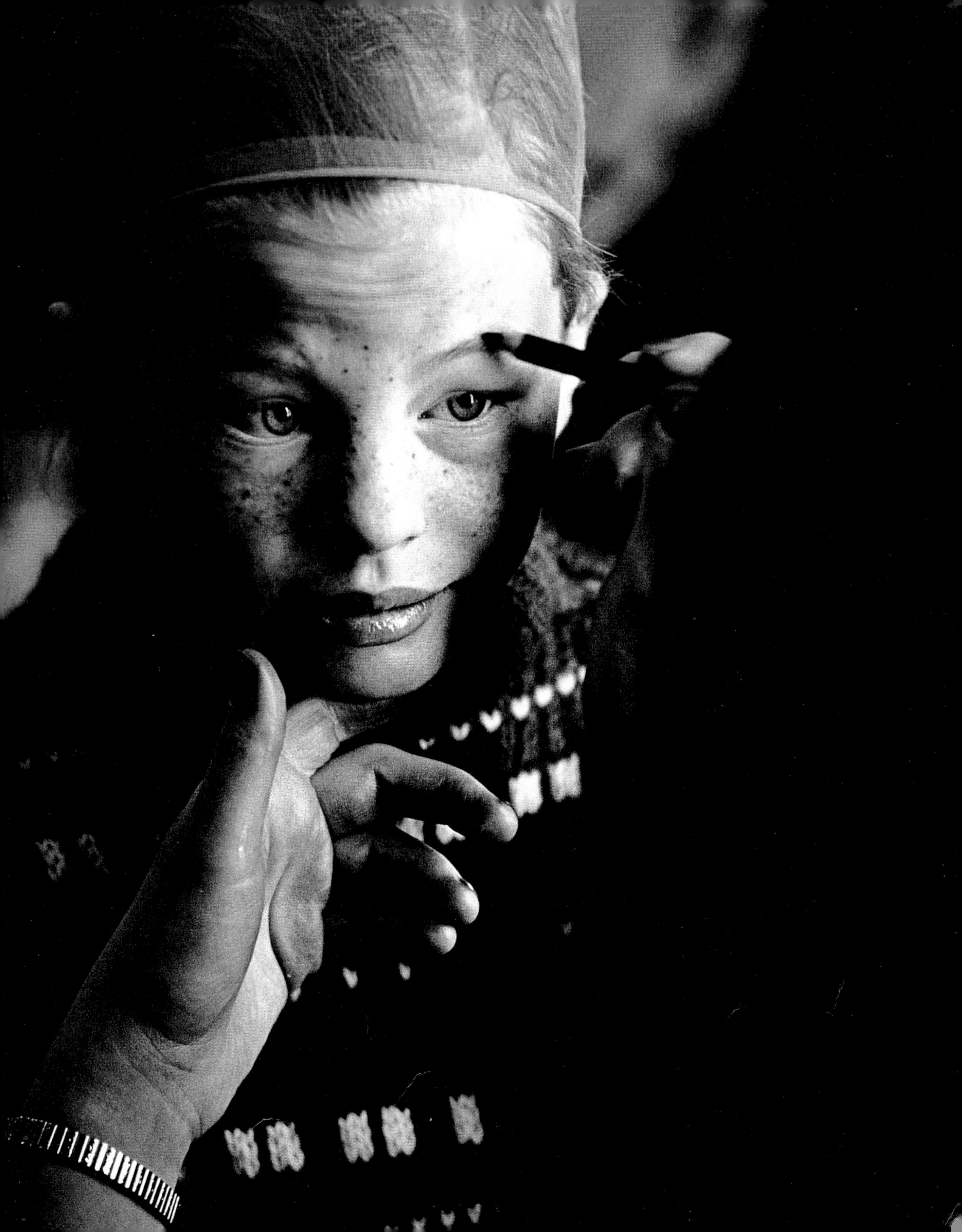

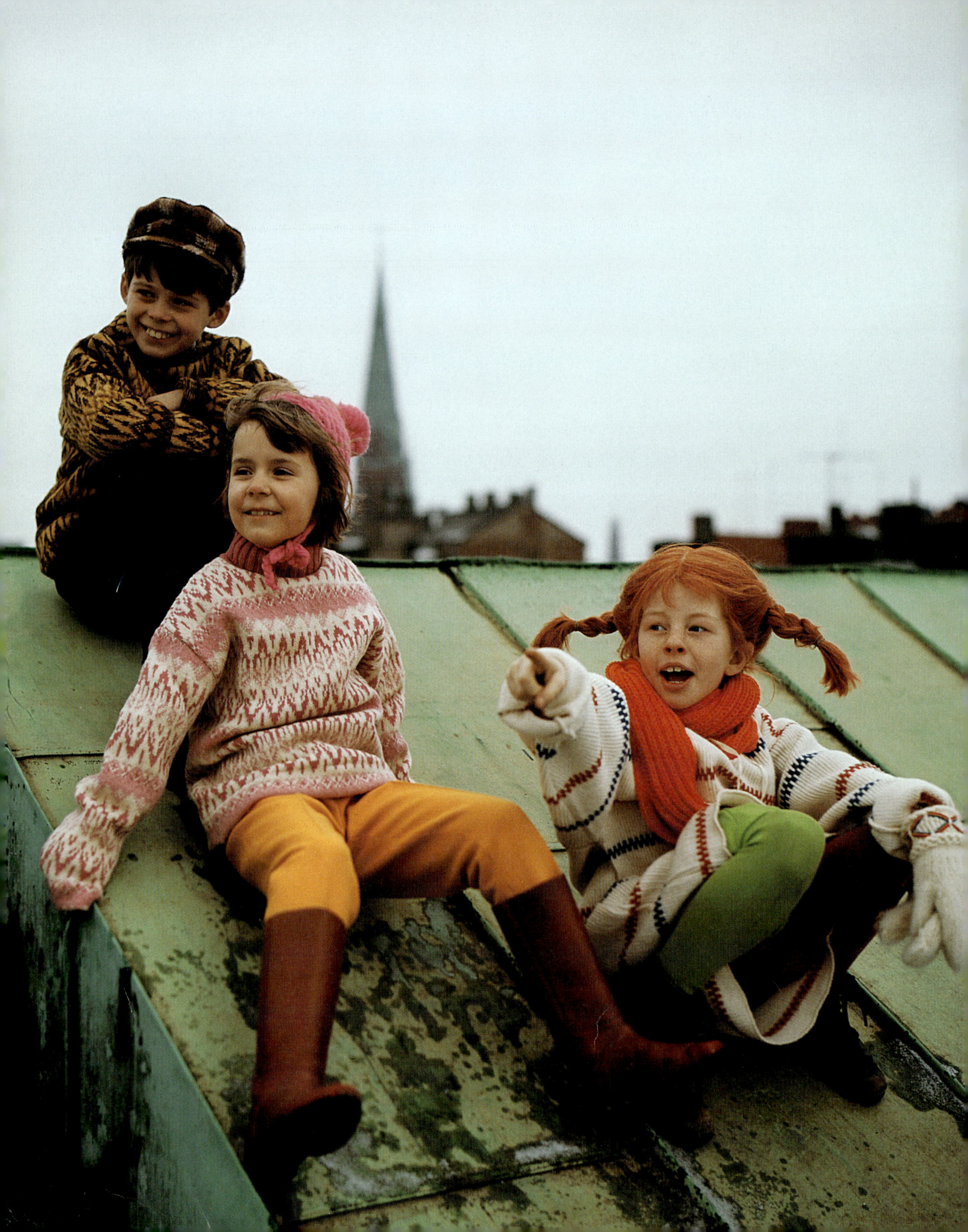

Um sich die Zeit zu vertreiben, brachte sie in Steno die Geschichte des bärenstarken rothaarigen Mädchens zu Papier.

Astrid Lindgrens Vimmerby hat auch in *Pippi Langstrumpf* seine Spuren hinterlassen. Ihr Elternhaus Näs lag, wie die Villa Kunterbunt, in einem alten Garten am Rande der kleinen, kleinen Stadt. Als Astrid dreizehn Jahre alt war, war die Familie in das große weiße (heute gelbe) Haus umgezogen, und heute können sich die Besucher in Näs vorstellen, wie Pippis Pferd auf der Veranda steht und wie Pippi in der Küche Pfefferkuchen backt und Pfannkuchen brät. Im roten Haus nebenan, das die Familie zuvor bewohnt hatte, steht noch genau so ein Holzkasten wie der, auf dem Tommy und Annika saßen, wenn sie ihre Pfefferkuchen aßen, und hier liegt auch das Schlafzimmer, in dem sich hervorragend »Nicht den Fußboden berühren« spielen ließ. Und sieht nicht die große Ulme vor dem Pfarrhof so aus wie Pippis Limonadenbaum?

Astrid Lindgren hat erzählt, dass ihr »Bruder Gunnar der erste Sachensucher der Welt war, soweit man weiß«. Die Idee zu Pippis hemmungslosen Lügengeschichten stammt von den halsbrecherischen Lügen über J. A. Happolati, »den Mann, der das elektrische Gesangbuch erfunden hatte«. Happolati war eine Figur in Knut Hamsuns Roman »Hunger«, einem der Lieblingsbücher Astrid Lindgrens, das sie in den zwanziger Jahren laut lachend auf einer Stockholmer Parkbank las.

Dass es für Pippi ein reales Vorbild gab, wissen wir von Astrid Lindgren selbst: Sonja Sandin war eine Mitschülerin ihrer Tochter und später sollte Astrid Lindgren jahrelang bei ihr in den Markthallen am Stockholmer Hötorget ihr Gemüse einkaufen. Astrid Lindgren erinnert sich an eine Geburtstagsfeier ihrer Tochter, auf der alle Gäste artige Mädchenspiele spielten. Nur Sonja nicht. »Sie stromerte ganz allein durch die Gegend, voller Leben. Und als ich sie sah, dachte ich: Da hab ich ja meine Pippi und prächtig rothaarig ist sie auch. Das muss um 1941 gewesen sein. Ich hatte die Pippi-Bücher noch nicht geschrieben, nur Karin von ihr erzählt.«

Sonja erfuhr als Vierzehnjährige »das schreckliche Geheimnis«. Danach kam es gelegentlich vor, dass Sonja Astrid Lindgren in den Arm nahm und ihr zuflüsterte: »Aber ich weiß ja, dass du eigentlich selbst Pippi bist!« Wenn jemand eine lebenslang anhaltende Dosis Krummeluspillen geschluckt hat, dann natürlich Astrid Lindgren und niemand sonst.

NACH ERSCHEINEN *des ersten Pippi-Bandes überschlugen sich die Kritiker mit Lob (auch wenn der Schwedische Zahnärzteverband gegen den übermäßigen Süßigkeitenkonsum protestierte). Erst der zweite Band brachte eine aufgeregte Debatte zwischen Moralwächtern und all denjenigen in Gang, die Pippi als Befreierin von den Fesseln der traditionellen Kindererziehung sahen. Berühmt ist der Angriff des Literaturprofessors John Landquist, der unter der Überschrift »Schlecht und preisgekrönt« Astrid Lindgren als untalentiert und unkultiviert bezeichnet. Ihre Sprache sei schlampig, ihr Stil vulgär, Pippi ein schlechtes Vorbild und das Buch allgemein demoralisierend, fand der sauertöpfische Landquist: »Kein normales Kind isst eine ganze Sahnetorte während eines Kaffeekränzchens auf, es läuft auch nicht barfuß auf ausgestreutem Zucker herum [...]. Aber beides erinnert an die Fantasien einer Geisteskranken oder an krankhafte Zwangsvorstellungen.«*

Später verteidigte Astrid Lindgren den angeblich unnormalen Tortenkonsum: »Kein normales Kind kann ein Pferd hochheben. Aber wer dazu in der Lage ist, kann wohl auch eine ganze Torte verdrücken.«

LINKS: *Die drei Glücklichen, die man für die Rollen von Tommy, Annika und Pippi ausgewählt hatte: Pär Sundberg, Maria Persson und Inger Nilsson.*

Als Karin im Mai 1944 eine Reinschrift des *Pippi*-Manuskripts zu ihrem zehnten Geburtstag bekam, hatte Astrid Lindgren bereits ein weiteres Exemplar an den Bonniers Verlag geschickt. Auf eine Nachfrage hin lehnte der Verleger Gerard Bonnier das Manuskript im September ab, womit er in die Geschichte eingehen sollte – als Schwedens Antwort auf den Labelchef, der die Beatles nicht unter Vertrag nehmen wollte. Er habe es nicht verantworten können, ließ er später verlauten, dass derart anarchistisches Material in die Finger von Kindern gelange. Dabei hatte Astrid Lindgren gar nicht unbedingt mit einer Zusage des Bonniers Verlags gerechnet: »Pippi hatte mich selbst ziemlich aufgewühlt, und ich weiß noch, dass ich meinen Brief an den Verlag mit der Formulierung beendete: ›In der Hoffnung, dass Sie nicht das Jugendamt verständigen‹, denn ich habe ja selbst zwei Kinder, und wer weiß, was aus denen wird – mit einer Mutter, die solche Bücher schreibt!«

Im Herbst 1945 gewann *Pippi Langstrumpf* den ersten Preis im Wettbewerb, den der Verlag Rabén & Sjögren ausgeschrieben hatte, und Bonniers musste mit ansehen, wie sich Auflage um Auflage verkaufte. Zugegebenermaßen: Die nun veröffentlichte Version war deutlich verändert. Die Literaturwissenschaftlerin Ulla Lundqvist hat in ihrer Doktorarbeit ermittelt, dass 40 Prozent der *Ur-Pippi* geglättet, entschärft oder gestrichen worden sind. Neu hinzugekommen waren Papa Langstrumpf als Negerkönig und Pippis Mama als Engel. Anspielungen, die sich eher an ein erwachsenes Lesepublikum richteten, fehlten und im Umgang mit Erwachsenen war Pippi nun weniger aufmüpfig.

Für den kleinen krisengeschüttelten Verlag Rabén & Sjögren bedeuteten die erfolgreichen *Pippi*-Bücher die Rettung. Als Astrid Lindgren 1944 den ersten Preis im hauseigenen Wettbewerb mit *Britt-Mari erleichtert ihr Herz* (dt. 1954) erhielt, hatte man zunächst mit Enttäuschung reagiert: »Oh nein, eine ganz gewöhnliche Hausfrau!« Man hatte gehofft, mit dem Wettbewerb »richtige« Autoren dazu bringen zu können, Kinderbücher zu schreiben. Immerhin bot man Astrid Lindgren eine Halbtagsstelle als Verlagslektorin an, woraufhin sie beinahe ein Vierteljahrhundert lang maßgeblich die Entwicklung der Kinder- und Jugendliteratur in Schweden geprägt hat.

Bereits 1946 entstand nach dem Buch *Pippi Langstrumpf* ein Theaterstück, das zum Dauerbrenner wurde. Astrid Lindgren schrieb das Skript für ihre Freundin Elsa Olenius, die in Stockholm das Kindertheater »Vår Teater« betrieb.

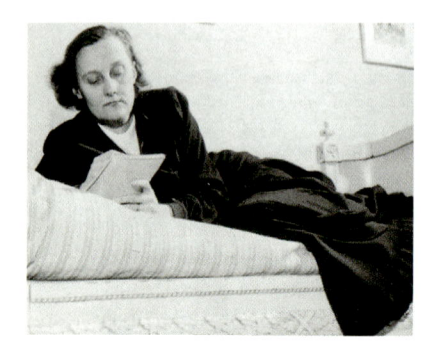

ALS AUSGEBILDETE STENOGRAFIN konnte Astrid Lindgren blitzschnell Einfälle und Dialoge zu Papier bringen. In Steno arbeitete sie ihre Texte um, bevor sie sie auf ihrer Schreibmaschine in Reinschrift brachte. Am liebsten arbeitete sie frühmorgens im Bett. Diese Arbeitsprobe ist ein Entwurf zu *Pippi Langstrumpf*.

Wer hätte gewusst, dass Pippi 1949 schon einmal verfilmt worden war? Allerdings lockte der Film damals nur wenige Besucher in die Kinos und seither hat das Filmteam – sicherlich nicht ohne Grund – den Mantel des Schweigens darübergebreitet.

Das Drehbuch stammte von Regisseur Per Gunvall, der den Film mit einer Liebesgeschichte aufpeppen wollte. Zwei junge Leute, Magnus und Birgit, lernen sich in einem Plattenladen kennen und werden ein Liebespaar. Pippis Aufgabe war es, so sah es das Drehbuch vor, das junge Paar zusammenzubringen, das in regelmäßigen Abständen in Gesang ausbrach.

Die Rolle der Pippi besetzte man mit der 26-jährigen(!) finnlandschwedischen Theaterschauspielerin Viveca Serlachius. Ursprünglich sollte Pippi gar nicht von einer Erwachsenen gespielt werden. »Man hat viele Probeaufnahmen von Kindern im passenden Alter gemacht, aber keines war geeignet«, erzählt Viveca Serlachius. Tommy wurde, wie schon in der Bühnenfassung, vom damals 12-jährigen Tord Ganmark gespielt: »Ich habe mich gewundert, dass eine Frau Pippi spielen sollte, aber als sie in ihrem Kostüm steckte, ist es mir gar nicht mehr aufgefallen. Sie war voller Energie.«

Der Film wurde gnadenlos verrissen. Ein gutes Haar ließ man nur am Musiker Svend Asmussen, der den singenden Briefträger spielte. Astrid Lindgren war verzweifelt, dass man ihr Buch so verhunzt hatte, und vermutlich heilfroh, als der Film sang- und klanglos von der Leinwand verschwand.

»Ich erinnere mich noch, dass sie die erste *Pippi*-Verfilmung total albern fand«, erzählt ihre Tochter Karin. »Sie war fürchterlich dagegen, dass diese kleine Liebesgeschichte nur für das erwachsene Publikum eingebaut worden war. Im Theater gefiel ihr Viveca Serlachius als Pippi, aber im Film wirkt eine erwachsene Pippi völlig anders. Es kam viel Gesang und Musik vor, aber vor allem war das Drehbuch total albern. Da war von Anfang an der Wurm drin. Das hat Mama natürlich zu denken gegeben.«

Sollte sich noch einmal jemand über Pippi hermachen, wollte Astrid Lindgren unbedingt die völlige Kontrolle behalten. In den sechziger Jahren stand nach *Kalle Blomquist*, *Bullerbü* und *Saltkrokan* eine Neuverfilmung der *Pippi*-Bücher an. Am 11. Februar 1966 notiert Astrid Lindgren, dass die Handlung um die Jahrhundertwende spielen solle, dass man Pippis Stimme wohl synchronisieren müsse und dass Ulf Björlins Titelsong »ein Welthit werden muss«.

DIE UR-PIPPI *hatte Astrid Lindgren selbst auf das Manuskript gezeichnet, das sie ihrer Tochter Karin zum zehnten Geburtstag schenkte.*

Von den Illustrationen der 29-jährigen Künstlerin Ingrid Vang Nyman war Astrid Lindgren begeistert: »Sie machte Pippi etwas jünger, rundlicher und niedlicher, als ich sie mir eigentlich vorgestellt hatte. Das war gut so. Meine eigene war viel zu sauer und boshaft.«

Sämtliche Originalzeichnungen sind verschwunden außer einer frühen Bleistiftskizze, auf der Pippi mit zwei extrem mageren Polizisten auf dem Dach der Villa Kunterbunt Schabernack treibt.

BENGT-ÅKE BENGTSSON *spielte in der allerersten Pippi-Verfilmung Kapitän Langstrumpf. Tord Ganmark alias Tommy erzählt: »Pippi sollte so tun, als würde sie ihn in die Luft stemmen, und das wollte man rückwärts filmen. Der Regisseur wollte, dass er springt, aber er weigerte sich. Er war unglaublich dick und ziemlich unförmig, wog bestimmt 140 Kilo und traute sich schlichtweg nicht zu springen.«*

Der Film entstand im Atelier der Produktionsfirma SANDREWS, *in einem großen Holzgebäude auf der Halbinsel Djurgården in Stockholm, das 1832 als Varietee eröffnet wurde und nun zum Freilichtmuseum Skansen gehört. Als Villa Kunterbunt diente ein anderes Holzhaus auf Djurgården, während die »Hoppetosse« im Hafen von Södertälje vor Anker lag.*

ALS ASTRID LINDGREN *zu Hause die Korrekturfahnen für Pippi Langstrumpf durcharbeitete, fragte ihr Ehemann Sture nach einiger Zeit: »Du lachst ja gar nicht. Ist es denn nicht komisch?« »Nein, es ist nicht komisch.« »Na, du hast eben keinen Sinn für Humor.«*

Dieser Welthit stammt aber nicht aus der Feder von Ulf Björlin, der die Musik zu *Saltkrokan* geschrieben hatte, sondern der Auftrag ging an das Jazzgenie Jan Johansson. Der hatte gerade Pippis Erkennungsmelodie komponieren können, zu der ihn eine Schallplattenaufnahme von Ghanas Polizeiorchester (!) inspiriert hatte, als er am 9. November 1968 bei einem Verkehrsunfall ums Leben kam. An seiner Stelle vollendete sein ebenso genialer Jazzkollege Georg Riedel die Arbeit an der Filmmusik und wurde danach zu Astrid Lindgrens Hauskomponisten.

Am 4. August 1967 fiel der Startschuss für Nordemar, Hellbom & Lindgren. Noch am Tag zuvor hatte eine amerikanische Produktionsfirma Astrid Lindgren einen Besuch abgestattet:

»Sie wollten absolut einen Film über Pippi machen«, erzählte sie. »Aus allen Teilen der Welt lauerten sie mir auf wie die Habichte. Aber ich wollte den Film hier bei uns in Schweden machen. Es sollte ein Kinderfilm werden und kein Musical im Stil von *Mary Poppins*.« Vermutlich spukte ihr noch die grausige Erfahrung von 1949 im Kopf herum.

Auf die ideale Pippi-Darstellerin wagten Astrid Lindgren und Olle

Hellbom kaum zu hoffen, als sie über das Fernsehen in der schwedischen Nachrichtensendung *Aktuellt* geeignete Kinder für die drei Hauptrollen suchen ließen. Das Echo war überwältigend. Für die Rolle der Tjorven hatten sich 5000 Kinder beworben. Diesmal wollten 8000 Mädchen Pippi verkörpern, wobei die meisten Bewerberinnen zwischen sieben und zehn Jahre alt waren. Die Bandbreite der Interessentinnen reichte von Drei- oder Vierjährigen bis zu jungen Frauen, die ihre Pubertät längst hinter sich gelassen hatten. Maria Persson, die die Rolle der Annika bekam, besuchte die zweite Klasse in Tyresö: »In meiner Schule wurde lange über nichts anderes geredet – alle Mädchen wollten natürlich Pippi sein. Ich wollte am Anfang auch Pippi sein.«

Der Redakteur Bertil Nilsson aus Kisa in der Nähe von Linköping hatte seine Tochter Inger angemeldet: »An dem Abend, als im Fernsehen zum *Pippi Langstrumpf*-Casting aufgerufen wurde, trug sie Zöpfe und ihre Sommersprossen waren nach dem Sommer noch dichter als sonst. Mir fiel die Ähnlichkeit auf und mein Entschluss stand fest.«

Inger war damit einverstanden gewesen, dass man ihr Foto einschickte. »Aber ich war ein schmächtiges Kind, das ständig den Mund und die Nase kaputt hatte, ich war eine schlechte Esserin und habe, bis ich erwachsen war, immer im Essen herumgestochert«, erzählt sie. »Papa wollte mich nicht fotografieren, wenn ich so schlimm aussah, aber wir haben im letzten Moment ein Foto gemacht, und ich musste mein bestes Kleid anziehen. Eigentlich war es ein schreckliches Foto.« Dann fährt sie fort: »Bei der letzten Runde waren wir nur noch zu viert. Beim Studio in Råsunda begegnete mir das Mädchen, das vor mir an der Reihe gewesen war. Sie zeigte auf mich und sagte: ›Aber Mama, das ist ja Pippi!‹ Das vergesse ich nie. Ich fragte meinen Papa: ›Warum hat sie das gesagt?‹ Er machte nur ›hmmm, hmmm‹. Ich finde nicht, dass ich den frühen *Pippi*-Illustrationen so ähnlich sah, auf denen sie ja ziemlich mongolisch aussieht.«

Olle Hellbom erinnert sich: »Als sie zur Tür hereinkam, dachte ich, wie schade. Sie ist die perfekte Pippi. Dass sie dann auch noch in der Rolle funktionieren könnte, war schlichtweg zu viel verlangt. Die Chancen standen eins zu einer Million. Als sich herausstellte, dass das Mädchen vor einer Filmkamera funktionierte, war das Glück vollkommen. Alle anderen hatten sich nur als Pippi verkleidet, aber Inger hatte das besondere Etwas, sie hatte ein Stück Pippi an sich.«

Am 17. Dezember präsentierte man Inger Nilsson der Öffentlich-

VIELE LIEDER aus den Astrid-Lindgren-Verfilmungen sind richtige Ohrwürmer geworden.

In den *Saltkrokan*-Verfilmungen ist Ulf Björlins teilweise modernistische Musik zu hören. Jan Johansson hatte bereits mit der Filmmusik zu Pippi begonnen, als er bei einem Unfall ums Leben kam. Daraufhin wurde Georg Riedel mit der Komposition beauftragt, was zu einer langen erfolgreichen Zusammenarbeit führte. Riedel schrieb die Musik für **Michel** und **Karlsson** und für Lasse Hallströms **Bullerbü**-Filme. Klein-Idas Sommerlied ist in Schweden mittlerweile ein echter Klassiker.

HÖCHSTENS ZEHN JAHRE ALT und etwas ganz Besonderes sollte sie sein – die zukünftige Darstellerin der Pippi. Das zeigt diese Aktennotiz von einem Treffen mit Astrid Lindgren, Olle Hellbom und Olle Nordemar im Februar 1966. Dabei wurde auch beschlossen, Pippis Stimme von einer »durchtriebenen« Schauspielerin synchronisieren zu lassen – was man zum Glück nicht in die Tat umgesetzt hat.

keit, »eine Achtjährige, die alle an die Wand spielt« – und die Presse erfuhr, dass sie die Klasse 2b der Stjärneboskolan in Kisa besuchte und Tjorven einer ihrer Lieblingsstars war.

Die Zeitungen schrieben, dass Inger Nilsson auch in Deutschland berühmt werden würde – wo *Pippi* »erst im Kino, dann im Farbfernsehen laufen wird. Bleibt zu hoffen, dass wir auch in Schweden eine Pippi in Farbe bekommen. Jedenfalls wird Ingers helles Haar rot gefärbt.«

Bis zum Beginn der Dreharbeiten blieb nur ein Monat Zeit, und noch fehlten eine geeignete Stadt, eine Villa Kunterbunt, ein Herr Nilsson, ein Pferd und ein Tommy.

Für die Villa Kunterbunt hatte man zunächst Nordschweden abgeklappert, wo viele reich verzierte Holzhäuser standen. Zwei Wochen später entdeckten Olle Hellbom und sein Kameramann Kalle

Bergholm auf Gotland den geeigneten Drehort für die kleine Stadt: Visby, die Hauptstadt der Insel. Ganz in der Nähe fand man sogar eine passende Villa Kunterbunt! Sie war die ehemalige Verwalterwohnung am Schießplatz eines Panzerregiments.

Mitte Februar hatte man endlich alles beisammen. Den Kleinen Onkel spielte das fünfjährige Pferd Bunting vom Reiterhof Solna und für Herrn Nilsson lieh man sich das Totenkopfäffchen einer Stockholmer Familie aus (obwohl es sich zeigen sollte, dass »lieb und gutherzig« nicht gerade seine vorrangigen Eigenschaften waren). Bei Inger Nilsson ruft die Erinnerung an Herrn Nilsson immer noch schieres Entsetzen hervor: »Oooh! Äh! Er war die Ursache Nummer eins, dass ich ständig meine Kleider wechseln musste. Einen Affen auf der Schulter zu haben war kein Spaß. Er war an einer Schnur um meinen Bauch festgebunden. Wenn er Angst bekam, pinkelte und schiss er. Manche Tiere eignen sich nicht als Haustiere, und dazu gehören Affen. Herr Nilsson sieht zwar süß aus, aber er roch nicht gerade gut. Und er verabscheute die Kleider und biss und kratzte, wenn sie ihm den Strickpullover überzogen. Einem der Elektriker hat er in die Hand gebissen, dass seine Zähne sich trafen; mich biss er hauptsächlich in die Zöpfe.«

Die Winterszenen entstanden ohne den wilden Racker. Bei den Aufnahmen trägt Pippi einen ausgestopften Affen auf ihrer Schulter.

Das letzte fehlende Mosaikteilchen war Tommy. Die Wahl fiel auf den zehnjährigen Pär Sundberg aus Malmö. »Ich war eine Notlösung«, sagte er. »Ich hab Kinderballett im Malmöer Stadttheater getanzt, und weil Mama fand, dass es nach einer netten Angelegenheit klang, hat sie mich für das Auswahlverfahren angemeldet.«

Pär hatte als Fünfjähriger Akrobatik gelernt und brachte schon Theatererfahrung mit, fand sich aber selbst »als Schauspieler ziemlich schlecht«. »Ich war ganz steif und fühlte mich vor der Kamera nicht wohl. Im Gespann mit Maria und Inger passte ich wohl ganz gut, aber als ich das Ergebnis sah, fand ich es peinlich. Die Fernsehserie lief samstags abends und wurde sonntags morgens wiederholt. Mama wollte sie immer mit mir angucken, aber ich wollte nie, weil ich so schlecht war.«

In den *Pippi*-Büchern ist Annika blond und Tommy dunkelhaarig. Weil Maria und Pär beide dunkle Haare hatten, wurde ausgelost, wessen Haare blondiert wurden. Pär zog die Niete: »Meine Haare sollten blond gefärbt werden. Da hätte ich fast aufgehört. Das war zu mädchenhaft und vor meinen Freunden zu peinlich. Andererseits war ich

»WER HAT EIN HAUS *für Pippi Langstrumpf?« – mit diesem Aufruf ging Olle Hellbom an die Öffentlichkeit. Knapp einen Monat vor den geplanten Dreharbeiten zu Pippi war man immer noch auf der Suche nach einer geeigneten Villa, einem Pferd, einem Affen und einem Tommy! »Der Affe soll lieb sein und ein gutes Herz haben« – doch das Totenkopfäffchen, das später Herrn Nilsson verkörperte, sollte sich als richtiger Satansbraten entpuppen.*

danach kaum für längere Zeit in Malmö. Denn alles entschied sich in letzter Minute. Im Grunde bin ich raus aus der Schule, hab meine Sachen gepackt und bin zu den ersten Aufnahmen nach Röros gefahren.«

Astrid Lindgren hatte die Winterszenen in die pittoreske norwegische Bergarbeiterstadt mit ihren niedrigen dreihundertjährigen Holzhäusern verlegt. Das gesamte Filmteam reiste mit dem Zug aus Oslo an außer Inger Nilsson, die Röros mit dem kleinen Reportageflugzeug der Zeitung *Expressen* erreichte. Obwohl es der erste Flug in ihrem Leben war, war sie kaum fünf Minuten nach dem Start schon eingeschlafen.

»Und als Inger ankam, wollte sie nicht mitmachen«, erzählt die Reporterin Inger Marie Opperud. »Olle Hellbom war verzweifelt und fragte, ob man sie irgendwie bestechen könne. Ja, Krebse mochte sie und die gab es im Hotel. Am nächsten Tag strahlte sie mit der Sonne um die Wette.«

Jeden Morgen wurde Inger eine Stunde lang geschminkt. Dann lief sie in riesigen Stiefeln der Größe 44 durch die Stadt, weil ihre eigenen Stiefel Löcher hatten und hoher Schnee lag. Das Interesse war so groß, dass die Polizei zwei rote Absperrungen installierte. Inger alias Pippi schleuderte den mehr als zwei Zentner schweren Blom in eine Schneewehe und bekam in den Pausen von den Dieben Süßigkeiten. Bei den Reitszenen und in der Szene, in der Pippi Schlittschuh läuft, wurde Inger Nilsson gedoubelt. Weil es in Röros keine Schlittschuhbahn gab, spülte man kurzerhand einen Abschnitt der Hauptstraße auf.

»Die Schulkinder, die beim Fackelzug mitlaufen, sind die Bewerber, die als Tommy, Pippi oder Annika in die engere Wahl gekommen waren. Wenn man sich im Klassenzimmer genau umguckt, kann man es sehen«, erzählt Inger Nilsson. »Weil die Schulszenen im Winter spielen, waren diese Kinder in Röros mit dabei. Es hätte ja nicht funktioniert, wenn die Kinder norwegisch gesprochen hätten. Die Schule wurde im Studio in Stockholm nachgebaut. Wir filmten die Szenen im Frühling und da haben wir in den Winterklamotten ganz schön geschwitzt.«

Aufmerksame Zuschauer werden bemerken, dass es sich bei den Polizisten in den Winterszenen nicht um dasselbe dynamische Duo handelt wie im übrigen Film. Ulf G. Johnsson, ein Freund Olle Hellboms und Leiter des Nationalmuseums, spielte den Wachtmeister Kling. In der Rolle seines Kollegen Klang war Eric Stolpe zu sehen. Nach den Dreharbeiten in Röros war Hellbom der Meinung, dass Kling und Klang zusammen nicht funktionierten, und ließ Stolpe gegen Göthe

DER BONBONLADEN, *in dem Pippi 36 Kilo Süßigkeiten, 60 Zuckerstangen, 72 Pakete Sahnebonbons und 103 Schokoladenzigaretten kauft, lag in Vimmerby in der Storgatan 40, im Hökaregården. Statt Bonbons werden in dem kleinen gelben Häuschen heute Esoterikartikel zum Verkauf angeboten. In der Storgatan entstand auch die Szene, in der Pippi, Tommy und Annika ihre Kuckuckspfeifen so sehr traktieren, dass Kling und Klang anrücken müssen.*

Grefbo austauschen. Weil man die Winterszenen nicht wiederholen konnte, änderte man bei der Nachsynchronisation die Dialoge und fügte eine Erklärung ein, dass Klang einen Stellvertreter hatte.

Der Drehstart am 9. Juni 1968 fiel auf Maria Perssons neunten Geburtstag. Zehn Wochen Arbeit lagen vor dem Filmteam, vor allem innerhalb der Ringmauer von Visby und bei der Villa Kunterbunt. Die ehemals hellgelbe Villa, in der das Militär einst die königlichen Unterhosen und Fett für Kanonen gelagert hatte, hatte man mittlerweile rosa gestrichen. Tischler hatten neue Türme und Schornsteine angebracht und den großen Baum vor dem Haus zu einem echten Limonadenbaum ausgehöhlt, in dessen Stamm die Kinder herumklettern konnten.

In einer Szene sehen wir zwar, wie Pippi aus einer Dachluke guckt, aber ansonsten wurde die Villa Kunterbunt nur aufgeschlossen, wenn das Filmteam bei Regen Unterschlupf suchte. Alle Innenaufnahmen sind erst später im Studio entstanden.

Der Garten mit seinem Zaun, den alten Obstbäumen, Fliedersträuchern und dem ungemähten Rasen, in dem Löwenzahn wuchs, war perfekt. Nur von der Veranda musste man ein Stückchen absägen, damit Kleiner Onkel die Treppe herunterkam. Olle Hellbom war heilfroh, dass sich das Pferd geduldig auf eine Plattform heben ließ und bei den Trickaufnahmen im Filmatelier ganz still auf dem verspiegelten Fußboden stand, damit alles genau passte. »Aber manchmal bekam es auch Beruhigungsmittel«, erzählt Pär Sundberg.

Damit er so scheckig wurde wie im Buch, malte man dem weißen Wallach mit Haarfärbemittel dunkle Flecken auf. »Jeden Morgen hab ich gleich nach dem Aufstehen seine Flecken ausgebessert«, erzählt der Regieassistent Ingvar Skogsberg. »Ich hatte unterschiedlich große Löcher in Wellpappe geschnitten und sprayte vorsichtig durch, ganz leise, damit er es nicht hören konnte, denn er mochte das Geräusch nicht.«

Während Pär und Maria sich schnell in ihren Rollen als Tommy und Annika zurechtfanden, hatte Inger mit Pippis etwas hochtrabender Sprache zu kämpfen. Olle Hellbom hat erzählt, dass sich Inger am Anfang keinen Satz merken konnte, der aus mehr als drei zusammenhängenden Wörtern bestand.

»Dafür gibt es einen Grund«, sagt Ingvar Skogsberg. »Tommy und Annika sprechen wie gewöhnliche Kinder, Pippi nicht. Schließlich hören wir ja die Fantasiefigur Pippi sprechen und deshalb sind die Dialoge literarisch und klingen nicht so natürlich.«

KLEINER ONKEL verdankt seinen Namen nicht Astrid Lindgren, sondern Inger Nilsson. Sie erzählt, wie der Schimmel, der in den Büchern nur Pferd heißt, an einem Frühlingstag zu seinem Namen kam. »Als ich in der Küche Pfefferkuchen gebacken hatte, habe ich das Pferd gefüttert, es gestreichelt und gesagt: ›Ja, du kleiner Onkel‹, und da fanden alle, dass Kleiner Onkel doch ein guter Name für das Pferd war.«

EIN SPUNK – was ist das eigentlich? Im Drehbuch zu *Pippi Langstrumpf* hat Olle Hellbom die Antwort an den Rand gekritzelt: Guldbagge, zu Deutsch Rosenkäfer. Ein solcher Käfer wurde bei Pippis Spunk-Jagd gefilmt. Guldbagge ist auch der Name des renommierten schwedischen Filmpreises. Hellbom selbst musste bis 1978 warten, bis er einen Guldbagge bekam, nämlich für *Die Brüder Löwenherz*.

ASTRID LINDGREN hat sich lange gegen eine Zeichentrickversion von *Pippi* gewehrt, weil sie fand, dass Zeichentrickfiguren zu Karikaturen werden: »Hast du schon mal einen Disneyfilm gesehen? Das reicht.« Als die US-amerikanische Zeichentrickversion 1997 nach vierjährigen Überzeugungskünsten und vielem Wenn und Aber entstand – für 160 Millionen Kronen –, hatte Astrid Lindgren resigniert.

»Die Leute glauben, das sei mein Werk, aber ich will für diesen Film nicht angeklagt werden. Aber ich bin auf alle Fälle froh, dass Pippis Papa kein Negerkönig mehr ist, das fand ich im Nachhinein nämlich nicht so nett. Allerdings würde Pippi niemals alte Damen mit Eis bewerfen. Das hätte man ändern müssen.«

EINE EPISODE aus dem ersten *Pippi Langstrumpf*-Band übernahm Astrid Lindgren nicht ins Drehbuch, nämlich als Pippi zwei kleine Jungen aus einem brennenden Gebäude rettet. Pippi spaziert auf einem Brett in die Dachstube, rettet die beiden Kinder und deklamiert dann auf dem Brett: »Es brennt ein Feuer.«

»Für die Sache mit der Pyromanie hat Astrid Lindgren viel Kritik erhalten, und das hat ihr zu schaffen gemacht«, erzählt Ingvar Skogsberg. »Ich wusste das nicht, und als wir eines Abends bei ihr am lodernden Feuer saßen und über den Film sprachen, nahm ich all meinen Mut zusammen und fragte: ›Warum hast du die Szene nicht übernommen? Die ist doch ein tolles Ding!‹ Ich war Feuer und Flamme, wir hatten Whiskey getrunken ... Sie hat es mir nicht nachgetragen, aber wehrte ab, der Stachel saß tief. Es war schade, denn die Szene hätte der dramatische Höhepunkt werden können, man hätte sie ein wenig abschwächen können, damit sie nicht so furchterregend wurde. Olle fand es auch schade, sah aber ein, dass sich Astrid in diesem Punkt nicht überreden ließ.«

Karin Nyman stimmt ihm zu: »Mama fand, dass man die Dialoge aus den Büchern wiedererkennen sollte. Und das finde ich wichtig, vor allem bei *Pippi*. Als ihre Bücher Theater wurden, sagte Mama ja: ›Von mir aus könnt ihr streichen, was ihr wollt, aber fügt nichts hinzu.‹ Sie war sicherlich bei manchen Dialogen recht unerbittlich, aber sobald sie selbst dabei sein und etwas weiterentwickeln durfte, war es in Ordnung. Wenn sie die Dialoge oder den Tonfall als unecht empfand, übte sie Kritik. Entweder man ließ sie die Änderungen machen oder man begnügte sich mit dem, was es gab.«

Die Dreharbeiten ließen kaum Platz für Improvisationen, aber für alle Fälle hielt Astrid Lindgren am Telefon die Stellung, wie Skogsberg erzählt: »Manchmal machte das Wetter auf Gotland den Dreh unmöglich. Dann riefen wir Astrid an und fragten: ›Kannst du uns nicht ein Lied schreiben?‹ Zwei Stunden später rief sie zurück und hatte es fertig. Bei einigen Gelegenheiten improvisierte sie Lieder mit Georg Riedel. Oder wenn wir einen lustigen Spruch für einen Dialog brauchten, rief Olle sie an und ihr fiel auf der Stelle etwas ein. Sie hatte einen unglaublich witzigen trockenen Humor.«

Mitte Juli 1968 stattete Astrid Lindgren den Dreharbeiten ihren üblichen Besuch ab. Sie zeigte sich sehr zufrieden: »Pippi ist mehr Pippi, als ich mir jemals hätte vorstellen können. Tommy und Annika sind auch entzückend. Viel Spaß hatte ich, als sie eines Abends für mich Theater gespielt haben. Ein eigenes kleines Stück über den ›Jungen, der nicht einschlafen wollte‹.«

Wieder einmal äußerte Astrid Lindgren ihre Bewunderung für Olle Hellbom: »Nur Olle kann meine Bücher verfilmen. Andere haben es versucht, aber bei denen hat es nicht so gut geklappt.«

Das mag daran liegen, dass Olle Hellbom und Astrid Lindgren sich gut verstanden, sich respektierten und wussten, dass sie sich aufeinander verlassen konnten. Sicherlich spielte auch Olle Hellboms besondere Gabe, Kinder zu instruieren, eine Rolle. Ein Reporter berichtete, wie Inger Nilsson und Olle Hellbom dicht nebeneinander saßen, gemeinsam im Drehbuch lasen und gegenseitig über ihre Scherze lachten. Zwei Minuten später verwandelte er sich in eine Autorität, deren leiser, milder und behutsamer Stimme Inger Nilsson bis in die geringste Anweisung gehorchte.

Inger Nilsson erinnert sich, wie sie im Sonnenuntergang auf ihrem Pferd über den Strand galoppieren sollte. »Das war toll, aber ich merkte, dass das Pferd ordentlich loslegte und beinahe das Kommando übernahm. Es hatte ein enormes Tempo drauf. Als ich es Olle erzählte, sagte er nur: ›Na ja, ist aber doch gut gegangen.‹ Olle verhätschelte uns nicht, da wurde nicht umarmt und gestreichelt. Wenn jemand traurig war, sagte er nur: ›Nee, du sollst nicht traurig sein. Jetzt drehen wir die nächste Szene.‹«

Olle Hellbom erklärte selbst in einem Interview: »Für mich gibt es keine ›Kinderschauspieler‹. Es gibt Kinder, die man dazu bringen kann – man beachte: bringen, nicht zwingen –, auf bestimmte Situationen zu reagieren. Ich glaube, wir Erwachsene finden es fantastisch, dass Pippi ein Pferd in die Luft stemmen kann. Ein Kind hat eine viel sachlichere Perspektive auf das Pferdestemmen. Schließlich ist Pippi die Stärkste auf der Welt. Klar, dass Pippi im Fernsehen ein Pferd in die Luft stemmen kann, sonst wäre das ja gelogen.«

Wenn Inger Nilsson sich heute die alten Filme anguckt, findet sie, dass die Natürlichkeit der Kinder das Verdienst von Olle Hellbom ist. »Wir spielen eigentlich sehr zurückgenommen. Alles ist total inszeniert. In der gesamten Fernsehserie ist nichts improvisiert – kein Blick, kein Wort, keine Miene. Das glaubt einem keiner, wenn man es erzählt. Aber wenn man drei Achtjährige vor die Kamera lässt und sie auffordert, witzig zu sein, dann übertreiben sie ihr Spiel so, dass es lächerlich wird.«

Für die Fernsehserie hat man die meisten Episoden aus den *Pippi*-Büchern übernommen. Ergänzt hat Astrid Lindgren die Szene mit dem Fesselballon, sie hat den Dieben eine größere Rolle gegeben und Fräulein Prüsselius auf der Bildfläche erscheinen lassen.

Die Prüsseliese wurde von der deutschen Schauspielerin Margot Trooger gespielt, die sich statt des strengen Kleids, das man für sie ausgewählt hatte, auf eigene Faust eine Rüschenkreation im 60er-Jahre-Design schneidern ließ.

Der oft kritisierte deutsche Einschlag in den *Pippi*-Filmen war Teil der Übereinkunft zwischen Nord Art, Sveriges Radio sowie den deutschen Mitproduzenten Beta-Film in München und dem Hessischen Rundfunk. Weil die dreizehn Folgen 3 Millionen Kronen verschlingen würden, war Olle Nordemar und Svensk Filmindustri das finanzielle Risiko zu hoch.

»Zehn Jahre lang haben wir davon gesprochen, Pippi Langstrumpf zu verfilmen. Aber die ganze Zeit schien es komplett unmöglich zu sein. Erst die Zusammenarbeit mit den Deutschen hat Pippi fürs Fernsehen gerettet«, stellte Olle Hellbom fest.

Er genoss das Ränkespiel um den Vertrag und war sehr zufrieden

DIE PIPPI-FILME SPIELEN *in einer unbestimmten Epoche. In einem Interview erzählt Olle Hellbom:* »*Ich wollte* **Pippi** *nicht im Heute spielen lassen. Aber auch nicht anno dazumal, mit Punschveranda und gesetzten Herren mit Strohhüten und Damen in Schnürstiefeln. Der Film spielt irgendwo dazwischen.*«

Kling und Klang sind ein typisches Beispiel für diesen Zeitmix: Sie tragen Uniformen aus den 60er Jahren, fahren aber ein altertümliches Automobil mit Kurbelantrieb. Obwohl Pippi mit den trotteligen Polizisten ihren Schabernack treibt, blieben die befürchteten Klagen wegen Verunglimpfung einer Berufsgruppe aus – die schwedische Polizei zeigte Humor. Allerdings wies man darauf hin, dass Kling und Klang zwar einen modernen weißen Schulterriemen, aber eine veraltete Polizeimütze tragen.

NÄCHSTE DOPPELSEITE: *Ob da drinnen wohl Pippi mit ihren Füßen auf dem Kopfkissen schläft? Und wo steckt bloß Herr Nilsson? Die Villa Kunterbunt ist heute die Hauptattraktion im Vergnügungspark Kneippbyn bei Visby. Bereits 1969 wurde das Gebäude vom Truppenübungsplatz hierher verlegt und wird seitdem jährlich von rund hunderttausend Kindern besucht. Das Innere der Villa ist aber nicht wiederzuerkennen, weil sämtliche Innenaufnahmen im Studio entstanden.*

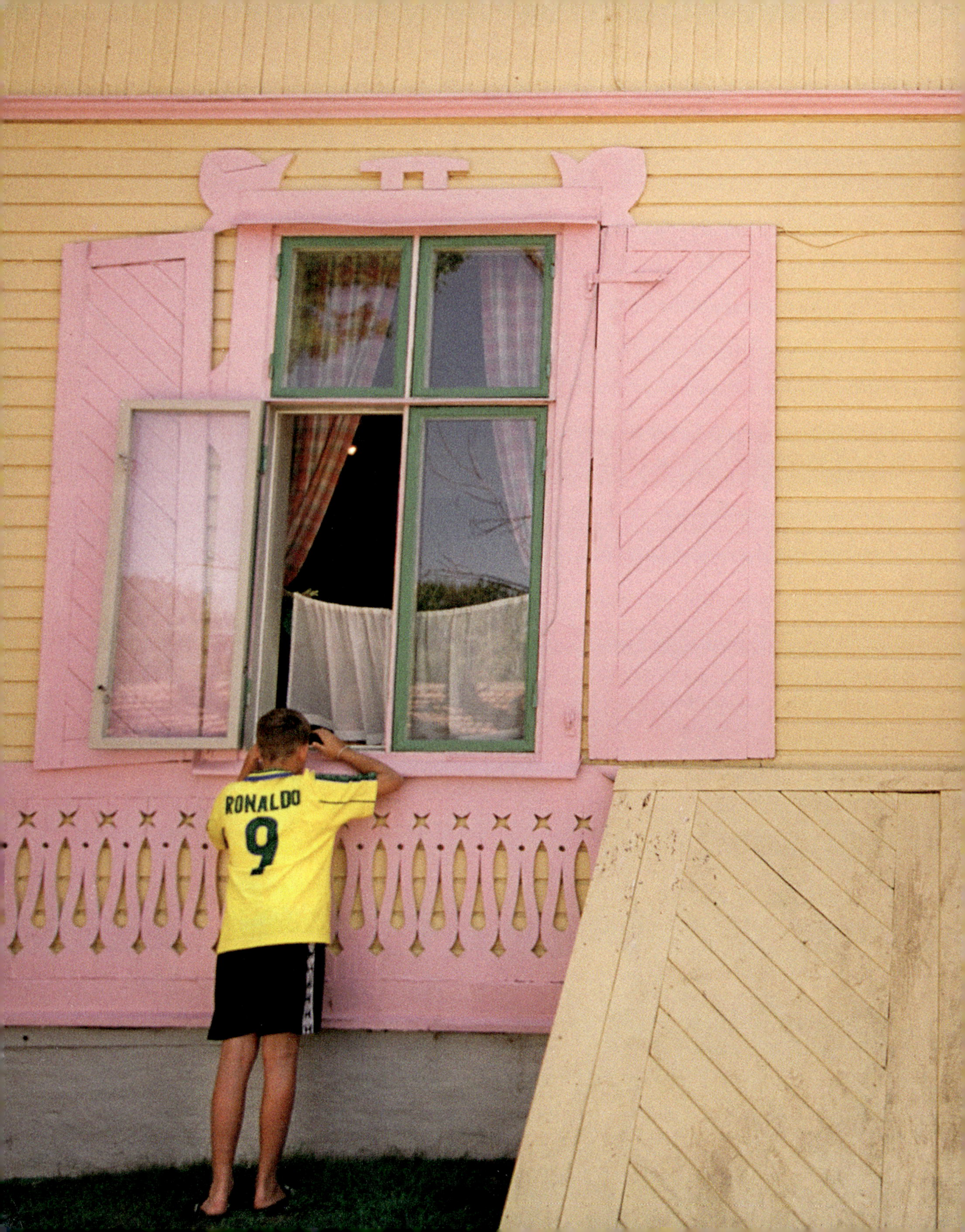
RONALDO
9

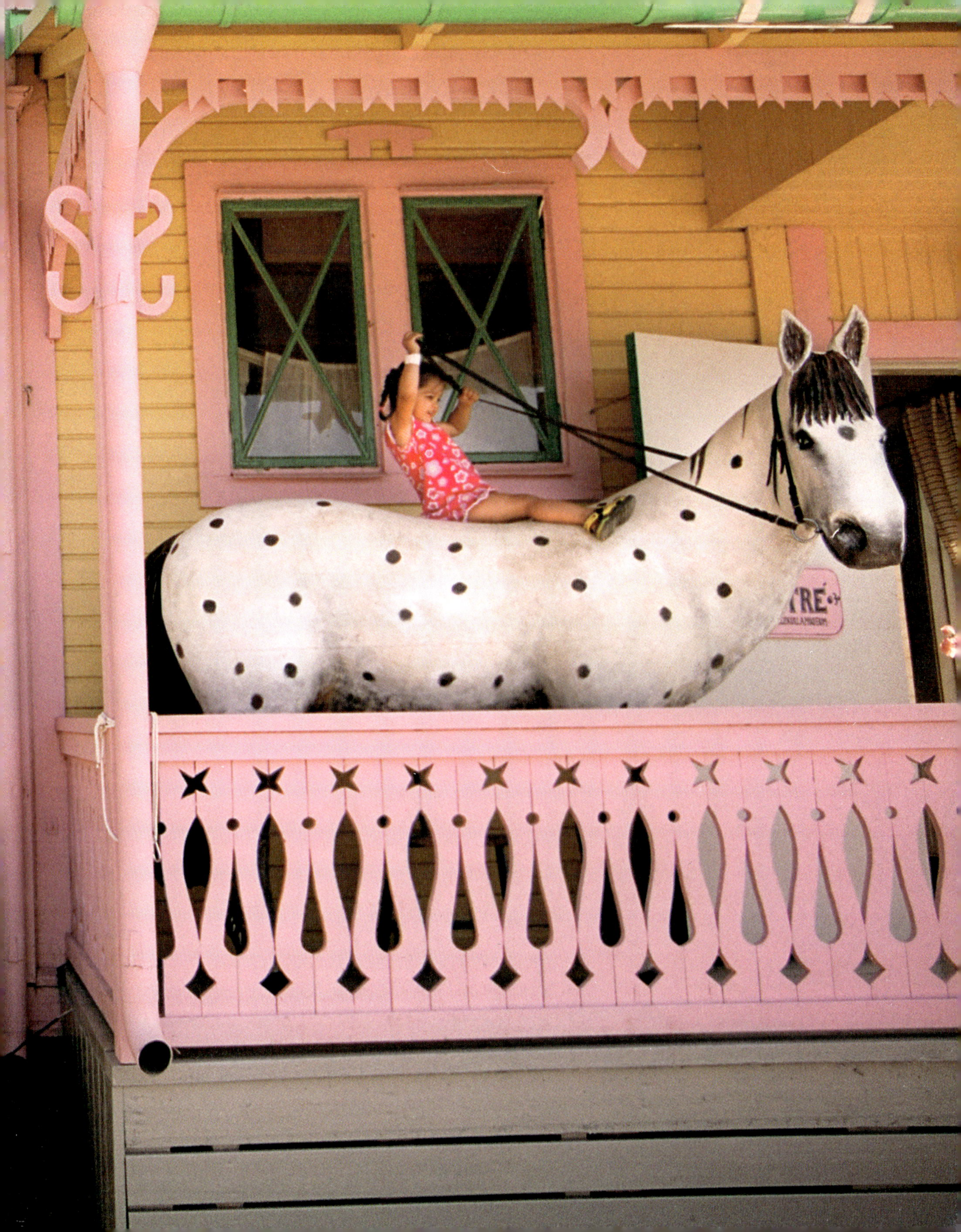

IM GARTEN DER VILLA KUNTERBUNT *geht Regisseur Olle Hellbom mit Inger Nilsson die nächste Szene durch. »Wie er uns Anweisungen gegeben hat, war fantastisch. In der gesamten Fernsehserie ist nichts improvisiert«, sagt Inger Nilsson.*

INGER NILSSONS *festgesteckte Perücke saß stramm und darunter wurde es unerträglich heiß. »Ich hatte langes dunkles Haar, sie haben meinen Pony geschnitten und gefärbt, damit man ihn unter der Perücke sehen konnte. Im Nacken wurden meine Haare so kurz geschnitten, dass nichts unter der Perücke hervorguckte. Aber im letzten Film merkt man, dass die Maskenbildnerin nicht dabei war. Als ich auf dem Bauernhof ein Küken halte, sieht man deutlich, dass ich eine Perücke aufhabe.«*

mit der Zusammenarbeit. Sein Sohn Jan meint, Olle Hellbom hätte auch in Zukunft gerne deutsche Finanzmittel in den schwedischen Film gepumpt.

Andere wie Ingvar Skogsberg waren negativer eingestellt: »Die Zusammenarbeit war das reinste Elend. Schade, dass sie solche Angst hatten. Sie hätten begreifen müssen, dass *Pippi Langstrumpf* ein todsicheres Projekt war, das kein deutsches Geld brauchte.«

Die Deutschen durften noch weitere Rollen besetzen, nämlich Donner-Karlsson und Blom sowie Pippis Papa. Ein deutscher Ratgeber wählte gute Schauspieler aus. Einige lernten den schwedischen Dialog phonetisch und machten die richtigen Lippenbewegungen. Für jede Mundbewegung hatte Olle Hellbom ein bestimmtes Zeichen. Daraufhin bat er Astrid Lindgren, die Dialoge dem anzupassen. Manchmal entstand so bei der Nachsynchronisation ein ganz neuer Dialog, damit es einigermaßen passte.

Selbst den jüngsten schwedischen Fernsehzuschauern musste auffallen, dass mit der Prüsseliese etwas nicht stimmte, wenn sie sprach. Ingvar Skogsberg erzählt mit einem resignierten Lachen: »Margot Trooger war eine gute Schauspielerin. Aber sie hatte den großzügigen Mund einer Femme fatale und sprach mit großen Lippenbewegungen. Es war unmöglich, das nachzusynchronisieren. Und Olle konnte sich nicht überwinden, ihr zu sagen, dass sie aus den Mundwinkeln sprechen sollte.«

»Außerdem war sie ja nicht immer nüchtern, was sogar wir Kinder gemerkt haben«, sagt Jan Hellbom.

Besser klappte es mit Hans Clarin und Paul Esser, die die Diebe Donner-Karlsson und Blom spielten. Einige der deutschen Schauspieler mokierten sich allerdings hinter vorgehaltener Hand darüber, dass sie an einem Ort untergebracht waren, wo sich die Füchse gute Nacht sagen und wo zu allem Überfluss ein Haufen Kinder herumtollte.

»Die Meinungen gingen auseinander, und sie beklagten sich, dass ihre Zimmer so klein waren«, erinnert sich Jan Hellbom. »Olle arbeitete mit den Kindern, während ihm die Erwachsenen schnurzpiepe waren – also ganz im Gegensatz zu anderen Regisseuren. Der große, dicke Dieb war sehr unzufrieden, das weiß ich noch.«

Trotzdem kamen die Dreharbeiten gut voran. Olle Hellbom sprach mit den deutschen Schauspielern deutsch, die Kinder redeten schwedisch und bekamen deutsche Antworten.

»Wir haben sie nicht verstanden, aber darum haben wir uns keinen Kopf gemacht«, erzählt Inger Nilsson.

»Wir haben gar nicht kapiert, dass es eine deutsche Co-Produktion war«, sagt Pär Sundberg. »Ständig waren Reporter und Fotografen aus Deutschland da, die Fotos schossen und nach jeder Szene Fragen stellten. Ich hab es gehasst, mich in Positur zu stellen, und war ständig sauer. Es war toll, dass ich nicht in die Schule musste und meine Freunde zu mir aufschauten, aber warum wir die ganze Zeit interviewt werden sollten, war mir nicht klar. Ich wollte meine Arbeit machen und damit basta. Wir haben nie begriffen, was für ein großes Ding das war.«

Die Dreharbeiten waren schon bald die Hauptattraktion im sommerlichen Gotland. Für das Filmteam hatte es den Vorteil, dass man nur einen Mucks machen musste, und schon stand einem alles Notwendige zur Verfügung. Für die drei Kinderstars war das große Interesse dagegen ein Problem. Hunderte von Kindern und neugierigen Touristen verfolgten die Aufnahmen in den Gassen von Visby und sammelten sich am Zaun der Villa Kunterbunt. Abends zog das Scheinwerferlicht die Zuschauer automatisch an. Weil die Kinder von den vielen Zaun-

»ANNIKA« LIEBTE ES, vor den Fotografen eine Show abzuziehen und den Journalisten weiszumachen, dass sie mit vier Chamäleons auf der Bettdecke schlief. »Tommy« und »Pippi« dagegen gefiel die Aufmerksamkeit überhaupt nicht.

Für die Kinder waren die Dreharbeiten kein Spaß, erinnert sich Gunilla Gullmert, die damals Lehrerin und Extramutter zugleich war. Sie lebte mit den Kindern zusammen, machte mit ihnen Schularbeiten, spielte, briet Fleischbällchen und tröstete sie, wenn sie Heimweh hatten.

»Auf Gotland durfte man nie ausschlafen, sondern um sieben hieß es aufstehen, und um acht wurde gedreht. Das Langweiligste war die Wartezeit zwischen den Aufnahmen. Und wegen der Schminke konnten sie nicht einfach in den Pausen baden gehen. Und wenn sie es doch taten, kamen Leute und wollten Fotos machen. ›Okay‹, sagten die Kinder, ›wenn wir dafür Eis bekommen.‹ Sie haben sehr viel Eis bekommen.«

gästen, die ihnen Bonbons anboten, abgelenkt wurden, sah sich Olle Hellbom gezwungen, ein Süßigkeitenverbot zu verhängen. In den Sommerferien gerieten die Dreharbeiten zum reinsten Familienfest. Wenn die Familien der Darsteller zu Besuch kamen, fanden sich Angehörige gelegentlich in einer Statistenrolle wieder.

»Wenn wir an einem Garten in Visby vorbeilaufen, sieht man meinen großen Bruder Lasse an einem Fahrrad herumbasteln«, erzählt Inger Nilsson.

»Und mein Bruder Staffan war in einer Szene im Spielzeugladen zu sehen«, sagt Pär Sundberg. »Er läuft mit einer Maske auf dem Kopf auf einem Dach herum. Nachher hieß es, er hätte nur deshalb einen Dialog bekommen, weil er mein Bruder war.«

Auch die Erwachsenen übernahmen kleine Rollen. Das Kindermädchen Gunilla Gullmert erinnert sich: »In der Folge mit dem Spunk schiebe ich einen Kinderwagen. Man sieht mich auf dem Jahrmarkt und dann noch einmal, wie ich ins Süßigkeitengeschäft komme. Aber man muss schnell sein, um mich zu erkennen.« Schnell sein musste man auch, um zu entdecken, dass Pippi nicht immer von Inger Nilsson gespielt wurde. Abgesehen von den Mädchen, die Inger Nilsson in den Reitszenen oder beim Schlittschuhlaufen doubelten, ließ Olle Hellbom in manchen Szenen seine eigenen Kinder in Pippis Rolle schlüpfen. Jan erzählt: »Ich bin in einem Boot gerudert und von einem hohen Baum ins Wasser gesprungen. Die Perücke ging ja noch, aber in ihren Kleidern kam ich mir in dem Alter natürlich total lächerlich vor. Für den Sprung hab ich, glaube ich, einen Hunderter bekommen, was ja unglaublich gut bezahlt war.«

Seine kleine Schwester Tove erinnert sich auch: »Inger konnte weder rudern noch tauchen noch vom Bootsanleger springen. Also stand ich in Pippis Kleidern mit dem Rücken zur Kamera im eisigen Wasser des Mälarsees.«

Am häufigsten hat Tommy in körperlich anstrengenden Szenen Pippi gedoubelt. Durch sein Gymnastik- und Akrobatiktraining war Pär Sundberg stark und gelenkig. »Wir waren ungefähr gleich groß«, erzählt er. »Wenn Pippi auf dem Pferd steht und ein Bein ausstreckt, bin ich es. Und manchmal, wenn sie ins Wasser springt, bin ich es auch. Genauso, wenn Pippi zum Kaffeekränzchen geht und am Fenster hängt und die Kaffeetanten erschreckt. Das hat Spaß gemacht.«

»Wenn Pippi Trampolin springt, ist es auch Pär. Das sieht man am Körperbau, weil er ziemlich klein ist, aber sehr gut gebaut und stark. Maria und ich waren spindeldürr«, sagt Inger Nilsson und erinnert

---

PIPPI ARBEITETE als erster schwedischer Film mit Aufprojektion. Die Technik wurde Ende der sechziger Jahre vor allem durch Kubricks *2001 – Odyssee im Weltraum* populär. Mit Hilfe von Spiegeln und Reflexscheiben konnte man einen gefilmten Hintergrund auf eine laufende Studioszene projizieren. In der Kamera verschmolzen beide Filme zu einem Bild – und damit konnte man die früheren Rückprojektionen aufgeben, mit Autojagden, wo der Fahrer wild lenkt und die gerade Straße, die wir durch die Rückscheibe sehen, viel verschwommener ist als der Fahrer.

Die Aufprojektion ermöglichte eine viel genauere Schärfe, erzählt Bo-Erik Gyberg, der für die komplizierte Technik verantwortlich war: »Man muss alle Spiegel und Platten exakt auf den Mikrometer platzieren, damit nicht wegen falscher Winkel Schatten entstehen. Mit der Zeit wurden wir alle geschickter. Am Anfang waren wir noch nicht so gut, was man einigen Szenen ansieht, zum Beispiel Pippis Seiltanz.«

sich dankbar an einen anderen Einsatz von Pär: »Ich lag mit einer Beinverletzung im Krankenhaus. Zur selben Zeit hatte man hinter Filmstaden in Råsunda einen Jahrmarkt aufbauen lassen. Weil das natürlich Geld kostete, konnte man nicht auf mich warten. Pär musste einspringen. Ich habe ungeheure Angst vor Schlangen, also habe ich es wohl Gott oder sonst wem zu verdanken, dass ich im Krankenhaus lag, denn auf dem Jahrmarkt sollte eine Schlange auf mir herumkriechen. Man sieht nie Pippis Gesicht, aber das Tier schlängelt sich an Pärs Rücken hoch. Dann haben sie eine Nahaufnahme von mir dazwischengeschnitten, wie ich die Schlange streichle – was man nicht sieht, ist, dass ich in Wirklichkeit einen Pullover streichle.«

Bei den *Pippi*-Filmen hat man viel herumgetrickst. Auch wenn die Spezialeffekte heute ziemlich vorsintflutlich wirken, bedeutete die Fernsehserie doch einen großen Schritt für die schwedische Trickfilmtechnik.

Der Kameramann Kalle Bergholm und der Aufnahmeleiter Bengt Schöldström hatten sich in den Londoner PINEWOOD STUDIOS ausbilden lassen, wo die Tricksequenzen fertig gestellt werden sollten. Sie lernten »Travelling Matte«, auch Wandermaske genannt, ein System, bei dem man zunächst den Hintergrund aufnimmt und dann vor einer blauen Wand den Vordergrund filmt. Bei der Montage der beiden Aufnahmen verschwindet die blaue Farbe – was auch erklärt, warum Pippi nicht, wie im Buch, ein blaues Kleid tragen darf.

PIPPI SIND WIR ALLESAMT! *Wenn Inger Nilsson wegen Krankheit ausfiel oder körperlich anstrengende Szenen auf dem Drehplan standen, dann musste Pär Sundberg alias Tommy sich die Perücke aufsetzen und Pippis Kleider anziehen. Auch Olle Hellboms Kinder Jan und Tove (oben) sind in einigen Szenen für Inger Nilsson eingesprungen.*

Bengt Schöldström war die rechte Hand von Olle Hellbom und konnte mit seinen genialen Ideen alle technischen Probleme lösen. Wie in aller Welt sollte Inger Nilsson das Pferd in die Luft stemmen können?

»Wir hatten hin und her überlegt«, erzählt Ingvar Skogsberg. »Aber als wir eines Abends in Visby einen getrunken hatten, fragten wir uns mit einem Mal, wo Bengt abgeblieben war. Ich ging nach draußen und da stand er, mitten in der Nacht, vor der Villa Kunterbunt und hob ein tiefes Loch für die Hebevorrichtung aus. Dann sollte Pippi sich vor den Hebel für die Grube stellen, damit es aussah, als würde sie ein Pferd aus Styropor hochheben. Das hatte Bengt von einem Spanier zuschneiden lassen. Später montierte man Aufnahmen dazu, auf denen das echte Pferd den Kopf bewegt. Man glaubt wirklich, sie stemmt das echte Pferd in die Luft. Wenn Bengt nicht dabei gewesen wäre, hätte Olle nachts kein Auge zugekriegt. Mit der heutigen Elektronik hätten Olle und Bengt es einfacher gehabt.«

Eine besondere Herausforderung war Kapitän Langstrumpfs alter Fesselballon, den Pippi auf dem Dachboden findet. Olle Hellbom betonte: »Wir konnten natürlich die Kinder nicht in einem richtigen Ballon aufsteigen lassen. Dann wären sie vielleicht bis Russland gefahren!« Stattdessen musste man sich verschiedene Tricks einfallen lassen.

Für die Aufnahmen, in denen der Ballon über Felder und Wälder schwebt, hat man die Kinder im Korb, einem großen Holzzuber, vor einem blauen Hintergrund gefilmt. Von zwei zehn Meter hohen Türmen, die man extra aufgestellt hatte, machte man Nahaufnahmen aus der Luft. Zwischen die Türme wurde ein Stahlkabel gespannt, mit dem der Ballon hin- und herbewegt werden konnte. Oder besser gesagt, der halbe Ballon, denn es gab kein Oberteil. Schwieriger war es, hinterher beim Schnitt mit den unterschiedlichen Wolkenformationen am Himmel klarzukommen.

Drei Jahre lang verwandelte sich Gotland jeden Sommer in ein Pippi-Land. Im Prinzip nutzte man die ganze Insel als Drehort für die Fernsehserie und die beiden Spielfilme. Pippis Dachboden, auf dem es spukt, baute man im Kungsladugården vor der Ringmauer von Visby nach. Hier konnte bei Regen gedreht werden. Mit einer Spinnwebenmaschine präparierte das Team alte Koffer und Spinnräder.

Ansonsten entstanden auf Gotland in erster Linie die Außenaufnahmen, vor allem im mittelalterlichen Stadtkern von Visby. Pippi reitet

DER FESSELBALLON, der über das Meer fährt, war in Wahrheit ein mit Puppen bestücktes Modell, das rund zehn Zentimeter groß war. Ingvar Skogsberg, Bo-Erik Gyberg und Eddie Axberg sind mit dem mit Wolframdraht an einer verlängerten Angelrute festgemachten Ballon über Gotland gerast und haben alle notwendigen Winkel und Horizonte gefilmt.

»Natürlich fällt auf, dass die Ballonfahrt ein Fake ist, aber die Szene hat so einen Märchennimbus, dass es trotzdem funktioniert«, erzählt Skogsberg. »Wir haben an einer Tankstelle eine Miniaturwindmühle als Souvenir gekauft, sie auf eine Wiese gestellt und mit niedriger Kamera gefilmt. Eddie stand mit der Angelrute auf dem Anhänger und ließ den Ballon über die Mühle schweben und seinen Schatten auf die Mühle werfen. Da sah es aus, als wäre er hundert Meter entfernt, obwohl es in Wahrheit nur zwei bis drei Meter waren.«

»Man sieht ja die Drähte!«, schrie Hellbom, als er sich die Nachtszene anguckte, in der der Ballon fast abstürzt. »Na und?«, antwortete Skogsberg. »Die Stimmung ist richtig, mit Rauch und tosendem Meer. Die Kinder können ja wohl mal daran erinnert werden, dass dies nur ein Film ist.«

Er erinnert sich noch, wie er Schmetterlinge und eine Hummel fing, die er vor der Kamera freiließ. »Für diese Szene wurden wir gelobt. Astrid fand solche Geschichten toll. Sie war wie ein Kind, als sie die Aufnahmen sah. Sie war nicht unkritisch, verstand aber: Wenn es funktioniert, dann macht es nichts, dass man die Drähte sieht.«

MIT PIPPI UM DIE WELT! *Im Herbst 1969 flogen Inger Nilsson, Pär Sundberg und Maria Persson zu Dreharbeiten nach Barbados. Während des dreizehnstündigen Fluges interviewte Inger sämtliche Passagiere – weil Hellboms Frau Birgit damals an einer wissenschaftlichen Untersuchung arbeitete, wollte Inger es ihr nachtun. Ihren Notizblock mit den »wissenschaftlichen« Aufzeichnungen besitzt Inger Nilsson heute noch.*

durch die kleine Brunnsporten zur Ringmauer und biegt rechts auf die Norra Brunnsgatan ab. Im nächsten Schnitt sehen wir sie durch die Parallelstraße Nygatan reiten. Der Süßigkeitenladen taucht später in der Fiskargränd auf. Auf der St. Hansgatan besucht Pippi mit ihren Freunden einen kleinen Laden und anschließend reitet sie durch das Tor mit der Zugbrücke, die Snäckgärdsporten. Der Hof, in dem die Kinder außer Rand und Band in Säcke gehüllt als Musikanten auftreten, ist der mittlerweile umgebaute Hinterhof von Hemlins Fotogeschäft in der Hästgatan.

Vom Hof Gervald nahe Hoburg konnte Annie Petersson damals beobachten, wie das Filmteam einen ganzen Tag lang vergebens versuchte, Kleiner Onkel zur flügellosen Mühle des Hofes zu dirigieren. Auf Gotland wurden auch die Szenen gedreht, in denen die Kinder auf

FÜR DIE INNENAUFNAHMEN für *Pippi* benutzte man entweder, was man hatte, oder durchforstete alte Requisitenbestände. Dabei stieß man auch auf die »Goldmünzen« aus dem Stummfilmklassiker *Herr Arnes penningar (Herrn Arnes Schatz)*, einer Selma Lagerlöf-Verfilmung. Die Münzen kamen als Pippis Goldstücke zum Einsatz. »So viele ›echte‹ Goldmünzen gab es gar nicht«, erzählt Inger Nilsson. »Es kam also darauf an, dass die echten oben lagen. Dann wurden immer welche nachgelegt und unten lag Geld, das so aussah wie Schokoladenmünzen.«

MIT DER GRÖSSTEN BEGEISTERUNG erinnern sich die Darsteller an die Szene, in der Pippi einen Bonbonladen zweimal um achtzehn Kilo Bonbons erleichtert.

Das Innere des Ladens wurde in Stockholm nachgebaut, aber die Außenaufnahmen entstanden in Vimmerby. Die Filmgesellschaft ließ sich nicht lumpen und kaufte für den Schwindel erregenden Betrag von 375 Schwedischen Kronen Süßigkeiten.

»Danach haben wir Kinder alles unter uns aufgeteilt. Ich kam mit Papiertüten voller Süßigkeiten in die Schule. Da war ich natürlich in der Klasse beliebt«, erzählt Pär Sundberg lachend.

Heufuhren herumhüpfen und beim Bauern übernachten, der fünf Kinder und einen wütenden Stier sein Eigen nennt. Ebenfalls entstanden hier die Szenen, in denen Pippi einen Schrotthandel besucht oder im Heu liegt und mit ihrer Mama spricht.

Die Allee, durch die Pippi auf ihrem Pferd reitet, auf der Kling und Klang mit ihrem Auto fahren und über die Tommy und Annika zu Pippi rennen, führte von der Villa Kunterbunt zum Panzerregiment. In Wirklichkeit aber war es von Pippis Villa bis zum Haus der wohlhabenden Familie Settergren (der Nachname wird in den Filmen nie erwähnt) sehr weit.

Das Gebäude, das im Film das Haus der Settergrens ist, liegt vor den Toren Stockholms in Kanton, einer friedlichen Idylle mit rund zehn prunkvollen Holzhäusern, unweit des China-Schlosses bei Drottningholm. Hier drehte man nur Außenaufnahmen – alle Innenaufnahmen entstanden im Studio. In Kanton schleudert Pippi den gemeinen Bengt in die Baumkrone, hier streitet sich Annika mit ihrer Mutter und hier versucht ihr Vater vergeblich, mit Wurfpfeilen die Scheibe zu treffen.

»Diese Szene habe ich mir selbst ausgedacht«, erzählt Fredrik Ohlsson, der den Vater spielt, stolz. »›Das ist gut geworden‹, hat Olle Hellbom danach gesagt. Sonst hat er nichts gesagt. Er saß nur da und kritzelte Männchen in seinen Block. Das waren sonderbare Dreharbeiten. Uns Erwachsene hat man ja Pappfiguren genannt, aber etwas Schwierigeres als eine Pappfigur kann man gar nicht spielen.«

Die Rolle von Pippis Vater sollte, wie vereinbart, an einen deutschen Schauspieler gehen. Anfang August kam Ralf Wolter nach Visby, um die Rolle von Kapitän Efraim Langstrumpf, »früher der Schrecken der Meere, jetzt Negerkönig«, zu übernehmen.

Ralf Wolter hatte zu diesem Zeitpunkt schon eine lange Schauspielkarriere hinter sich. Er hatte in Filmklamotten und Sexfilmchen mitgespielt, in *Winnetou* und *Cabaret*. Pippis Papa sollte er allerdings nie werden. Ingvar Skogsberg erzählt, wie es dazu kam: »Der Deutsche war ein begabter Charakterdarsteller, aber Olle merkte sofort, dass irgendetwas nicht stimmte. Er war ein ziemlich kleiner Mann. Olle führte mit ihm ein Gespräch unter vier Augen und sagte: ›Tut mir sehr leid, aber das ist ein Missverständnis, wir haben uns Pippis Vater als großen, kräftigen Mann vorgestellt …‹

›Ja ja, alright‹, sagte der Deutsche, ›Schwamm drüber, aber mein Geld will ich natürlich trotzdem haben.‹ Dann hielten wir panisch eine Besprechung ab und beschlossen, es mit Beppe Wolgers zu versuchen.«

Als Sänger, Schauspieler, Kabarettist, Songtexter und Lyriker war Beppe Wolgers einer der vielseitigsten Entertainer, die Schweden zu bieten hatte. Man wollte ihn schon früher für die Rolle haben, aber er musste aus Termingründen absagen. Als Olle Hellbom diesmal Beppe Wolgers anrief, sagte er zur Freude aller zu.

In der letzten Folge der Fernsehserie soll Pippi mit ihrem Vater an Bord der Hoppetosse gehen. Doch selbst gegen Ende der Dreharbeiten hatte man immer noch kein Schiff aufgetrieben. Da entdeckte man im Hafen von Visby die Frachtschute »Meta af Byxelkrok«.

»Plötzlich hörte ich jemand am Kai rufen: ›Da liegt ja die Hoppetosse!‹ Ich hab gar nichts kapiert, aber dann kamen sie runter und fragten, ob wir für ein paar Tage nach Mariefred kommen könnten. Und das konnten wir«, erzählt der Künstler Kaj Engdahl, der mit einigen Kollegen im Laderaum des Schiffes seine Bilder ausstellte.

Die 37 Meter lange »Meta« war 1915 auf einer deutschen Werft gebaut worden. Das Filmteam hätte auf kein geeigneteres Piratenschiff stoßen können – denn es hatte sogar Kanonen!

DAS SCHIFF »META AF BYXELKROK« hat den *Pippi*-Filmen die Rolle seines Lebens zu verdanken. Später war es in Jan Troells Film *Die Auswanderer* zu sehen, wobei die Szenen, die auf hoher See spielen, vor Nynäshamn und Utö entstanden. Im Herbst 1977 lief die »Meta« bei einem Sturm vor der griechischen Westküste auf Grund.

Kaum war die Serie am 8. Februar 1969 in Schwedens einzigem Fernsehkanal gestartet, brach die Pippi-Hysterie aus. Drei Millionen Schweden verfolgten Woche für Woche Pippis Abenteuer, und das bei einer Bevölkerung von 8,5 Millionen!

Astrid Lindgren verbrachte zu dieser Zeit mit ihrer Familie die Winterferien bei Tällberg in der Urlaubspension Långbergsgården. Seit 1945 mietete sie sich für mindestens eine Woche im Zimmer »Prästkragen«, also »Margerite«, ein. Viele ihrer Bücher sind hier entstanden, und im Jahr zuvor hatte sie jeden Vormittag am Drehbuch zur *Pippi*-Serie gefeilt. Ihre Tochter Karin erinnert sich noch genau an den Serienstart: »Wir saßen mit der versammelten Familie im Gemeinschaftsraum und sahen uns die erste *Pippi*-Folge an. Alle waren ganz gerührt, dass es so gut gelungen war. Selbst Astrid.«

Dabei waren zu diesem Zeitpunkt noch längst nicht alle Folgen fertig geschnitten. Den ganzen Frühling über verbrachte Olle Hellbom damit, Bild und Ton zu synchronisieren.

Zwar hatte man zunächst keine neue Staffel geplant, aber bei dem großen Zuschauererfolg waren auch solche Gedanken nicht mehr fern: Millionen von Zuschauern waren überglücklich, von der LP hatte man ungeheure Stückzahlen verkauft.

Im Juni 1969 beschloss man, eine Spielfilmfassung von *Pippi Langstrumpf* nachzulegen. Olle Hellbom, der darauf brannte, *Michel* oder *Karlsson vom Dach* zu verfilmen, behauptet, Astrid Lindgren habe darauf bestanden: »Astrid wollte es und schrieb ein lustiges Drehbuch, das uns gefiel. Ich persönlich hatte keinen Gedanken an eine Fortsetzung von *Pippi* verschwendet.«

In Astrid Lindgrens Erinnerung klingt das anders: »Ein weiteres Buch über Pippi hätte es nie gegeben. Ein Drehbuch ist etwas anderes. Die Geschichte haben übrigens Olle Hellbom und ich uns gemeinsam ausgedacht. Anschließend hab ich die Dialoge geschrieben. Das war recht mühsam.«

Auf alle Fälle war es allerhöchste Eisenbahn, denn schon im Juli wollte man mit den ersten Aufnahmen beginnen. Astrid Lindgren hat in ihrem Drehbuch an die Episoden angeknüpft, die in der Fernsehserie ausgespart wurden, nämlich die Erlebnisse in Taka-Tuka-Land. Allerdings hat sie das exotische Inselleben im Buch in eine aufregende Seeräubergeschichte verwandelt: *Pippi in Taka-Tuka-Land*.

PIPPI IN TAKA-TUKA-LAND
Regie: Olle Hellbom
Produzent: Olle Nordemar
Drehbuch: Astrid Lindgren
Premiere: 24. Januar 1970
Besetzung: Inger Nilsson (Pippi Langstrumpf), Maria Persson (Annika), Pär Sundberg (Tommy), Öllegård Wellton (Frau Settergren), Fredrik Ohlsson (Herr Settergren), Beppe Wolgers (Kapitän Langstrumpf), Martin Ljung (Messer-Jocke), Jarl Borssén (Blut-Svente), Wolfgang Völz (Pirat)
Musik: Georg Riedel (u. a. »Seeräuberhauptmann Fabian«), Jan Johansson (Titelmelodie)
Drehorte: Gotland, Stockholm, Vaxholm, Budva (Jugoslawien), Barbados.
Handlung: Kapitän Langstrumpf wird von einer Seeräuberbande gefangen gehalten. Per Flaschenpost bittet er Pippi um Hilfe, die sich mit Tommy und Annika auf den Weg macht. Es gelingt ihnen, Pippis Vater zu befreien.
Kurioses: Der Entdeckungsreisende Thor Heyerdahl spielt einen blutrünstigen Piraten.

Für die Verfilmung brauchte man eine Insel mit einem Dschungel, Sandstrände mit Palmen und außerdem eine Piratenstadt mit einer Burg. Deshalb hatte man die Produktionskosten vorsorglich mit zwei Millionen Kronen angesetzt. Das finanzielle Risiko teilten sich SVENSK FILMINDUSTRI und die Münchner BETA-FILM, und diesmal hatten sich die Deutschen mit ein paar kleinen Piratenrollen zu begnügen. Wolfgang Völz spielte den Einäugigen Oskar. Weil ungefähr 80 Piraten vonnöten waren, spielte selbst Olle Hellboms Frau Birgit einen Seeräuber mit Vollbart und Augenklappe.

Das Seeräubernest baute man in den Stockholmer Schären nach, genauer gesagt in einem Burghof vom Vaxholmer Kastell. Elisabeth Fahlén versuchte noch weitere Piraten aufzutreiben: »Zur gleichen Zeit entstand in einem der anderen Studios Johan Bergenstråhles Film *Baltutlämningen (Die Auslieferung der Balten)*. Und so konnten wir Statisten austauschen – an einem Tag waren sie arme baltische Gefangene, am nächsten Tag wilde Seeräuber.«

Olle Nordemar kam nach seinem Urlaub in Jugoslawien auf die Idee, dort nach passenden Drehorten Ausschau zu halten. Denn an den langen Küstenstreifen würde man sicherlich geeignete Hafenstädtchen und Grotten finden.

»Außerdem war das Land noch nicht so touristisch ausgebeutet wie beispielsweise Spanien, und es gab nicht so viele Telefonleitungen oder anderes modernes Zeugs, das man verbergen musste«, erzählt Bo-Erik Gyberg, der mit dem Kameramann Kalle Bergholm die gesamte Adriaküste von der Halbinsel Istrien im Norden bis Dubrovnik im Süden nach geeigneten Drehorten absuchte.

»Nach zehn Tagen waren wir völlig am Ende. Wir hatten uns jedes winzige Nest angeguckt. Olle Hellbom und Elisabeth Fahlén haben uns in Dubrovnik abgelöst – und sind sofort auf Budva gestoßen, das heute zu Montenegro gehört. Da gab es außerdem gute Grotten.«

»Budva war eine perfekte Piratenstadt mit kleinen Gassen und dicken Mauern«, erzählt Elisabeth Fahlén. »Wir waren 14 Tage lang auf der Burg, ich engagierte ein örtliches Filmunternehmen, und die Jugoslawen bestanden darauf, dass Olle, der nicht gut zu Fuß war, auf einem Stuhl saß, den sie überallhin trugen.«

Weil Inger Nilsson am ersten Drehtag mit Fieber im Bett lag, musste sich wieder einmal Pär die Perücke aufsetzen. In einigen Verfolgungsszenen sieht man mal Pär, mal Inger als Pippi durch die Gassen flitzen.

PIPPI, DAS STÄRKSTE MÄDCHEN DER WELT, *kann natürlich ihre Freunde, ihr Pferd und die Mannschaft ihres Vaters (die von Mitgliedern des Filmteams gespielt wurde) in die Luft heben. Jedenfalls wenn das Pferd Beruhigungsmittel intus hatte und die Trickkameras funktionierten. In den Büchern trägt Pippi ein blaues Kleid, aber in den Filmen war das wegen des Trickverfahrens, bei dem vor blauem Hintergrund gefilmt wurde, unmöglich, weil Pippi sonst durchsichtig geworden wäre.*

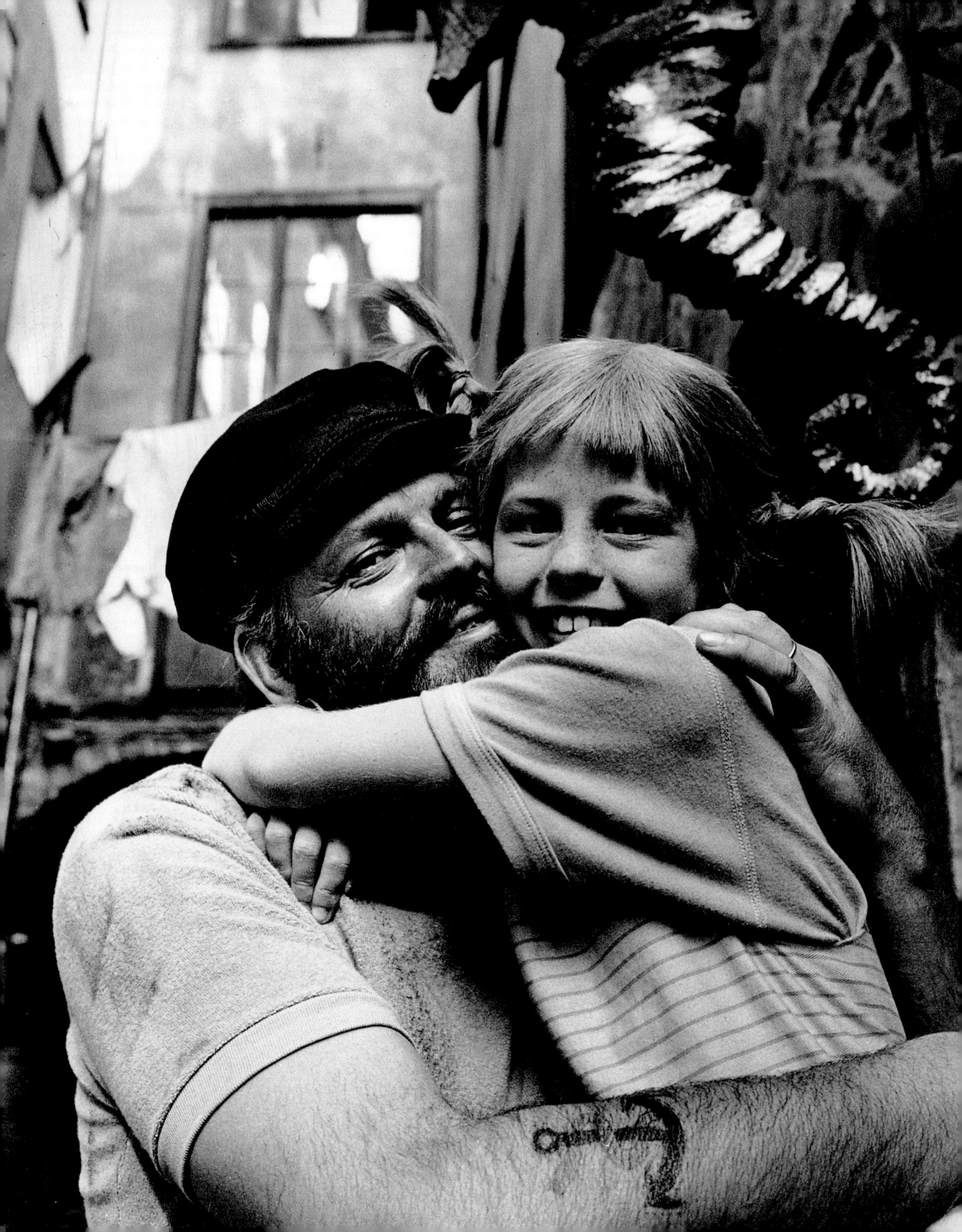

Als nächste Station hatte man die afrikanische Atlantikküste auserkoren. Man glaubte die passende exotische Umgebung in Gambia zu finden, woraufhin sich das gesamte Team für den Aufenthalt impfen ließ. Aber Elisabeth Fahlén, die schon allein vorausgefahren war, überzeugte der Schauplatz nicht. Ihr war vor allem die Entfernung zwischen den Drehorten und einer geeigneten Unterkunft zu groß.

Zur selben Zeit bekam Olle Nordemar Wind davon, dass die SAS eine neue Fluglinie von Zürich nach Barbados eröffnen wollte. Weil die ARTFILM viele Auftragsfilme für die SAS produziert hatte, durfte das Filmteam sehr günstig auf dem Jungfernflug am 1. November 1969 mitfliegen, und die SAS konnte dafür stolz mit einer Passagierin namens Pippi Langstrumpf werben.

Nach 13 Stunden Flug landete das Filmteam in einer waschechten Piratenlandschaft. Das Lager schlug man im eleganten Kolonialhotel »Sam Lord's Castle« auf, das nach einem historischen Seeräuber benannt war, der im 19. Jahrhundert die Schiffe vor der Küste auf Grund laufen ließ. Für die Strandszenen eignete sich Crane Beach mit seinem weißen Sand und den Palmen perfekt, und so drehte man auf dem Strandabschnitt, der zum Hotel gehörte.

Wegen der Hitze waren die Drehtage kurz, doch dafür unternahm man mit den Kindern Ausflüge in den Dschungel oder auf Zuckerrohrfelder, spielte oder badete in den hohen Wellen. Weil die Kinder nicht braun werden sollten, damit sie im fertigen Film nicht in der einen Szene dunkler sind als in der nächsten, mussten sie die ganze Zeit Hüte tragen. Zu allem Überfluss bekamen Inger und Maria eine Ohrenentzündung. Inger erinnert sich, dass ein Arzt ihr eine Spritze verpasste: »Danach wurde alles schwarz. Ich bin zum ersten Mal in Ohnmacht gefallen.«

Ein noch akuteres Problem waren die Statisten.

In Vaxholm hatte man die Kostümierung für jeden Seeräuber in einer Plastiktüte verpackt, die mit dem Namen des Statisten versehen war. In Jugoslawien versuchte man vor Ort Piraten zu rekrutieren, die so ähnlich aussahen wie die Schweden. Sie waren zwar insgesamt etwas dunkler, aber es funktionierte trotzdem. Auf Barbados musste Elisabeth Fahlén feststellen, dass praktisch alle Bewohner der Insel schwarz waren! Daran hatte niemand gedacht.

»Es gab noch keinen Tourismus auf der Insel, kaum weiße Besucher. Außer den VIPs, die mit dem SAS-Flieger gekommen waren. Das waren betagte Direktoren, Botschafter und andere hohe Tiere.

IN BUDVA SPRACHEN *die Statisten nur serbokroatisch, erzählt die Aufnahmeleiterin Elisabeth Fahlén: »Ingvar Skogsberg zählte bis vier – jadan, dva, tri, četiri – und dann sollten die verschiedenen Gruppen angerannt kommen. Er schrie, aber nichts passierte. Vermutlich hatte er eine verkehrte Aussprache ...«*

BEI DEN FÜNFZIG AUGENKLAPPEN *der Seeräuber war ein enormer Schwund zu verzeichnen. Noch häufiger verschwanden die Ohrringe, die zum Glück nicht aus echtem Gold waren. Eine Reportage von den Dreharbeiten in der Stockholmer Altstadt schildert, wie man für Beppe Wolgers (Kapitän Langstrumpf) einen Ohrring aus Messing zurechtbog. Kapitän Langstrumpf sollte gerade befreit werden, aber er hatte seinen rechten Ohrring verloren. Auch die Hose, die er angehabt hatte, war plötzlich nicht mehr aufzutreiben. Olle Hellbom befahl »kunstgerechtes Schmutzigmachen« der neuen Hose, damit sie abgenutzt aussah. Eine Sache erstaunte die Kostümbildnerin Gunilla Jakobson: Ihre Schere, mit der sie die Piratenhosen ausgefranst hatte, war mit einem Mal spurlos verschwunden. Später tauchte die Schere wieder auf – in einer Torte in der Villa Kunterbunt!*

LINKS: *Beppe Wolgers bekam kurzfristig die Rolle des Kapitän Langstrumpf. »Er mag kein Schauspieler gewesen sein, aber mit seiner Körpermasse und seinen schönen blauen Augen hat er Pippis Vater ganz wunderbar verkörpert«, sagt Ingvar Skogsberg. Der Maskenbildner Kjell Gustavsson malte einen Anker auf Beppe Wolgers' Arm und jeden Morgen prüfte Skogsberg, ob man ihn ausbessern musste.*

ERST KÜRZLICH wurde eine Inspirationsquelle für die Gestalt des Kapitäns Efraim Langstrumpf bekannt.

In *Pippi und der König* [gibt es auf Dt. bei List] erzählen Joakim Langer und Héléna Regius vom schwedischen Seemann Carl E. Pettersson, der 1904 in der Südsee Schiffbruch erlitt, die Tochter des Kannibalenhäuptlings auf der Insel Tabar vor Neuguinea heiratete, durch Kokosplantagen zu Reichtum kam und als Häuptling das Goldvorkommen der Insel erbte. Astrid Lindgren las in den dreißiger Jahren in der Zeitung von diesem starken und reichen Pettersson, und vielleicht wurde aus Tabars Nachbarinsel Kurudu die Kurrekurredutt-Insel, wie Taka-Tuka-Land im Original heißt.

AUCH PIPPI strandete auf einer Insel – als die Kinder zelten und Pippi zu Tommy sagt: »Antworte mir auf die Frage: Welche Leute haben weniger Schnupftabak, die, die schnupfen, oder die, die nicht schnupfen?« Die Szenen von der einsamen Insel wurden auf Gotland gedreht, doch das Vorbild dafür war die kleine steile, tannenbewachsene Insel Lomtuvan im See Mossjö bei Pelarne, in der Nähe von Vimmerby. Allerdings hatte nicht Astrid Lindgren Schiffbruch erlitten, sondern ihr Bruder Gunnar. Er schickte die Flaschenpost mit dem Text: »Seit zwei Tagen ohne Schnupftabak und Branntwein verschmachten wir auf dieser Insel.« Seine religiöse Mutter zeigte sich von dieser Botschaft nicht gerade begeistert, und als Astrid Lindgren den Wortlaut in *Pippi* verwendete, zensierte sie sicherheitshalber den Branntwein.

Ich wusste mir keinen anderen Rat, als sie zu fragen, ob sie nicht Statisten in einem Piratenfilm sein wollten. Ich bekniete sie, aber sie lehnten ab – sie waren beim Gouverneur zu einem Abendessen mit allen Schikanen geladen. Doch mit einem Mal guckten sich die fünfzehn Herren an und sagten: ›Einverstanden, wir machen mit!‹ Und dann haben sie sich total ins Zeug gelegt!«

Mit Krummsäbeln und Musketen bewaffnet begeben sich die gestandenen Männer auf Verfolgungsjagd und rennen hinter Pippi her – und das für läppische 75 Kronen Statistenhonorar pro Nase. Der Produzent lief mit einer Augenklappe durch die Gegend und der norwegische Forscher Thor Heyerdahl schlich mit finsterer Miene durch die Büsche. Heyerdahl befand sich zufällig auf Barbados – er suchte nach dem Wrack seines Floßes »Ra I«, das er und seine Besatzung bei einem Sturm ein paar Monate zuvor hatten aufgeben müssen.

Die Piratenszenen zusammenzuschneiden war eine Sache für sich, erzählt Ingvar Skogsberg: »Da wird Alarm gegeben und man sieht, wie eine Seeräuberbande aus der Festung von Vaxholm herausläuft. Im nächsten Bild läuft eine ganz andere Piratenbande in ein jugoslawisches Kastell. Dann kommen von links die Millionäre aus dem Luxushotel auf Barbados ins Bild. Und ganz vorne laufen Nordemar und Heyerdahl und ziehen ihre Bäuche ein. Kaum hatte der Regisseur danke gesagt, ploppten die Bäuche wieder raus. Leider haben wir das nicht auf Film …«

Die Dschungelszenen entstanden teilweise auf Barbados. Aber die meisten Landschaftsaufnahmen drehte man im botanischen Garten »Bergianska Trädgården« in Stockholm. Für Elisabeth Fahlén bleibt dieser Tag unvergesslich: »Dann ist uns im Bergianska der Affe weggekommen! Er verschwand hinter einem Stapel Rohre. Alle machten sich hysterisch auf die Suche, weil wir ja keinen anderen Affen nehmen konnten – jeder sieht ja anders aus.«

Am Ende tauchte Herr Nilsson wieder auf. Aber es waren noch andere Tiere im Einsatz, erzählt Elisabeth Fahlén:

»Wir hatten eine große Boa, der man ungefähr drei Jahre lang nichts zu fressen gegeben hatte, weil sie hungrig und böse sein sollte. Olle saß auf seinem Stuhl und pikste sie mit seinem Stock, weil sie noch wütender werden sollte. Wir sollten in Ulriksdals Värdshus etwas essen und nahmen die Boa und einen Python in einem großen Sack mit. Weil der sich bewegte, haben sich die Garderobieren geweigert ihn anzunehmen, ›Keine beweglichen tropischen Tiere in der Garderobe, bitte‹, aber wir konnten den Sack in der Hausfrauenschule nebenan abstellen. Die Telefonistin dort war nicht wirklich froh, als wir ihr später erzählt haben, was im Sack war.«

Mit Elisabeths kleinem Renault 4 fuhr man wieder zurück. Ingvar Skogsberg saß auf dem Beifahrersitz und hielt den Käfig mit Herrn Nilsson auf dem Schoß. Auf der Rückbank saß der Mann mit dem Schlangensack neben Bo-Erik Gyberg, der plötzlich merkte, wie sich etwas über seine Knie bewegte. Herr Nilsson schrie aufgeregt und Ingvar Skogsberg musste feststellen, dass der Python aus dem Sack gekrochen und sein Kopf nur noch zehn Zentimeter von Elisabeths Kopf entfernt war. Die machte mitten auf einer Kreuzung am Enköpingsvägen eine Vollbremsung, die Türen flogen auf und alle flohen aus dem Auto. Mit einem Nagelschneider ließ sich der Sack so weit öffnen, dass der Schlangenbetreuer die Schlange wieder hineinstecken konnte.

AUF BARBADOS *kamen alle weißen männlichen Gäste, die auf der Insel im Luxushotel wohnten, als Statisten zum Einsatz. Unter den enthusiastischen Piraten waren auch der Produzent Olle Nordemar und der Forscher und Entdecker Thor Heyerdahl, der eigentlich auf der Suche nach dem Wrack seines Floßes »Ra I« war. Siebzehn Jahre zuvor hatten Nordemar und Heyerdahl für ihren Film über die Kon-Tiki einen Oscar gewonnen. Heyerdahl trägt Pippi auf den Schultern, der Pirat vorne im Bild ist in Wirklichkeit ein englischer Millionär, den man in der Hotelbar aufgetrieben hatte.*

Auch bei *Pippi in Taka-Tuka-Land* wurde mit Filmtricks gearbeitet. Elisabeth Fahlén ist besonders die Szene in Erinnerung, in der Pippi, Tommy und Annika mit ihrem Flugzeug mit Fahrradantrieb über einen Feuer speienden Vulkan fliegen. Das Gefährt wurde in einem Steinbruch bei Stenhamra auf Ekerö gebaut und gestartet.

»Bengt Schöldström war für alles Technische zuständig. Aber der Kerl war lebensgefährlich! Ich sollte dafür sorgen, dass Feuerwehrleute im Studio waren, wenn wir dort Feuer machten, aber er zündelte einfach herum und sagte nie vorher Bescheid. Er schüttete Napalm in eine Abflussrinne vor der Bühne, direkt neben den Kindern im Bett – und dann stand das ganze Team davor und warf Styropor-Teilchen, die wie Steinblöcke aussehen sollten.«

Bo-Erik Gyberg protestiert:

»Das war nicht Schöldström mit dem Feuer, sondern Gunnar Ous-

SIE TEILTEN SICH EIN ZIMMER, *aber beste Freundinnen waren sie noch lange nicht. Inger Nilsson und Maria Persson waren wie Tag und Nacht. Während Maria eher wild und extrovertiert war, stellte sich Inger als unsicheres Mamakind heraus. Dass Maria am liebsten Pippi gespielt hätte, kam erschwerend hinzu.*

FÜR DIE FINANZEN *der* **Pippi**-*Filme war die Produktionsleiterin Elisabeth Fahlén verantwortlich. Sie sammelte Quittungen, legte Geld aus. »Ich hatte ein paar hunderttausend Kronen in bar und in Reiseschecks dabei, als wir nach Jugoslawien und Barbados fuhren. Da erzählte Olle Hellbom, dass* SVENSK FILMINDUSTRI *eine Versicherung wegen mir abgeschlossen hatte – falls ich mit dem ganzen Geld durchbrenne! Ich war total aufgebracht und verletzt. Das war das Letzte!«*

bäck, der führende Pyrotechniker des schwedischen Films. Er war verrückt und liebte es, wenn das Feuer prasselte. Es war hart an der Grenze, riskant zu werden. Bengt musste wohl einschreiten und übernehmen. Aber die Vulkanszene ist nicht gut gelungen, mit dem Styropor und so – der Rauch kam als Frontprojektion nicht gut.«

An den Trickszenen hat die Zeit deutliche Spuren hinterlassen. Mit der Szene, in der Pippi mit ihrem Bett an einem Berggipfel hängen bleibt, ist Ingvar Skogsberg trotzdem zufrieden.

»Ich war eines Abends allein in SFs größtem Atelier und hatte eine Laubsäge mit heißem Kupferdraht anstelle eines Sägeblatts. Ich hab aus Styropor einen Berggipfel ausgesägt und darauf ein Modell von einem fliegenden Bett angebracht. Rauch, eine Windmaschine und ein Himmel in Rückprojektion haben dann zur richtigen Stimmung beigetragen. Das sieht zwar merkwürdig aus, passt aber. ›Versuchen wir's‹, sagte Olle. ›Wenn's klappt, dann klappt's.‹ Das war eine sehr günstige Lösung. Auf solche Einfälle zu kommen war wie ein Sport für uns.«

Auch den Schiffsszenen merkt man ihre Kulissenhaftigkeit an. Weder in Budva noch auf Barbados hatte man echte Segelschiffe zur Verfügung. Wenn man nicht alte Aufnahmen aus der Fernsehserie verwenden konnte, arbeitete man mit Modellen oder ließ Teile der Schiffe im Studio nachbauen. Bei einem Modell ließ sich die Takelage so bewegen, dass es aussah, als ob das Schiff über das Meer segelte.

Die Szenen, in denen drei Bootsladungen Piraten von ihren Ruderbooten an Land stürmen, entstanden auf Gotland, bei Tofta und bei Sudersand auf Fårö. Bei Tofta hat man auch andere Strandszenen gedreht. In den Höhlen von Lummelunda kriechen die Kinder durch Gänge, die unter dem Verlies liegen sollen.

Die Schauspieler waren nicht permanent am Drehort. Die Szenen mit Martin Ljung, Jarl Borssén und Beppe Wolgers entstanden in Vaxholm, in den Studios von Råsunda und in der Stockholmer Altstadt.

Am 24. Januar 1970 wurde *Pippi in Taka-Tuka-Land* im Stockholmer China-Theater uraufgeführt. Dass die Kritiken sich nicht gerade überschlugen, war den Kindern egal! 1,3 Millionen Zuschauer strömten in die Kinos. Ingvar Skogsberg hat mittlerweile ein etwas gespaltenes Verhältnis zu diesem Film: »In der ersten Hälfte hat Olle ein richtiges Jungsbuchgefühl transportiert. Danach ist es dann zu viel Hin und Her mit den Piratenschiffen.«

PIPPI LANGSTRUMPF AUSSER RAND UND BAND

Regie: Olle Hellbom
Produzent: Olle Nordemar
Drehbuch: Astrid Lindgren
Premiere: 14. November 1970
Besetzung: wie bei den übrigen Pippi-Filmen. Hans Alfredsson (Konrad), Benno Sterzenbach, Walter Richter, Kurt Zips
Musik: Georg Riedel
Drehorte: Gotland, Hälsingland, Studioaufnahmen in Råsunda
Handlung: Tommy und Annika reißen von zu Hause aus. Mit dem Pferd, einem fliegenden Fahrrad, auf einem Zugdach und per Auto, das von Konrads Spezialkleber betrieben wird, reisen sie mit Pippi durch die Lande. Pippi gerät in einen Stierkampf und verdingt sich als Seiltänzerin.
Kurioses: Die Villa Kunterbunt war verkauft und umgesetzt worden, weshalb das Gebäude für die Dreharbeiten nicht zur Verfügung stand.

HIER KOMMT PIPPI LANGSTRUMPF

Premiere: 10. Februar 1973
Musik: Jan Johansson (Titelmelodie)
Kurioses: Zusammenschnitt der Fernsehserie von 1969.

KEINE DICKEN FREUNDE waren Pippi und der Affe. Herr Nilsson war an einer Leine festgemacht, die bei Fräulein Nilsson um den Bauch gebunden war. Inger Nilsson hatte panische Angst vor dem bösartigen Tier, das in ihre Zöpfe biss und auf ihre Kleider pinkelte.

In Schweden löste Herr Nilsson eine Welle der Begeisterung aus. Totenkopfäffchen kamen in Mode, bis die Leute merkten, wie chaotisch und wild die Tiere sein können – ganz ungeeignet in möblierten Wohnungen. In Zoogeschäften kam es zu Einbrüchen, bei denen nur die Affen gestohlen wurden, und Ärzte warnten vor Affenbissen, die tödlich sein konnten oder zu unheilbaren Hirnschäden führten.

Pär Sundberg ist nicht so skeptisch: »Heute finde ich die Fernsehserie recht zäh. Am meisten Spaß hat es gemacht, als wir im Lager der Piraten waren, das war spannend, wie die Kanonen donnerten. Wir sollten ins Wasser springen und untertauchen. Ein echter Action-Moment. Wir schlotterten vor Kälte wie Hunde und klapperten im kalten Wasser mit den Zähnen. Aber es hat viel mehr Spaß gemacht, als wenn wir mit offenem Mund danebengestanden und zugeguckt hätten wie Annika.

Pippi durfte all die schwierigen Sachen machen und hatte die witzigen Dialoge. Annika und ich sollten uns nur an den Händen halten und sagen: ›Aber Pippi, darf man das denn?‹ Eigentlich waren unsere Rollen ziemlich eintönig. Ich fand uns ganz schön öde.«

In den Spielfilmen hatten Tommy und Annika einen aktiveren Part – auch wenn Annika immer wieder ihr Mantra sprach: »O weh, wenn unsere Mama das wüsste.«

»In Wirklichkeit war Maria viel cooler als Inger«, erzählt Pär. »Inger hat die Rolle toll gespielt, aber privat war sie ein Mamakind, hatte oft Heimweh und konnte sich nur schwer eingewöhnen. Wir haben sie oft geärgert.«

Inger Nilsson stimmt ihm zu: »Ich war ein kleines Weichei, das jeden Abend zu Hause anrief. Ich war ja erst einmal von zu Hause weg gewesen, eine Woche bei meinen Cousinen in Norrköping. Eigentlich war Maria eher wie Pippi, ein wildes Kind, das keine Angst kannte und dem die Eltern hinterhertelefonieren mussten, um zu fragen, ob sie noch da war.«

Pär Sundberg wurde früh selbstständig: »Das Sonderbarste war wohl, so früh von zu Hause auszuziehen. Mein Vater wohnte in Stockholm, wo ich manchmal am Wochenende war, aber oft nahm ich allein ein Taxi nach Bromma, den Flug nach Bulltofta und dann ein Taxi nach Hause. Da sagte Mama: ›Das Essen ist fertig‹, und ich antwortete: ›Nee, ich geh lieber ins Restaurant.‹ Das war kurz nach meinem 10. Geburtstag. Mit dem Flugzeug zu pendeln kam mir gar nicht besonders cool vor, sondern es war einfach so. An diesen Wochenenden war mir gar nicht richtig bewusst, was es hieß, zu meiner Familie nach Hause zu kommen. Maria stand mir näher als mein richtiger Bruder.«

Vielleicht lag es daran, dass die beiden im Film Geschwister spielen oder dass sie als Großstadtkinder nicht so schüchtern waren wie die folgsame Inger, die vom Land kam. In einem Interview erzählt Maria: »Wenn ihr was nicht passte oder sie unsicher war, dann fing sie an zu

96

weinen und hat sich in einer Ecke versteckt. Bevor wir weiterarbeiten konnten, musste sie jemand trösten.«

»Ja, ich war traurig, wenn ich etwas nicht konnte«, sagt Inger. »Wir Kinder waren aber auch sehr verschieden. Wären wir in dieselbe Schule gegangen, hätte ich mir Maria wohl nicht als Freundin ausgesucht und Pär wahrscheinlich auch nicht. Eigentlich ist es ja die reinste Doku-Soap, wenn man drei Achtjährige und ein 27-jähriges Kindermädchen in eine Wohnung steckt. Es ging oft ganz schön zur Sache und wir Kinder haben uns oft gestritten. Einmal haben Maria und ich uns so gehauen, dass ich eine dicke Lippe hatte. Da haben wir Ärger mit Olle gekriegt.«

Pär und Maria fiel auf, dass das Filmteam sie anders behandelte als Inger und ihnen mehr Freiheiten erlaubte. Das wussten sie gebührend auszunutzen, indem sie manchmal einfach ausrissen und um fünf Uhr morgens durch Stockholm rannten.

Pär erinnert sich an die Wochen auf Barbados:

»Zu der Zeit fanden wir das Leben der Erwachsenen überspannend und spionierten ihnen manchmal nach. Das war für uns eine völlig verrückte Zeit. Das Team hat praktisch rund um die Uhr gefeiert und wir durften mit dabei sein und Wein probieren.«

Während Tommy und Annika unterwegs waren und auf die Pauke hauten, lag Pippi also im Hotel und maulte – was einem ebenso verdreht vorkommt wie jemand, der mit den Füßen auf dem Kopfkissen schläft ...

Manches von dieser Aufbruchsstimmung ist im letzten *Pippi*-Film zu spüren, der im Sommer 1970 entstand: *Pippi außer Rand und Band*. Die Geschichte beginnt damit, dass Annika sich schmollend weigert, die von ihrer Mutter angeordnete Gartenarbeit zu erledigen, die Karaffe mit der Milch umwirft und ankündigt, sie werde ausreißen.

Nachdem er zunächst Zweifel an einer Fortsetzung der *Pippi*-Filme hatte, war Olle Hellbom auf den Geschmack gekommen. Schon auf der Premiere zu *Pippi in Taka-Tuka-Land* sprach er von einer Fortsetzung. Auch diesmal sollte der Film woanders als in der Villa Kunterbunt und der kleinen Stadt spielen.

Der Hauptgrund war, dass die Villa nicht mehr zur Verfügung stand. Sie war vom Abriss bedroht, weil das Militär den Schießplatz ausdehnen wollte, aber seit der Fernsehserie war das Gebäude zum begehrten Ausflugsziel geworden. Die Lösung war, einen neuen Eigentümer für das Haus zu finden und es an einen anderen Ort zu versetzen. Nachdem der Direktor Einar Nyberg im Dezember 1969

DER BERÜHMTE SCHWEDISCHE ENTERTAINER
Hasse Alfredsson verwandelte sich mit einem falschen Bart in den Hausierer Konrad mit seinem Spezialkleber.

Hasse war nur im Studio dabei. Für die Szene, in der sich Konrad von den Kindern verabschiedet und in den Wald radelt, schlüpfte der Techniker Bengt Schöldström in Konrads Kostüm. Und »Stenka Rasin« wurde vom alten Meisterfotografen Emil Heilborn auf der singenden Säge gespielt, der bei Fotoarbeiten in einem Eisenwerk gelernt hatte, auf dem Fuchsschwanz zu spielen.

TORTENESSEN IN DER VILLA KUNTERBUNT, unter dem wachsamen Auge des Naturfilmers Johan Wiklund, der bei den Dreharbeiten für die Tiere verantwortlich war. Natürlich auch für »Kleiner Onkel«, den Maria und Inger liebten. In Wirklichkeit hieß er Bunting und kam von einer Reitschule in Solna.

»**KLEINER ONKEL**« *konnte natürlich nicht auf fliegenden Betten, Schiffen oder im Fesselballon umherreisen. Das Problem mit dem unbändigen Affen löste Astrid Lindgren wiederum, indem sie ihn aus dem Drehbuch herausschrieb und Herr Nilsson dazu verdonnert wurde, auf die Villa Kunterbunt aufzupassen.*

Dagegen war der stattliche hellrote Ara Douglas in der Rolle des Papageis Rosalinda zu sehen, der den gefangenen Kapitän Langstrumpf piesackt.

Im Mai 2003 wollte das Schwedische Zentralamt für Landwirtschaft den rund fünfzigjährigen Papagei Douglas einschläfern lassen. Laut EU-Regelwerk dürfen Tiere, die vom Aussterben bedroht sind, nicht gekauft, verkauft oder vorgeführt werden, nicht einmal, wenn sie im Tropenhaus von Jönköping wohnen. Um Douglas zu retten, sammelte man über 48 000 Unterschriften – auch Inger Nilsson unterschrieb.

53 000 Schwedische Kronen auf den Tisch gelegt hatte, wurde die komplette alte Verwalterwohnung auf einem Schlitten zwei Kilometer zur Kneippanlage im Süden Visbys gezogen. Nyberg hoffte, das Haus mit Filmrequisiten einrichten zu können, um es »auf einem Spielplatz zu einer Attraktion für die Kinder der Touristen« zu machen. Das Vorhaben gelang – heute ist die Villa Kunterbunt die größte Attraktion im Freizeitpark Kneippbyn, der jährlich Hunderttausende von Besuchern lockt.

Im Mai 1970 verbrachte das *Pippi*-Team hier einige Drehtage. Die Einstellungen mussten stark beschnitten werden, damit nicht zu sehen war, dass es um die Villa Kunterbunt keinen Garten mehr gab. Für die Nachtaufnahmen baute man später die Villa im Studio als Modell nach.

Einige Szenen, darunter den Stierkampf, hatte man schon in Südspanien abgedreht. Olle Hellbom wollte anfangs in Småland filmen, bis er feststellte, dass man die meisten Schauplätze auf Gotland finden konnte, das man schon bis in den letzten Winkel kannte. Einen Monat lang drehte man auf der Ostseeinsel, und nach Mittsommer konnten dann alle Beteiligten einen Monat lang Ferien machen.

Es ließ sich nicht verbergen, dass die Kinder älter geworden waren. Pär war mittlerweile dreizehn, die Mädchen elf. Maria fiel auf, dass einiges von ihrer Spontaneität verloren gegangen war, und Inger Nilsson war in die Höhe geschossen. Als die Dreharbeiten zur Fernsehserie begannen, war sie 127 cm groß, beim letzten Film 150 cm. Aus den Pippi-Stiefeln war sie herausgewachsen und ihr Kleid war unfreiwillig mit der Mode gegangen und zu einem Mini geworden. Die Perücke bekam sie kaum noch über den Kopf.

Während der Ferien besuchte Inger Nilsson die Deutschlandpremiere von *Pippi in Taka-Tuka-Land*. Daneben war sie im Reitlager von Arbrå in der Provinz Hälsingland, wo sie ihr Fohlen hatte. In Hälsingland hatte das Filmteam die geeigneten Schauplätze für die Szenen am Fluss, an der Wassermühle und dem Wasserfall gefunden.

Beim Schnitt kamen verwegene Sprünge zustande: Tommy klettert in einem Wald in Hälsingland in einen Baum, streckt seinen Kopf über die Baumwipfel – und blickt über eine Heidelandschaft auf Gotland.

In Växbo bei Bollnäs lag der verfallene Hof, wo die Kinder den Hausierer Konrad mit seinem fantastischen Spezialkleber treffen. Sämtliche Szenen mit dem pfiffigen Konrad, der von Hasse Alfredsson gespielt wurde, entstanden allerdings im Studio.

»Wir haben das Zimmer über Kopf gebaut und sogar die Kamera umgekehrt aufgehängt. Deshalb konnte Pippi an der Decke gehen«, erzählt Bo-Erik Gyberg. »In ihren Zöpfen war Draht und man musste ihre Kleider so präparieren, dass sie richtig hingen. Die Szene, in der sie die Wand hochgeht, wurde im schiefen Winkel gefilmt.«

Die Szenen, in denen die drei Kinder auf das Dach eines vorbeirasenden Zuges springen, wurden bei der Museumseisenbahn Anten-Gräfsnäs bei Alingsås gedreht.

»Wir haben erst losgefilmt, als die Kinder auf dem Dach des Zuges saßen. Sie waren mit Drahtseilen festgetäut«, erzählt Bo-Erik Gyberg. »Das Brückengeländer wurde im Studio aufgebaut, und davon sprangen sie aus anderthalb Meter Höhe auf Matratzen. Dann wurde eine Aufnahme des richtigen Brückengeländers mit der, wo sie auf dem Dach des Zuges sitzen, zusammengeschnitten. Das sieht ganz echt aus.«

Pippis Seiltanzszene filmte man auf dem Marktplatz Klinttorget in Visby. Ingvar Skogsberg hat bei der Szene Regie geführt:

»Ich habe versucht, Inger beizubringen, auf dem Seil zu gehen. Aber wir mussten ihr eine dünne Planke hinlegen, auf der sie im Studio balancierte.«

»Das Problem war nur, dass das Seil über der Straße in Visby durchhing«, erzählt Bo-Erik Gyberg. »Wenn sie sich runterhängen lässt und

---

INGVAR SKOGSBERG *war bei den ersten* **Michel***-Verfilmungen Regieassistent. Seitdem arbeitet er hauptsächlich als Übersetzer.*

Margot Trooger (die Prüsseliese) musste sich 1977 wegen einer Lungenkrankheit vom Film zurückziehen und starb 1994.

Paul Esser (Blom) spielte bei **Michel** *den Doktor in Mariannelund und ist damit der einzige Schauspieler, der sowohl bei* **Pippi** *als auch bei* **Michel** *mitwirkte. Er starb 1988.*

Hans Clarin (Donner-Karlsson), der 2005 starb, ist nicht zuletzt als Stimme von Pumuckl bekannt. Er ist auch die Stimme von Hui Buh, dem Schlossgespenst, und von Asterix.

Der beliebte Schriftsteller und Künstler Beppe Wolgers starb 1986 im Alter von 57 Jahren.

Hasse Alfredsson hat sich nach dem Tod seines Kollegen Tage Danielsson hauptsächlich als Schriftsteller betätigt und war lange Jahre Chef des Freilichtmuseums Skansen in Stockholm.

Fredrik Ohlsson (Herr Settergren) war mit Siw Malmkvist verheiratet. »Ich weiß noch, als ich mit meiner Frau Siw Malmkvist in Deutschland war, die auf der Bühne sang. Aber anstatt ihr zu applaudieren, drängten sich alle Menschen in der Ecke, in der ich stand. Ich verstand nur Bahnhof, aber es stellte sich heraus, dass **Pippi** *damals im deutschen Fernsehen lief.«*

mit den Beinen baumelt, sieht es gut aus – da hängt eine Puppe. Aber die Planke war ja nicht elastisch, also sieht es total beschissen aus, wenn sie geht, aber dagegen konnte man nichts machen.«

Ende August drehte man die letzten noch ausstehenden Aufnahmen in Filmstaden in Råsunda. *Pippi außer Rand und Band* und Ingmar Bergmans *The Touch* waren die letzten Produktionen in der fünfzigjährigen Geschichte der Filmstudios.

Im Anschluss an die Filmpremiere im Dezember 1970 absolvierten Inger Nilsson, Maria Persson und Pär Sundberg im Ausland einige Werbeauftritte. Zum letzten Mal sahen sich die drei 1975 bei der Verleihung einiger Platinschallplatten in Stockholm.

»Nachdem wir jahrelang wie Geschwister zusammengelebt hatten, hieß es plötzlich: ›Und tschüs!‹ Das war ein komisches Gefühl«, sagt Pär. »Es mag eine merkwürdige Welt gewesen sein, aber das meiste war gut – nur nicht, als ich danach nach Hause kam. Ich war dreizehn Jahre alt und fühlte mich völlig ausgepowert.«

Während ihrer Teenagerzeit hatten alle drei mit den Schattenseiten ihrer Popularität zu kämpfen. Sie wurden angestarrt und ständig an ihre Rolle erinnert.

Die Hysterie um die *Pippi*-Filme war enorm. Als die drei Darsteller zu Pferd im Stockholmer Kaufhaus NK zur Signierstunde erscheinen sollten, musste die Polizei die umliegende Hamngatan absperren, während die Fans kreischten, als wären die Beatles wieder auferstanden. Wenn Pär samstags von den Dreharbeiten nach Hause kam, klingelte schon das Telefon, weil sich wieder ein zehnjähriges Mädchen mit Tommy treffen wollte. Ingers hartnäckigster Bewunderer war ein Junge aus Motala, der sie jeden Tag anrief. Und als Adresse für die Fanpost aus aller Welt, die die Kinder erreichte, genügte »Annika, Schweden«.

Die größte Aufmerksamkeit zog unweigerlich Inger Nilsson auf sich.

Inger Nilsson absolvierte einen Termin nach dem anderen. Mit Auftritten vor 30 000–40 000 Kindern brach Inger Nilsson alle bisherigen Zuschauerrekorde in Norwegen und Schweden. Manche Leute waren der Meinung, Inger Nilssons Vater hätte die Sache forciert, um so viel Geld wie möglich mit Pippi zu machen.

»Wir könnten von Inger leben«, stellte Bertil Nilsson 1969 fest. »Wir haben bis jetzt Anfragen für 150 000 Kronen abgelehnt. Sie könnte jeden Abend auftreten. Und die Leute würden für jeden Auftritt ein paar Tausender bezahlen. Aber mit ihrer Rolle soll sie nicht

---

SEIT IHREM ACHTEN LEBENSJAHR wird Inger Nilsson wiedererkannt. Sie bereut ihre Zeit als Pippi nicht, obwohl es seitdem schwierig für sie war, als Schauspielerin eine Rolle zu bekommen.

VON EINEM WOHLMEINENDEN NACHBARN bekam Inger Nilsson ein selbst gebautes Holzpferd geschenkt. Es war weiß bemalt und gefleckt.

Inger seufzt: »Besonders naturgetreu war es nicht, sondern es ähnelte eher einem Rentier. Ich war 13–14 Jahre alt und wollte es loswerden, aber da sagten meine Eltern, dass Onkel Halldor dann traurig wäre. Auf einmal kamen Leute in unseren Garten, um ihre Kinder auf dem Pferd zu fotografieren, einige riefen vorher an und wollten, dass ich mit aufs Foto komme. Mama und Papa sind mittlerweile weggezogen, aber das Pferd steht immer noch da.«

viel Geld verdienen, sondern Spaß haben.« Heute sagt Inger dazu: »Meine Eltern wollten nicht unhöflich sein, sie wollten immer, dass ich mitmache. Sie hätten unnachgiebiger sein sollen, um mich noch mehr zu schützen.«

Die drei Filmkinder sind sich darüber im Klaren, dass die *Pippi*-Filme ihr Leben verändert haben. »Sicher. Als die Filme im Kino liefen, haben wir ein sehr merkwürdiges Leben geführt«, sagt Pär Sundberg. »Wir waren zwar noch Kinder, aber irgendwie auch nicht. Wir sind definitiv schneller und anders erwachsen geworden als andere.«

Vor mehr als dreißig Jahren bekam Pär von Astrid Lindgren ein Herz aus Gold – eines, das man in zwei Hälften teilen kann.

»Ich sollte die andere Hälfte meiner zukünftigen Verlobten schenken. Aber ich habe es immer noch.«

VOLLE KANONE? *Nein, auf ungeteilte Begeisterung stießen die* **Pippi**-*Verfilmungen nicht. Das Schwedische Institut zahlte keine Qualitätsprämie und die Kinderfilmkommission sprach keine Empfehlung aus: »Die Filme sind eine Beleidigung für Pippi, sie machen einen Hampelmann aus ihr. Vielleicht haben sie unser Bild von Pippi für immer zerstört.« In Deutschland bekam* **Pippi in Taka-Tuka-Land** *dagegen eine Filmförderung von umgerechnet 400 000 Schwedischen Kronen.*

Auch Inger und Maria sind unverheiratet und leben allein. Pär glaubt, dass ihr heutiges Single-Dasein mit den früh gekappten Familienbanden und ihrer enormen Popularität zusammenhängt.

Natürlich hatte auch Tommy seine Groupies: »Man hatte dadurch ja viele Freundinnen. Wir hatten Autogrammkarten, die an die Fans geschickt wurden, die uns schrieben. Viele Briefe waren ganz schamlos, mit Fotos und Telefonnummer, davon hat man natürlich als Teenie profitiert – ich würde lügen, wenn ich es verneinen würde. Es gab Mädchen, die heiraten wollten, aber ich wollte mich nicht binden.«

Pär Sundberg war früh klar, dass seine Zukunft nicht beim Film oder Theater lag. »Ich hatte das Talent nicht. Nur weil man als Zehnjähriger vor einer Kamera stand, ist man deshalb noch lange kein Schauspieler.«

Stattdessen schlug Pär nach seinem Studium eine Marketing-Laufbahn ein. Heute lebt er in Ystad und ist Skandinavien-Chef einer Firma, die PR-Kampagnen in Kaufhäusern und Einkaufszentren veranstaltet. Immer noch wird er gelegentlich durch sein markantes Lächeln als Tommy identifiziert.

»Anfang des Jahres wurde ich in einem Supermarkt umringt und musste jede Menge Autogramme geben. Genau wie früher. Das sehe ich nur positiv«, erzählt Pär lachend und versucht, seine Zigarre nicht ausgehen zu lassen.

»Die Filmgage betrug mehrere tausend Kronen. Davon konnte ich mir, als ich älter wurde, kaufen, was ich wollte – Fahrräder, Mopeds, Klamotten. Ich hatte also kein Problem mit dem Taschengeld, sondern konnte machen, was ich wollte.«

Die Filmgage ist für viele Kinderschauspieler aus den sechziger und siebziger Jahren ein wunder Punkt. Gemessen an heutigen Verhältnissen war sie nur ein Taschengeld, und Tantiemen bei Fernsehausstrahlung oder für die Vermarktung auf Video oder DVD winkten auch keine.

Nach dem ersten Filmerfolg mit *Pippi* versuchten die Väter von Pär, Inger und Maria eine höhere Gage für ihre Kinder auszuhandeln. Doch SVENSK FILMINDUSTRI ließ sich nicht in die Knie zwingen, wie Inger Nilsson erzählt: »Sie meinten, falls ich abspringe, hätten sie ein anderes Mädchen, das Pippi spielen könnte.«

Maria Persson lebte eine Zeit lang mit einem Mann zusammen, der überzeugt war, dass sie mit den Filmen steinreich geworden war und nun das Geld vor ihm versteckte. Schon als Kind wusste sie, dass sie Schauspielerin werden wollte. Doch ihre Karriere nach *Pippi* begann

---

OHNE BENGT SCHÖLDSTRÖM *(1932–98) hätten die Astrid-Lindgren-Verfilmungen ganz anders ausgesehen – und längst nicht so gut! Er war das Technikgenie und der Pionier des schwedischen Trickfilms. Er war für Pippis Pferdestemmen, Karlssons Flugrunden, die Winzigkeit der Rumpelwichte, die imposante Gestalt von Katla und für vieles mehr verantwortlich.*

Außerdem setzte Olle Hellbom ihn oft als Statisten ein, zum Beispiel als Kapitän Langstrumpfs Steuermann Fridolf.

Im Laufe seiner 50-jährigen Karriere arbeitete Bengt Schöldström mit unzähligen Filmleuten zusammen, war aber vor allem für die ARTFILM tätig, zu der er 1955 stieß. Seine aktive Karriere endete 1991 nach einem Fall aus sechs Metern Höhe bei Dreharbeiten, woraufhin er acht Wochen lang im Koma lag.

und endete mit einem Werbefilm für Haushaltsartikel. Maria besuchte eine Theaterschule, sah aber bald ein, dass sie von ihrer Rolle als Annika nicht zu trennen war. Stattdessen machte sie eine Ausbildung zur Krankenschwester, traf einen Spanier und ging 1981 mit ihm nach Mallorca. Dort verlief sich ihre Spur, bis die Journalistin Monica Antonsson sie im Winter 1994 in einem recht heruntergekommenen Viertel von Palma wieder aufstöberte. »Maria arbeitete in einer Bar hinter dem Tresen. Es war ein schmutziger, unschöner Ort. Die Klientel bestand größtenteils aus Drogenabhängigen und Strichern. Wir waren geschockt, als wir sie in dieser Umgebung fanden, sie war schwanger, aber sie war stolz.« Monica Antonsson filmte den Barbesuch auf Video und schrieb eine Reportage für eine Wochenzeitung. Als schwedische Reporter einige Monate später Maria und ihren neugeborenen Sohn Oscar aufsuchten, betrieb sie eine feinere Bar und wollte von harten Zeiten nichts wissen.

Die *Süddeutsche Zeitung* initiierte 2001 ein Treffen zwischen Pär Sundberg und Maria Persson, nachdem er und Inger Nilsson fünfundzwanzig Jahre lang nicht wussten, wo sich Maria aufhielt. Jetzt war sie geschieden, hatte die Bar verkauft und arbeitete in der Altenpflege.

Inger Nilsson hat mehr mit *Pippi* verdient als die anderen. Nach damaligen Zeitungsberichten bekam sie 200 000 Kronen, für die sie sich ein Klavier, einen Fernseher und die zwei Pferde Tjejen und Maestoso kaufte. Einen Teil des Geldes investierte sie in eine Rentenversicherung. Aber man braucht keine Eins in Plutimikation zu haben, um sich auszurechnen, wie wenig sie seit den siebziger Jahren an *Pippi* verdient hat. »Von Stim [der schwedischen Gema, AdÜ] kommt vielleicht ein Tausender im Jahr für die Schallplatten. Das ist alles.«

Nach der Schule machte Inger Nilsson eine Ausbildung zur Sekretärin und arbeitete in der Svea Schokoladenfabrik.

»Ich hab mich echt ins Zeug gelegt. Ich wollte seriös sein, gut aussehen, klassisch schön – alles, was Pippi nicht war.«

Im Sommer arbeitete sie als Fremdenführerin in Kisa, bis ihre Theaterleidenschaft überhand nahm. Inger arbeitete als Requisiteurin am Östgötateater, besuchte die Schauspielschule in Göteborg und spielte vier Jahre lang am Kronobergsteater in Växjö. Im Göteborger Lisebergsteater trat sie in einer Farce als Arztgattin auf. Mit Ärzten hat Inger Nilsson auch nach ihrem Umzug nach Stockholm zu tun, allerdings eher beruflich, als Arzthelferin. In dieser Funktion hat sie schon so manchen Patienten an den Herzspezialisten Staffan Hallerstam überwiesen. Kurioserweise hat Hallerstam einst in den *Pippi*-Filmen

FÜR INGER NILSSON waren die PR-Tourneen ebenso verwirrend wie für das Publikum. 1975 reiste sie nach Spanien, um dort den Start der Fernsehserie zu promoten: »Fünf, sechs Jahre waren seit den Dreharbeiten vergangen, aber die Spanier hatten nicht begriffen, dass Kinder wachsen und ich inzwischen sechzehn war. Man lud mich in ein Fernsehstudio voller Kinder ein, es war eine Livesendung, und ich kam in meinen schicken hochhackigen Stiefeln herein, sah sehr erwachsen aus und sprach kein spanisch – wie Pippi im Fernsehen. Ein totales Chaos brach aus. Alle Kinder standen auf und die Fernsehleute hatten alle Hände voll zu tun, sie am Platz zu halten. Alles war total falsch – außerdem verlor ich einen Absatz, sodass ich durchs Studio hinkte.«

NACH PIPPI bekam Inger Nilsson zwei Filmangebote. »Arne Mattsson wollte, dass ich ein junges Mädchen spiele, das mit einem älteren Mann zusammenkommt. Das war, als die schwedische Sünde weltberühmt wurde. Ich war fünfzehn und hatte noch nie so etwas gelesen wie dieses Drehbuch. Das hat mich umgehauen. Sexszenen kamen nicht vor, aber ich sollte nackt sein und es sollte eine Menge angedeutet werden. Ich sollte mit Sven-Bertil Taube spielen – und er war ja 25 Jahre älter als ich! Meine Eltern sagten Nein, bevor das Drehbuch über unsere Schwelle kam. Die andere Rolle war in der **Blechtrommel**, nach dem Roman von Günter Grass. Ich war 16–17 Jahre alt und sie baten mich, ein aktuelles Foto zu schicken. Aber sie antworteten, dass ich zu jung wäre.«

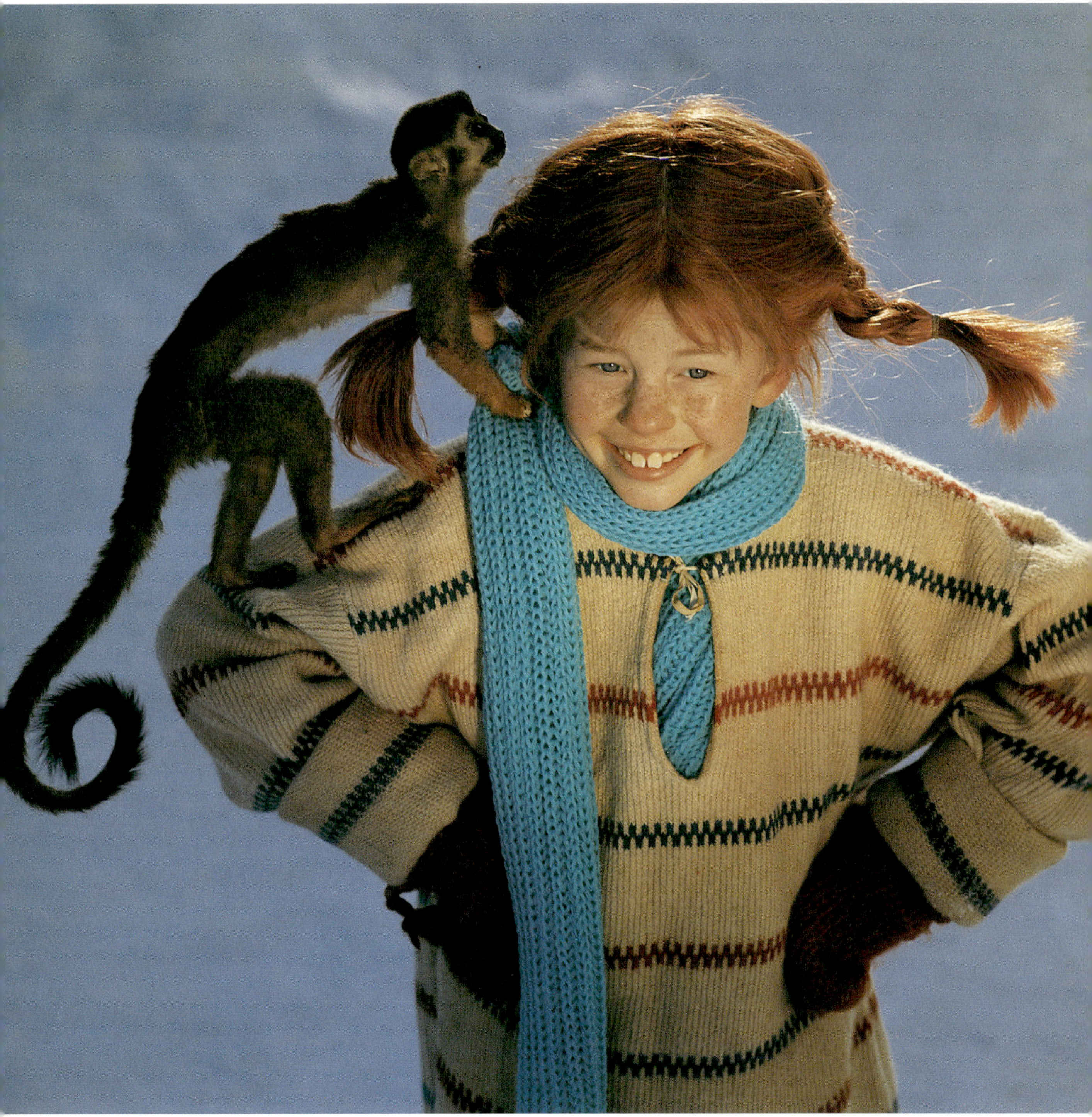

den bösen Bengt gespielt, der von Pippi in eine Baumkrone geschleudert wird. Er ist auch in der Rolle des misshandelten Jungen Marco zu sehen, der in der Spelunke im Taka-Tuka-Land kellnern muss.

Zwar hat Inger Nilsson die Schauspielerei nicht aufgegeben, aber von einem Engagement zum nächsten herrscht viel Leerlauf.

»Film habe ich nach *Pippi* am allerwenigsten gemacht«, stellt Inger Nilsson fest. »Ich hatte eine Rolle in dem deutschen Film *Gripsholm*, nach dem Buch von Kurt Tucholsky. Der lief nie in den schwedischen Kinos, ich hab ihn auf DVD bekommen, aber ich habe keinen DVD-Player. 1998 hatte ich eine winzige Rolle in Daniel Bergmans Verfilmung von *Polly hilft der Großmutter*. Ich spiele eine Frau auf der Straße, die über die schreckliche Polly redet. Zuerst wurde ich rausgeschnitten, aber dann schrieb mir Daniel und meinte, ich wäre wieder drin.«

Ihre *Pippi*-Karriere hat Inger Nilsson mehr Türen geschlossen als geöffnet. »Man merkt den Produzenten und Regisseuren an, dass ich ihre Kindheit bin, sie wollen mich nicht in einer anderen Rolle als Pippi sehen. Sie sagen, dass ich für diese bestimmte Produktion leider nicht passe – und im nächsten Atemzug müssen sie noch kurz erwähnen, dass ich ihre Kindheit gerettet habe. Da kann ich schon sauer werden. Wenn ich so fantastisch bin, warum kriege ich dann keine Rollen?«

Inger Nilsson hat sich inzwischen mit ihrem Schicksal abgefunden, dass sie für alle Zeiten Pippi bleiben wird. »Ich habe niemals bereut, dass ich bei *Pippi Langstrumpf* mitgemacht habe. Ich kann es mir gar nicht anders vorstellen. Ich wurde ja wiedererkannt, seitdem ich acht Jahre alt war. Gestern war ich mit Freundinnen in der Kneipe und hörte beim Weggehen die Leute tuscheln. Man könnte meinen, dass man mal unbehelligt nach Hause gehen darf, wenn man etwas getrunken hat und müde aussieht, ohne dass jemand sagt: ›Ich hab Pippi gesehen, die war besoffen.‹«

Dreißig Jahre sind vergangen, seit sich die drei Hauptdarsteller aus den Augen verloren haben. »Es wär schön, wenn wir drei uns mal treffen könnten«, sagt Inger Nilsson. »Sollte SVENSK FILMINDUSTRI nicht mal alle Lindgren-Darsteller zu einem großen Fest versammeln? Wir sind ja die Einzigen, die nachvollziehen können, wie es uns geht.«

NACH IHRER ARBEIT an den *Pippi*-Verfilmungen dachten Inger Nilsson, Pär Sundberg und Maria Persson darüber nach, was in den hektischen Jahren der Dreharbeiten mit all den Reisen und dem Leben als Star am meisten Spaß gemacht hatte.

»Dass das gesamte Filmteam wie eine Familie zusammengelebt hat«, sagte Pär.

»Als wir in Mariefred gefilmt haben. Da konnten wir nämlich Barsche angeln«, sagte Maria.

»Die Klappe zu schlagen«, sagte Inger. »Das finden alle Kinder. Und ich durfte es auch einmal.«

LINKS: *Eine echte Pippi und ein falscher Herr Nilsson. In den Winterszenen trägt Pippi einen ausgestopften Affen auf ihrer Schulter. Der Pullover ist inzwischen Pippis Markenzeichen geworden. Aber Inger Nilsson war nicht die erste Trägerin. In der ersten* **Pippi**-*Verfilmung von 1949 trägt ein Schurke den Pullover und in der* **Bullerbü**-*Serie von 1960 ein Mädchen, das eine Hexe spielt. In* **Michel muss mehr Männchen machen** *hat Alfred den Pullover an, als Michel ihn heldenhaft durch das Schneetreiben nach Mariannelund zum Doktor fährt.*

Immer dieser Michel!

Gibt es eigentlich ein Vorbild für Michel aus Lönneberga? In Frage kämen jedenfalls eine ganze Reihe von Kandidaten. Astrid Lindgrens Vater Samuel August zum Beispiel, der Schriftsteller Albert Engström oder Astrid Lindgrens Bruder Gunnar. Der versetzte seine Schwestern mit Vorliebe in Angst und Schrecken, indem er ihnen weismachte, der Teufel würde hinter der Kommode wohnen, und ergatterte sich damit den begehrten Schlafplatz direkt neben dem Vater. Auch ein Onkel aus Pelarnehult wird gelegentlich erwähnt. Er war das schwarze Schaf der Familie und sein Name war Emil, wie Michel ja im schwedischen Original heißt.

»Dabei vergessen die meisten Leute Astrid selbst, denn wie hieß sie noch außer Astrid? Na, Emilia! Das kann doch kein Zufall sein.« Das ist jedenfalls die Theorie von Leif Ruhnström, dem Schwiegersohn von Astrid Lindgrens Bruder, der uns den Weg zum Tischlerschuppen auf Näs zeigt. Hier hat sich Astrid Lindgren als Vierjährige im Klohäuschen eingesperrt, weil sie wütend auf ihre Mutter Hanna war. »Als ich wieder hereinkam, hatten meine Geschwister Bonbons bekommen. Das fand ich so ungerecht, dass ich vor Wut nach meiner Mutter trat. Doch da wurde ich in die Stube geführt, und dort gab es Haue.«

L-191 "Emil" S 35R K.Bergholm Datum 15/2 Scen ST TAGN.

Heutzutage schützt eine Fliederhecke vor den neugierigen Blicken der Touristen. Gerade wird die Knechtstube renoviert, in der einst Alfred auf seiner Pritsche lag und darüber nachgrübelte, wie er bloß Lina und ihren Heiratsplänen entkommen konnte.

In Wirklichkeit schlief hier der Großknecht Petrus Larsson, genannt Pelle. Ausgerechnet auf den kinderlieben, geduldigen Mann, der wusste, wie man kitzelige Pferde beschlägt, hatte es eine hartnäckige Magd aus der Nachbarschaft abgesehen. Nicht von ihm, sondern von einem anderen Knecht aus der Gegend stammen aber Alfreds Worte: »Ja, die Heiraterei, von der wir gesprochen haben – hörst du, die lassen wir sein. Das ist Schiet!«

Das Beispiel zeigt, wie Astrid Lindgren in ihren Geschichten immer wieder eigene Ideen mit Selbsterlebtem und Überliefertes mit eigenen verrückten Einfällen vermischt.

Im Holzschrank in der Vorratskammer stehen heute lauter alte Flaschen und Dosen für Essigessenz und Labextrakt. Für Lindgren-Fans wird der Schrank allerdings ewig Michels Versteck bleiben, in dem der Ausreißer seelenruhig schlummerte, nachdem er den gesamten Wurstvorrat in sich hineingestopft hatte – bis auf ein einziges armseliges Würstchen.

Im Wohnhaus stehen noch die blaue Küchenbank und der Sekretär, in dem Michels Mutter ihre kleinen blauen Schreibhefte aufbewahrte. Spuren an einem zugenagelten Türrahmen lassen erkennen, dass man einmal sehr gut auf den ausgelegten Flickenteppichen »Kickse-kickse-hu« spielen konnte. »Ein anderes Spiel hieß ›Was für'n Kuchen‹, und der Schlusseffekt bestand darin, dass wir alle auf einem Haufen in Vaters Bett lagen und vor Lachen brüllten«, erzählt Astrid Lindgren in *Das entschwundene Land*.

Die Fahrt von Näs zum Festschmaus bei der Großmutter in Pelarnehult führte am Armenhaus vorbei. Astrid Lindgrens Mutter Hanna hat oft erzählt, wie sie den Armen als Kind nach dem Schlachten eine Kostprobe vorbeigebracht hat.

Und dann wäre da noch ein entfernter Verwandter väterlicherseits, der als mögliches Vorbild für Michel in Frage käme. Er war das schwarze Schaf, das die Bewohner von Vimmerby am liebsten nach Amerika geschickt hätten, wie sie es später bei *Michel* auch vorhatten. Tatsächlich sammelten seine Verwandten Geld für eine Fahrkarte! Der Nichtsnutz wurde am Bahnhof gebührend verabschiedet, mit dem Effekt, dass er einige Monate später unter fröhlichem Hallo wie-

IM ALTER VON 89 JAHREN *beschloss Astrid Lindgren, endlich ihr altes Radio reparieren zu lassen, das ihr seit den vierziger Jahren treue Dienste geleistet hatte. Sie bat ihre 94-jährige Freundin Alli um Hilfe und gemeinsam schleppten die beiden Damen das Ungetüm aus dem Haus. Beim Vasapark gaben sie auf.*

LOTTA AUS DER KRACHMACHERSTRASSE *wurde in Astrid Lindgrens Welt in Vimmerby gedreht. »Ein sehr guter Ort«, urteilte Astrid Lindgren über den Vergnügungspark, der in den siebziger Jahren eröffnete. »Ich habe auf dem Eichenhügel, wie er früher hieß, viel Spaß gehabt. Hier sind wir als Kinder zwischen den Grasbüscheln Schlittschuh gelaufen.«*

ASTRID LINDGREN *konnte ihren dritten Vornamen Emilia nicht ausstehen. Weil sie drei Vornamen völlig unnötig fand, mussten sich ihre Kinder Lars und Karin mit jeweils einem begnügen.*

der auftauchte. Er hatte das neue Land in Augenschein genommen. Es war ganz in Ordnung, fand er, aber drüben bleiben wollte er dann doch nicht.

In Wahrheit gibt es kein eindeutiges Vorbild für Michel, ebenso wenig wie für Katthult, das Armenhaus, Klein-Ida, das Pferd Lukas oder das Knirpsschweinchen.

Dabei käme durchaus Astrid Lindgren selbst als Vorbild für Michel in Frage. Denn neue Streiche aushecken konnte auch Astrid Lindgren gut. In ihrer Kindheit hat sie einmal ihren Bruder Gunnar als Schwedischamerikaner mit falschen Goldzähnen ausstaffiert und sich selbst als feine Dame verkleidet. In diesem Aufzug spazierten die beiden zu den ärmlichen Behausungen der Landarbeiter, um dort nach einem Zimmer für die Nacht zu fragen. Hinterher schnappten sie das Getuschel der Häuslerfrauen auf: »Hast du sie reingelassen?« »Nee, nee, man weiß ja nie, was so eine Schlampe von Frauenzimmer alles mitgehen lässt!«

Astrid Lindgren selber konnte über die Vermutungen nur verschmitzt lachen: »Wer Michel ist? Tja, ich jedenfalls nicht, ich hab natürlich Streiche gemacht, aber keine von Michels Größenordnung. Und mein Bruder ist es auch nicht, obwohl er später sogar in den Gemeinderat und den Reichstag kam.«

Und ihr Vater Samuel August? Er käme schon eher in Frage. Auch wenn der Junge aus Sevedstorp eher harmlosen Unfug trieb, eilte ihm schon als Kind der Ruf voraus, ideenreich, schlagfertig, lieb und fantasievoll zu sein. Dank seines Unternehmergeists war er immer zu Geschäften aufgelegt. Wie Michel wünschte er sich nichts mehr, als eigene Tiere zu besitzen. 50 Öre brauchte er als Startkapital, damit er sich die beiden weißen Kaninchen kaufen konnte, die den Grundstock für seine Farm bilden sollten. Der reiche Großhändler Sörensen bot ihm fünf Öre für jedes Gatter an, das Samuel August ihm auf dem Weg zur Kirche öffnete. Noch im hohen Alter lief Samuel August bei der Erinnerung daran ein wohliger Schauer über den Rücken: »Oh, und es stellte sich heraus, dass es dreizehn Gatter waren!«

Woraufhin ein Zuhörer fragte: »Aber da sind doch 15 Öre übergeblieben. Was hast du damit gemacht?« Da brummelte Samuel August, fast beleidigt: »Das klingt ja, als hätte ich sie bis heute, über siebzig Jahre danach, nicht ausgeben dürfen.«

Von allen Figuren, die der Fantasie seiner Tochter entsprungen sind, war ihm Michel ganz besonders ans Herz gewachsen. Als Samuel August alt und krank im Pflegeheim lag, bat er sie immer, ihm ihre

ASTRID LINDGRENS MUTTER HANNA *verdanken wir einige Mosaiksteinchen für die Geschichten von Michel. In Wirklichkeit hat sie unter Linas schrecklichen Zahnschmerzen gelitten. Auch der Geiz, das Markenzeichen von Michels Vater, war eigentlich eher Hanna Ericsson zuzuschreiben. Sie kratzte das Butterpapier sorgfältig ab und zählte genau die Zuckerstücke, die man im Kaffeekorb den Erntehelfern brachte. Über eine Nachbarsfrau sagte sie einmal kritisch: »Kein Wunder, dass die finanziell in der Klemme sind. Sie lässt ja die Eier nie ordentlich auslaufen.«*

DIE DEUTSCHEN SCHAUSPIELER versuchten, den Dialog auf Schwedisch zu lernen. Nur für Carsta Löck, die die Krösa-Maja spielte, war dies ein unmögliches Unterfangen. Olle Hellbom seufzte, weil ihre Lippenbewegungen einfach nicht stimmten. Neben eine Szene im Drehbuch hat er einen provisorischen Dialog auf Deutsch geschrieben: »Jaja, bald haben wir den Typhus hier in Lönneberga.« Und neben einer anderen stand in großen aufgeregten Lettern: »Krösa-Maja wegzaubern!«

neuesten Einfälle vom Lausejungen mitzubringen. Astrid Lindgren erzählte: »Weil er ja blind an alles glaubte, was Michel so trieb. Und er wollte so gern wissen, was aus ihm geworden ist. ›Hat er wieder was ausgeheckt?‹, fragte er jedes Mal. ›War Michel mal wieder auf 'ner Auktion?‹«

Leif Ruhnström ist davon überzeugt, dass Michels harmloser Schabernack von Samuel Augusts Streichen inspiriert ist. Denn Samuel August war ein fabelhafter Erzähler, dessen phänomenales Gedächtnis sogar das seiner Tochter übertraf. Er konnte sich noch bis in alle Einzelheiten daran erinnern, was um die Jahrhundertwende eine trächtige Sau oder eine Feuerspritze auf dem Markt von Vimmerby gekostet haben. Zeit seines Lebens war Samuel August für Astrid Lindgren mehr wert als jedes Nachschlagewerk.

Außerdem hatte er urkomische Geschichten auf Lager! Wie die von der Magd, die beim häuslichen Katechismusverhör die großen Feste des Kirchenjahres aufzählen sollte: »Weihnachten und Ostern und der Jahrmarkt in Vimmerby.« Oder die vom Pferdehändler, der einem arglosen Bauern einen alten Gaul unterjubelte, den er nach allen Regeln der Kunst mit Arsen aufgeputscht hatte. »Nächstes Jahr stießen sie im Gewimmel zusammen und der Händler fand, es sei besser, so zu tun, als wäre nichts passiert, und fragte freundlich: ›Na, was macht die Stute?‹ ›Danke, geht so‹, antwortete der Bauer, ›sie kann nu schon jeden Tag 'n Stündchen auf sein.‹«

Oder die Geschichte von Hannas Vater, der dem Propst als Zehnten ein Kalbfell ablieferte. Als der Gottesdiener meckerte, weil ihm das Fell nicht groß genug war, sagte der Bauer schlagfertig: »Aber dem Kalb hat es gereicht.«

»Mein Vater konnte sich noch an Stiere erinnern, die vor einem halben Jahrhundert zu brüllen aufgehört hatten, ja, er konnte sich an alles erinnern«, sagte Astrid Lindgren.

Ein Reisender beschrieb schon im 18. Jahrhundert, dass Vimmerby »für Betrügerei und Ochsenhandel bekannt« sei. Albert Engström behauptete sogar scherzhaft, der Name Vimmerby komme von »Vi märrabytare«, was »wir, die wir Pferde tauschen« bedeutet. Noch in Astrid Lindgrens Kindertagen florierte der Handel auf der Viehkoppel am nördlichen Stadtrand, von wo das Brüllen der Ochsen und Kühe bis nach Näs zu hören war.

Michel aus Lönneberga haben wir einem plötzlichen Wutausbruch von Astrid Lindgrens dreijährigem Enkel Karl-Johan Nyman zu verdanken:

»Er schrie, weil er wütend war, und als er nicht damit aufhören wollte, brüllte ich: ›Rate mal, was Michel aus Lönneberga einmal gemacht hat?‹« Der Schreihals verstummte augenblicklich und sah Astrid Lindgren mit großen Augen an. Er setzte sich ruhig hin, um die Geschichte von diesem sonderbaren Michel zu hören, der just in diesem Moment das Licht der Welt erblickte, mitsamt seiner Müsse, Büsse, seiner kleinen Schwester Ida und dem Bauernhof Katthult. Astrid Lindgren war bestimmt mindestens genauso erstaunt über diesen Michel wie ihr überrumpelter Enkel. »Wer dieser Michel war, davon hatte ich selber noch keine Ahnung, und es hatte mich auch nie gekümmert. Urplötzlich aber, ohne dass ich wusste wie, kam Leben in den Schlingel, und er fing mit seinem Unfug an und war nicht mehr zu bändigen.«

Nicht selten führen Astrid Lindgrens Figuren ein Eigenleben. Viele Jahre später sollte sie dem Fotografen Lennart Nilsson anvertrauen, dass ihre Figuren noch lange weiterleben, auch wenn die Arbeit an den Büchern längst abgeschlossen ist. »Manchmal vergehen zehn, zwanzig Jahre, ohne dass ich an sie denke, bis sie plötzlich aus der Vergangenheit auftauchen. Karlsson vom Dach hat möglicherweise geheiratet, Pippi und Michel haben eventuell Kinder bekommen oder sind sogar gestorben. Sie leben ihr eigenes Leben. Ich habe keine Macht mehr über sie.«

Dass sie noch nie einen Fuß in die Nachbargemeinde Lönneberga gesetzt hatte, hinderte Astrid Lindgren nicht daran, eines Tages im Morgengrauen mit dem Bleistift den Anfang der Geschichte zu stenografieren, wobei sie, wie immer, halb im Bett saß, während draußen die Hauptstadt langsam zum Leben erwachte.

»Wenn ich mich manchmal abends zum Schlafen gelegt hatte, schoss mir durch den Kopf: Ach Gott, wenn doch bloß schon wieder Morgen wäre, dann könnte ich wieder schreiben! Ich schrieb voller Freude und war völlig in die Welt eingetaucht, die ich mir ausdachte. Eines Morgens saß ich im Bett und stellte fest, dass ich gerade eben das letzte Wort von *Michel aus Lönneberga* schrieb. Jetzt lebe ich nicht mehr in Katthult, dachte ich, und mir kamen die Tränen ... Obwohl«, fügte sie entschuldigend hinzu, »ich wohl von einer Grippe noch etwas angegriffen war.«

Eines Tages beschloss Astrid Lindgren, in dieses Lönneberga zu fahren, in dem sie im Geiste einige Monate lang intensiv gelebt hatte. »Auf dem Friedhof fiel mir als Erstes ein Grabstein mit dem Namen von Michels Mutter ins Auge. Da ging ich, denn ich wollte nicht auch noch Michel finden.«

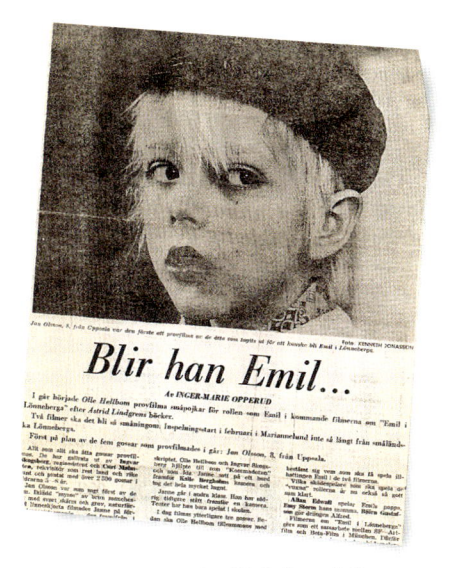

»OB ER EMIL WIRD?«, *titelt dieser Zeitungsartikel. Ja, er wurde Emil, wie Michel im Original heißt. Jan Ohlsson aus Uppsala war acht Jahre alt, spielte Eishockey und nahm Reitstunden. Bald sollte er das Pferd vom Reiterhof gegen Lukas aus Katthult eintauschen.*

LENA WISBORG hat die ganze Aufregung völlig kalt gelassen! Hier radelt die Fünfjährige auf dem Dreirad ihrem Ruhm entgegen. Kurze Zeit später ließ sie sich – allerdings mutwillig – in Katthult die Fahnenstange hochziehen.

WEIL IDAS ROLLE viel kleiner war als die von Michel, durfte Lena Wisborg, wenn sie frei hatte, in den Kindergarten nach Mariannelund fahren. Viele Jahre danach hielt sie immer noch den Kontakt zu ihren småländischen Spielkameraden.

Inzwischen waren sieben Jahre vergangen. Am 6. Oktober 1970 meldete die Presse, dass *Michel aus Lönneberga* verfilmt werden sollte. »Gesucht: ein aufgeweckter, flinker kleiner Lausejunge im Alter von sechs bis acht Jahren, der Filmschauspieler werden will, wird für die Hauptrolle in zwei Spielfilmen über Michel aus Lönneberga gesucht. Der Junge soll höchstens 130 cm über dem Meeresspiegel messen. Er muss mit Dreharbeiten im Februar und fast den ganzen kommenden Sommer über rechnen.«

Olle Hellbom fügte hinzu: »Michel ist gut, lieb, schlau, listig, erfinderisch, scharfsichtig, unternehmungslustig, angstfrei und spontan.« Eine Flut von fast 3000 Bewerbungen ergoss sich über das Büro. Nun galt es, die Spreu vom Weizen zu trennen. Im ganzen Land entstanden Probebühnen.

Die Wahl fiel auf Jan Ohlsson, Jahrgang 1962, dessen Eltern Bäckereiangestellte in Uppsala waren. Inger Marie Opperud war damals Klatschreporterin für *Expressen*. Sie weiß noch genau, wie sie das Atelier in der Kungsgatan betrat, um eine Reportage über einen der zehn, zwölf Jungen zu machen, die es bis in die Endrunde geschafft hatten – und verzaubert war:

»Denn da stand ja Michel. Er war der Erste, der gefilmt wurde. Ich weiß noch, wie sich mir die Nackenhaare aufstellten, mir war ganz kalt. Er saß da in seinem blauen Hemd und seiner Müsse, sein Haar stand ab, und dann glitzerte es in diesen Augen. Das ist er, dachte ich. Abends rief ich Olle an: ›Das ist doch der aus Uppsala geworden, oder?‹ ›Nja‹, sagte Olle. Aber ich konnte ihm anhören, dass er sehr begeistert war.«

Olle Hellbom ließ mitteilen, dass man einen Michel gefunden hatte und der Junge »die beste Entdeckung ist, die wir je gemacht haben«.

Auf die Frage, ob er geglaubt habe, dass er Michel werden würde, antwortete der Blondschopf: »Ja, ich wusste es die ganze Zeit.«

»Wie konntest du das wissen?«

»Weil ich es werden wollte!«

Bald erschien auch Klein-Ida auf der Bildfläche, die laut Ausschreibung nur »höchstens 105 cm und nicht zu schwer für eine Flaggenschnur« sein durfte. Auf die fünfjährige Lena Wisborg aus Sollentuna traf beides zu.

Ihr Vater erinnert sich: »Olle Hellbom war ein lustiger Typ und konnte gut mit Kindern umgehen. ›Wenn du nicht lieb bist, dann schlag ich dich mit meinem Stock!‹, konnte er scherzhaft sagen und fing dann das Kind mit dessen Griff ein. Oder man denke nur an die

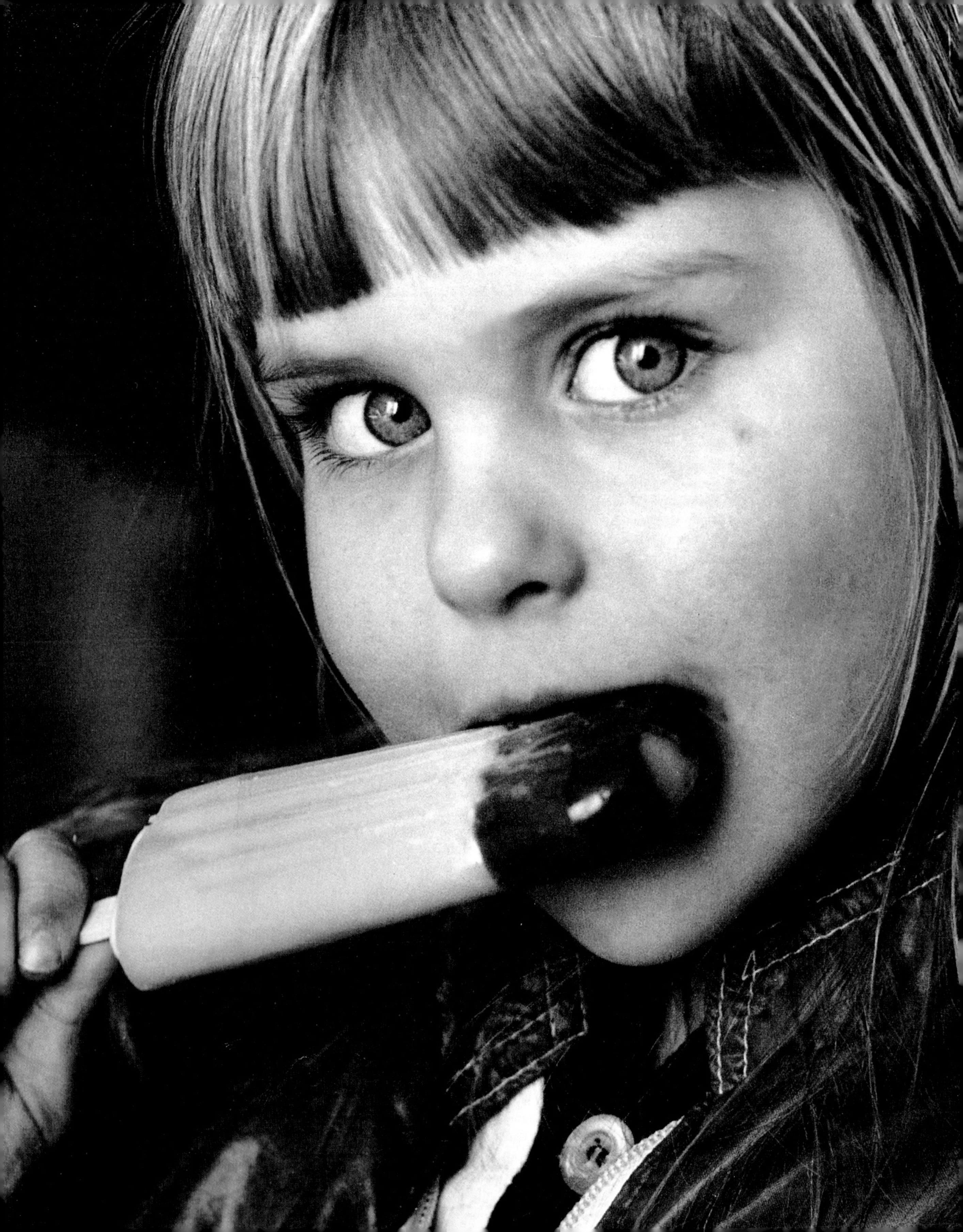

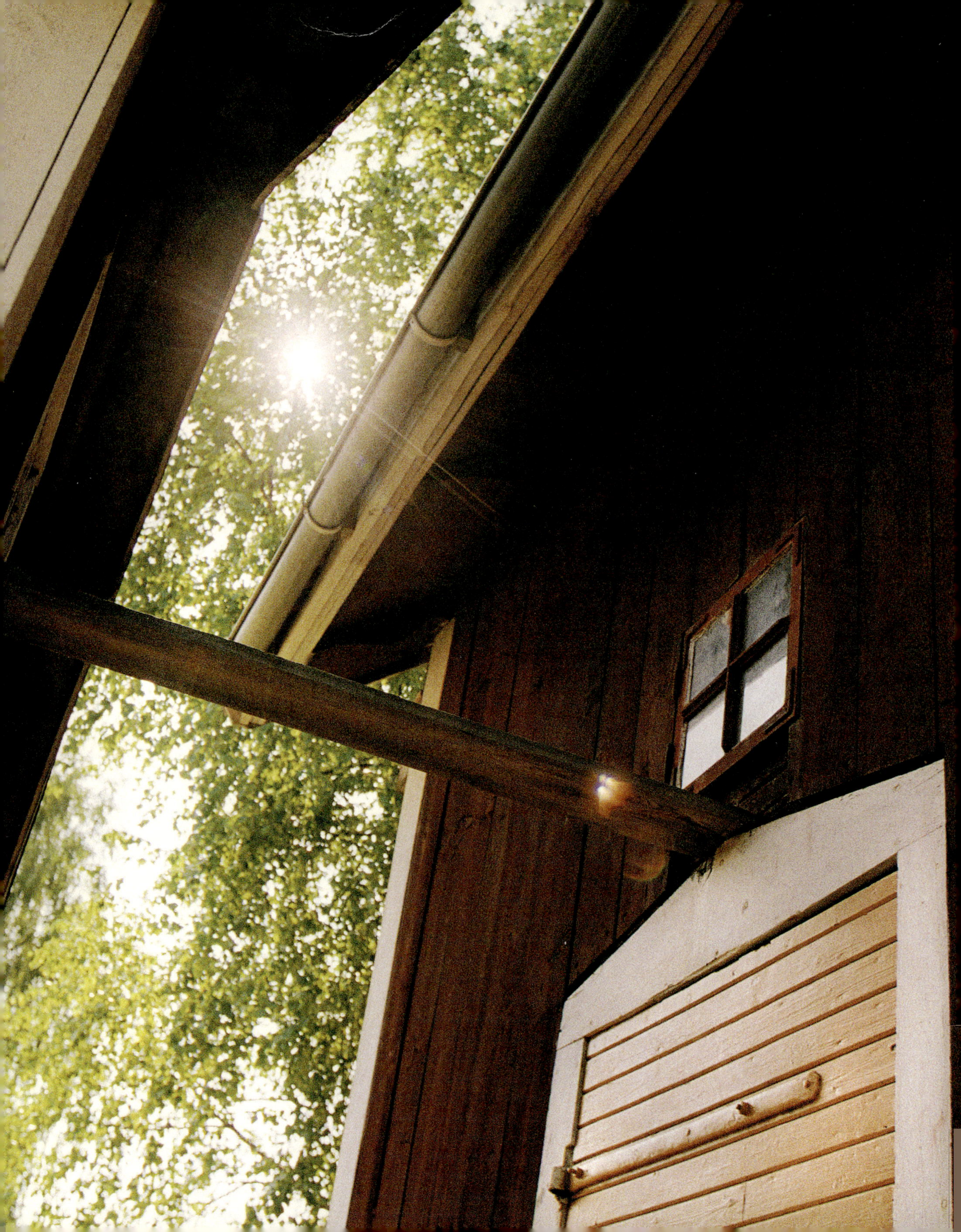

übrigen Teammitglieder; Allan Edwall ist auch privat sehr witzig und Emy Storm sanft und angenehm. Wir waren mit Lenas Arbeitskollegen sehr zufrieden, wenn man das so sagen kann …«

Für Allan Edwall war die Rolle als Michels Vater Anton Svensson das Debüt als Astrid-Lindgren-Schauspieler, doch sollte sich die Zusammenarbeit zu einer der erfolgreichsten der schwedischen Filmgeschichte entwickeln.

Michels Mutter, Alma Svensson, wird von Emy Storm gespielt, die anfangs mit ihrer Rolle nicht glücklich war. Seit Bo Widerbergs Film *Kvarteret Korpen (Das Rabenviertel)* hatte sie unterwürfige Arbeiterinnen spielen müssen. Jetzt sollte sie für ihre Rolle als Bauersfrau lernen, wie man Wurst stopft und Wolle kämmt.

»Na schön«, sagte Emy, »aber in meinem nächsten Film will ich Goldlamee tragen.«

Maud Hansson, die die Magd Lina spielt, hatte ihre erste Rolle bei keinem Geringeren als Ingmar Bergman. Sieht man sich die Hexe auf dem Scheiterhaufen in seinem Film *Das siebte Siegel* genau an, kann man Maud Hansson hinter Rauchwolken, Ruß und dicker brauner Schminke erkennen.

Während man die Darsteller langsam beisammen hatte, war woanders eine andere Suche im Gange. Die Mitarbeiter von SVENSK FILMINDUSTRI hatten wohl rund hundert Höfe in der Gegend um Vimmerby in Augenschein genommen, bevor sie zufällig endlich auf den Schotterweg einbogen, der nach Gibberyd führt.

»Seit Wochen hatten der Kameramann Kalle Bergholm und ich nur von Bananen gelebt«, erzählt die Produktionsleiterin Elisabeth Fahlén.

»Wir bogen bei jeder nur erdenklichen Abzweigung ab. Unter anderem fanden wir einen guten Ort, aber der lag zwei Kilometer hinter der Grenze nach Östergötland. Wir erzählten Olle davon. ›Das macht Astrid nie mit, aber ich ruf sie an und frage‹, sagte er. Und wie prophezeit sagte Astrid, nein, das ginge einfach nicht. Als wir am Ende Gibberyd fanden, war der Haufen Bananenschalen auf dem Fußboden riesengroß.«

Der kleine idyllische Hof war im Besitz der Familie Johansson, deren Familienoberhaupt zufällig auch Astrid hieß. Ein wenig Kosmetik war schon nötig, um Gibberyd wieder in einen Hof aus der Jahrhundertwende zum 20. Jahrhundert zu verwandeln. Die Telefonleitungen wurden unterirdisch verlegt. Den Sicherungskasten verwandelte man in einen Birkenstamm. Der Kunststoffzaun wurde durch einen Pfahl-

IN DEN DREISSIGER JAHREN hatten es die schwedischen Autofahrer unter anderem Astrid Lindgren zu verdanken, dass sie sich auf den endlosen Landstraßen nicht verfuhren. Ihr Ehemann Sture war Bürovorsteher beim Königlichen Automobilklub (KAK). Als die beiden heirateten, übernahm Astrid Lindgren von zu Hause aus die Redaktion für das Tourenbuch des KAK. Später war sie auch für den Straßenatlas des KAK verantwortlich, die Bibel jedes schwedischen Autofahrers.

LINKS: Über dieses Brett ist Michel in die Vorratskammer geklettert. Noch heute können Besucher in Katthult den schmalen Weg vom Tischlerschuppen zu Alma Svenssons prall gefülltem Vorratsschrank besichtigen. Den Tischlerschuppen hatte man eigens für die Filmaufnahmen gebaut und in passendem Abstand zum Nebengebäude aufgestellt.

ASTRID LINDGRENS DREHBUCH für den ersten *Michel*-Film begann mit den Worten: »Der Katthultbauer geht umher, um zu sehen, wie der Roggen steht, und um seine Tiere zu zählen – ungefähr wie Isak in *Segen der Erde* – etwas von Segen-der-Erde-Stimmung.« Damit spielte sie auf den Roman ihres Lieblingsschriftstellers Knut Hamsun an.

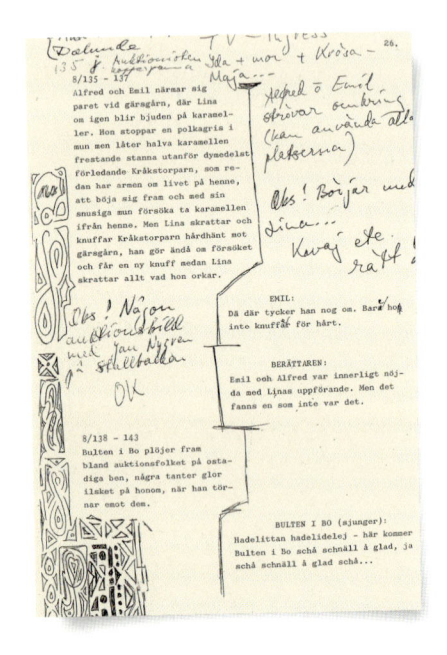

IN OLLE HELLBOMS HÄNDEN waren Astrid Lindgrens Drehbücher keine heiligen Schriften. Als Regisseur fühlte er sich frei, Dialoge und Szenenanweisungen nach eigenem Gusto zu ändern – wie hier in der Szene, wo der Krakstorper auf dem Markt in Vimmerby mit Lina flirtet. Bis zum letzten Moment änderte Hellbom, strich, feilte und schrieb um.

zaun ersetzt. Über den Kiesweg rollte man Kunstrasen aus. Eine Fahnenstange wurde aufgestellt. Den Tischlerschuppen baute man im rechten Winkel zur Vorratskammer, damit Michel auf einem Brett von einem Schuppen zum nächsten klettern konnte. Eine Woche lang malte man Dachpfannen auf das Eternitdach der Scheune.

Im Gebäude selbst entstand nur eine einzige Szene, nämlich als Alfred mit Blutvergiftung darniederliegt und Michel sein Pferd Lukas anschirrt, um nach Mariannelund zum Doktor zu fahren. Transparente Fotos vor den Fenstern bildeten die Aussicht ab, auf Spanplatten malte man Bodendielen, und die ganze Gegend wurde nach Requisiten durchforstet: genutete Bretter, Sekretäre, Petroleumlampen, Leibchen, Joche, Regenschirme, Eggen, Wollstrümpfe, Karden, Holznägel für Schuhsohlen ... Der Wandbehang, der über Alma Svenssons Ausziehbett hängt, hing in Wirklichkeit über dem Bett eines kleinen Mädchens, das einige Kilometer entfernt wohnte. Die Ochsen kamen aus Tenhult und wussten sogar noch, wie man einen Pflug zog.

Es ist schon eine tolle Leistung, wie Olle Hellbom für die Nachwelt ein Schweden wieder auferstehen ließ, das der Vergessenheit schon beinahe anheim gefallen war und auf Dachböden und in Holztruhen vor sich hingammelte. Fast zärtlich sammelte er ausgediente Holzteller und buckelige Blechbecher. Brauchte er am nächsten Tag ein Pferd, ein Gewicht oder eine Baumsäge, bat er nur den Requisiteur Olle Sporrek, der aus der Gegend kam, herumzutelefonieren, und wie auf Kommando fingen die Bauern an, ihre Bestände zu durchforsten.

Für Astrid Lindgren suchte man um die Wette nach einem alten Häufelpflug, Krebsreusen oder Petroleumlampen.

»Die Dachböden sind die reinsten Goldgruben«, sagte Olle mit einem verzückten Seufzer.

Die ersten Szenen sollten schon im Februar gedreht werden. Man brauchte Schnee, aber die Äcker waren goldbraun und feucht. Der Darsteller des Armenhäuslers Johann-Ein-Öre, ein småländisches Original, beruhigte das Filmteam: »Ich hab eben dreißig Dompfaffen im Baum sitzen sehen. Ihr werdet sehen, schon morgen gibt es Schnee.« Und er sollte Recht behalten. Am nächsten Tag konnte Jan Ohlsson ausgelassen durch die Schneeflocken toben.

Für die Szenen, in denen Michel im Mondschein mit dem Schlitten zum Armenhaus fährt, brauchte man allerdings richtig viel Schnee. Deshalb wurde das gesamte Team mit dem Bus zu einem finnischen Rauchstubenhaus in Bollstabruk, in der Nähe von Kramfors, gebracht.

Hier drehte man die Szene, in der Alfred fast auf dem Schlitten stirbt, eine Szene, von der manche Leute behaupten, Astrid Lindgren habe sie Vilhelm Mobergs berühmtem Auswandererepos entliehen, wo Karl-Oskar im dritten Band um das Leben seines Sohnes kämpft.

Das Thermometer zeigte 25 Grad minus an. Als die Lokalpresse Fotos machte, brach ein neugieriger Zaungast zusammen und starb direkt daneben in einer Schneewehe. Zu allem Überfluss ließ Olle Hellbom mit einem Hydrokopter einen Schneesturm simulieren. Björn Gustafson, der den Knecht Alfred spielt, erinnert sich noch, dass er fast erfroren wäre: »Es war kalt, so schrecklich kalt.«

Auch bei den *Michel*-Filmen wurde ordentlich geschummelt. Die Kirschen hat man mit Tesafilm an den Kirschbaum geklebt. Über das Festmahl durften die Statisten sich nicht hermachen, weil das Essen für alle Einstellungen reichen musste. Und Klein-Ida wollte auf keinen Fall die Fahnenstange hochgezogen werden. Also musste man ihr eine Zeit lang einen Ball zuwerfen, bevor man sie ein Stückchen hochziehen konnte, dann wurde wieder ein Ball hin- und hergeworfen – bis sie immerhin bescheidene drei Meter über dem Boden baumelte.

Ein Trupp rüstiger Rentner aus Mariannelund wurde in Lumpen gehüllt und in Armenhäusler verwandelt. Weil sie wussten, was von Filmstars erwartet wurde und wie es um die Beißgarnitur ihrer Ahnen bestellt war, erklärten sich die Rentner bereit, sich notfalls ihre letzten Zähne ziehen zu lassen. Aber Olle Hellbom versicherte ihnen, dass es reichte, wenn sie vor der Aufnahme ihr Gebiss rausnahmen.

Astrid Lindgren ist bei *Michel* in der einzigen Statistenrolle ihres Lebens zu sehen, in *Michel muss mehr Männchen machen*. Wenn man genau aufpasst, kann man sie im Gewimmel auf dem Markt von Vimmerby als Bauersfrau mit einem rot geblümten Schal entdecken. Hinter ihrem Rücken murmelte ein alter Mann: »Man stelle sich vor, dass aus der Göre was geworden ist!«

Und hier kam auch der Regieassistent Ingvar Skogsberg auf die ziemlich geniale Idee, mit einer Milchkuh die ungeübten und kamerascheuen Statisten auf Trab zu bringen.

»Mir fiel auf, dass die Massenszenen steif und statisch rüberkamen. Durch ein Megafon sagte ich den Statisten: ›Was ihr auch macht, guckt bitte nicht in die Kamera!‹ Da war eine Frau im roten Kleid, mit Sonnenschirm, schwarzem Hut mit weißer Feder, die sehr nett aussah, aber nie begriff, was ich sagte. Sie sollte sich langsam durch die Volksmenge bewegen, aber sobald die Kamera lief, raste sie los, dass die Feder flatterte. Olle war total genervt.

DER ILLUSTRATOR BJÖRN BERG *hat später erzählt, dass sein Sohn Torbjörn das Vorbild für Michel war. Vor allem war es Michels Freiheitsdrang, den er bei seinem Sohn und sich selbst wiedererkannte. Björn Bergs Bedeutung für Michels Popularität ist wohl kaum zu überschätzen. Astrid Lindgren war bei ihrer Arbeit als Verlagslektorin zufällig auf die pfiffige Zeichnung eines Blondschopfs gestoßen. Als das* Michel-*Buch illustriert werden sollte, rief sie den Zeichner an. Wie üblich antwortete seine Frau Eva Berg am Telefon. Nein, Björn dürfe im Moment nicht gestört werden, er zeichne. Aber Astrid Lindgren könne ihr doch das erste Kapitel durch das Telefon vorlesen? Danach brach sie erstaunt aus: »Aber das ist ja haargenau unser Torbjörn!« Björn Bergs Michel-Bilder waren zweifellos für die Verfilmung maßgeblich. So und nicht anders hatte Michel auszusehen, das stand fest.*

ASTRID LINDGREN war es manchmal leid, wenn Leute auf sie zukamen, um ihre Kinder oder Enkelkinder als Stoff für ein neues Buch anzupreisen. »Denn so funktioniert es ja nie. Nicht einmal meine eigenen Kinder und Enkelkinder haben mich inspiriert. Das hat nur ein einziges Kind gekonnt – das in mir drin.« Dagegen lachte sie sehr, denn so war ihr Humor, über den Brief einer Kindergärtnerin, die ihre Gruppe gefragt hatte, wie das Kind in der Krippe hieß. Daraufhin hatte ein Fratz geantwortet: »Michel!«

IM KINO GRAND im kleinen Vimmerby wurden einige Jahre die Lindgren-Verfilmungen uraufgeführt. Jan Ohlsson und Astrid Lindgren waren natürlich Ehrengäste mit allen Schikanen. Es gab eine Polizeieskorte, Käsekuchen und eine Begrüßung durch Fähnchen schwenkende Schulkinder. Fast wie Hollywood also ...

Da kam ich auf die Idee, eine Kuh direkt durch die Volksmenge laufen zu lassen. Dadurch kam Leben und natürliche Bewegung in die Menge, das gab gute Bilder. Also machten wir dasselbe mit Hühnern, das konnte man perfekt hier und da reinschneiden.«

Die Tiere bereiteten dem Filmteam Freude und Kopfschmerzen zugleich. Katzen, Rindviecher und Federvieh verbitten sich bekanntermaßen Regie, doch im Notfall konnte man immer auf Allan Edwall zurückgreifen, dessen Stimme das ungeahnte Talent besaß, störrische Kühe zu beruhigen und zu dirigieren.

Bekanntlich lassen sich Hühner hypnotisieren, wenn man von ihrem Schnabel aus einen Kreidestrich zeichnet. Vor laufender Kamera wurde das Huhn dann wiederbelebt, indem Klein-Ida ihm über den Bauch strich. Olle Hellbom verriet auch, dass er heimlich damit experimentierte, die Hühner mit Schnaps betrunken zu machen. Er flößte ihnen den Fusel mit einer Pipette ein und war anscheinend mit dem Versuchsergebnis sehr zufrieden.

Wo aber um alles in der Welt konnte man ein Schwein auftreiben, das seilspringen konnte?

Die Antwort war, dass es ein solches Schwein nicht gab, weil das Rückgrat von Schweinen zu schwach für derlei Turnübungen ist. Allerdings konnte man Schweinen beibringen, wie sie an der Leine gehen, dem Knecht hinterherlaufen, Pfötchen geben und von gegorenen Kirschen betrunken werden.

In der Nähe von Kopenhagen fand man den Dresseur Ernst Schnack, der in Hagenbecks Tierpark in Hamburg gearbeitet hatte. Er sagt von sich, dass er Hunden und Hühnern das Tanzen und Saufen beigebracht hätte. Seine Frau Ella war außerdem einmal in Paris mit drei Schweinen aufgetreten, die nach der Vorstellung ausrissen und auf den Straßen einen Tumult anrichteten. Das Paar verlangte 10 000 Kronen, um ein Filmschwein anzulernen.

Das Schweinchen als solches kostete nur 140 Dänische Kronen, als man es als neugeborenes Ferkel von einem nahe gelegenen Bauernhof holte und augenblicklich bei Schnacks klugen Hunden in die Schule gab. Es war ein gelehriger Schüler, das merkte man gleich. Ella Schnack sollte sich später an das Knirpsschweinchen als reinliches, liebes und besonders schlaues Ferkelchen erinnern: »Erst lief Ernst über den Hof, dann das Ferkel. Eine Karotte hier, eine Kartoffel da, so machte es mit der Zeit genau das, was man wollte. Meckern brachte nichts, da wurde es nur traurig und beleidigt und verzog sich knurrend in eine Ecke. Es mochte auch Kirschen sehr gern, spuckte die Kerne aber aus. Wenn wir Auto fuhren, kam es immer mit, sprang lieb auf den Rücksitz und benahm sich vorzüglich.«

Das erste Treffen mit seinem neuen Besitzer Michel lief allerdings nicht völlig reibungslos ab. Ernst Schnack hielt mit dem Wohnwagen auf Katthults Hofplatz, machte die Hintertür auf und – schwupp! – sauste das Schwein in Richtung Knechtstube.

»Du musst ›Hallo, Ferkelchen!‹ sagen«, sagte Schnack.

»Hallo, Ferkelchen!«, sagte Jan Ohlsson und – schwupp! – kam das Schwein wie ein gehorsamer Hund angelaufen.

Lena Wixell bekam es mit der Angst zu tun, als das Tier ihre Schleife beschnupperte, erholte sich aber schnell von dem Schreck. Die Nacht verbrachte das Knirpsschweinchen zwischen Küchenstühlen, Saftflaschen, Körben und alten Rechen in der Knechtstube. Schon am nächsten Tag war es einsatzbereit. Größere Probleme verursachte eigentlich nur die Szene, in der das Schweinchen bei den Guttemplern sein Nüchternheitsgelübde ablegen soll. Trotz Lockrufen und Drohungen weigerte es sich, den Raum zu betreten. Als es endlich am richtigen Platz war, hinterließ es mitten auf dem Fußboden einen großen Haufen.

»Olle hatte ein tolles Filmteam«, erinnert sich der Regieassistent Ingvar Skogsberg. »Der Beleuchter Stig Limér war ein richtiger Wagehals. Vom Haus in Katthult führt ein ziemlich steiler Abhang zum See hinunter. Olle wollte eine Totale mit Kühen haben und gleichzeitig jemanden, der durchs Bild ritt. Wir improvisierten und testeten ein paar Varianten. Da sagte Stig: ›Filmt nur!‹, setzte sich auf ein Pferd und galoppierte den Abhang hinunter wie John Wayne persönlich. Genau außerhalb des Bildes flog er in hohem Bogen runter. Dann stellte sich heraus, dass Stig noch nie in seinem Leben auf einem Pferd gesessen hatte!

Ein anderes Mitglied des Filmteams, Jan Nilsson, ein großer, starker blonder Kerl, lief den Abhang runter und schrie plötzlich: ›Aua!‹ Dann blieb er stehen und zog sich einen riesigen Nagel aus dem Fuß. ›Ach, das ist nichts‹, sagte er und wollte weitermachen. Aber wir riefen einen Krankenwagen.«

Probleme bereiteten eher die Schauspielprofis. Während sich die Statisten mit Olle Hellboms Anweisung begnügten: »In dieser Szene ist Michel verschwunden. Stellt euch einfach vor, dass ihr euer eigenes Kind sucht«, hatten die Profis höhere Ansprüche.

»Personenregie war nicht Olles Sache«, sagt Ingvar Skogsberg. »Er

DER SCHRIFTSTELLER ALBERT ENGSTRÖM, *der in derselben Gegend wie Astrid Lindgren aufwuchs, wird häufig als mögliches Vorbild für Michel genannt. Ein småländischer Bauer beschrieb ihn so: »Ich weiß noch, wie er als kleiner schüchterner Knirps bei seiner Mutter am Rockzipfel hing. Wer hätte gedacht, dass aus dem Jungen so ein verrückter Rabauke werden würde!«*

Engström schilderte selbst, wie er als Kind Weihnachtsessen ins Armenhaus brachte und dort von der »Regenta« begrüßt wurde (wie die Vorsteherin allgemein genannt wurde, die Astrid Lindgren bei Michel in die »Maduskan« umtaufte). Als diese Szene gedreht wurde, war Björn Gustafson, der den Alfred spielt, ganz aufgebracht: »Das hat Astrid aber von Albert Engström stibitzt.«

Auch die Szene, in der Michel die Lehrerin küsst, soll von Albert Engström inspiriert sein. In einer Geschichte lässt er eine Figur sagen: »Das habe ich aus meiner großen Güte heraus getan.«

»SCHÖN PFÖTCHEN GEBEN, *Ferkelchen!*« *Der Dresseur Ernst Schnack wusste, wie man ein Schwein dazu bringt, artig zu sein oder sich mit gegorenen Kirschen zu betrinken.*

Wie alle großen Filmstars hatte das Knirpsschweinchen in den Lichtproben oder für einfachere Szenen ein Double. Dafür wechselten sich zwei stinknormale schwedische Statistenschweine ab, die auch zum Einsatz kamen, wenn der Star müde oder übellaunig war.

»WAS IST IHRE LIEBLINGSFARBE?«, *wurde Astrid Lindgren einmal von einem Reporter gefragt.* »Ach, das kommt darauf an, wo sie sitzt«, *antwortete sie.* »Ich ziehe eine weiße Rose einem blauen Auge vor. Damit will ich nichts Schlechtes über Blau gesagt haben.«

ging davon aus, dass jeder das Drehbuch und Astrids Bücher gelesen hatte und dass alle selbst die grob umrissenen Konturen ausfüllen würden. Jemand wie Allan Edwall brauchte nicht viele Worte, aber manchmal wollte jemand wissen, Björn vielleicht, warum er Brennholz in die Holzkiste legte. Da sagte Olle nur: ›Warum?!! Du holst einfach Brennholz.‹

Olle begründete nur ungern, warum eine Figur dieses oder jenes tat. Als die Schauspieler begriffen, dass es an Olles Schüchternheit lag, vermieden sie es, ihn anzugehen. Stattdessen kamen sie zu mir, um über die Personenanalyse zu reden. Ich sagte: ›Na, das kann doch nicht so schwer sein. Du, Maud, bist die Magd mit großem M, du, Björn, bist der Knecht Alfred und du, Allan, du brüllst!‹«

Die Erstfassung des Drehbuchs verrät, dass längst nicht alle Dialoge fertig waren, als der »Vertrag« mit dem klassischen Schluck Schnaps in Astrid Lindgrens Wohnung besiegelt wurde.

Bei der Szene, in der Lina mit dem Krakstorper herumturtelt, hat Astrid Lindgren nur geschrieben: »Allgemeines albernes Geplapper«, und Olle hat mit Kugelschreiber an den Rand gequetscht: »Ja, du bist lieb, meine Kleine, das warst du schon immer ... ja ... oh, ich mochte dich schon immer ... uhum ...«

Dass sich Alfred sein Nasenbluten mit der Feuerspritze abwaschen soll, fällt Olle Hellbom erst bei den Dreharbeiten ein. Außerdem erhöht Hellbom das Erstgebot bei der Auktion für die Kuh von 50 auf 75 Reichstaler und streicht eine Szene völlig, in der Michel mit dem Brennglas die Hutfeder der Pastorin in Brand setzt.

Vor allem quetscht er hier und da einen Dialog hinein: »Du und ich, Alfred!« »Ja, du und ich, Michel.« Dieser Ausspruch steht in Astrid Lindgrens Original an einer einzigen Stelle, aber Olle Hellbom fügt ihn in mehreren Szenen ein. Man merkt deutlich, dass es ihm dieser Dialog ausgesprochen angetan hat.

Aufmerksamen Lesern wird aufgefallen sein, dass die Erzählung sich so windet wie eine Fleischwurst auf einem småländischen Weihnachtsbüfett. In der Zeit von 1971 bis 1973 entstanden drei *Michel*-Filme, aber man hat den Eindruck, als würden sie alle in einem Film zusammenfließen. (Das geschah ja auch, als die Filme für die Fernsehfassung gekürzt wurden.)

Jede Filmpremiere folgte dem gleichen Muster. Zunächst gab es eine Sneak-Preview im Kino Grand in Vimmerby. Das hieß: 7000 verkaufte Karten im Vorverkauf, Kaffeetafel mit Käsekuchen, extra Polizeiaufgebot, Presseansturm, Kaufhauspersonal in Michel-Kleidung und ein Hauch von Popstar-Stimmung, wenn Jan Ohlsson mit seiner Adidas-Tasche um den Hals aus dem Auto stieg, den Wartenden zuwinkte und im Dunkel des Kinos verschwand. Wurde ihm der Rummel zu viel, suchte er die Hand seines älteren Bruders Dick.

»Am wichtigsten ist, dass Dick den Film mochte«, sagte er nach der ersten Premiere am 4. Dezember 1971.

»Und wie warst du selbst?«, fragten die Journalisten.

»Das ist gar nicht so schwer. Ich hab nur das gemacht, was sie mir gesagt haben. Alle waren gut, find ich. Am besten war, als Lina sang.«

»Wirst du jetzt reich?«

»Das weiß ich nicht, ich kümmer mich nicht um Geld. Ich kauf mir bloß ein Buch.«

»Was für eins?«

»Ist mir egal, Hauptsache, da steht was drin.«

»Was wünschst du dir jetzt am meisten?«

»Den Film noch mal zu sehen, weil er so gut war.«

Olle Hellbom sagte, ihn interessiere am meisten, wie die heutigen

»Du und ich, Alfred.« Die Freundschaft zwischen Jan Ohlsson und Björn Gustafson wurde im Laufe der Dreharbeiten immer intensiver. Alle waren sich darüber einig, dass der kleine Jan außergewöhnliches Talent hatte. Besonders in der Szene, in der Alfred beinahe auf dem Schlitten stirbt, brachte er sogar routinierte Filmleute zum Staunen.

FRÜHLINGSFREUDE IN KATTHULT. *Jan Ohlsson und Lena Wisborg heckten auch neben den Dreharbeiten Streiche aus. Zum Beispiel Jan Ohlssons Mutter blau und grün anzumalen. Neun Jahre später organisierte eine Zeitung ein Treffen zwischen den beiden Kinderstars. »Na, kriegt man hier nicht mal eine Umarmung?«, fragte Lena, die inzwischen herangewachsen und nicht so schüchtern war wie Jan.*

Kinder auf die Figur von Michels Vater Anton reagieren würden. »Die müssen ihn doch für komplett verrückt halten, oder?«

Astrid Lindgren gab zu, dass sie durchaus ihren Vater wiedererkannte und seine Wut, wenn ihm der Geduldsfaden riss: »Wenn ein Kind geliebt wird, dann verträgt es sicher einen Anranzer. Aber als er das arme Kind am Ohr zieht … Wer geschlagen worden ist, der schlägt auch leicht andere.«

Als die ersten Rezensionen erschienen, erhielt die Freude einen Dämpfer.

»Ein Bilderbuch ohne Fantasie. Langweilig und verworren«, urteilte *Dagens Nyheter*. »Überwiegend Postkartenmotive«, resümierte *Göteborgs-Posten*. »Respektvoll, ohne Schabernack«, meinte *Expressen*.

Diesen Urteilen ist der damalige Zeitgeist anzumerken. Beim Erscheinen der Bücher hatte sich noch keine Menschenseele um Michels Moral oder Klassenbewusstsein gekümmert. Man sah in ihm einfach einen fröhlichen Schlingel, der gutherzig, pfiffig und ein Genie im Unfugmachen war. Jetzt war die Zeit der 68er, und eine Gruppe von Literaturstudenten veröffentlichte einen Artikel, in dem Michel als »aufstrebender Agrarkapitalist, der wiederum eine neue und heimtückische Gesellschaft von Unterdrückern heraufbeschwört« beschrieben wird.

Am härtesten war die Kritik von Mario Grut im *Aftonbladet*, der behauptete, »zwischen Michels kapitalistischem Unternehmergeist im Kleinen und den wenig netten Beispielen von Großkapitalismus besteht dennoch ein Zusammenhang, der deutlich gemacht werden muss, denn sein Publikum soll nicht darin getäuscht werden, dass sich hinter seinen Streichen eine autoritäre und profithungrige Gaunermoral verbirgt«.

Astrid Lindgren war ausnahmsweise sprachlos. Dann nahm sie ihren Michel in Schutz und bezeichnete die Kritiken als »doch recht einfältig«:

»Ich schreibe nicht, wie es hätte gewesen sein sollen, sondern wie es war. Ich finde, man verlangt von einem kleinen Jungen, der vor 70 Jahren in Småland gelebt hat, zu viel, wenn man meint, er müsse für ein sozialistisches Gesellschaftssystem arbeiten.«

Ein anderer Rezensent äußerte sich herablassend über die »sentimentalen Ausrutscher« des Films. Olle Wisborg, der Vater der Ida-Darstellerin, nahm Astrid Lindgren und ihre Familie kurze Zeit später in seinem Auto auf dem Weg von Småland nach Stockholm mit: »Als wir ein Stück gefahren waren, sagte sie plötzlich: ›Guckt mal, hier hat sich der liebe Gott wieder einen sentimentalen Ausrutscher erlaubt.‹«

Wenn man drei Jahrzehnte später miterlebt, wie ein Sechsjähriger im Batman-Umhang mit einem Plastikschwert in der Hand über den Kiesweg von Gibberyd jagt und die Nachkommen von Hinke-Lotta fast zu Tode erschreckt, wird einem klar, dass nichts mehr ist, wie es einmal war.

Heutzutage gibt es in der Gemeinde von Vimmerby eine Zeitrechnung vor und nach Michel. Kaum ein Hof oder ein Bewohner, kaum ein Gegenstand, der nicht irgendeine Beziehung zu den Dreharbeiten hatte. Überall zeugen Spuren davon, wie ein kleiner blonder Junge eine Völkerwanderung in Gang setzte, eine Ikone wurde und ein Ausflugsziel schuf.

Auf dem Parkplatz stehen rund zwanzig Autos, davon viele mit ausländischen Kennzeichen. Vor allem Deutsche und Skandinavier kom-

»**NA, LINA,** *wie heißen also unsere Ureltern?«, fragt der Pastor bei der Glaubensbefragung. »Thor und Freya«, antwortet Lina, ohne mit der Wimper zu zucken – diese Antwort hatte in Samuel Augusts Kindheit eine andere Magd gegeben. Von ihrem Vater hatte Astrid Lindgren die Geschichte gehört und in* **Michel bringt die Welt in Ordnung** *für die Nachwelt erhalten.*

JEDES JAHR ZU WEIHNACHTEN *läuft im deutschen Fernsehen die Folge, in der Michel für die bedauernswerten Armenhäusler den Weihnachtsschmaus veranstaltet.*

DIE DEUTSCHEN SCHAUSPIELER *waren in der Heimvolkshochschule in Mariannelund untergebracht und beklagten sich nicht, obwohl sie bestimmt edlere Unterkünfte gewohnt waren. Aber dass sie jeden Tag Käsekuchen essen durften, hat sie vermutlich entschädigt.*

ASTRID LINDGRENS einziger Auftritt als Komparsin. In **Michel muss mehr Männchen machen** spielte sie eine Marktbesucherin und ließ sich in den Drehpausen mit Allan Edwall und Jan Ohlsson fotografieren.

OLLE HELLBOM mag sich langsam bewegt haben, aber im Geiste war er blitzschnell. Als er sich einmal im Krankenhaus von Vimmerby verarzten lassen musste, kam eine Krankenschwester auf ihn zu und fragte: »Hast du keine Rolle für mich?«
»Doch«, sagte Olle Hellbom. »Komm morgen vorbei. Du kannst die Frau vom Pastor spielen.«
Olle Hellbom trieb überall Statisten auf. So kommt es, dass auf Kutschböcken und Melkschemeln in Wahrheit verkleidete Maskenbildnerinnen, Kostümassistentinnen oder Beleuchter sitzen.

men nach Gibberyd, aber selbst aus Israel finden Besucher ihren Weg hierher. Um den Tischlerschuppen, die Gattertore und Klos flitzen ausgelassene Kinder und rufen: »Jetzt hab ich überall den Türhaken eingehängt!« Der Brotschieber von Bulte aus Bo (denn das wird er wohl sein, oder?) hängt an einer Schuppenwand, genau unter der Luke, wo die Holzplanke noch immer aus der Vorratskammer guckt und die Passage kreuzt, wo Michel seine Wolfsgrube buddelte. Ein leuchtend gelbes Plastikband schützt einen Apfelbaum vor einem altersbedingten Knacks. Im Küchenfenster hängt eine Gardine, die noch aus dem letzten Filmsommer, 1972, stammt.

Aus der ganzen Welt reisen die großen und kleinen Besucher an, um im Dunkel des Tischlerschuppens zu sitzen, bei der Trissebude den Türhaken einzuhängen, die Farbdrucke von der Heuernte und den Dalarna-Landschaften zu berühren oder auf das Gatter zu klettern, das Michel dem mürrischen Krakstorp-Bauern geöffnet hat.

Unten im Tal liegt der Weiher, in dem Michel und Alfred gebadet haben, aber erst jetzt kann endlich verraten werden, dass in Wirklichkeit ein Double für Michel zu sehen ist, ein Junge, den man sich aus Mariannelund ausgeliehen hatte.

Fährt man von hier aus nach Pelarnehult, dem Elternhaus von Astrid Lindgrens Mutter, hat man von einer Anhöhe aus eine fantastische Aussicht über den See Mossjö und die kleine Insel, auf der Pippi zwei Tage ohne Schnupftabak fast verschmachtet wäre ... Ewa Jonsson zeigt uns den Hof, auf dem Maud Hansson, die Darstellerin der Lina, untergebracht war. Das Krebsfest ist allen noch in guter Erinnerung, erzählt sie: »Bis drei Uhr morgens haben wir gefeiert. So viele Krebse hab ich noch nie jemanden wegputzen sehen. Bloß Björn Gustafson aß nur Kirschen.«

Wie gut die Beziehung zwischen dem Filmteam und der Landbevölkerung war, zeigt sich auch daran, dass jeden Herbst ein Eimer Krebse aus dem Mossjö an die ARTFILM in Stockholm geliefert wurde.

Fährt man einige Kilometer weiter in Richtung Osten, kommt man zum Hof Grönshult, wo Michel seinen ersten Auftritt in der Filmgeschichte absolvierte. Heute liegen die Milchkühe Nr. 1355 und 1348 faul wiederkäuend auf derselben Weide, über die der Blondschopf gehüpft ist. Der Löwenzahn blüht genauso schön wie damals. Das Haus, in dem Michel das Festmahl auftischte, steht noch. Aber der Wald auf der anderen Seite der Schotterstraße ist dem Kahlschlag gewichen. Mittendrin thront einsam und verlassen ein Hochsitz für die Elchjagd.

Und dann ist da natürlich Backhorva – ein alter Hof aus dem 18. Jahrhundert, der halb verfallen zwischen Brennnesseln und ausgedienten Heurechen steht. Den Namen hat Astrid Lindgren sich ausgedacht. Die bei vielen småländischen Ortsnamen übliche Endung -horva bedeutet so viel wie »umzäunte Wiese«. Ihre Großeltern wohnten beispielsweise im Dorf Hamphorva. In Wirklichkeit hieß Backhorva, wie Astrid Lindgrens Elternhaus, Näs.

»Eine Zeit lang war hier ein unglaublicher Verkehr, weil alle Leute sehen wollten, wo Astrid Lindgren geboren wurde. Wer anhielt und fragte, erfuhr, dass er falsch gefahren war. Die anderen ... tja, die denken bestimmt immer noch, dass sie richtig waren«, sagt der Bauer Göran Pettersson, der von seinem Traktor gestiegen ist, um uns den Ort zu zeigen, wo Michel Limonade gekauft und Wahnsinnsgeschäfte getätigt hat, als er auf der Auktion eine Feuerspritze, ein Samtkästchen, einen Brotschieber und ein hinkendes Huhn ersteigerte. Er hat sich die Szene zu Hause auf Video noch einmal angesehen, sagt Pettersson. Inzwischen haben sich die Spuren verwischt. Heute steht hier bloß ein Mülleimer mit der Aufschrift *Haltet Schweden sauber*.

»Die Filmleute kamen mitten in der Heuernte. Das war anstrengend. Wir mussten beim Heufahren dann oft stundenlang Pause machen. Sie trieben einen alten Baum auf, das weiß ich noch, der war ganz grau, mit dem sie alle Strommasten zudeckten. Oder sie verdeckten sie mit Birken.

Dann wollten sie unsere Kühe leihen, aber die Viecher waren wohl nicht verrückt genug. Denn sie brauchten ja eine Kuh, die herumsprang. Da mussten sie die Kühe von woanders herholen, und denen hielten sie Brennnesseln und Heugabeln ans Hinterteil. Allan Edwall sprang auch, damit es naturgetreu aussah. Dann warf er Michel mindestens zehnmal auf eine Matratze und schrie: ›Michel! Verflixter Bengel!‹ Ja, das war ein Spektakel.«

»Auf Backhorva ist alles erbärmlich und elend«, sagt Michels Vater seufzend an einer Stelle im Buch und vielleicht konnte er tatsächlich in die Zukunft sehen.

»Allerlei Gesindel kam zum Zugucken. Nachher stellten wir fest, dass sie geklaut hatten wie die Raben. Und die Filmfirma zahlte uns keine Entschädigung. Na ja, heute gibt's das Problem mit den Dieben immer noch. Hier auf Näs haben sie Kamintüren und Rahmen von Familienfotos geklaut. Man kann heutzutage keinem mehr trauen.«

Auf dem Hof von »Backhorva« steht heute bloß ein schäbiger Wohnwagen. Eine deutsche Familie mietet das Wohnhaus. Es herrscht

WANN HAT MICHEL EIGENTLICH seine Streiche ausgeheckt?

Wahrscheinlich 1906–10. Zumindest lassen zwei Zeitangaben in den Büchern darauf schließen. Lina spricht vom Erdbeben in den USA, bei dem es sich um das Beben 1906 in San Francisco handeln dürfte, und Krösa-Maja hat Angst vor dem Kometen. (Der Halleysche Komet war im Mai 1910 der Erde am nächsten.)

Im Buch ist bei Michels Streichen jeweils der Wochentag und das Datum angegeben. Daraus lässt sich schließen, dass das erste Buch 1906 spielt. Im zweiten Buch stammen die Episoden mit dem Blutklößeteig und dem Markt von Vimmerby auch von 1906, während das große Aufräumen von Katthult laut Kalender auf das Jahr 1910 fällt. Im dritten Buch ist die Auktion in Backhorva 1908, während die übrigen Geschichten (Linas Zahnschmerzen, Knirpsschweinchen und die Kirschen, die Glaubensbefragung und die Fahrt mit Alfred zum Doktor) 1909 spielen. Michel beginnt die Schule am 25. August, was auf 1908 schließen lässt, sofern er an einem Montag angefangen hat.

Die Chronologie stimmt also nicht ganz, aber man kann davon ausgehen, dass Michel 1901 geboren wurde, 1906 ein frecher Fünfjähriger war und 1908 in die Schule kam. Wann er allerdings Gemeinderatspräsident wurde, bleibt unklar.

Stille, Leere. Die improvisierte Rundtour geht zwischen den Brennnesseln weiter: »Dahinten am Weg hat Michel Limonade gekauft. Und guckt mal hinter die Büsche bei der Pumpe, da haben sie sich nach der Schlägerei gewaschen. Die waren gar nicht richtig sauer, nee, nee, die hatten nur verdammt viel Spaß. Das Blut war nur angemalt.«

Und wie war es, die bekannten Schauspieler zu treffen?

»Allan Edwall hat uns nicht mal angeguckt. Astrid auch nicht. Sie mischten sich nicht unters Volk. Grüßten nicht. Nahmen keinen Kontakt auf. Aber davon sterben wir nicht.«

Bist du auch im Film zu sehen?

»Nee, aber sie wollten meinen Vater überreden. Am Ende hat er sich breitschlagen lassen. Saß in einem Türloch. Wir sind mit der ganzen Familie zur Welturaufführung nach Vimmerby gefahren. Und haben Vater natürlich gesehen.«

Fand er sich gut?

»So etwas sagt man in Småland nicht.«

In Vimmerby kann man weitere Spurensuche betreiben und neben einem Antiquitätengeschäft den Zaun bewundern, über den Michel beim Stelzenlauf in hohem Bogen geflogen ist. Oder man bittet Hans Flintzberg, den ehemaligen Chef der Touristeninformation, seine Vortreppe sehen zu dürfen. Die ist Michel nämlich heruntergekommen, nachdem er die Suppenschüssel am Schreibtisch des Doktors zerdeppert hatte. Flintzberg kann sich gut an den Rummel um die *Michel*-Filme erinnern, die die ganze Gegend auf den Kopf gestellt haben, aber auf die Frage, ob viele Leute daraus Kapital geschlagen haben, antwortete er: »Nein! Geld verdienen gilt hier als unschicklich, und ich glaube, es hat zehn Jahre gedauert, bis jemand überhaupt mal eine Postkarte verkauft hat. Man fand es peinlich. Und alle waren so schrecklich besorgt, in Sachen Astrid zu weit zu gehen.«

Das ist immer noch so. *Astrid Lindgrens Welt* zieht zwar jeden Sommer rund 350 000 Besucher an, aber die Vermarktung geschieht sensibel, fast ehrfürchtig. Ganz in Astrid Lindgrens Sinne hält sich das Merchandising in Grenzen. Es ist fast ein wenig rührend, wenn man den kleinen Laden *Harrys Livs* in Rumskulla betritt und einen halben Regalmeter Müssen für 45 Kronen das Stück und einen Haufen Büssen zum gleichen Preis entdeckt.

»Mein Mann schnitzt sie nachts selber«, sagt die Kaufmannsfrau. »Wir haben den Film gesehen und versucht, die gleichen zu machen.«

Inzwischen passen Jan Ohlsson die Müsse und die Büsse nicht mehr. Schon bei der Premiere von *Michel bringt die Welt in Ordnung* am

---

ASTRID LINDGREN hat als Kind selber Streiche gemacht. In einem Interview von 1979 erzählt sie, wie sie die arme Magd Signe geärgert hat: »Als unsere Eltern verreist waren, wollte sich Signe in der Küche mit ihrem Verlobten herzen. Immer wieder kamen wir unter dem Vorwand herein, Wasser trinken zu wollen. Am Ende jagte sie uns davon, dass ihre Bluse flatterte, und währenddessen versteckte sich mein Bruder Gunnar unter dem Sofa. Ein andermal verschafften wir uns Zugang zum Kleiderschrank, lasen ihre Liebesbriefe und lernten ausgewählte Sätze auswendig: ›Sich vorzustellen, einen glühenden Kuss auf deine rosenroten Lippen drücken zu dürfen‹, zitierten wir, und sie konnte um ihr Leben nicht begreifen, woher wir das wissen konnten.«

KRISTINA JÄMTMARK, die in den *Saltkrokan*-Verfilmungen die Stina spielt, hatte in *Michel muss mehr Männchen machen* eine Statistenrolle. »In der Folge mit dem Markt von Vimmerby bin ich für zwei Sekunden zu sehen. Da bin ich ein kleines Mädchen, das ein Lied singt.«

NACH DER FILMKARRIERE *versuchte sich Jan Ohlsson als Eishockeyspieler. Weil er so klein und dünn war, verbrachte er allerdings die meiste Zeit in der Box. Heute arbeitet er in der Computerbranche. Statt Emil, wie Michel im Original heißt, ist jetzt E-Mail angesagt.*

6. Oktober 1973 war er ordentlich in die Höhe geschossen. Wer genau hinschaut, kann erkennen, wie sich die Länge von Michels blauer Hose von einer Szene zur nächsten verändert.

Aus seinem Traum, ein hochgewachsener Hockeyspieler zu werden, ist trotzdem nichts geworden. Ein Jahr nach dem letzten *Michel*-Film machte *Expressen* eine Reportage vom St. Eriks-Cup und fand im Umkleideraum einen ehemaligen Filmstar. Jan Ohlsson war mit seinen neunundzwanzig Kilo der leichteste Spieler im gesamten Team, redete dafür aber am meisten, doch als das Spiel vorbei war, war er keine einzige Minute auf dem Eis gewesen.

»Ich bin zu klein und zu leicht«, sagte er mit einem Seufzer.

Einen Pokal der Bezirksmeisterschaften hat er trotzdem bekommen. Modische Schlaghosen auch, denn sein älterer Bruder Dick nahm ihn manchmal mit zum Einkaufen nach Stockholm. »Man braucht ja ein wenig Luxus im Leben.« Zu Hause standen immer noch ein paar geschnitzte Holzmännchen aus Balsaholz im Bücherregal.

IMMER DIESER MICHEL – MICHEL IN DER SUPPENSCHÜSSEL
Regie: Olle Hellbom
Produzent: Olle Nordemar
Drehbuch: Astrid Lindgren
Premiere: 4. Dezember 1971
Besetzung: Jan Ohlsson (Michel), Lena Wisborg (Klein-Ida), Allan Edwall (Anton Svensson), Emy Storm (Alma Svensson), Björn Gustafsson (Alfred), Maud Hansson (Lina), Carsta Löck (Krösa-Maja), Mimi Pollak (Lillklossan), Hannelore Schroth (Frau Petrell), Paul Esser (Doktor)
Musik: Georg Riedel
Drehorte: Gibberyd, Vimmerby und Mariannelund. Kungsholmstudio, Stockholm.
Handlung: Michel zieht Ida die Fahnenstange hoch, bleibt mit dem Kopf in der Suppenschüssel stecken, schüttet Blutklößeteig über seinem Vater aus und fängt eben diesen Vater mit einer Mausefalle. Die Armenhäusler auf Lönneberga bekommen einen Weihnachtsschmaus, den sie so schnell nicht vergessen werden.

Der Briefträger wusste schnell, in wessen Briefkasten er die Post mit der Adresse »Michel aus Lönneberga, Uppsala« werfen soll.

»Ich hoffe, meine Berühmtheit hat mich nicht zum Schlechten verändert«, sagte er bescheiden einem Reporter und beantwortete artig alle Fragen außer die zu »Geld und Mädchen«. Ja, er antwortete sogar auf Fragen, die *nicht* gestellt wurden.

»Ihr Journalisten wollt ja auch immer wissen ...«

Würde er gern seine Schauspielkarriere fortsetzen wollen?

»Gerne. Schreib, dass ich auf ein kleines Angebot warte.«

Aber viele Angebote waren es nicht. Zuerst eine Rolle als Opfer des Monsters in *Victor Frankenstein*, einer recht misslungenen irisch-schwedischen Co-Produktion mit Per Oscarsson in der Hauptrolle. Dann ein Lehrfilm, der zeigte, wie ein Comic-Heft entstand. Und dann *Dante, akta're för Hajen* (1978) nach den Büchern des Autors Bengt Linder – von denen dieser behauptete, er habe sie in weniger als einer Woche heruntergeschrieben.

Zwei Jahre zuvor war Jan Ohlsson im Vergnügungspark Bakken, nördlich von Kopenhagen, aufgetreten, hatte Fragen beantwortet und ein Holzmännchen geschnitzt. Zur selben Zeit wählte man ihn zum Maskottchen der Leichtathletikmannschaft bei der Olympiade in Montreal. Das Sportinteresse war trotz der gescheiterten Hockey-karriere ungebrochen, nur dass jetzt der Fußball im Vordergrund stand. Mit der Zeit sollte aus Jan ein beachtlicher Mittelfeldspieler werden.

1979 trafen sich Jan Ohlsson und Lena Wisborg wieder. »Michel« war nun 16 Jahre alt, »Ida« 13. Plötzlich hatten sich die Rollen vertauscht. Aus dem stillen, schüchternen Mädchen war ein cooler Teenager geworden, der Slalom lief und Maskenbildnerin werden wollte.

»Na, kriegt man hier nicht mal eine Umarmung?«, sagte sie und holte sich eine vom mittlerweile gut gekämmten, stillen und nachdenklichen Jungen ab, der neben ihr saß. »Alle meine Freundinnen lassen dich grüßen. Sie finden dich so süß. Weißt du noch, wie wir deine Mutter mit Schminke grün und blau angemalt haben und sie am Balkon festgebunden haben?«

Lena Wisborg hatte einige Reklamefilme für Limonade und Wohnwagen gedreht und außerdem eine kleine Rolle in der Fernsehserie *Katitzi* gehabt, aber eine Maskenbildnerin ist aus ihr nie geworden, auch wenn ihr Zimmer zu Hause voller Perücken war, die sie wusch und frisierte.

»Es stellte sich heraus, dass Lena gegen Schminke allergisch war.

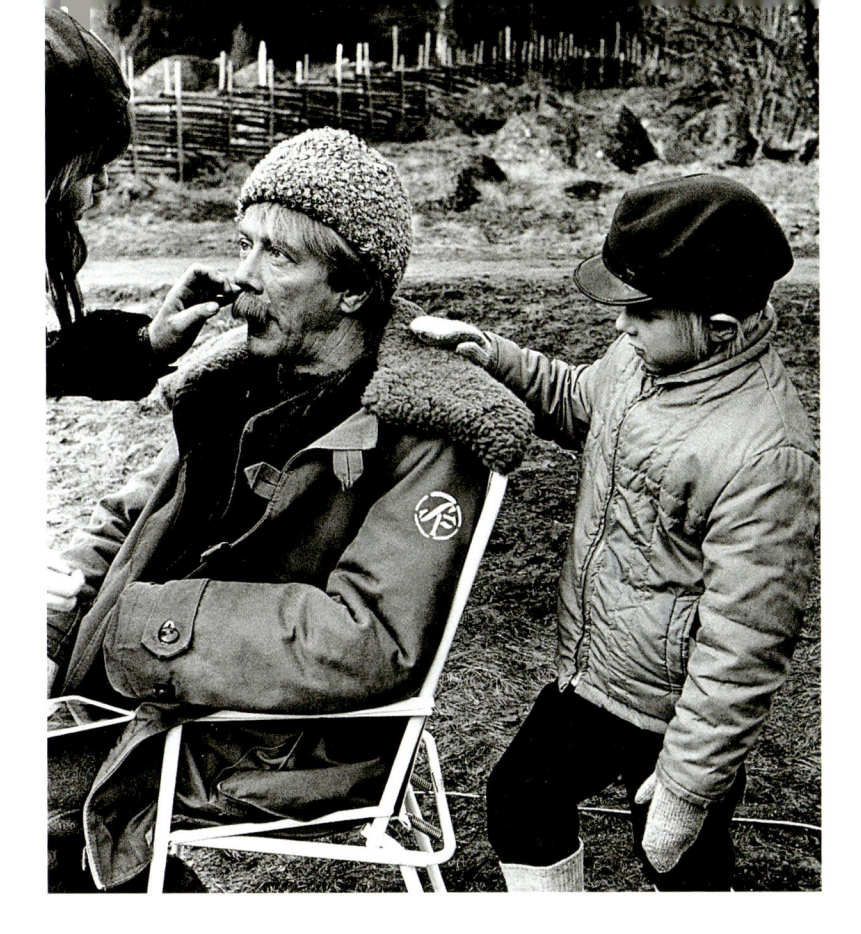

SITZT DER SCHNAUZER AUCH RICHTIG?
Allan Edwall bekommt Hilfe bei der Behaarung, während Jan Ohlsson fast zärtlich seinem »Vater« über den Kragen streicht. Das Zusammenspiel der beiden war hervorragend, auch wenn sich Edwall manchmal beschwerte, dass Olle Hellbom den erwachsenen Schauspielern keine ordentlichen Regieanweisungen gab.

Heute meint sie, dass sie jene Welt völlig hinter sich gelassen hat. Eine Zeit lang war sie ein wenig neben der Spur. Wehrte sich gegen eine bestimmte Art von Journalismus. War es leid, wenn ›hilfsbereite‹ Menschen sie ihren Freunden als ›Klein-Ida‹ vorstellten«, erzählt ihr Vater Olle Wisborg, der die Zeit mit *Michel* trotzdem positiv sieht.

»SF hat sich gut um Lena gekümmert. Astrid war charmant und alle Erwachsenen drum herum … ja, irgendwie behandelten sie diese kleine Dame wie eine Erwachsene. Wir konnten einen recht lustigen Reifeprozess miterleben. Ich weiß noch, als wir mal während der Dreharbeiten dort Urlaub machten, wie Lena uns den Essenssaal zeigte und sagte: ›Ja, und hier esst ihr und da drüben holt ihr die Teller und Messer gibt es hier und …‹ Sie war mit einem Mal so erwachsen.«

Einmal kündigte sie sogar ihren Job. Olle Hellbom ließ sich nicht aus der Ruhe bringen, setzte sich mit ihr hin und sprach mit ihr. »Ah ja, du hast also vor aufzuhören, ah ja …« Nach einer Weile stand Lena auf und sagte: »Okay, dann bleib ich wohl.«

Lena Wisborg und Jan Ohlsson gehören zu den Astrid-Kindern, die

MICHEL MUSS MEHR MÄNNCHEN MACHEN
Premiere: 21. Oktober 1972
Besetzung: wie in **MICHEL IN DER SUPPENSCHÜSSEL**
Musik: Georg Riedel und Astrid Lindgren
Handlung: Beim Markt von Vimmerby saust Michel durch Frau Petrells Verandaverglasung direkt in die Blaubeersuppe. Auf Katthult findet eine Glaubensbefragung statt und Michel sperrt seinen Vater in die Trissebude ein. Michel kämpft sich mit dem todkranken Alfred auf dem Schlitten durch einen heftigen Schneesturm und rettet ihm so das Leben.

MICHEL BRINGT DIE WELT IN ORDNUNG
Premiere: 6. Oktober 1973
Besetzung: wie in **MICHEL IN DER SUPPENSCHÜSSEL**

Jan Nygren (Auktionator), Göthe Grefbo (Krakstorper)
Musik: Georg Riedel und Astrid Lindgren
Drehorte: Gibberyd, Rumskulla, Mariannelund und Näs in Småland
Handlung: Auf der Auktion von Backhorva tätigt Michel Wahnsinnsgeschäfte und wird stolzer Besitzer einer Feuerspritze, eines Brotschiebers und einer verrückten Kuh. Er rettet ein kleines Ferkel und bringt ihm bei, sich hinzusetzen, zu springen und Pfötchen zu geben. Beide sind nach dem Genuss von vergorenen Kirschen betrunken, geloben aber, zukünftig nüchtern zu bleiben.

heute artig jede Interviewanfrage ablehnen. Der Regieassistent Ingvar Skogsberg fragt sich im Nachhinein, ob man damals nicht zu hart mit Jan Ohlsson umgegangen ist. »Er war zu klein. Ich glaub, der Druck war zu groß für ihn. Es tut mir leid, weil er ein richtig guter Kinderschauspieler war. Als Alfred im Schlitten stirbt – das spielt Jan Ohlsson verteufelt gut. Es war so kalt, und er begriff wirklich, worauf es in der Szene ankam.«

Ruft man heute Jan Ohlsson in Uppsala an, trifft man auf einen zweifachen Vater, der es elendig leid ist, sich seit dreißig Jahren die Rufe »Michel!« und »Verflixter Bengel!« anhören zu müssen.

»Ich hab beschlossen, nicht mehr über die Zeit zu reden, und halte mich daran. Besonders seitdem ich selber Kinder habe. Es geht nicht darum, dass ich die Zeit vergessen will. Daran habe ich nur gute Erinnerungen. Das war einfach ein großer Spaß. Aber es interessiert mich nicht, darüber zu reden. Man kann ja Zeitungsausschnitte lesen, da steht eine ganze Menge. Oder meine Freunde fragen, sie wissen auch Bescheid.«

Und fragt man seine Freunde, erzählen sie, dass Jan Ohlsson sich in der Zwischenzeit die Schauspielkarriere aus dem Kopf geschlagen hat, eine Brille trägt, als Panzerschütze seinen Militärdienst absolviert hat, Wirtschaftswissenschaften studiert hat, in die Familie des Kaffeefabrikanten Lindvall eingeheiratet hat, Vater zweier Söhne ist, heute in der Computerbranche arbeitet, in einem Eigenheim wohnt und ab und zu Bandy spielt, um sein kleines Bäuchlein in Zaum zu halten.

Er sei der ordentlichste, gewissenhafteste Mensch, den man sich vorstellen kann.

»Dieser Mann hat in den letzten fünfundzwanzig Jahren nicht den geringsten Schabernack getrieben«, erzählt ein Freund. Sein alter Studienfreund Jonas Norrbom erzählt eine treffende Geschichte, wie die Freunde Jans Junggesellenabschied vorbereiteten, der so *langweilig* wie möglich ablaufen sollte.

»Das war der Witz dabei. Dass Jan, der so wohlerzogen war, ruhig dasitzen, seinen Whiskey schlürfen und sich fragen sollte, welchen Unfug wir uns eigentlich ausgedacht haben. Und dann tranken wir anderen keinen Tropfen, sondern sagten stattdessen ungefähr um halb elf: ›Tja, das hat wirklich Spaß gemacht, Janne, aber morgen ist ja auch noch ein Tag und wir müssen jetzt leider aufbrechen.‹ Der Ärmste kapierte gar nichts. Wir verabschiedeten uns einfach, und er blieb leicht angedudelt allein zu Hause sitzen.«

Richtig schlecht erging es nur dem armen Knirpsschweinchen. Nach getaner Arbeit kam es zum Schweinebändiger Ernst Schnack zurück, der allerdings nicht wusste, was er mit einem Schwein anfangen sollte, das bis drei zählen und so tun konnte, als wäre es besoffen, wenn man es mit Kartoffeln fütterte. Man schenkte den Filmstar ganz einfach wieder dem Hof, auf dem es geboren war.

Während das Pferd Lukas seine Pensionszeit bei einem Bauern in Jämtland verbringen durfte und dort bis 1986 lebte, machte man aus dem armen Schwein schon im darauf folgenden Herbst Rippchen, Sülze und Wurst, die hungrige Weihnachtsgäste mit gutem Appetit verspeisten.

Wer schließlich das letzte Stück vom Knirpsschweinchen verputzt hat, daran kann sich keiner mehr erinnern.

KATTHULT HÄTTE *genauso gut in der Nachbargemeinde Rumskulla liegen können – wenn der Grundbesitzer nicht den Riegel vorgeschoben hätte. Einige Jahre zuvor hatte er nämlich dem Regisseur Vilgot Sjöman erlaubt, auf seinem Grund und Boden zu drehen. Das Ergebnis war der provokante Film* **Jag är nyfiken gul** *(Ich bin neugierig gelb), in dem Börje Ahlstedt und Lena Nyman unter anderem in einer alten Eiche Sex haben. Der Bauer hatte panische Angst, dass nun ein neuer Skandalfilm auf dem Plan stand.*

ALS ALLAN EDWALL *in Algerien Urlaub machte, traf er ein arabisches Kind, das auf ihn zeigte und »Michel!« rief.*

NÄCHSTE DOPPELSEITE: *Auch wenn Michel selber zu Größerem berufen ist, als Gemeinderatspräsident oder vielleicht in der EU, ist Katthult zum Wallfahrtsort geworden.*

Vor den Fenstern sind immer noch die Gardinen zu sehen, die man für die Dreharbeiten 1970 aufgehängt hatte. Man kann die Trissebude besuchen (deren Kloloch zugenagelt wurde, damit kein Kind sich dort einklemmt) oder die Holzmännchen im Tischlerschuppen bestaunen. Die Figuren und auch Michels »Büsse« hatte Stig Limér für die Dreharbeiten geschnitzt.

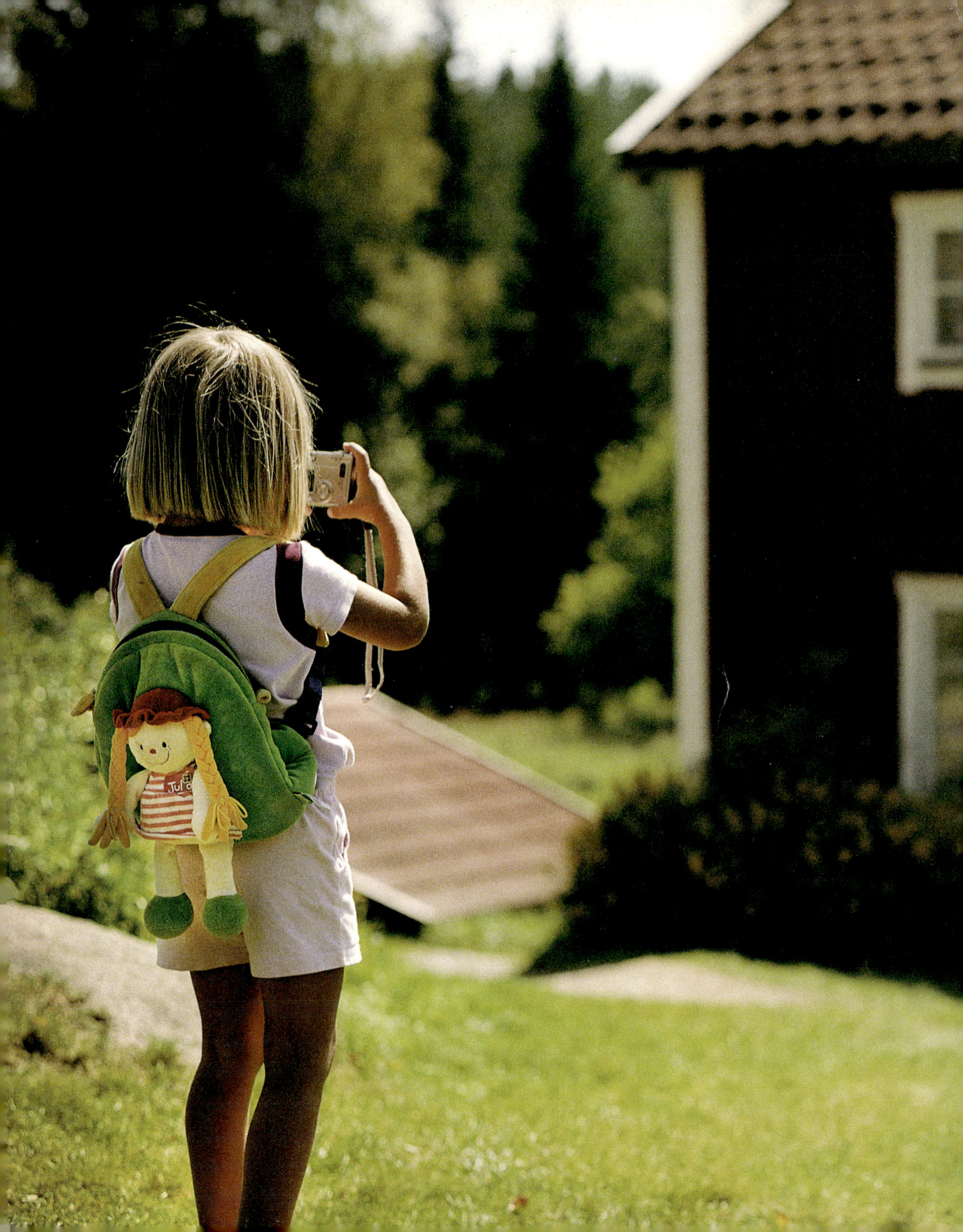

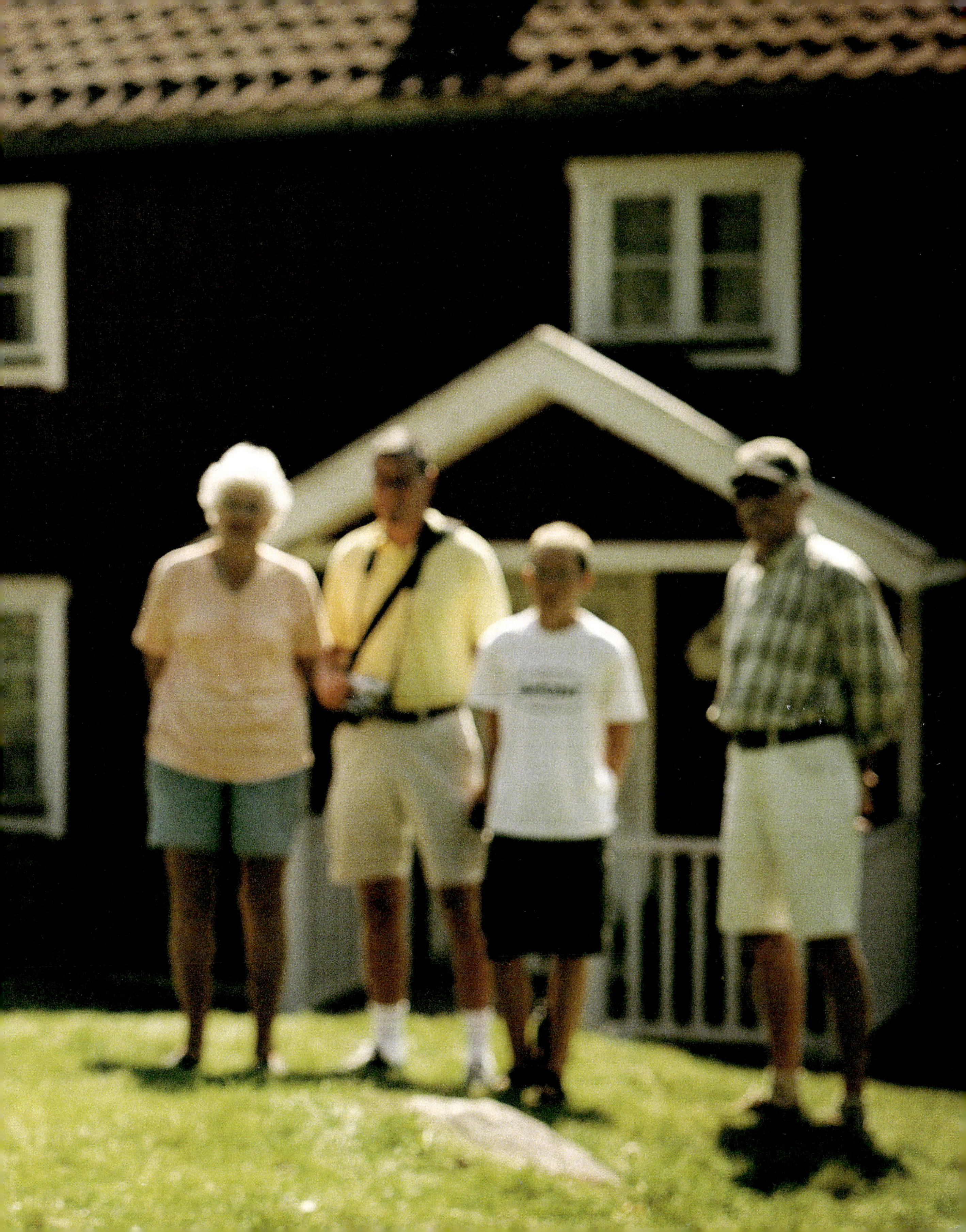

Der beste Karlsson der Welt!

1974 ist es so weit: Ein schöner und grundgescheiter und gerade richtig dicker Mann in den besten Jahren bekommt die Hauptrolle in einem Spielfilm. Herumgeflogen war er schon lange, aber als er zum ersten Mal abhob, hieß er noch Herr Lilienstengel.

Den kleinen fliegenden Mann haben wir, wie Pippi Langstrumpf auch, Astrid Lindgrens Tochter Karin zu verdanken. Eines Abends bat sie ihre Mutter, ihr eine Gutenachtgeschichte von diesem Lilienstengel zu erzählen, ihrem heimlichen Freund, »ein netter, fliegender Onkel, der immer dann zu Besuch kam, wenn kein Erwachsener da war«.

So entstand die Erzählung »Im Land der Dämmerung«, die in Deutschland 1952 im Band *Im Wald sind keine Räuber* veröffentlicht wurde. In der Geschichte nimmt Herr Lilienstengel den einsamen Göran, der ans Bett gefesselt ist, ins Land der Dämmerung mit.

Nachdem eine Hörspielfassung im Radio gelaufen war, verschwand Herr Lilienstengel in der Versenkung, bis er zu Astrid Lindgrens größtem Erstaunen einige Jahre später wieder auf der Bildfläche erschien. Er war ein anderer Typ als vorher, hatte sich aber nicht gerade zum Besseren verändert: »Ohne mich zu fragen, hatte der Racker in-

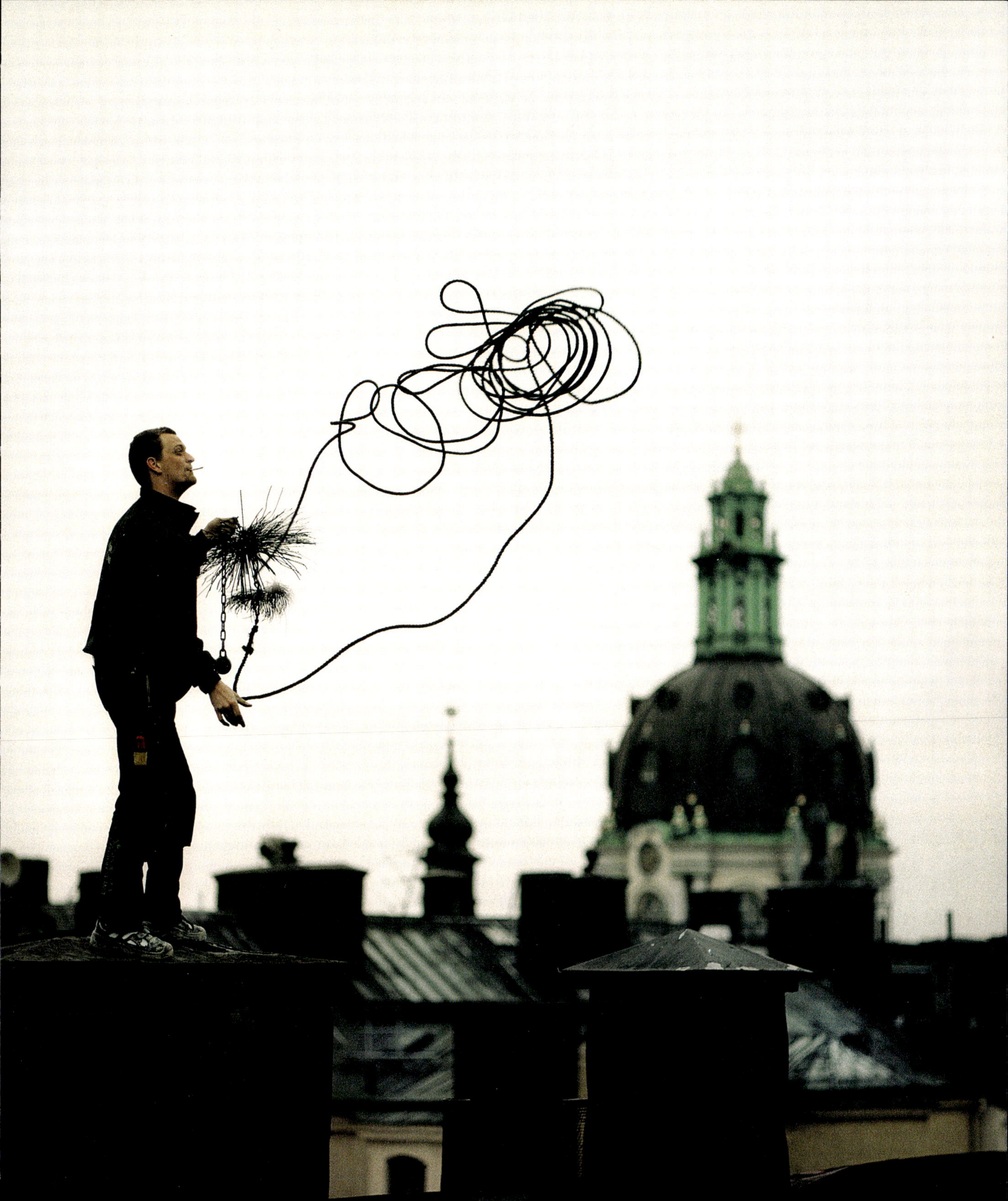

WIE LILLEBRORS FAMILIE lebte auch Familie Lindgren in der Stockholmer Vulcanusgatan im dritten Stock. Als Astrid Lindgren das Haus 1987 noch einmal besuchte, wohnte ein Dachdecker in ihrer alten Wohnung, der ausgerechnet Karlsson hieß. Mindestens ebenso viel Freude bereitete ihr, dass sein Küchentisch an derselben Stelle stand wie ihrer damals. »Darauf bin ich immer mit beiden Füßen zugleich gesprungen, weil Lasse das so lustig fand.«

EIN GERADE RICHTIG DICKER Mann in den besten Jahren. Der beste Karlsson auf der Welt war eine der ersten Figuren von Astrid Lindgren, die von der Künstlerin Ilon Wikland illustriert wurde. Die Inspiration für Karlssons Aussehen fand sie in Paris – in einem rundlichen Blumenhändler.

zwischen seinen Charakter geändert, und wie gründlich! So unleidlich und hochnäsig war er geworden, dass man ihn nicht mal mit der Feuerzange hätte anfassen wollen!«

Aus dem netten Herrn Lilienstengel war ein egoistischer, fauler, knauseriger, streitlustiger und schnell eingeschnappter Wichtigtuer geworden, der zu allem Überfluss einen Propeller auf dem Rücken trug. Aus seinem Motto »Spielt gar keine Rolle im Land der Dämmerung« wurde nun »Das stört keinen großen Geist«.

Zwar hatte Astrid Lindgren schon öfter erlebt, dass ihre Figuren sich selbstständig machen, doch diesmal konnte sie sich die Verwandlung selber nicht erklären: »Das kam einfach so. Dieser Karlsson wollte nicht lieb sein.«

Astrid Lindgren hat in ihren Erinnerungen *Das entschwundene Land* geschildert, dass Karlsson seinen Namen einem Schuster aus Vimmerby verdankt: »Als kleines Mädchen ging ich für mein Leben gern mit unseren zerrissenen Schuhen zum Schuster, ja, denn bei ihm an der Wand hingen zwei schauerliche Farbdrucke, die es mir angetan hatten.« Der eine zeigte den Propheten Jona, der von einem Wal verschluckt wird, der andere einen armen Kerl, der von einer Riesenschlange erdrosselt wird. (Die gleichen Bilder hängen beim Großvater in Bullerbü an der Wand.) Aus irgendeinem Grund wurde der Schuhmacher von allen Leuten nur »Karlsson vom Fass« genannt.

»Der Rhythmus des Namens muss wohl in mir herumgespukt haben, als ich mich gezwungen sah, Herrn Lilienstengel umzutaufen. Er wurde zu ›Karlsson vom Dach‹, hatte aber mit dem braven Schuster im Übrigen nichts gemein«, erklärte sie später.

Karlsson jedenfalls war im Vasaviertel zu Hause, wo Astrid Lindgren mit ihrem Mann Sture lebte, den sie 1931 geheiratet hatte. Das mehrstöckige Haus in der Vulcanusgatan 12, in dem die beiden ihre ersten zehn Ehejahre verbrachten, ist das Vorbild für Karlssons Welt mit ihren Dachfirsten und Balkonen. Hier oben saß Karlsson zwischen den Schornsteinen auf der Vortreppe zu seinem kleinen Haus und schmauchte seine Pfeife, während er den Sternenhimmel betrachtete.

Unser Bild von Karlsson verdanken wir der Illustratorin Ilon Wikland. Sie erinnert sich noch, wie die Figur allmählich Gestalt annahm:

»Zuerst hab ich eine Skizze von einem kleinen kahlköpfigen Kerl gemacht, aber Astrid sagte: ›Nein, das ist nicht Karlsson, sondern ein Buchhalter!‹ Schließlich fand ich ihn in Paris: Er war ein kleiner, rundlicher, gemütlicher Blumenverkäufer in Karohemd und blauer Hose, der mit seinem Blumenkarren durch Les Halles zog. Ich war im siebten Monat schwanger und zwang meinen Mann, auf der Vespa die Verfolgung aufzunehmen. ›Karlsson‹ muss gedacht haben, ich sei verrückt: Da verfolgt ihn eine schwangere Ausländerin auf Schritt und Tritt. Karlssons Zimmer ist das von meinen Kindern, mit Butterbroten und Apfelresten auf dem Fußboden.«

Als *Karlsson vom Dach* 1955 in Schweden erschien, verglich die Literaturkritikerin Eva von Zweigbergk in *Dagens Nyheter* Karlsson mit den vorwitzigen Waldwesen aus Shakespeares *Ein Sommernachtstraum* und lobte Astrid Lindgren dafür, dass sie mit ihrer Figur »dieses kleinen motorisierten Puck« das moderne Stadtbild um eine wertvolle Leihgabe aus dem alten Zauberwald ergänzt habe. Nur für Karlssons Aussehen hatte sie gar nichts übrig: »Leider ist in Ilon Wiklands Version seiner Gestalt zu viel slawisches Blut. Ist denn wirklich niemand aus Småland gut genug, um Astrid Lindgren zu illustrieren?«

Nicht nur solche Bemerkungen konnten Astrid Lindgren in Rage bringen, sondern auch, wenn unbesonnene Reporter oder Akademiker Karlsson als Fantasiefigur betrachteten. Anhänger der Psychoanalyse C. G. Jungs haben Karlsson als »Lillebrors dunklen Schatten« gedeutet, für Freudianer ist er eine »Projektion«, während er für andere Leute schlichtweg ein Hirngespinst ist.

»Hirngespinste, das können sie selber sein!«, sagte Astrid Lindgren aufgebracht. »Karlsson ist doch keine Fantasiefigur! Einige Rezensenten haben tatsächlich geglaubt, dass er eine Fantasiefigur ist. Das ist er nicht im Geringsten. Ich habe über keine Fantasiefiguren geschrieben. Es gibt sie wirklich!«

Auch der Regisseur Olle Hellbom hatte Karlsson ursprünglich nur als Produkt von Lillebrors Vorstellungswelt betrachtet. Als ihm Astrid Lindgren erklärte, dass Karlsson selbstverständlich existieren würde und wir Erwachsenen ihn nur deshalb nicht sähen, weil wir den Kopf mit anderen Dingen voll hätten, strahlte Olle Hellbom über das ganze Gesicht und sagte begeistert: »Dann können wir doch noch Episoden ergänzen!« Was auch passierte.

Als man darüber nachdachte, Karlsson auf die Leinwand zu bringen, gab es längst zwei weitere Bände auf dem Markt: *Karlsson fliegt wieder* (1962, dt. 1963) und *Der beste Karlsson der Welt* (1968, dt. 1968).

Bereits im Frühling 1966 hatte die ARTFILM eine Fernsehserie kon-

ALS DIE BÜCHER über Karlsson vom Dach entstanden, lebten die Lindgrens mit ihren Kindern Lasse und Karin in der Dalagatan 46. In der Nachbarschaft, Dalagatan 34, ließ das Autorenpaar Sjöwall und Wahlöö ihren Krimi *Das Ekel aus Säffle* spielen.

Irgendetwas musste also dran sein an den Dächern des Vasaviertels. Schräg dahinter, in der Upplandsgatan 13, wohnt Bo Viktor Olsson aus *Mio, mein Mio*. Und im Vasapark, vor dem Fenster jener Wohnung, in der Astrid Lindgren mehr als 60 Jahre lang wohnte, sind ihre kleinen Figuren Peter und Petra zu Hause.

»DER SCHWEINSBÄR« ist bekanntlich der Name des Spielzeugschweins von Lotta aus der Krachmacherstraße. Im Orginal heißt es »Bamse«. Das Vorbild dafür war eine prächtige Sau auf Näs, die sich besten Wohlergehens erfreute. Im Sommer 1930 kehrte Astrid Lindgren nach Näs zurück, um hier mit ihrem dreijährigen Sohn Lasse den Sommer zu verbringen. Lasse betrat den Stall, sah das Schwein und taufte es auf »Bamse«.

ALS KIND wurde Astrid Lindgren »Bele« genannt, nach einem der Arbeitspferde auf Näs, King Bele.

DIE ARTFILM hatte schon 1966 eine Fernsehserie mit dem besten Karlsson der Welt geplant. Aber die jungen Bewerber mussten bis 1974 warten, als Catti Edfeldt den Auftrag bekam, geeignete Darsteller für Karlsson und Lillebror zu finden.

RECHTS: Fern von der Mattisburg. Ja, richtig erkannt! Hinter dem 31-jährigen »Karlsson vom Dach« verbirgt sich tatsächlich der zukünftige Papa von Ronja (Börje Ahlstedt). Hier bei Astrid Lindgrens Verabschiedung im Verlag Rabén & Sjögren, als sie im Juni 1970 ihre Arbeit als Kinderbuchlektorin an den Nagel hängt und in Pension geht.

zipiert, doch dann kamen die *Pippi*-Verfilmungen dazwischen und es dauerte noch einmal acht Jahre, bis Olle Hellbom wieder einmal mit einem Casting-Aufruf an die Öffentlichkeit ging.

Catti Edfeldt, die heute selbst Regisseurin ist, wurde mit der Suche nach einem Karlsson und einem Lillebror beauftragt. »Dies war der erste Film, bei dem ich für das Casting verantwortlich war. Ich habe unzählige Schulen abgeklappert und mit den Kindern Probeaufnahmen gemacht«, erzählt sie.

»Mats Wikström, der den Karlsson spielte, war ein wunderbares Kind, ganz eigen, ein richtiger Tunichtgut. Ich stieß in einem Schulkorridor auf ihn, nachdem er gerade in hohem Bogen aus dem Klassenzimmer geflogen war. Er hatte viel Blödsinn im Kopf«, sagt Catti Edfeldt lachend.

Bei Lillebror – der im Buch eigentlich Svante Svantesson heißt – dauerte die Suche länger. In der Krusbodaskolan in Tyresö fand man endlich einen geeigneten Kandidaten. »Jemand hatte mir Lasse Söderdahl empfohlen. Er war total süß, wie aus einem Kinderbuch, tatsächlich sah er aus wie eine Illustration von Ilon Wikland. Er hatte großes Talent und ihm fiel es leicht, vor der Kamera zu stehen.« Bei den Dreharbeiten erzählte Lars Söderdahl einem Reporter: »Verstehst du, seit ich als Dreijähriger die *Marx Brothers* gesehen habe, will ich Schauspieler werden.«

Auf der Pressekonferenz, die die EUROPA-FILM zum Drehstart veranstaltete, hatten die beiden jungen Darsteller ihre Rollen schon verinnerlicht. Allen voran Mats Wikström. Ganz von allein kletterte er auf ein Gestell unter der Decke, brüllte und gaffte die Journalisten an, die nur feststellen konnten, dass man den passenden Karlsson gefunden hatte: »Einen kleinen, rundlichen Wirbelwind, der ununterbrochen redet, überall seinen Senf dazugibt, Schokokuchen isst, *Dick und Doof* mag und Lillebror die ganze Zeit zum Besten hält.«

»Wie schön für dich, dass du mich treffen darfst!«, rief Mats Wikström den Reportern zu und beschrieb Karlsson als »frech, selbstgefällig und gemein zu Lillebror«. Mats war zwar einen Kopf größer als sein neunjähriger Kollege Lars Söderdahl, der aber konnte sich ganz gut gegen Mats' Redefluss behaupten.

Beide hatten schon in der Schule Theater gespielt. »Es war ein voller Erfolg. Für mich zumindest«, stellte der frischgebackene Karlsson fest. Gedreht werden sollte vom 15. Mai bis 15. August 1974, weil der Film zu Weihnachten in die Kinos kommen sollte. »Das wird für alle Menschen ein kleines Weihnachtsgeschenk«, kommentierte Mats.

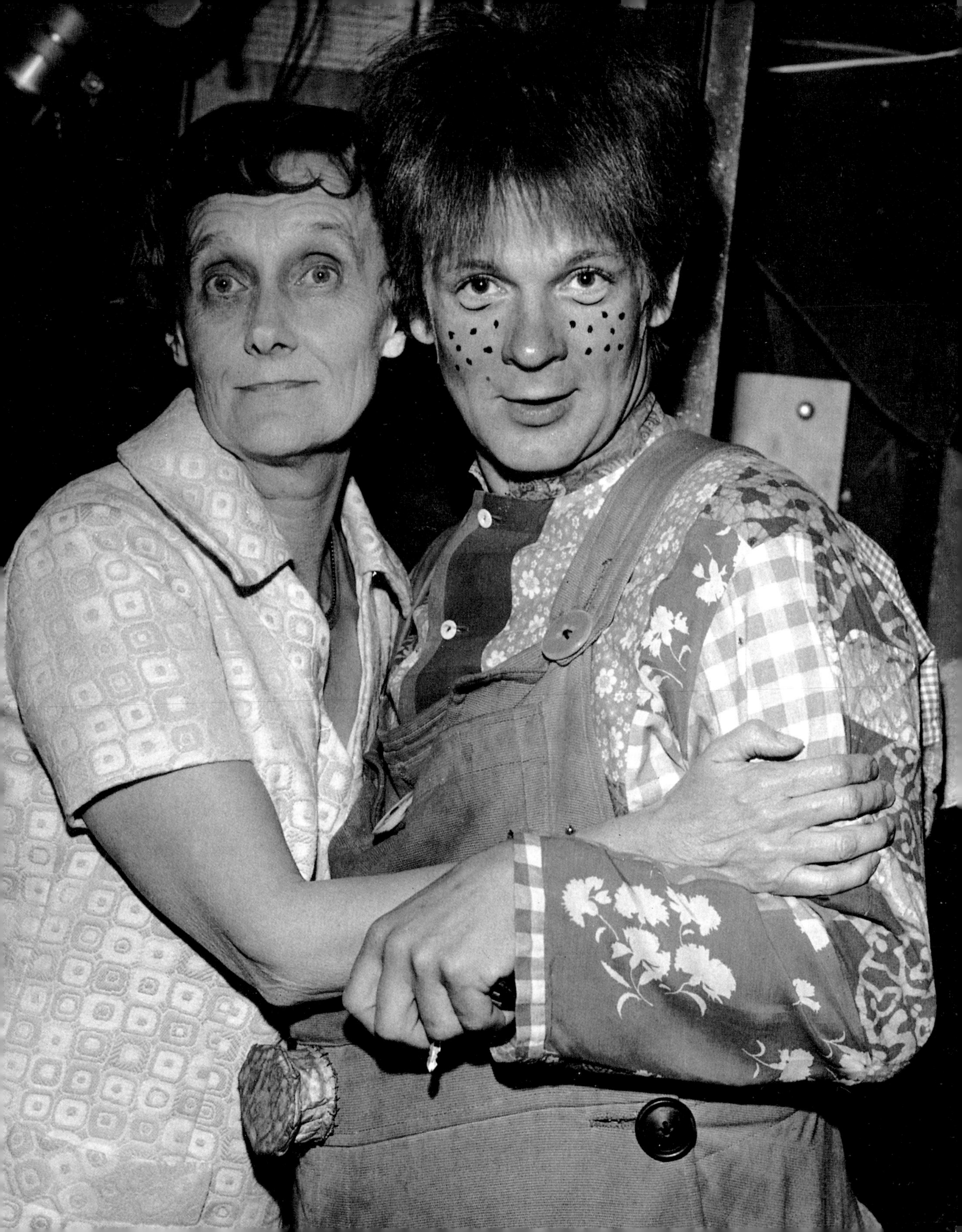

MATS WIKSTRÖM *aus Stockholm spielte Karlsson nicht, er war Karlsson! Mit einer Selbstverständlichkeit ohnegleichen stahl er schon auf der ersten Pressekonferenz allen die Schau, als er zu den Journalisten Sätze wie diesen sagte: »Wie schön für dich, dass du mich treffen darfst.«*

Im Vasaviertel geeignete Drehorte zu finden war Aufgabe der Produktionsleiterin Elisabeth Fahlén: »Lillebrors Haus liegt in der Idungatan, in der Nähe von Norrtull. Da haben wir nur die Fassade gefilmt. Leider passte der Innenhof nicht dazu, aber wir fanden einen guten Innenhof am Karlbergsvägen – vom Odenplan aus ist es eines der letzten Häuser auf der linken Seite.«

Viel schwieriger war es, ein passendes Dach für Karlsson aufzutreiben. Schließlich musste es ein kleines Häuschen aushalten können und durfte außerdem für die Jungen nicht gefährlich sein.

»Ich glaube, ich kenne jedes Dach in der Stockholmer Innenstadt. Wir waren überall und haben Fotos gemacht. Vom Dach der Post in der Drottninggatan hatte man eine gute Sicht, und so haben wir zum Schluss den perfekten Drehort gefunden – oben auf dem Centralbad. Das Dach war groß und für die Kinder völlig ungefährlich«, erzählt Elisabeth Fahlén.

Der kleine Park vor dem Centralbad in der Drottninggatan, diese friedliche grüne Oase mitten im Stadtzentrum, lag zwar etwas außerhalb des Vasaviertels, aber das störte keinen großen Geist. Auf der großen Terrasse ließ der Szenenbildner Stig Limér eine Kulisse aus Dächern bauen, mit Schornsteinen und Schornsteinreitern, Mansarden, Lüftungsschächten, Fernsehantennen und dem Turm der Gustaf-Vasa-Kirche im Hintergrund.

»Die Kinder waren auch da – alles haben wir da oben gedreht, außer wenn Karlsson singt und man ihn als Silhouette sieht. Das wurde im Studio aufgenommen«, erzählt der Kameramann Lasse Björne.

»Wir haben gut auf die Kinder aufgepasst. Es waren ständig Leute um sie herum und es war nicht gefährlicher, als wenn wir zu ebener Erde gedreht hätten. Allerdings wäre einmal um ein Haar Stickan Limér abgerutscht, der ein ziemlicher Wagehals war.«

Karlsson vom Dach ist die Astrid-Lindgren-Verfilmung, bei der am meisten von Stockholm zu sehen ist. Per Kran und Hubschrauber nahm man zahlreiche Schauplätze auf: den kleinen Park Tegnérlunden, den Fahrstuhl Katarinahissen, den Vergnügungspark Gröna Lund, die Prachtstraße Strandvägen, Dalagatan, Scheelegatan, Kungsholmshamnplan, Holländergatan/Tegnérgatan, Drottninggatan/Wallingatan, den Kornhamnstorg, Kapellgränd, St. Paulsgatan, Höga stigen. Die Hintergrundmotive für Karlssons Flugtour filmte man von einem Hubschrauber aus, wobei man ziemlich nah über die Dächer flog, weil man keine Gewässer oder Schiffsmasten im Bild haben wollte. Zu sehen sind die Altstadt Gamla stan, die Insel Långholmen, das Ufer

140

Norra Mälarstrand, das Grand Hôtel, die Bucht Nybroviken, Strandvägen, Danviksklippan, Slussen, Söder Mälarstrand sowie die Ostseite der Västerbro. Davon abgesehen ist *Karlsson auf dem Dach* ein reines Studioprodukt. In den Studios der EUROPA-FILM baute man Lillebrors Wohnung, Karlssons Häuschen und die Dachkammer der Diebshalunken nach.

Im Drehbuch finden sich typisch Lindgren'sche Kommentare wie: »Regenwetter über Stockholm. Ein süßes, stimmungsvolles kleines Ding. Lillebror vergnügt sich mit einem Hund, sie spielen und laufen im Regen hin und her, wir hören keinen Dialog – Platz für die Einfälle des Regisseurs.« In Szene 561 heißt es: »Sie laufen in lebensgefährlichster Manier über das Dach.« In Szene 106 verschüttet Karlsson Brennspiritus aus einer Flasche neben der Dampfmaschine. Als er die Maschine anlässt, entzündet sich Spiritus auf dem Regal. Im Drehbuch steht am Rand eine handschriftliche eingekringelte Anmerkung in Großbuchstaben: »NAPALM – Flammen schlagen hoch!«

Napalm – und das während des Vietnamkriegs?

»Na klar«, sagt der Kameramann Lasse Björne. »Napalm ist leicht zu kontrollieren, da muss man nur was drauflegen. Wir haben ein bisschen rumgeschmiert und bekamen ein schönes Feuer, das wir unter Kontrolle hatten.«

Manchmal wurden Astrid Lindgrens Vorschläge abgeschwächt wie beispielsweise die Szene, in der Karlsson im Vasaviertel herumspaziert: »Karlsson hopst relativ unbemerkt die Straße entlang. Ein großer, kräftiger Mann kommt aus dem Systembolaget [dem staatlichen Alkoholladen, AdÜ] und hält in jeder Hand eine Plastiktüte. Er hat einen sonderbaren Gang. Karlsson läuft ihm hinterher und ahmt seinen Gang nach, er tut so, als hielte er zwei Tüten in der Hand. Allmählich spielt er immer betrunkener, stößt mit einem Pfahl zusammen und bleibt sitzen.«

Das Wort »Systembolaget« ist sorgfältig durchgestrichen, am Rand steht als Kommentar: »Nein!« Der Betrunkene wird ersetzt: »Karlsson imitiert Fußgänger.«

In Windeseile ruiniert Karlsson Dampfmaschinen, schlägt Diebshalunken oder Bettys Verehrer in die Flucht, baut Türme aus Fleischklößchen, malt die besten Fuchsbilder der Welt, füttert Babys mit Wurstscheiben und treibt auch sonst allerhand Schabernack. Die meiste Zeit hing Mats Wikström allerdings in einer Hängevorrichtung. »Armer Karlsson!«, sagt Gunilla Gullmert, die man für die Kinder als

DER KAMERAMANN LASSE BJÖRNE und der technische Leiter Bengt Schöldström hatten die PINEWOOD STUDIOS in London besucht, um sich mit dem »Travelling Matte«-System vertraut zu machen, das Vic Magutti einst für den Film **Der Dieb von Bagdad** (1940) erfunden hatte.

»Wir filmten gegen eine blaue Wand. Deshalb durfte Karlsson nichts Blaues anhaben, weil er sonst durchsichtig geworden wäre«, erzählt Lasse Björne.

Das gefiel der Kostümbildnerin Inger Pehrsson gar nicht, denn sie liebte Blau, wie die **Michel**-Verfilmungen mit ihren blau gestreiften Hemden und Schürzen verraten. Karlsson brauchte also karierte Kleidung in anderen Farben, was nicht so schön, aber notwendig war.

DAS ZUSAMMENSPIEL von Lasse Söderdahl und Mats Wikström funktionierte genauso gut wie das von Lillebror und Karlsson. Auch dieses Foto lässt keinen Zweifel daran, wer am meisten Torte und Kuckelimuck-Medizin bekam.

Lehrerin und Zweitmutter engagiert hatte. »Meistens hing er an der Decke. Und er war die ganze Zeit ausgestopft.« Ihre Aufgabe war es, die Kinder zu beschäftigen und bei Laune zu halten. »Ich meine, dass Mats sich viel mit Modellbau beschäftigt hat – die anderen Kinder hatten keine Hobbys. Ansonsten haben wir gemalt oder sind spazieren gegangen.« Die Produktionsleiterin Elisabeth Fahlén erinnert sich, dass Mats sich einen besonderen Lohnzuschlag aushandelte: »Olle musste ihm fünf Kronen für jede Szene zahlen, in der Karlsson im Geschirr hing. Das war für ihn damals viel Geld.«

Damit Karlsson fliegen konnte, hatte das Filmteam eine Kunststoffschale in der Form von Mats Wikströms Körper gegossen, die auf Fußhöhe in einen Stiel mündete. Bevor ihm die Kleider angezogen wurden, musste sich Mats in diese Schale legen. Anschließend setzte man den Stiel auf einen Schaft, während die Kunststoffform unter den Kleidern verborgen war.

»Wir hatten im Atelier einen Kran, den man mit einer Kurbel hoch- und runterfahren konnte. Damit konnte man ihn sehr schön fliegen lassen. Das hat ganz gut funktioniert«, erzählt Kameramann Lasse Björne. »Aber im Film sieht man, dass Karlssons Beine immer in Kniehöhe abgeschnitten sind, um den Befestigungspunkt zu verbergen.«

Lasse Björne erinnert sich, dass Mats Wikström oft quengelig war. Kein Wunder, wer will schon in einem Schild hängen oder auf dem Bauch in einem Kunststoffgehäuse liegen?

»Lillebror dagegen war aufmerksam und froh, ein sehr lebendiger Junge. Aber weil er überall herumwieselte, ist Janne Carlsson, der einen der Diebe gespielt hat, irgendwann der Kragen geplatzt.«

»Hehehe!«, erzählt Janne Carlsson mit einem dröhnenden Lachen. »Er wuselte überall herum. Das hat Hellbom tierisch nervös gemacht. Lillebror und ich haben Karate gemacht, und das war lustig, aber er konnte kein Ende finden. Zuletzt hab ich ihn, als er zu Boden ging, mit einem Heftgerät festgetackert. Da hat Olle sich gefreut. Der Kleine musste liegen bleiben und sich beruhigen.«

Über Olle Hellboms Regiearbeit findet Janne Carlsson nur lobende Worte: »Er war ein feiner Kerl, der sich nicht einmischte. Wenn er etwas ändern musste, dann hat er es gemacht. Für ihn war die Regie kein Selbstzweck.« Stig Ossian Ericson, der Lillebrors Vater gespielt hat, stimmt ihm zu: »Olle Hellbom hat die Kinder genauso behandelt wie die Erwachsenen. Das haben beide Kinder sofort begriffen. Karlsson und Lillebror haben den ganzen Tag eine unglaubliche Aktivität an den Tag gelegt. Lillebrors Mutter hat erzählt, dass er sich pfeifend

»**HABEN DIE DENN** nichts anderes zu verfilmen als meine alten Bücher?«, seufzte Astrid Lindgren Mitte der achtziger Jahre, als zwei schwedische **Bullerbü**-Filme, eine sowjetische Verfilmung von **Mio, mein Mio** und die amerikanische **Pippi**-Version in Arbeit waren.

auf den Weg zum Studio machte und den ganzen Tag bis um fünf Uhr in Fahrt war. Und am nächsten Tag war es wieder genauso.«

»Die beiden waren ein großartiges Team«, sagt Olle Hellbom über Lars und Mats. »In Windeseile haben sie sich die Techniken von den erwachsenen Schauspielern abgeguckt.« In einem Interview, das während der Dreharbeiten entstand, bestätigt Lars Söderdahl: »Ich kann mir nichts Besseres vorstellen als die Filmerei. Am Anfang hatte ich vor all den Lampen und Lautsprechern Angst, aber ich finde, es klappt gut. Und ich hab Glück gehabt. Man hat mich gelobt.«

Den größten Anlass zur Diskussion bot bei dieser Verfilmung die Tatsache, dass man den kindlichen Karlsson-Darsteller mit einer erwachsenen Stimme synchronisiert hat. Karlssons schwedische Originalstimme spricht Jan Nygren, der bei *Michel* den Auktionator von Backhorva spielt und später einen von Tengils Rittern in *Die Brüder Löwenherz*. Hellbom musste sich dafür schon im Vorfeld Kritik gefallen lassen. Er wies die Einwände zurück: »Im Theater haben immer Erwachsene den Karlsson gespielt, weil die Rolle für ein Kind einfach zu groß ist. Aber für den Film, der so viele Tricks erlaubt, wollten wir für die Rolle einen Jungen haben. Hier konnten wir ihn zu der Märchenfigur machen, die er ist. Wir schminken ihn zu einem Zwischending zwischen Kind und Erwachsenem und ändern mit technischen Mitteln seine Stimme.«

Richtig überzeugt von dieser Lösung war Astrid Lindgren auch nicht, wie ihre Tochter Karin Nyman erzählt: »Ich kann mir vorstellen, dass sie bei Karlsson etwas größere Bedenken hatte. Eine erwachsene Stimme und der Körper eines Kindes – das schien nicht ganz unproblematisch. Ich kann mich nicht entsinnen, dass sie darüber in Begeisterungsstürme ausbrach, aber ich glaube, sie war mit Olle Hellboms Entscheidung trotzdem einigermaßen zufrieden.«

Die eigentliche Drehzeit war recht kurz, doch viel Zeit kosteten die anschließenden Trickaufnahmen. In London montierten Trickfilmexperten die Studioaufnahmen mit den entsprechenden Hintergrundbildern zusammen. Bengt Schöldström hatte sich eine Spezialkamera angeschafft, die man in eine Kugel unter einen Hubschrauber hängte. Damit konnte man Loopings und ausgeklügelte Drehungen in der Luft filmen. Diese Bilder wurden dann mit den Studioaufnahmen von Karlsson zusammenmontiert. Für damalige Verhältnisse muss das Resultat recht beeindruckend gewesen sein. Immerhin hat das Filmteam, das vier Jahre später die Megaproduktion *Superman* mit Christopher Reeve drehen sollte, Karlssons Flugtechnik eingehend studiert.

WENN KARLSSON SPEZIALTRICKS *machen sollte, arbeitete man – wie schon bei den* Pippi-*Verfilmungen – mit Aufprojektion. Dazu bedeckte man eine Wand mit reflektierender Folie, stellte Karlsson davor und projizierte dann über einen Spiegel ein Bild von einem Dach oder eine Flugansicht darauf. Der Film strahlte auch Karlssons Körper an, wurde aber von dort nicht reflektiert.*

Wenn einem die Filmtechnik mittlerweile auch äußerst altertümlich vorkommt, zeigten sich die Filmkritiker beim Kinostart von *Karlsson auf dem Dach* im Dezember 1974 begeistert. Selbst der langjährige Hellbom-Kritiker Jonas Sima musste zugeben: »Das Klotzige an Olle Hellboms früheren Kinderfilmen wirkt hier weniger bemüht, weil er sich auf Einfachheit und Unmittelbarkeit konzentriert.« Sima betonte jedoch, dass »Astrid Lindgren eine Dichterin ist, Olle Hellbom dagegen ein Techniker, der lieb zu Kindern ist«.

Sein Kollege Ernst Klein vom *Expressen* war schon fuchsteufelswild, bevor die Dreharbeiten überhaupt angefangen hatten – und zwar, weil Karlsson von einem Kind gespielt wurde. »Olle Hellbom glaubt, in einem Kinderfilm muss man notwendigerweise alle Rollen mit Kindern besetzen. Wie kann Astrid Lindgren es nur zulassen, dass er noch eine ihrer Geschichten verhunzt?«

In *Dagens Nyheter* äußerte sich Ove Säverman überwiegend positiv: »Ich finde diesen künstlichen Karlsson gut gelungen, er ist erwachsen und kindlich zugleich, aber vor allem ist er lebendig und lebt sich aus. Das Schöne an Karlsson ist, dass er nicht wie ein Supermensch daherkommt. Stattdessen ist er ja sehr problematisch und vielschichtig, und das ist es, was Lillebror so sehr an ihm fasziniert und das Zusammenspiel der beiden jungen Darsteller so gediegen macht.« Säverman erinnerte daran, dass Astrid Lindgren in ihren

DIE WÄNDE in seinem Jungenzimmer aus dem Jahre 1974 hat Lillebror mit seinen geliebten Hunden tapeziert, von denen er vergeblich träumt. Seine Eltern (Stig Ossian Ericson und Catrin Westerlund) machen sich schon Sorgen wegen Lillebrors Gerede von einem fliegenden Hirngespinst.

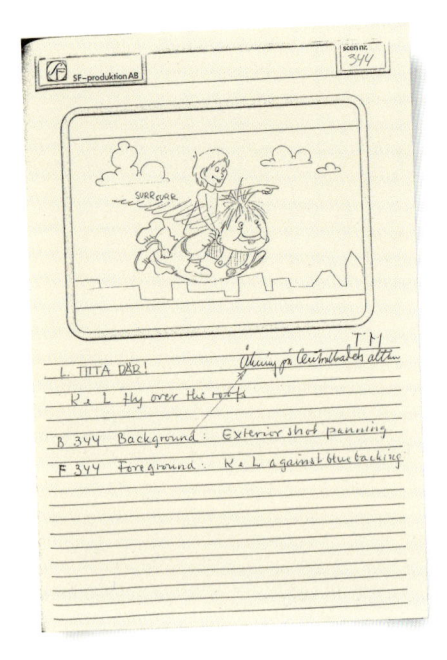

DIE TRICKAUFNAHMEN in *Karlsson auf dem Dach* galten für damalige Verhältnisse als fortschrittlich. Man arbeitete mit demselben Equipment wie Stanley Kubrick bei **2001 – Odyssee im Weltraum**, und sogar das Team von **Superman** studierte Karlssons künstliche Flugtouren. Die Trickaufnahmen schickte man per Flugzeug in die Londoner Pinewood Studios, wo auch die **James Bond**-Filme entstanden, um sie mit den Hubschrauberaufnahmen von Außenschauplätzen zusammenzumontieren. Zur Orientierung bekamen die Engländer gezeichnete Vorlagen.

Büchern immer zweigleisig gefahren ist: Dem Traum von der stabilen Kleinfamilie steht der Traum von den ungeahnten Möglichkeiten des Menschen jenseits des eingefahrenen Daseins gegenüber. »Meiner Meinung nach ist es Olle Hellbom besser gelungen als je zuvor.«

Im Kulturklima der siebziger Jahre gab es natürlich auch schwedische Theoretiker, die die zeitgenössische Kulturproduktion durch die marxistische Brille beäugten: Pippi war natürlich Kapitalistin, Michel der Unterdrücker des Landproletariats – und Karlsson …

»Ja«, sagte Astrid nüchtern, »ich fürchte, man wird in Karlsson den schrecklichen Kapitalisten und Ausbeuter sehen – wo er doch Fünförestücke so liebt. Er hat sogar die Nachricht von seiner Existenz für eine Schubkarre voller Fünförestücke an eine Boulevardzeitung verkauft …«

Sie sollte recht behalten. In Margareta Strömstedts *Astrid Lindgren – Ein Lebensbild* können wir nachlesen, wie marxistisch gefärbte Literaturkritiker den rundlichen Propellerflieger verrissen: »Denn was ist Karlsson anderes als die hemmungslose Entblößung unseres privaten Egoismus, unserer Rücksichtslosigkeit, Gier und Selbstbehauptung. Der Jubel, den er tatsächlich hervorruft, lässt sich darauf zurückführen, dass er schamlos all jene Eigenschaften verkörpert, die die Antriebskräfte der bürgerlichen Gesellschaft ausmachen.«

Paradoxerweise war Karlsson in der Sowjetunion schon immer die beliebteste Astrid-Lindgren-Figur gewesen. Die Sowjets waren schlichtweg begeistert von Karlsson. Bei einem Staatsbesuch wurde der damalige schwedische Staatsminister Ingvar Carlsson von den Moskauern mit jubelndem Gelächter begrüßt, bekam aber ständig zu hören, er sei der »falsche Karlsson«. Der sowjetische Botschafter Boris Pankin hat Astrid Lindgren in den achtziger Jahren erzählt, dass in den meisten sowjetischen Familien zwei Bücher vertreten seien, nämlich die Bibel und *Karlsson vom Dach*. »Eigenartig!«, hat Astrid Lindgren ihm darauf entgegnet. »Ich hatte ja keine Ahnung, dass die Bibel so beliebt ist.«

Die Russen waren die Ersten, die Karlsson auf der Leinwand sehen durften. Schon 1970 produzierte man ohne Genehmigung eine Zeichentrickversion unter der Regie von Boris Stepantsev. Von der Buchausgabe hatte man in der Sowjetunion über 50 Millionen Exemplare verkauft, trotz verblüffender Übersetzungsfehler. Weil der Übersetzer den schwedischen Begriff *kille* für »Junge« anscheinend nicht kannte, ist er von *killing* ausgegangen und hat damit aus Lillebror einen kleinen Ziegenbock gemacht.

146

NACH AUSGIEBIGER SUCHE hatte man endlich das perfekte Dach für Karlsson gefunden – über dem *Centralbad* in der Stockholmer Drottninggatan. Hier konnten die Kinder auf der großen Terrasse herumspringen, während im Hintergrund eine Kulisse aus Dächern stand. Fast alle weiteren Szenen drehte man im Studio in Bromma.

Astrid Lindgren erzählte gerne davon, wie sie 1971 in der Sowjetunion zu Besuch war: »Karlsson hatte es ihnen wirklich angetan, aber eine Sache machte ihnen doch Sorgen: Wovon lebte er bloß? ›Tja‹, sagte ich, ›da muss er sich in einem Kaufhaus eine Anstellung als Gespenst suchen und die Diebe aus dem Warenhaus verscheuchen.‹ ›Nee‹, sagten die russischen Kinder, ›das geht nicht – da muss er doch das Arbeitsbuch von seiner früheren Anstellung vorzeigen.‹ Doch dann atmeten sie auf: ›Ach ja, er lebt ja in einem kapitalistischen Land, dann kommt er vielleicht auch ohne Arbeitsbuch klar.‹«

Und bestimmt kommt Karlsson auch so klar. Er wird sicherlich ein neues Dach als sein Zuhause finden. Der Film endet damit, wie ein kleiner Hundewelpe, Lillebrors lang ersehntes Geburtstagsgeschenk, dem besten Karlsson auf der Welt die Schau stiehlt. In der Schlussszene verstummt Karlssons Propellergeräusch allmählich in der Ferne.

Dass Karlsson zurückkehren sollte, stand fest. Olle Hellbom hatte schon eine Fortsetzung im Kopf, möglicherweise auch zwei. Man wollte das Eisen schmieden, solange Lars und Mats noch nicht aus ihren Rollen herausgewachsen waren. »Noch ist nichts unter Dach und Fach«, ließ Astrid Lindgren zurückhaltend verlauten. »Aber die Jungen sind unglaublich. Ganz phänomenal! Es ist sonderbar, aber anscheinend gibt es jede Menge Kinder, die ohne Anstrengung in die Rollen schlüpfen, die man ihnen zuteilt.«

DIE RUSSISCHE KARLSSON-Übersetzung aus den frühen sechziger Jahren ist recht frei, und eine Erklärung für die enorme Popularität in der Sowjetunion könnte darin liegen, dass Karlsson in der russischen Version viel netter ist.

Im sibirischen Irkutsk kann man seit rund zehn Jahren seinen Durst im »Café Karlsson« löschen.

ZWAR SOLLTE ES für *Karlsson auf dem Dach* keine Fortsetzung geben, aber Olle Hellbom hatte noch andere Lindgren-Projekte in petto. Er hatte große Lust, **Mio, mein Mio** oder **Die Brüder Löwenherz** zu verfilmen.

»Diese Projekte sind aber schwierig zu realisieren. Das geht kaum anders als im Zeichentrick. Ich habe lange über Mio nachgegrübelt, aber wo krieg ich einen Zeichner her, der dafür geeignet ist?«

Mio, mein Mio blieb bis zuletzt Olle Hellboms nie verwirklichtes Traumprojekt, auf das er oft in Interviews zurückkam. »Nichts würde ich lieber machen als **Mio, mein Mio**. Aber ich will die Typen von der Zensur sehen, wenn wir denen den Film vorführen … Das ist einfach undenkbar, es gibt keine Chance auf der Welt … Das geht nie im Leben … Astrid und ich sagen uns das, leider …«

Ende der siebziger Jahre dachte er wieder über die fantastische und stellenweise grausame Mio-Erzählung nach: »Das ist einfach so, dass sie nicht zu verfilmen ist. Aber das haben wir von **Die Brüder Löwenherz** anfangs auch gesagt. Also, wer weiß?«

1987 entstand – teilweise mit schwedischer Beteiligung – eine sowjetische Version von **Mio, mein Mio**.

Astrid Lindgren hat sie nicht gefallen.

Verglichen mit dem Ansturm bei *Pippi* und *Michel*, ließ das Kinopublikum *Karlsson* im Stich. Jan Hellbom weiß, dass sein Vater Olle daran schwer zu knabbern hatte: »Es war das einzige Mal, dass er wegen der Resonanz richtig traurig war. Er hätte gern noch weitere *Karlsson*-Filme gemacht. Die Karlsson-Figur hat ihm viel Spaß gemacht. Ihn hat auch der Junge fasziniert, der Lillebror gespielt hat. Er ist ja das einzige Kind, das in zwei verschiedenen Filmen dabei ist.« Für die Fernsehversion schnitt man das Material für *Karlsson auf dem Dach* zu vier Folgen um. »Ich hatte tatsächlich schon einen Vertrag für einen weiteren *Karlsson*-Film«, erzählt der Kameramann Lasse Björne. »Aber Olle Hellbom meinte, daraus wird nichts. ›Alle Karlsson-Bände haben die gleiche Idee, das gleiche Skelett. Es ist auf Dauer langweilig, immer wieder den gleichen Film zu drehen. Deshalb legen wir das Projekt auf Eis‹, sagte Olle. Stattdessen hat Olle Nordemar mich bei einer anderen Produktion untergebracht.«

Für die übrigen Mitglieder des Filmteams ging das Leben weiter: Stig Ossian Ericson (Lillebrors Vater), der schon in den vierziger Jahren Regieassistent bei Ingmar Bergman war, war weiterhin als Schauspieler, Dramatiker und Regisseur tätig. Heute veranstaltet er manchmal in Bibliotheken Lesungen für Kinder aus Astrid Lindgrens Büchern.

Die vielseitige Schauspielerin Catrin Westerlund (Lillebrors Mutter) spielte bis zu ihrem frühen Tod 1982 abwechselnd leichte Komödien und anspruchsvolle Rollen am Königlichen Dramatischen Theater.

Der Jazzdrummer und Werber Janne Carlsson (Fille) konnte sich über mangelnde Aufträge nicht beklagen: Er bekam viele Filmangebote, spielte in Revuen und hatte sogar eigene Fernsehsendungen.

Für Staffan Hallerstam (Bosse), der als Kind Serienstar im schwedischen Fernsehen war und auch kleine Rollen bei *Pippi* spielte, war es eine seiner letzten Filmrollen. 1971 hatte er in Ingmar Bergmans *The Touch* den Sohn von Max von Sydow gespielt, aber nach dem Teenageralter gab man ihm nur kleine Rollen. Er hängte die Schauspielkarriere für ein Medizinstudium an den Nagel, das er sich als Synchronsprecher für Kinderfilme finanzierte. Heute arbeitet er als Arzt in Stockholm.

Lars Söderdahls Vater war Installateur, der »auf Schornsteinen herumkletterte wie ein zweiter Karlsson«, und seine Mutter arbeitete als Briefträgerin. Selbst wollte Lasse Schauspieler werden. Die Zukunft lag ihm offen, davon waren seine erwachsenen Kollegen wie Stig Ossian Ericson überzeugt: »Ich hatte damit gerechnet, dass ein Junge, der als Schauspieler so vorbehaltlos gut war, ganz selbstverständlich seinen Weg machen wird. Aber er hat wohl ganz andere Interessen entwickelt …«

Ja, das hat er auch, aber immerhin ist er zwei Jahre nach *Karlsson auf dem Dach* wieder in der Rolle eines kleinen Bruders zu sehen: als Krümel Löwenherz.

Später hat es Lars Söderdahl eher erstaunt, dass ihn alle für so talentiert hielten. Seine stärkste Erinnerung an die Dreharbeiten 1974 ist, wie er mit Mats in den Drehpausen spielte:

»Wir waren ja Kinder und dachten nicht viel darüber nach, was um uns herum passierte. Zwischen den beiden Filmen habe ich in einer Fernsehserie mitgespielt. Ich war so klein, dass ich den ganzen Rummel ganz normal fand. Wenn man jung ist, ist alles neu für einen. Deshalb hat es mich gar nicht gewundert, dass sich Leute auf der Straße nach mir umdrehten. Ich weiß allerdings noch, dass ich die Journalisten ziemlich nervig fand. Die wollten immer so viel reden.«

Auf die Frage, ob er noch Kontakt zum Karlsson-Darsteller habe, antwortet er: »Nein. Er hieß Mats, das weiß ich noch. Aber seinen Nachnamen hab ich vergessen.« Ja, wo ist bloß Karlsson alias Mats Wikström abgeblieben? Selbst bei Svensk Filmindustri hat ihn niemand aufspüren können und von den übrigen Mitgliedern des Filmteams weiß auch keiner, wo er steckt. Vielleicht ist er weitergeflogen, zu einem anderen einsamen Kind, das Gesellschaft braucht.

KARLSSON AUF DEM DACH
Regie: Olle Hellbom
Produzent: Olle Nordemar
Drehbuch: Astrid Lindgren
Premiere: 2. Dezember 1974
Darsteller: Mats Wikström (Karlsson), Lars Söderdahl (Lillebror, Svante Svantesson), Catrin Westerlund (die Mutter), Stig Ossian Ericson (der Vater), Staffan Hallerstam (Bosse), Britt-Marie Näsholm (Betty), Janne Carlsson (Fille), Gösta Wälivaara (Rulle)
Musik: »Der beste Karlsson auf der Welt« von Georg Riedel
Drehort: Vasaviertel, Stockholm und Europa-Films Studio, Bromma
Handlung: Der einsame Lillebror bekommt Gesellschaft in Form der fliegenden Figur Karlsson vom Dach, einem erfindungsreichen und etwas anstrengenden Spielkameraden. Keiner glaubt Lillebror, aber am Ende sehen alle ein, dass es Karlsson wirklich gibt. Als Lillebror endlich seinen lang ersehnten Hund bekommt, fliegt Karlsson davon.

Stolz-Jungfrau auf Birkenlund – Madita

Ob es tatsächlich eine Madita gegeben hat? Aber sicher doch! In Wirklichkeit hieß sie Anne-Marie Ingeström und war fast achtzig Jahre lang Astrid Lindgrens beste Freundin. Den Spitznamen Madita verdankte sie einigen älteren Damen aus dem elterlichen Freundeskreis.

Astrid Lindgren erinnerte sich, wie sie Anne-Marie 1914 als Siebenjährige zum ersten Mal auf der Allee, die zum Pfarrhof führte, begegnet ist. Anne-Marie ließ ein Fassband über den Kiesweg rollen und beantwortete Astrids Frage, wohin sie denn unterwegs sei, hochtrabend mit: »Zur Villa natürlich.« Gemeint war das jüngst fertig gestellte Haus der Familie, das den Namen »Tuvelyckan« erhielt und zum Vorbild für Maditas Birkenlund wurde.

Anders als Astrid Lindgren stammte Anne-Marie Ingeström nicht aus einer Bauernfamilie, sondern war die Tochter eines Direktors, der Zigarren rauchte. »Bei Madita zu Hause riecht es nach feinen Leuten«, beschrieb Astrid Lindgren ihre neuen Nachbarn. Maditas Vater Erik Ingeström, dessen Vater früher Rektor der gemischten Schule in Vimmerby war, hatte in seiner Jugend von einem Künstlerdasein geträumt und eine Zeit lang als Kunstlehrer in der Realschule gearbeitet, bevor er Bankdirektor und Ratsherr wurde. Die Mutter Mimmi war

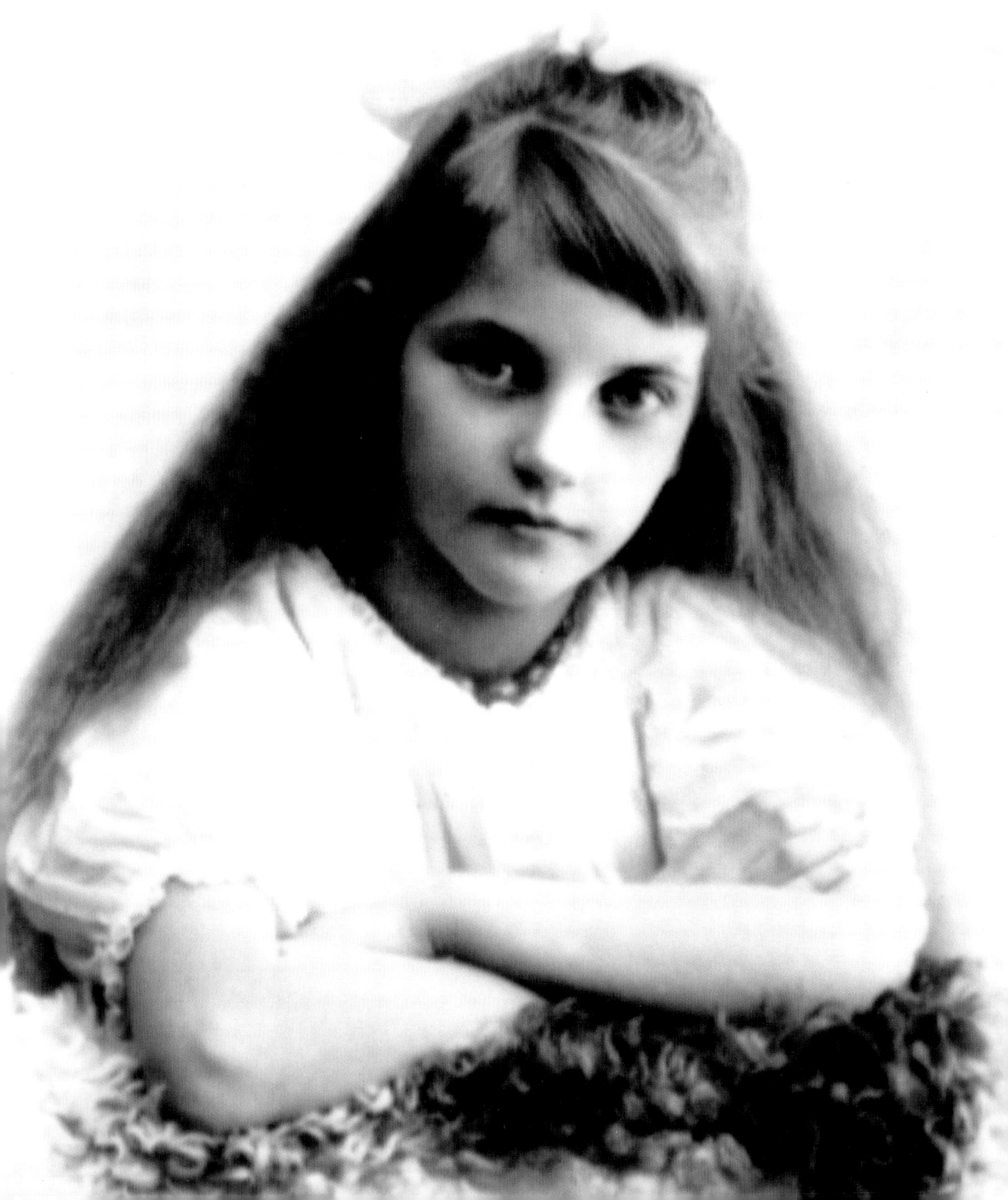

eine betriebsame Frau, die eine Kaffeestube und ein Sommerheim für arme Kinder bewirtschaftete. Während des Krieges installierte sie auf dem Dachboden einen Brutapparat für Hühnereier.

»Tuvelyckan« war in Vimmerby das erste standesgemäße Haus mit Doppelfenstern und einer Zentralheizung. Noch heute ist es ein stattlicher Ziegelbau mit beigefarbenem Verputz. Mittlerweile leben hier die Hanssons: Birgitta, die Bezirkshebamme, und ihr Mann Ruben, der als Elektriker arbeitet. Der kleine Kuhstieg, der zum Hof Näs und zur Stadtgrenze führte, wurde inzwischen in »Prästgårdsgatan« umbenannt, und Maditas Wohnhaus trägt die Hausnummer 13.

Anders als an Birkenlund führt kein Fluss hier vorbei, aber vom hügeligen Grundstück, das einst viel größer war, floss damals ein recht ansehnlicher Bach zu den Sumpfwiesen hinunter. Dort lag auch die Viehkoppel, auf der der Oktobermarkt abgehalten wurde und wo sich Astrid Lindgren mit ihren Freundinnen freudig ins Getümmel warf und Polkagrisar, geringelte Pfefferminzstangen, lutschte. Hier hat auch Michel so manches seiner Wahnsinnsgeschäfte getätigt, sehr zum Verdruss seines Vaters Anton, und noch bis zum Ende der sechziger Jahre haben Vieh- und Pferdehändler dafür gesorgt, dass die mittelalterliche Markttradition erhalten blieb.

Anne-Marie und Astrid spielten, wo es nur ging: am Bach, in der Fliederlaube, zwischen den Schuppen; sie bauten Hütten, kletterten auf Bäume und begrüßten das Meer aus Buschwindröschen mit einem fröhlichen Frühlingsschrei.

Zu Hause servierten ihnen die Hausangestellten liebevoll Zimtwecken und danach spielten sie, dass sie Schiffbrüchige waren. Anne-Marie war Kapitän, Astrid Steuermann und ihre kleine Schwester Stina durfte gelegentlich den schiffbrüchigen Seemann Lille Svarte Prick spielen. Wie Astrids Mama war auch die Mutter von Anne-Marie ungewöhnlich tolerant und schimpfte nicht, wenn ihre Tochter mit schmutzigen Kleidern nach Hause kam.

Am liebsten spielten die beiden Freundinnen auf Näs. In der Scheune höhlten sie in den hohen Sägespänehaufen unterirdische Gänge aus, sprangen von den Dachbalken ins Heu, tobten im Heu herum oder gingen zu den Tieren. Meistens hielten sie sich draußen auf. Mit Maditas Vater, der ein ausgesprochener Pflanzenliebhaber war, streiften die Mädchen nur zu gern über Felder und Wiesen.

Maditas Tochter Lena Fries-Gedin hat beschrieben, wie Astrid und Anne-Marie sich beim Indianerspielen »Blutsschwesternschaft« ge-

ALS KIND WAR *Astrid Lindgren eine eifrige Kinogängerin in Vimmerby. Einer ihrer Lieblingsfilme war* **Die drei Musketiere,** *der in sechs Folgen gezeigt wurde. Einmal kam ihre Mutter so spät vom Einkaufen zurück, dass die zehnjährige Astrid panisch dachte, sie bekäme nicht rechtzeitig ihr Kinogeld. Als die Mutter endlich nach Hause kam, war Astrid in Tränen aufgelöst. »Mama war ganz gerührt, dass ich mir ihretwegen solche Sorgen gemacht hatte.«* **Der gestiefelte Kater,** *über den die ganze Schule redete, durfte Astrid dagegen nie sehen.*

»Meine Mitschüler haben Ewigkeiten von nichts anderem als diesem verflixten Kater gesprochen. Ich konnte nur die Zähne zusammenbeißen und schweigend leiden.«

schworen haben. Sie vermischten ihr Blut und schworen einen Eid, an den sie sich ihr Leben lang hielten und den sie oft zitierten: »Nie lügen, nie im Stich lassen, nie hintergehen.« In ihren Briefen redeten sie sich mit »meine weiße Schwester« an. Anne-Marie, die stark war und sich gern prügelte, nannte sich »Starker Arm«. Aus der unerschrockenen, wendigen Astrid wurde »Schneller Hirsch« und aus Stina »Schlauer Fuchs«.

Ihre nähere Umgebung bekam von alldem kaum etwas mit. Auch die Hanssons kannten den Zusammenhang zwischen *Madita* und Tuvelyckan nicht, als sie das Haus 1969 kauften.

»Kurz nachdem wir eingezogen waren, stand eines Tages Astrid Lindgren vor der Tür«, erzählt Ruben. »Sie wollte sich das Haus noch einmal angucken. ›Hier habe ich oft gespielt‹, sagte sie. Astrid Lindgren hat uns erzählt, wie sie herumgealbert haben und wie bei einer wilden Rangelei oben im Flur die Stehlampe zu Bruch ging, die gerade zur Ansicht im Hause war. ›Das macht nichts‹, muss der Vater dann gesagt haben. Damals hat Astrid uns aber nicht erzählt, dass Madita hier gewohnt hat. Das haben wir erst in den Neunzigern erfahren.«

»Dabei hat das Haus schon immer eine wunderbare Atmosphäre ausgestrahlt. Man kann die Lust und Lebensfreude richtig spüren«, sagt Birgitta. »Madita hat hier bestimmt eine tolle Kindheit verbracht, wie unsere Kinder auch.«

Weil Astrid Lindgren Anne-Marie versprochen hatte, ihre Identität als wahre Madita nicht preiszugeben, hat sie diese erst nach dem Tod ihrer Freundin enthüllt. Ihre Freundschaft hatte all die Jahre hindurch Bestand. Anne-Marie, die ein Jahr früher eingeschult worden war, versuchte ihre Freundin mit Papierpuppen zu bestechen, damit sie gemeinsam in dieselbe Schule gehen würden.

In den dreißiger Jahren lebten beide als junge Mütter im Stockholmer Vasaviertel. Anne-Marie war mit dem Lektor Stellan Fries verheiratet. Während des Krieges erledigten beide »Drecksarbeit« für den Geheimdienst. Ihre Aufgabe war es, nachts über Wasserdampf Briefe von Soldaten zu öffnen, sie zu lesen, zu versiegeln und mit dem Stempel »von der Briefzensur geprüft« zu versehen.

Als Astrid Lindgren angehende Schriftstellerin und Lektorin bei Rabén & Sjögren war, arbeitete Anne-Marie für den Verlag als Gutachterin für ausländische Kinderbücher. Noch bis ins hohe Alter war Anne-Marie regelmäßig bei Astrid Lindgren in der Dalagatan zu Be-

ANNE-MARIE INGESTRÖMS GROSSMUTTER hatte in Wirklichkeit gar keinen Bonbonladen, dafür besaßen aber deren Geschwister eine Konditorei in Vimmerby. Anne-Maries Mutter Mimmi war ein Heimkind und floh von ihrer Pflegefamilie zu ihren Tanten Tilda und Lova. Von ihrem Onkel, Konditor Nordgren, stammt der Satz, den Astrid Lindgren Onkel Nilsson in den Mund gelegt hat: »Zwar bin ich Hausbesitzer und Grundstücksbesitzer auch, und trotzdem muss ich den Pisspott über den Hof tragen.«

NÄCHSTE SEITE: Obwohl er nicht schwindelfrei ist, klettert der Hausbesitzer Ruben Hansson für die Fotografen aufs Dach. »Das hätte er für mich nie getan«, bemerkt Ehefrau Birgitta.

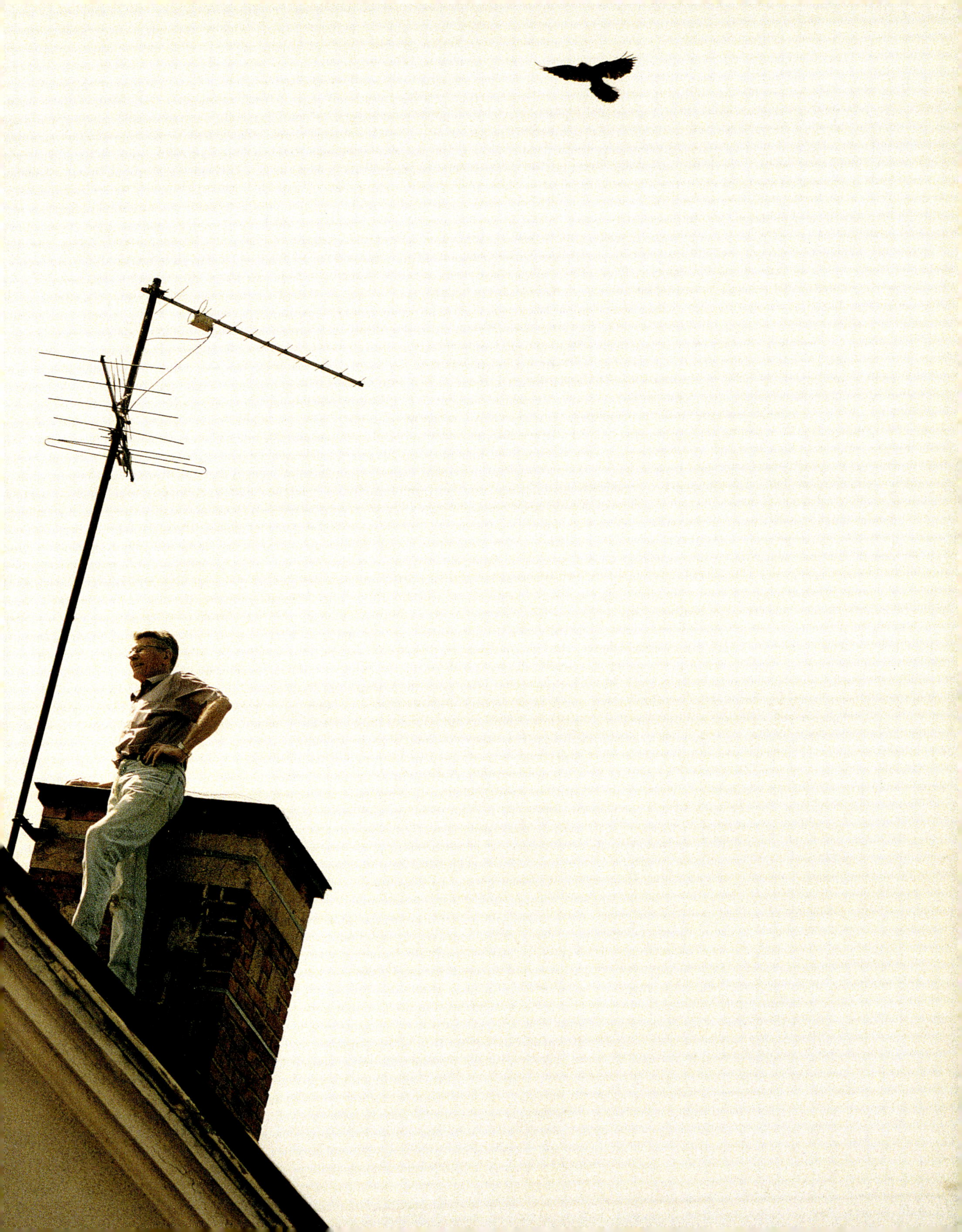

such. Die beiden unterhielten sich eine Weile, um sich dann, jede in ihr eigenes Bett, zum Schlafen zu legen. Ihre letzten zwei Jahre verbrachte Anne-Marie in Blackebergs Krankenhaus, wo sie 1991 starb. Bis zuletzt hat Astrid Lindgren sie treu einmal in der Woche besucht. Heute liegt die wahre Madita neben ihren Eltern auf dem Friedhof von Vimmerby begraben.

Anne-Maries Tochter Lena Fries-Gedin – übrigens die schwedische *Harry Potter*-Übersetzerin – hat erzählt, dass ihre Mutter sich selbst als ziemlich boshaftes und außerordentlich verwöhntes Kind beschrieben hat. Sie konnte äußerst aufsässig sein und schreckte nicht davor zurück, hochnäsige Verkäufer mit Schuhen zu bewerfen. Genau wie ihre Blutsschwester Astrid hat sie ihr Leben lang ihre Integrität bewahrt.

Für *Madita*, das 1960 erschien, hatte Astrid Lindgren den Schauplatz und den Spitznamen von ihrer besten Freundin entliehen. Deren Vornamen änderte sie für das Buch in Margaret und aus dem Nachnamen Ingeström wurde Engström. Doch auch bei *Madita* macht sich der autobiografische Einfluss bemerkbar, ist doch das Buch an vielen Stellen ein Selbstporträt Astrid Lindgrens. Offensichtlich ist auch, dass das Vorbild für die kleine Schwester Lisabet nicht Anne-Maries dreizehn Jahre jüngere Schwester war, sondern Astrid Lindgrens eigene Schwester, die vier Jahre jüngere Stina.

Zwar galt es bei der Bauernfamilie Ericsson als unanständig zu lügen, aber liest man die Schulaufsätze der jungen Astrid Lindgren oder ihre Artikel in *Wimmerby Tidning*, merkt man schnell, wer in Wahrheit das Mädchen ist, »dem die Einfälle so rasch kommen, wie 'n Ferkel blinzelt«. Auch Maditas Nachbarsjunge Abbe ist ein Meister im Geschichtenerzählen, der beinahe einer Pippi Langstrumpf den Rang abläuft. Astrid Lindgren hat immer wieder betont, dass sie ihre Gabe zum Fabulieren Samuel August und Hanna verdankt: »Ich hatte ausgesprochen erzählfreudige Eltern.«

Ihre Kletterlust vereint Madita und Astrid Lindgren. Ein Picknick in einem Baum auf der Flucht vor angreifenden Stierkälbern war für die beiden eher ein aufregendes Erlebnis als ein Alptraum.

Die unglaublich gelenkige Astrid Lindgren kletterte manchmal wie ein Affe bis unter die Decke der Turnhalle. Ihr ganzes Leben lang konnte sie sich daran erinnern, welche Handgriffe und Fußstellungen nötig waren, um in ihren Lieblingsbäumen herumzuklettern, und Fotos belegen, wie sie sich schnell auf einen Baum schwingen konnte,

---

DANK VIDEO, DVD *und ständigen Wiederholungen im Fernsehen haben die Astrid-Lindgren-Verfilmungen ein Millionenpublikum erreicht. Allein im Kino kamen* **Ronja Räubertochter***,* **Ferien auf Saltkrokan – Das Trollkind** *und* **Michel in der Suppenschüssel** *in Schweden auf jeweils 1,5 Millionen Zuschauer – und das bei einer Bevölkerung von 8,5 Millionen!*

nach dem Motto: »Steht etwa in Moses' Gesetz geschrieben, dass es alten Weibern verboten ist, auf Bäume zu klettern?«

»Stolz-Jungfrau auf Birkenlund« balanciert auf dem Dachfirst der Schule, um Läuse-Mia zu übertrumpfen, und klettert auf das Dach des Waschhauses, um auszuprobieren, ob man mit einem Regenschirm fliegen kann. Das Ergebnis des Experiments ist eine Gehirnerschütterung. Ein ähnliches Ereignis hatte sich in den zwanziger Jahren bei der alten Apotheke in der Stångågatan 45 in Vimmerby zugetragen.

Astrid und einige ihrer Mitschüler wollten die Feuerleine im vierten Stock testen. »Wir warfen eine Münze und so kam es, dass ich den Test ausführen musste. Ja, denn es ging nicht darum, wer von uns sich aus dem Fenster stürzen sollte, sondern darum, ob *ich* hinausspringen sollte oder *nicht*. Nun sollte ich das also, und todesmutig ließ ich mich von den anderen hinaushieven. Als ich dann so ungefähr in der Höhe des zweiten Stockwerks baumelte, ließen sie plötzlich die Leine los, worauf ich direkt auf die zementierte Straße hinuntersauste. ›Hast du dir wehgetan?‹, hörte ich völlig umnebelt die anderen von oben herunterschreien. ›Na klar hat das Kind sich wehgetan!‹, rief eine alte Frau, die sich entsetzt über mich beugte.«

Astrid wurde mit blutigen Knien in die Apotheke getragen. Die Mitschülerin, der die Leine aus der Hand rutschte, war Greta Rundqvist – jene Freundin, die 1925 von Ellen Keys Hund ins Bein gebissen wurde. In *Kati in Italien* hat Astrid Lindgren diese Geschichte verewigt.

Überliefert ist auch die Anekdote, wie Astrid Lindgren sich versehentlich aus ihrer Wohnung in der Stockholmer Kaptensgatan ausgesperrt hatte und unter Einsatz von Leib und Leben von einer Mansarde im fünften Stock über die Dachrinne bis zum Fenster kletterte, um das Gulasch zu retten, das auf dem Herd brodelte.

Astrid Lindgrens Kindheitserinnerungen sind auch in die Erlebnisse von Maditas Schwester eingeflossen, zum Beispiel in der Episode mit dem verrückten Lindkvist, der Lisabet nicht wieder herausrücken will, bis Maditas Mutter ihn mit Mandeln und Pfeffernüssen überlistet. Als Astrid Lindgren als Kind von zu Hause weggelaufen war, wurde sie vom Armenhäusler Karl-Otto Ljungqvist, den man »den Verrückten« nannte, zurückgebracht. Ihre Mutter Hanna bekam einen Schreck, als sie ihn mit ihrer Tochter im Schlepptau sah, atmete aber auf, als sie sah, dass ihrem Kind nichts passiert war.

Wie Lisabet hat es auch Astrid Lindgren fertig gebracht, sich Erbsen in die Nase zu stecken. »Ach, wie viele Erbsen hat man nicht selbst

ASTRID LINDGREN UND MADITA (Anne-Marie Ingeström, im oberen Bild links) verband eine lebenslange Freundschaft. In ihrer Kindheit waren sie beste Freundinnen und Spielkameradinnen, in den dreißiger Jahren lebten beide als junge Mütter in Stockholm, während des Krieges waren sie Kolleginnen bei der Postzensur und arbeiteten später für denselben Verlag. Auf dem Gruppenfoto beehren die Freundinnen »Madita« an ihrem 17. Geburtstag. Astrid Lindgren, rechts im Bild, trägt eine Schiebermütze.

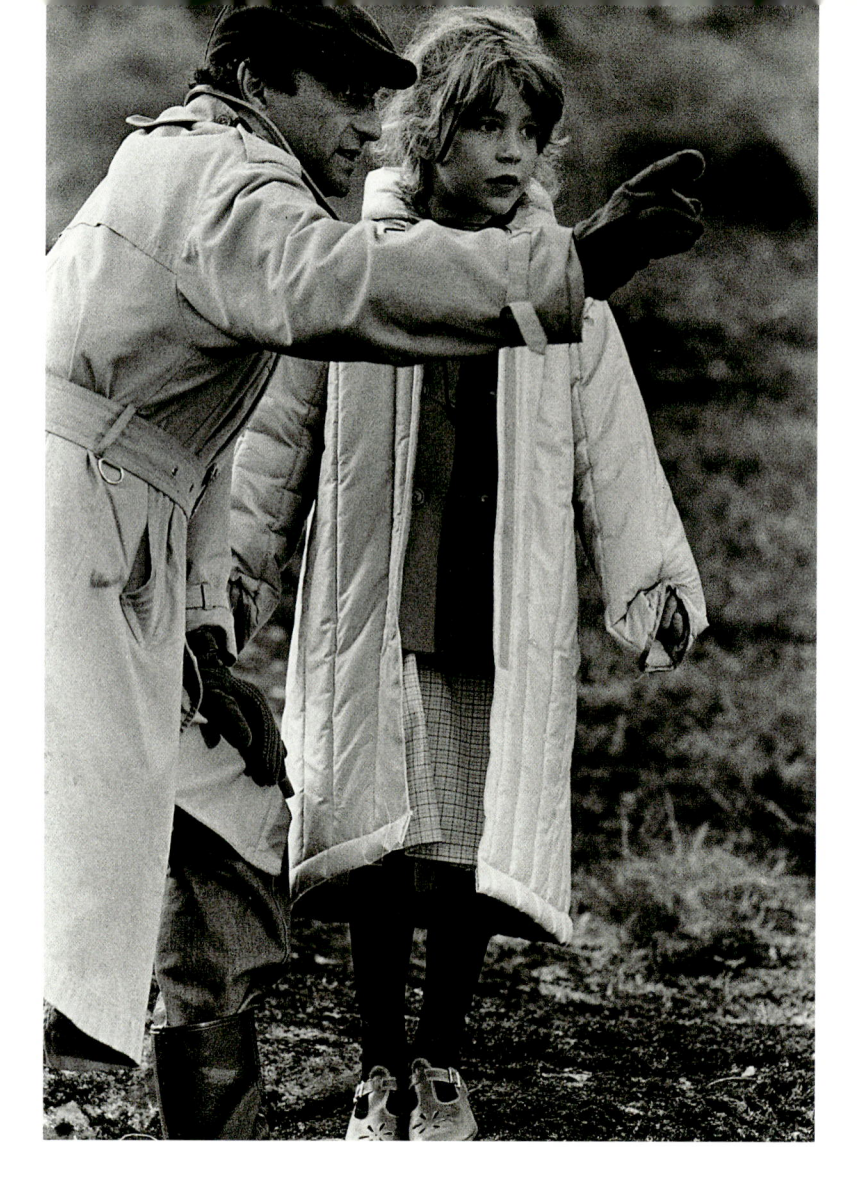

»UND DANN LÄUFST DU DAHIN.« *Der Regisseur Göran Graffman, der auch Schauspieler war, gibt Madita alias Jonna Liljendahl Anweisungen. Als Olle Hellbom beschloss, bei der* Madita*-Verfilmung lieber als Produzent im Hintergrund zu wirken, überließ er Graffman die Regie.*

reingesteckt, um dann schreiend zu Mama zu laufen, die sie mit einer Haarnadel rausholen musste. Der Unterschied war nur, dass die Mutter Lisabet mit Erbse und allem Drum und Dran zum Doktor schickte, in der Obhut der großen Schwester Madita, und die beiden stattdessen bei Linus-Ida landeten, die sie mit Bratäpfeln bewirtete und ihnen von Jesu Eisenbahn in den Himmel vorsang.«

Auch die alte Linus-Ida, die bei der großen Wäsche und anderen Arbeiten half, hat es in Wirklichkeit gegeben – sogar in doppelter Ausführung! Als Kind war Astrid Lindgren gern bei den beiden alten Weiblein, deren rote Holzhäuschen direkt nebeneinander standen, zu

Besuch. »Ida in Liljerum und Mari in Vendladal waren ihre poetischen Namen, Ida bewirtete uns mit Bratäpfeln und Waffeln, und Mari sang einem Lieder vor.«

Anfang Oktober 1919 drängten sich die Bewohner Vimmerbys zu Tausenden auf einer Wiese im Süden der Stadt, um die Flugschau von Luftkapitän Saunders aus nächster Nähe zu erleben. Ein Rundflug sollte stolze hundert Kronen kosten und für einen Aufpreis kam man in den Genuss von »Looping the Loop«, »Spin« oder »Fallendes Laub«. Der Eintritt betrug Schwindel erregende fünf Kronen, aber Astrid und ihre Freundinnen falteten sich aus den ebenfalls roten Werbezetteln Eintrittskarten und marschierten damit am Einlass vorbei. Ein Großhändler namens Sjöholm war ihr besonders im Gedächtnis geblieben: »Er war ein wichtiger Mann mit einer vornehmen Frau, die fand, dass er unbedingt mitfliegen sollte. Er sollte einen Extralooping bekommen, aber das bekam ihm schlecht. Nachdem ihm ein gewisses Malheur passiert war, musste er schleunigst in die Warmbadeanstalt verfrachtet werden. Oh, was haben die Leute hinterher darüber geredet!« In *Madita und Pims* ist es der Bürgermeister, der von seiner piekfeinen Gattin ins Flugzeug gezwungen wird und in die Hose macht.

Hier scheint die Gesellschaftskritik durch, die wir auch in anderen Lindgren-Büchern finden. Vertreter der Obrigkeit wie Oberlehrer, die Prüsseliese oder Bürgermeistergattinnen bekommen bei Astrid Lindgren ihr Fett weg.

Mit Schrecken hat sich Astrid Lindgren immer wieder an ihre Grundschulzeit erinnert, als ein Mädchen vor den Augen der gesamten Klasse zur Strafe Schläge auf den nackten Hintern bekam. Angeblich hatte sie jemandem aus einer Manteltasche Geld gestohlen und davon Süßigkeiten gekauft, die sie an die anderen Kinder verteilte. Greta Fahlstedt, die die drei Jahre jüngere Astrid Lindgren als »lustiges Kind mit Affenschaukeln an den Ohren« in Erinnerung hat, erzählt, dass ihr Vater völlig aufgebracht war, als er hörte, dass ein Kind in der Schule eine Prügelstrafe bekommen hatte: »Haben die denn nichts Besseres zu tun, als egalweg nur auf kleine Kinder einzudreschen?« Diesen Satz legt Astrid Lindgren der Hausangestellten Alva in den Mund, nachdem der Oberlehrer Mia verprügelt hat.

Nicht alle Lehrer legten jedoch eine solche Härte an den Tag, wie sich Astrid Lindgren erinnert: »In der dritten Klasse bekamen wir eine junge Lehrerin, die wir schrecklich gern mochten. Sie wohnte im oberen Stockwerk in einem Haus in der Stadt, in dem Haus, wo die Konditorei von Maditas Großmutter war. Wir waren oft bei ihr zu Besuch.

WENN EIN KIND in der Schule Schläge bekam, war Astrid Lindgren völlig aufgebracht, vor allem, weil so etwas bei ihr zu Hause äußerst selten vorkam.

ALLAN EDWALL, dessen »Miiichel – verflixter Bengel« in ganz Lönneberga zu hören war, durfte nun selbst einen Emil, wie Michel im Original heißt, spielen, nämlich Abbe Nilssons Vater, der ständig in die Kneipe verschwindet, wenn er nicht gerade auf der Küchenbank liegt und »spickuliert«. In den Büchern hat er keinen Vornamen, da heißt er nur E. P. Nilsson.

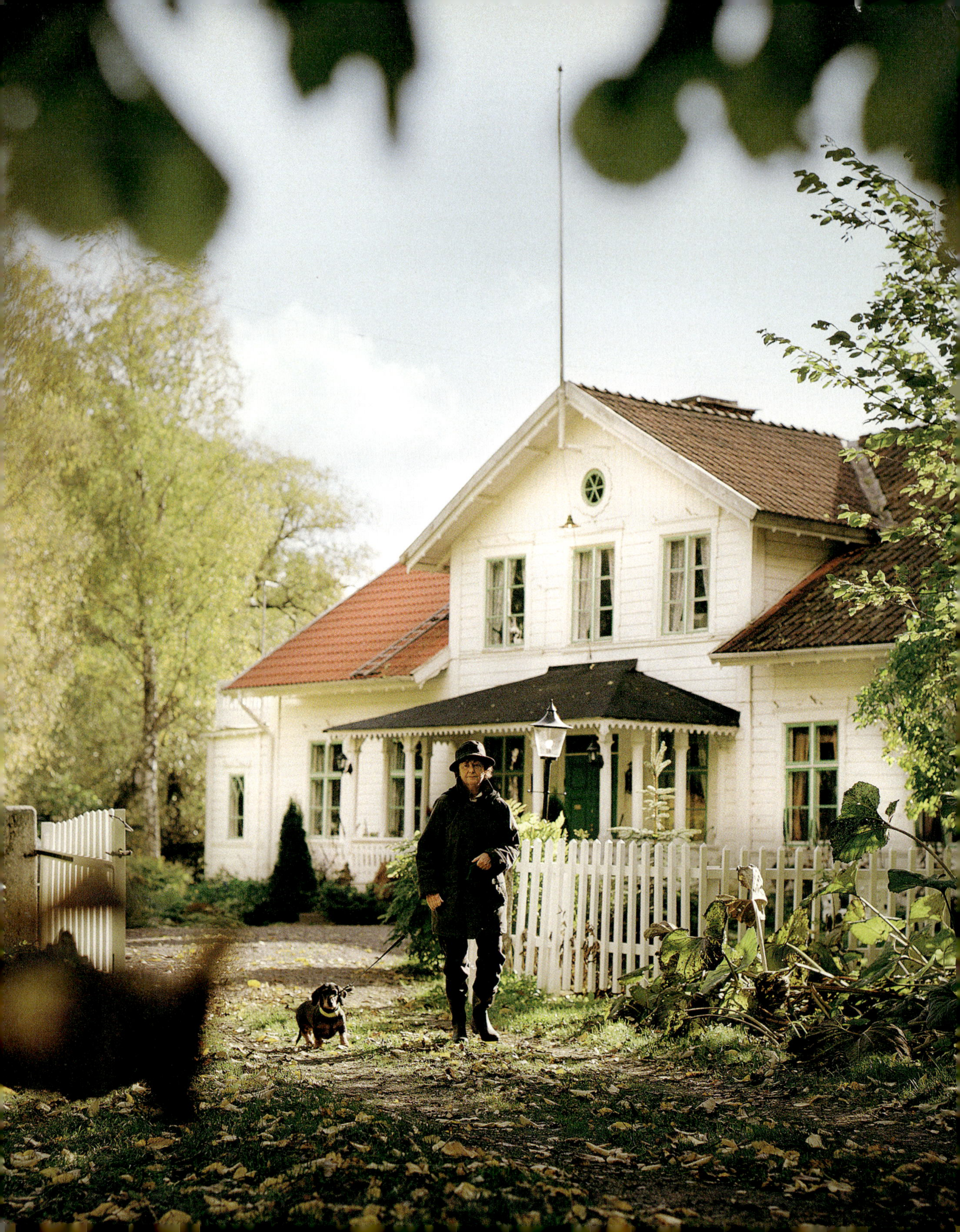

RICHTFEST *bei Maditas »Tuvelyckan«, das sich in unmittelbarer Nachbarschaft von Astrid Lindgrens Elternhaus Näs befand. 1914 war das Vorbild für Birkenlund fertig. Madita kam aus einer »feinen Familie«: Ihr Vater war Bankdirektor und rauchte Zigarre.*

Man stelle sich vor, wir durften aufs Dach klettern und dort sitzen! So etwas vergisst man nie!« (Immer diese Dächer!)

Astrid Lindgren muss, wie Madita, schnell gemerkt haben, dass man bei ihr, die aus einem eher wohlhabenden Hause kam, mehr Nachsicht walten ließ als bei Kindern aus armen oder zerrütteten Elternhäusern. Die soziale Ungerechtigkeit machte sich bis ins Pausenbrot bemerkbar. Als Madita Läuse-Mia ihr Wurstbrot anbietet, antwortet Mia verächtlich: »Lieber fress ich Rattengift. Propp du dir nur deine Brote selber rein, du Plusterpute.«

Wenn Madita und Lisabet am Armenhaus der Stadt vorbeigehen und sehen, wie die kleinen runzeligen Weiblein am Fenster sitzen und ihnen zuwinken, dann hat Astrid Lindgren hier Erlebnisse aus ihrer Kindheit verarbeitet.

Das soziale Engagement findet sich besonders im Nachfolgeband *Madita und Pims*, der Mitte der siebziger Jahre erschien, vor allem in der Figur des Vaters, dem »Feine-Leute-Sozialisten«, dem Idealbild eines Sozialdemokraten. Andere Beispiele, an denen Astrid Lindgrens Gesellschaftskritik deutlich wird, sind das Mitgefühl mit der Familie Nilsson und ihrem versoffenen Vater oder die Wut darüber, wie herablassend die feine Gesellschaft Alva auf dem Herbstball behandelt. Die Bürgermeisterin behandelt die Hausangestellte Alva wie eine Aussätzige. Dass diese zum Schluss ausgerechnet von einem Schornsteinfeger zum Tanz aufgefordert wird, ist sicherlich eine augenzwinkernde

LINKS: *Birkenlund, wie wir es aus der Verfilmung kennen: Järsta gård bei Vattholma in Uppland. Anne-Sophie Arén führt gerade ihren Dackel Fiffi vor dem Hauptgebäude von 1867 aus. Die Familie ihres Mannes Gunnar lebt hier seit fünf Generationen und es gab ein Sägewerk, eine Hobelei, ein Gestüt und eine Brauerei für Bier, Limonade und Dünnbier. Heute kümmern sich zwei Verwandte um die Landwirtschaft, während die Aréns die Gärtnerei mit ihren über siebenhundert Pflanzenarten betreiben.*

DIE SIEBENJÄHRIGE JONNA aus Hökarängen wurde als Madita zum Idol für Hunderttausende kleiner Mädchen.

Anspielung auf ihre Freundin Anne-Marie, die im Gegensatz zu Astrid Lindgren als Backfisch »ständig total verliebt war«, unter anderem eben in einen verheirateten Schornsteinfeger mit einem Haufen Kinder.

Lisabets trotziges »Affenpopo!«, das sie der Bürgermeisterin auf dem Marktplatz hinterherruft, war der passende Kommentar zur scheinheiligen Kleinstadtbürgerlichkeit, die die Nase rümpfte, als die erst siebzehnjährige Astrid unehelich schwanger wurde, laut Astrid Lindgren »ein schlimmerer Skandal als damals, als Gustav Vasa Vimmerby die Stadtrechte entzog«.

Am Marktplatz von Vimmerby, dem »Stora torget«, lag auch die Praxis von Doktor Berglund. Auf der Nordseite des Platzes steht noch heute das Stadshotell; den Gartenpavillon aber, wo der Herbstball stattfand und wo Astrid Lindgren in den zwanziger Jahren oft selber tanzen ging, hat man mittlerweile abgerissen.

Im Herbst 1914 kam Astrid Lindgren in Vimmerby in die Schule. Während der Einschulungswoche brach der Erste Weltkrieg aus, und schon bald hatte *Wimmerby Tidning* die Rubrik »Von den Kriegsschauplätzen« eingeführt. Madita schneidet eine dieser Überschriften aus und schreibt selbst den Text dazu: »IM KRIG IST ES SCHLIM DIE SOLLDAHTEN LIGEN IN DEN SCHITSENGREBN UND FRIRN AN DIE FÜSE« In diesen Jahren erzählt Astrid Lindgren ihren Geschwistern, wie es Madita später für Lisabet tun wird, »von Gespenstern und Mördern und Krieg«.

Die Zeitung, bei der Maditas Vater Redakteur war, war deutlich linkslastiger als *Wimmerby Tidning* (die sich heute *Vimmerby Tidning* schreibt), bei der die erst 16-jährige Astrid Lindgren 1924 nach ihrem Realexamen als Volontärin bei der Lokalredaktion anfangen durfte.

Als *Madita und Pims* 1976 auf den Markt kam, spielte Madita im Lindgren'schen Universum eher eine Nebenfigur. Seit der ersten Buchausgabe 1960 hatte Madita im Schatten von *Bullerbü*, *Saltkrokan*, *Pippi* und *Michel* gestanden. Trotzdem beschlossen Astrid Lindgren und Olle Hellbom, dass es an der Zeit für eine *Madita*-Verfilmung war.

Olle Hellbom hatte schon ein paar Ideen im Kopf, als er kurzerhand beschloss, lieber *Die Brüder Löwenherz* zu verfilmen. Nach den aufreibenden Dreharbeiten hatte er keine Lust mehr, bei *Madita* Regie zu führen. Er wollte Produzent des Films sein, die Regie aber jemand anderem überlassen.

Die Wahl fiel auf den Schauspieler und Regisseur Göran Graffman, den das Königliche Dramatische Theater extra freistellte. Seinetwegen verschob die Produktionsfirma den Drehbeginn auf den Frühling 1978.

Olle Hellboms Sohn Jan erzählt: »Papa hatte die Fernsehserie *Den vita stenen* beeindruckt, die Graffman ein paar Jahre zuvor gemacht hatte. Das Produzieren hat ihm total Spaß gemacht und auch, dass er anderen den Vortritt lassen konnte. Bei *Madita* saß er in seinem Büro am Kungsholmstorg und sah sich abends die Muster an.« Jan Hellbom weiß, dass sein Vater sich den Film anders vorgestellt hatte: »Er wollte den geschichtlichen Zusammenhang deutlicher herausarbeiten und einen stärkeren Fokus auf den Ersten Weltkrieg, den Vater und dessen Arbeit in der Zeitungsredaktion richten. Das wäre ein guter Kontrast zum Zuckersüßen gewesen.«

»Olle und ich sprachen über den Vater und die Zeitungen. Aber dafür war kein Platz«, sagt Göran Graffman, dem am meisten daran lag, die Figuren lebendig und natürlich und die Geschichte so glaubwürdig wie möglich zu gestalten. »In Madita gibt es eine soziale Botschaft, die erhalten werden musste. Aber es gibt auch eine romantische Seite, bloß schlägt die nicht so durch«, sagt er. »Ich weiß, dass Astrid Lindgren gerade die Schilderung der Personen so gefallen hat – weil sie durch und durch menschlich waren. In *Madita* ist ein Teil ihrer eigenen Kindheit bewahrt, der in den anderen Filmen nicht so herauskommt.«

Der Film sollte laut Drehbuch »im Småland der zwanziger Jahre« spielen. Zu Beginn der Dreharbeiten änderte man die Zeitangabe auf 1915, dem Zeitpunkt, als Astrid Lindgren sieben Jahre alt war.

»Man drückte mir ein Drehbuch in die Hand und ich schätze, dass Olle Hellbom seine Finger mit im Spiel hatte«, erzählt Göran Graffman. »Ich hatte mehrere Treffen mit Astrid Lindgren, wir lernten einander kennen und besprachen ein paar von meinen Filmideen. Ich hatte natürlich die Bücher sorgfältig gelesen und Margareta Strömstedt vermittelte mir ein Bild von den Hintergründen für *Madita*.« Graffman verbrachte ein paar Monate damit, minutiös das Drehbuch durchzuarbeiten.

Nach einem Vorschlag von Olle Hellbom und Astrid Lindgren besetzte Graffman die Rolle von Abbes Vater mit Allan Edwall. Mit seiner fabelhaften Interpretation des gleichermaßen sorglosen wie trinkfreudigen Nachbarn Nilsson hat Allan Edwall entscheidend den Charakter des Films geprägt.

Von den zweitausend Bewerberinnen um die Rolle der Madita fiel

JONNA LILJENDAHL hat nach **Madita** die Schauspielerei an den Nagel gehängt. Heute ist sie verheiratet, hat zwei Kinder und arbeitet in einer Werbeagentur.

DIE TIGER MOTH, das Flugzeug, in dem der Bürgermeister nach all den Loopings in die Hose macht, wurde von Emilio Azcarate geflogen. Drei Jahre später kam der Pilot bei einem Flugzeugabsturz auf einer Flugschau ums Leben.

WENN GEDREHT WURDE, heulte eine Sirene, die man auf den Schornstein von Birkenlund montiert hatte. Weil die Kinder in fast jeder Szene dabei waren, drehte man nur kurze Einstellungen, damit sie keinen Text lernen mussten.

WEIL SIEBENJÄHRIGEN *gerne mal die Zähne ausfallen, ließ man vorsorglich Reservezähne für Madita und Lisabet anfertigen. Keine dumme Idee, wie sich herausstellte, als Liv ihre Vorderzähne verlor. In manchen Szenen sieht man, wie sie ihre Oberlippe herunterzieht, um ihre beiden künstlichen Zähne zu verstecken.*

RECHTS: *Für Jonna Liljendahl und Liv Alsterlund ging ein Traum in Erfüllung: Jeden Tag durften sie Prinzessinnenkleider tragen, wurden eingekleidet und frisiert. In den Drehpausen wurde viel herumgealbert und Krach gemacht. Weil Liv sich gern versteckte, mussten die Dreharbeiten manchmal unterbrochen werden und das gesamte Filmteam losziehen, um sie zu suchen.*

die Wahl auf die siebenjährige Jonna Liljendahl aus Hökarängen. Beim Casting hatte man auch schon eine geeignete Lisabet im Blick. »Aber als wir die Eltern trafen, war uns schnell klar, dass sie sich zu sehr einmischen würden. Deshalb mussten wir uns für eine andere Bewerberin entscheiden. Liv Alsterlund, die stattdessen ausgewählt wurde, war ja ein guter Griff«, sagt Göran Graffman.

Seit der Arbeit an *Den vita stenen* war ihm klar, dass Kinder dann am besten spielen und sich am natürlichsten bewegen, wenn die Umgebung so stimmig und vollständig wie möglich ist. »Es dauerte, bis wir ein großes Holzhaus fanden, das von Wasser umgeben war, aus der richtigen Epoche stammte, das wir benutzen und außerdem umbauen durften.« Nachdem man rund zweihundert Häuser in Augenschein genommen hatte, stieß man endlich auf Järsta gård in der Nähe von Vattholma, nördlich von Uppsala.

Wenn man auf den Kieshof einbiegt, nimmt einen die besondere Stimmung augenblicklich gefangen. Hier besaß ein Vorfahre Gustav Vasas bereits im Jahr 1280 eine Mühle, und die mittelalterliche Steinbrücke führt noch heute über den brausenden Vendelån, auf dem Madita und ihre Familie mit dem Dampfschiff unterwegs waren.

Der Fluss ist mit Krebsen und Edelfischen bevölkert und der hektargroße Garten prunkt mit Obstbäumen, Beerenbüschen und Gartenland. Und vor allem Blumen. Gunnar und Anne-Sophie Arén, die den Hof in der fünften Generation bewirtschaften, betreiben eine Gärtnerei mit siebenhundert verschiedenen Blumenarten.

Endlich hatte man einen passenden Wohnort für Madita und ihre Familie gefunden. Im Vorfrühling 1978 nahm das Filmteam die 400 Quadratmeter große Holzresidenz in Beschlag und begann mit dem Umbau, der insgesamt 250 000 Kronen kosten sollte.

»Das Haus in Järsta wurde total umgekrempelt und monatelang haben wir nur drinnen herumgewerkelt. Die Stromleitungen und alles, was sonst noch modern war, wurden entfernt. Wir mussten jedes einzelne Zimmer umgestalten – Küche, Wohnzimmer, Veranda, Flur, Kinderzimmer –, aber trotzdem war es billiger, als im Studio zu drehen. Es waren recht große Räume, und das war das Wichtigste«, erzählt die Requisiteurin Tove Hellbom.

Aus der Zeit der Dreharbeiten stammen noch einige Tapeten und die Paneele in der Küche. Geblieben ist auch die gläserne Veranda, auf der sich Madita und Lisabet gegenseitig entlaust haben. Draußen aber hat sich in den letzten 25 Jahren einiges verändert.

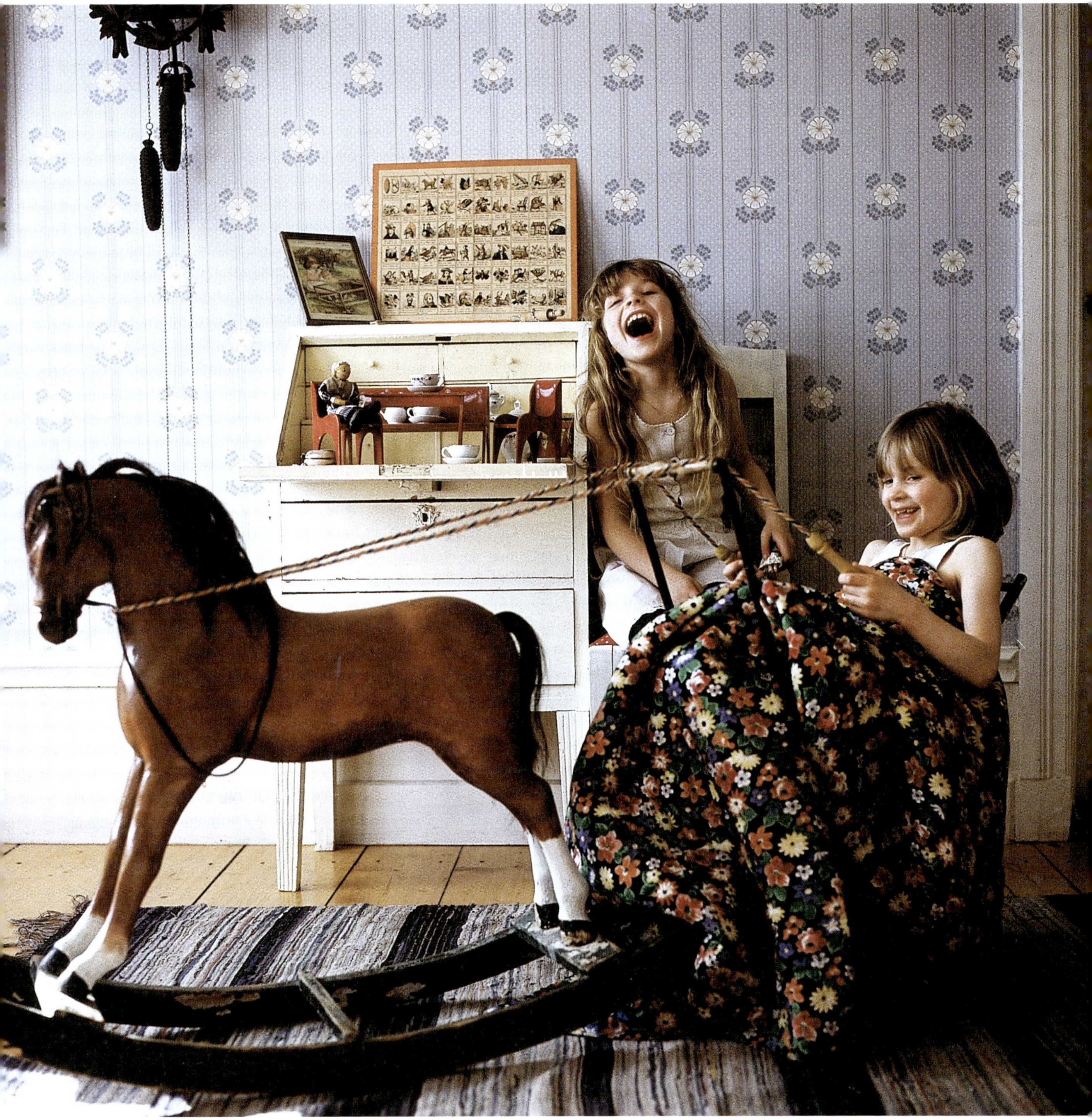

MADITA UND IHRE FAMILIE *machen einen Ausflug mit der Eisenbahn. Die Dampflok ist eine Museumseisenbahn von 1909.*

DIE HAUPTDARSTELLERIN JONNA LILJENDAHL bekam nicht nur die Masern. Eine Woche lang musste sie wegen eines undefinierbaren Muskelvorfalls im Krankenhaus liegen. »Die Winterszene, wo Liv Schlitten fährt und wir Läuse-Mia und Mattis treffen, wurde in der Woche gedreht. Da gibt es ein Double für Madita, mit Perücke. In der Szene sieht man mich nie von vorn.«

OBWOHL MAN nur 5–10 Kinder als Statisten für die Stadtszenen in Söderköping benötigte, bewarben sich über 200 Kinder. Als man allerdings rund hundert alte Leute für die Marktszenen brauchte, meldete sich kein einziger Interessent. Auf dem Weg zum Stadshotell traf das Filmteam auf zwei ältere Leute, die vom Fleck weg engagiert wurden. Dann musste man weiterhin die Straßen durchkämmen, bis man genügend ältere Einwohner von Söderköping zusammengetrommelt hatte.

Der Bootsanleger, an dem Linus-Ida (Sif Ruud) Teppiche gescheuert hat, existiert nicht mehr, und auch vom Nachbarhaus der bedauernswerten Familie Nilsson ist keine Spur mehr zu sehen. Man hatte vertraglich vereinbart, dass das rote Holzhaus, das eigens gebaut wurde, nach Ablauf der Dreharbeiten wieder abgerissen werden sollte. Der Bau war keine bloße Kulisse, sondern hier entstanden sämtliche Außen- und Innenaufnahmen mit den Nilssons. In den Drehpausen konnte man Allan Edwall dabei beobachten, wie er es sich vor seiner ziemlich maroden Hütte in Frau Aréns Liegestuhl gemütlich machte.

Heute liegt an dieser Stelle ein großer Seerosenteich, an dessen Ufer Iris, Purpurdost und Funkien blühen. Verschwunden ist auch der weiße Gartenzaun, wo Abbes Vater das Fuchseisen aufstellte, in dem er nach einer durchzechten Nacht dann selber festsaß. Dafür steht noch das alte Waschhaus am Fluss, in dem Abbe alias Graf Krähenkralle herumspukte und wo Madita auf dem Dachfirst herumbalancierte. Für diese Szene hatte man das Dach des Schuppens abgesenkt und Jonna Liljendahl landete nach ihrem Sprung auf dicken Matratzen.

Liv Alsterlund, die Darstellerin der Lisabet, feierte zu Beginn der Dreharbeiten im Mai 1978 ihren siebten Geburtstag. Ihr sind noch viele Szenen in Erinnerung: »Als wir auf den Bäumen saßen und unter uns die Stiere waren, am Geburtstag der Mutter. Darin herumzuklettern und da oben zu sitzen hat echt Spaß gemacht. Oder als wir nach dem Entlausen Fleischbällchen gegessen haben. Sie wurden kalt und mussten aufgewärmt werden, auf einer kleinen Kochplatte. Essen bei den Dreharbeiten war lustig, weil nicht dieselbe Disziplin von einem verlangt wurde wie sonst.

Ich kann mich noch an die Anfangsszene zu einem der Filme erinnern, als Lisabet und Madita sich in ihrem Zimmer über Kannibalen unterhalten. Es war eine lange Szene, für die wir manche Abschnitte auswendig lernen mussten. Sonst drehte man oft Szenen, die so kurz waren, dass man immer nur einen Satz zur Zeit lernen musste«, erzählt Liv.

Denn es kann sich durchaus rächen, seinen Text zu vergessen. In der Szene mit Moses im Schilf, als die Mädchen im Schlundloch versinken, sollte Lisabet auftauchen und sagen: »Das sag ich aber Mama.«

»Weil ich es ein paarmal vergessen hatte, mussten wir die Szene von vorn drehen und wieder ins Wasser steigen. Es war kein Sommer mehr und dementsprechend saukalt«, erzählt Liv weiter.

Eine andere spannende Szene war, als Lisabet auf Schlittenkufen durch den Wald fuhr. »Wir drehten bei Einbruch der Dämmerung und es war richtig kalt. Nach jeder Einstellung nahm mich Inger Pehrsson, die für die Kostüme zuständig war, mit einem Steppmantel in Empfang. Den hatte sie extra genäht, damit ich nicht auskühle.«

An den ersten Drehtag hat Jonna Liljendahl eine ganz besondere Erinnerung: »Ich bin morgens davon wach geworden, dass Liv sich über mich beugte und sagte: ›Haha, du hast ja Punkte im Gesicht!‹ Ich hatte die Masern.«

In solchen Notlagen konnte man Astrid Lindgren anrufen, die in Windeseile das Drehbuch änderte. Lisabet übernahm fast den gesamten Text von Madita. Während der Dialoge war Liv im Bild, wobei ein anderes Mädchen, das man in Maditas Kleider gesteckt hatte, mit dem Rücken zur Kamera stand.

»Astrid war unschlagbar«, sagt der Produktionsleiter Waldemar Bergendahl. »Wenn es Probleme gab, sagte sie nur ›Lass mich mal überlegen‹ und kam zwei Stunden später oder am Tag danach mit neuen Ideen zurück, die allesamt sehr gut umsetzbar waren. Sie dachte in Bildern.«

Ebenso wie Lisabet »apselut« auch eine Gehirnerschütterung wie Madita haben will, eiferten sich die beiden kleinen Schauspielerinnen in allem nach.

»Meine Kleider waren tailliert und ich war immer neidisch auf Livs Kleider ohne Taille, mit denen sie sich so toll drehen konnte«, erinnert sich Jonna. Weil sie es ungerecht fand, dass Liv in einer Szene nackt draußen herumtobte, quengelte sie so lange, bis sie mitspielen durfte. Und natürlich wollte Liv auch auf dem Dachfirst balancieren: »Jonna durfte auf eine dicke Matte hüpfen, weil es so aussehen sollte, als würde sie mit einem Regenschirm vom Dach springen. Das durfte ich auch probieren. Es hat Spaß gemacht«, erzählt Liv.

Jonna hat nur positive Erinnerungen an die Dreharbeiten zu *Madita*: »Für ein kleines Mädchen war es ja der Traum, Prinzessinnenkleider zu tragen und jeden Tag frisiert zu werden. Wir wurden wirklich verwöhnt.«

Nicht alle Szenen konnten in Vattholma abgedreht werden. Die Stadtszenen entstanden in Söderköping und den Drehort für den Ball des Bürgermeisters entdeckte Waldemar Bergendahl in Forsbacka bei Gävle. In Scharen brachte man Statisten dorthin, unter ihnen auch Familie Arén, in deren Haus in Järsta gedreht wurde. »Das war meine lustigste Urlaubswoche«, sagt Gunnar Arén. »Aber ich musste

IN JÄRSTA hatte man mit enormen Tonproblemen zu kämpfen. Die Flugroute der Fliegergruppe F16 in Uppsala führte direkt über das Gebäude und pro Tag war mit rund hundert Starts zu rechnen. Das Filmteam konnte die Fliegergruppe überreden, zeitweilig ihre Flugzeiten und die Flugroute zu ändern. Der Produktionsleiter Sven-Gösta Holst stand im Kontakt zum Tower und gab grünes Licht, wenn die Szenen im Kasten waren.

ALS PRAKTISCHE KRUX stellte sich der Fluss heraus – und zwar wegen der Dampfbarkasse, auf der Maditas Familie mitfährt. Damit sie überhaupt auf dem Fluss fahren konnte, wurde der Wasserlauf eingedämmt, um den Wasserspiegel zu erhöhen. Ausgerechnet in diesem Sommer kam es jedoch zu ungewöhnlich starken Regenfällen – und plötzlich hieß es Hochwasseralarm in Järsta. Das Filmteam musste am Wochenende anrücken, die Sandsäcke wegräumen und den Garten vor Überflutung retten.

MADITAS SCHULE sind in Wirklichkeit zwei Gebäude, die beide auf dem Svartsjölandet im Mälaren liegen. Die Fassade filmte man an der alten Schule in Sånga-Söby. Weil dort aber die örtliche Webgruppe für keinen Preis der Welt ihre Webstühle wegräumen wollte, drehte man die Innenaufnahmen in einer Schule in Hilleshög. Für die Szene, in der Madita auf dem Schuldach herumspaziert, stellte man einen Nachbau des Daches zu ebener Erde auf, und ein Double übernahm Maditas Rolle.

IN DER SPIELFILMVERSION von *Madita auf Birkenlund* fehlen einige Episoden aus der Fernsehserie, zum Beispiel, wie Madita und Lisabet »Moses im Schilf« spielen, wie Frau Nilsson ihren Körper im Falle ihres Todes für 250 Kronen an Doktor Berglund verkauft, es aber bereut; sowie »Weihnachten auf Birkenlund«, wo Lisabet hinten auf einem Schlitten heimlich in den verschneiten Winterwald mitfährt.

DER REGISSEUR Göran Graffman gab sich selbst in *Madita* eine kleine Nebenrolle: den Fotografen Backman. Er wirkte auch in der nächsten Astrid-Lindgren-Verfilmung mit, *Rasmus und der Vagabund*, Olle Hellboms letztem Film. Dort spielte er den Landstreicher mit dem Papagei.

EIN DEUTSCHER ÜBERSETZER machte aus Maditas Armen »kleine, dicke Arme«. Astrid Lindgren bat daraufhin den Verlag, den Kerl auszuwechseln, denn »dicke Arme hat Madita weder in Deutschland noch in Schweden«.

AUF DER PRESSEKONFERENZ vor den Dreharbeiten wurden Jonna und Liv gefragt, warum sie sich beworben hatten: »Unsere Mamas wollten das. Und außerdem kann man gut Geld verdienen«, sagte Jonna. »Wir kriegen bestimmt 20 000«, fügte Liv hinzu. »Die bring ich auf die Bank und wechsel sie in Einkronenstücke. Meinst du, die haben so viele?«, fragte Jonna.

anderthalb Tage lang in einem fort Zigarre rauchen.« Seine Frau Anne-Sophie musste beim Festessen zwischen dem Pastor und dem Bürgermeister Platz nehmen: »Vier Tage lang aßen wir Hummer und Birnen in Kognak«, erzählt sie.

Die Arztpraxis und die Zeitungsredaktion baute man im Studio von EUROPA-FILM in Bällsta nach. Das Schulgebäude fand man auf einer Insel im Mälarsee und das Feuer zur Walpurgisnacht entfachte man bei Smådalarö gård. Die Szene mit der Flugschau drehte man auf einem Flugplatz bei Enköping. Göran Graffman war für das Warming-up der Statisten zuständig: »Ich hab den Clown gespielt und herumgekaspert, um sie zum Lachen zu bringen. Als Regisseur muss man alles geben.«

An die Affenhitze bei den Dreharbeiten erinnert sich Fredrik Ohlsson, der den Bürgermeister spielt: »Die Statisten auf dem Flugplatz trugen Kleider aus grobem Wollstoff. Viele alte Leute waren dabei. Es war so heiß, dass die Leute in Ohnmacht fielen und sich zu Hunderten aus dem Staub machten. Ich selbst steckte zwar in einer wuchtigen Lederuniform, aber ich durfte fliegen, wodurch ich Abkühlung bekam.«

Alle Beteiligten lassen leise durchblicken, dass der Regisseur sein Handwerk wohl verstand, aber die Zusammenarbeit mit ihm nicht so viel Spaß gemacht hat. »Ich weiß«, sagt Göran Graffman. »Mir haben die Dreharbeiten zwar selbst meistens Freude gemacht, aber ich hatte keinen Regieassistenten, der die Kommandos übernahm. Es war anstrengend, Polizist und Regisseur in einer Person zu sein. Das ist nicht meine Stärke.«

Ab und zu arbeitete man unter großem Zeitdruck, obwohl immerhin 165 Drehtage angesetzt waren. »Das ist sehr viel«, sagt Graffman. »Aber ich brauchte eine gründliche Vorbereitung. Und mit Kindern zu drehen braucht Zeit. Sie können die Dialoge nicht lange im Voraus lernen, sondern man schlägt ihnen vor, was sie sagen können, damit es nicht zu steif wird. Ein solcher Prozess ist zeitraubend.«

Das eingeschworene Filmteam vom Kungsholmstorg sehnte sich nach den Tagen zurück, als Olle Hellbom abends mit ihnen zusammensaß und sie mit Geschichten und Späßen unterhielt. »Ja, das stimmt«, sagt Graffman. »Ich hatte keine Möglichkeit, mich zu entspannen. Wenn der Drehtag zu Ende war, aß ich etwas und dann saß ich abends allein und bereitete die Einstellungen für den nächsten Tag vor. Mit ihnen einen Whiskey zu trinken – das hätte ich nicht zustande gekriegt, nicht, weil ich nicht gewollt hätte, aber nicht jeder hat diese soziale Begabung, und als Regisseur eines so großen Films steht man unter einem solchen Druck, dass es schwer zu vereinbaren ist.«

Während sich das Team bei früheren Astrid-Lindgren-Verfilmungen oft einvernehmlich über die Vorgehensweise abgesprochen hatte, kamen nun vom Regisseur klare Anweisungen. »Ich komme von außen und bin im Grunde kein Filmmensch«, erläutert Göran Graffman. »Vor Ort zu improvisieren ist nicht mein Ding. Wenn ich die Kontrolle behalten will, muss ich das Gefühl haben, ich hab den Film im Griff – und das ist manchmal für beide Seiten nicht ganz einfach. Außerdem kommt den Leuten meine Art wohl auch etwas zu hart vor, ich bin nicht so der softe, familiäre Typ. Im Nachhinein hab ich begriffen, dass manche Leute unzufrieden waren. Aber es hat funktioniert. Der gesamte technische Stab hat sich mir und der Produktion gegenüber sehr loyal verhalten.« Schließlich komme es auf das Endergebnis an, wie er betont. Und da pflichten ihm die übrigen Beteiligten bei: Das Ergebnis kann sich sehen lassen! Das ist nicht zuletzt das Verdienst des grandiosen Kameramanns Jörgen Persson. Natürlich hat der eine oder andere Filmkritiker angesichts der »idyllischen und farbenfrohen Seifenblase« die Nase gerümpft, aber dank der komplexen Charaktere gelang dem Film der Balanceakt zwischen Sozialkritik und einem glatten Carl-Larsson-Postkartenbild.

Göran Graffman betont, dass die Zusammenarbeit mit Olle Hellbom gut geklappt hat: »Er hat mir vertraut und mir freie Hand gelassen. Anfangs war er in Söderköping mit dabei, und nachdem er sich die Aufnahmen angesehen hatte, war er sehr zufrieden. Gegen Ende gab es einen kleinen Knatsch zwischen Olle und mir wegen der Szenen, wo sie Mittsommer feiern und die Stiere kommen. Sie hätten im Frühsommer gedreht werden sollen, aber jetzt hatten wir Ende Oktober. Wir waren müde und ich wollte einen Ort finden, an dem noch Sommer war, aber das war nicht zu finanzieren. Da wurde ich etwas grantig.«

Zwar muten die Mittsommerbilder recht herbstlich an, dafür wurden aber die Dreharbeiten wie geplant beendet – vor allem dank des Produktionsleiters Waldemar Bergendahl. »Er war wirklich unglaublich«, sagt Jan Hellbom. »Wenn wir ein Budget über 100 000 Meter Film hatten, sorgte er dafür, dass am Ende 99 000 produziert wurden. Er hatte einen enormen Überblick und war unglaublich routiniert.«

Aus dem Material entstanden eine sechsteilige Fernsehserie, die ab Oktober 1979 im schwedischen Fernsehen lief, und der Spielfilm *Madita*, der im Dezember 1979 in die schwedischen Kinos kam.

MADITAS MANTRA »Ätsch, Pustekuchen« ist ein Ausdruck, den Astrid Lindgren aus ihrer Kindheit in Vimmerby kannte.

DIE KATZE GOSAN hatte man sich aus dem Stockholmer Freilichtmuseum und Tierpark Skansen ausgeliehen.

1996 WURDE das Märchenmuseum Junibacken, wie Birkenlund im Original heißt, in Stockholm eingeweiht. Astrid Lindgren war dabei: »Das ist ein schöner Name für etwas, das Kindern Spaß machen soll. Astrid-Lindgren-Museum, nein, als das jemand vorschlug, habe ich es entschieden abgelehnt.«

DIE PRODUKTIONSKOSTEN der *Madita*-Filme beliefen sich auf 8 Millionen Schwedische Kronen. Für den internationalen Markt schnitt man das Material zu einer zehnteiligen Fernsehserie zusammen. Schon im Vorfeld konnte man sie in viele Länder verkaufen, nach Dänemark, Norwegen, Finnland, die Bundesrepublik Deutschland, Österreich, Schweiz, Italien, Spanien, die Niederlande, Luxemburg und Belgien.

SEBASTIAN HÅKANSSON *alias Abbe war schon als Siebzehnjähriger ein alter Hase im Filmgeschäft. Später verschrieb er sich der Rockmusik, schauspielerte und arbeitete in einem Plattenladen und als DJ.*

Madita war ein großer Erfolg und mit einem Mal wollten Tausende von Mädchen unbedingt Puffärmel, Rüschenschürzen und Schleifen im Haar tragen. Viele Kinder holten sich blaue Flecken bei Sprungexperimenten mit Regenschirmen, und etlichen kleinen Geschwistern mussten Erbsen aus der Nase geholt werden.

Zwar war nie von einem zweiten Film die Rede gewesen, doch Olle Nordemar schnitt die Fernsehserie zu einer neuen Spielfilmfassung zusammen, die im Oktober 1980 in die Kinos kam: *Madita auf Birkenlund*.

Dafür hat Göran Graffman immer noch kein Verständnis: »Sie hatten ja die Rechte am Material und konnten damit machen, was sie wollten, aber mir hat es gar nicht gefallen. Ich war nicht an diesem zweiten Film beteiligt und habe das Ergebnis nicht genehmigt. Ich hatte daran gearbeitet, dass die Abschnitte funktionieren – und das alles dann so zusammengeschnitten zu sehen … Ich glaube, ich bin nicht mal gefragt worden, ich hatte damals einen Job in New York und habe es erst hinterher erfahren.«

Göran Graffman hat seitdem wieder am Königlichen Dramatischen Theater gearbeitet, hat bei Fernsehspielen und Operninszenierungen Regie geführt. Dass die Kinderfilme ein Abstecher in seiner Karriere sind, findet er ganz und gar nicht: »Überhaupt nicht. Sie haben in meinem Leben eine wichtige Rolle gespielt. Viele Leute erinnern sich mit Freude an sie zurück – und im Unterschied zu meiner Theaterarbeit sind sie noch erhalten. Ich bin zufrieden. Sicher gab es anfangs Kritik an der Fernsehserie *Madita*«, sagt er. »Einige fanden sie zu watteweich. Olles Filme waren komischer, während ich mehr Wert auf die Gestaltung der Charaktere gelegt habe. Ich glaube, mit der Zeit wissen die Leute meine Darstellung von *Madita* zu schätzen. Jedenfalls, das lässt sich durchaus sagen, war alles sehr durchdacht.«

Göran Graffman verschwendete kaum einen Gedanken daran, dass er nach den Nationalwerken *Saltkrokan*, *Pippi* und *Michel* den Staffelstab übernahm. »Nee … Für mich war es einfach eine tolle Sache, für SVENSK FILMINDUSTRI zu arbeiten, einen 35-mm-Film zu drehen, mit einem der besten Kameramänner Schwedens zusammenzuarbeiten und den Kontakt zur Filmwelt zu bekommen, den ich nie hatte. Und die Begegnungen mit Astrid waren fantastisch, wir hatten unglaublich interessante Gespräche.«

Bei der nächsten Astrid-Lindgren-Produktion, *Rasmus und der Vagabund*, nahm Olle Hellbom wieder im Regiestuhl Platz. Es wurde sein

Finale als Regisseur und seine letzte Zusammenarbeit mit den Freunden Astrid Lindgren und Allan Edwall.

Allan Edwall spielte seitdem Theater, schrieb, führte Regie und verkörperte 1984 mit Glatzen-Per in *Ronja Räubertochter* zum letzten Mal eine Astrid-Lindgren-Figur. 1986 gründete er ein eigenes Theater in Stockholm, das er bis zu seinem Tod 1997 leitete.

Liv Alsterlund arbeitete weiter als Kinderschauspielerin. Später hat sie Theater gespielt und in einer Fernsehserie mitgewirkt, bevor sie an der Stockholmer Universität ein Studium der Medienwissenschaften begann.

Wie für viele andere Kinder in ihrer Situation folgte für Jonna Liljendahl auf die Dreharbeiten eine schwere Zeit. Keinen Schritt konnte sie machen, ohne erkannt zu werden. Zwar beantragte sie ein paarmal eine neue Telefonnummer, aber Ruhe hatte sie trotzdem nicht: »Am schlimmsten war es als Teenager. Da habe ich es wirklich bereut, mitgemacht zu haben. Es hat keinen Spaß gemacht, im Jugendzentrum so sein zu wollen wie die anderen, während alle nur mit Madita sprechen wollten. Ich wollte nichts mehr mit ihr zu tun haben. Und man hat sofort gemerkt, ob die Leute nur mit einem befreundet sein wollten, weil man den Film gemacht hat.«

Heute ist Jonna verheiratet und Mutter zweier Kinder. Als Projektleiterin in einer Werbeagentur hat sie es nie bereut, dass sie die Schauspielerei an den Nagel gehängt hat. »Ich muss mich nicht exponieren. Aber heute bin ich froh, dass ich die Ehre hatte, Madita spielen zu dürfen. Außerdem ist es ja schön, ein Fotoalbum in bewegten Bildern von sich selbst als Siebenjähriger zu haben.«

Dass ihre Mama früher mal Madita gespielt hat, interessiert Hugo und Moa kaum. »Jetzt, wo ich eine fünfjährige Tochter habe, die auf Prinzessinnenkleider und auf Rosa steht, dachte ich, vielleicht mag sie ja *Madita*. Zum ersten Mal seit den Dreharbeiten habe ich das Buch hervorgeholt. Aber als ich zwei Seiten gelesen hatte, schrien beide Kinder: ›Lies was anderes!‹«

Als *Madita* im Fernsehen lief, waren Hugo und Moa auch nicht beeindruckt. »Nein«, sagt Jonna mit einem Seufzer. »Sie wollen nur Zeichentrick sehen.«

MADITA

Regie: Göran Graffman
Produzenten: Olle Nordemar und Olle Hellbom
Drehbuch: Astrid Lindgren
Premiere: 14. Dezember 1979
Besetzung: Jonna Liljendahl (Madita), Liv Alsterlund (Lisabet), Monica Nordquist (Mutter), Björn Granath (Vater), Lis Nilheim (Alva, die Haushilfe), Birgitta Andersson (Frau Nilsson), Allan Edwall (Herr Nilsson), Sebastian Håkansson (Abbe), Sif Ruud (Linus-Ida)
Handlung: Madita findet es gemein, dass die arme Mia in der Schule vom Oberlehrer geschlagen wird und dass die Bürgermeisterin die Hausangestellte Alva schneidet. Bei der Flugschau überlässt sie ihren kostbaren Platz im Flugzeug dem Nachbarjungen Abbe, ihrem heimlichen Schwarm.

MADITA AUF BIRKENLUND

(auch: *Madita und Pim*)
Premiere: 18. Oktober 1980
Handlung: Abbe lässt es im Waschhaus spuken. Lisabet steckt sich eine Erbse in die Nase, Madita springt mit einem Regenschirm vom Dach und bekommt eine Gehirnerschütterung.

Wiesu tut sie su? – Ronja Räubertochter

Von Börje Ahlstedt, der Ronjas Vater Mattis gespielt hat, ist die Anekdote überliefert, wie er in einem Moskauer Hotel einer Prostituierten begegnet ist. Der Schauspieler erzählt: »Sie hat sich ja fast entblößt. Und sie sah richtig gut aus. Ehrlich gesagt, hat es mir geschmeichelt, dass sie sich von unserer Truppe ausgerechnet mich ausgesucht hat.«

»Wo kommst du her?«, fragt die junge Frau.

»Aus Stockholm.«

»Aus dem Vasaviertel?«

»Nee, nicht aus dem Vasaviertel, ich …«

»Vasaviertel! Karlsson vom Dach!«

Prompt schwindet Börje Ahlstedts gutes Gefühl, der Auserwählte zu sein. Zwar ist er mittlerweile selber ein grundgescheiter und gerade richtig dicker Mann in den besten Jahren, aber dass eine junge Frau ihn nur deshalb attraktiv findet, weil er einem kleinen egozentrischen Herrn mit einem Propeller auf dem Rücken ähnelt, findet er dann doch weniger schmeichelhaft.

»In dem Moment fiel mir ein, dass ich ja tatsächlich mal Karlsson auf der Bühne gespielt habe. Da hat sie sich fast gar nicht mehr eingekriegt.«

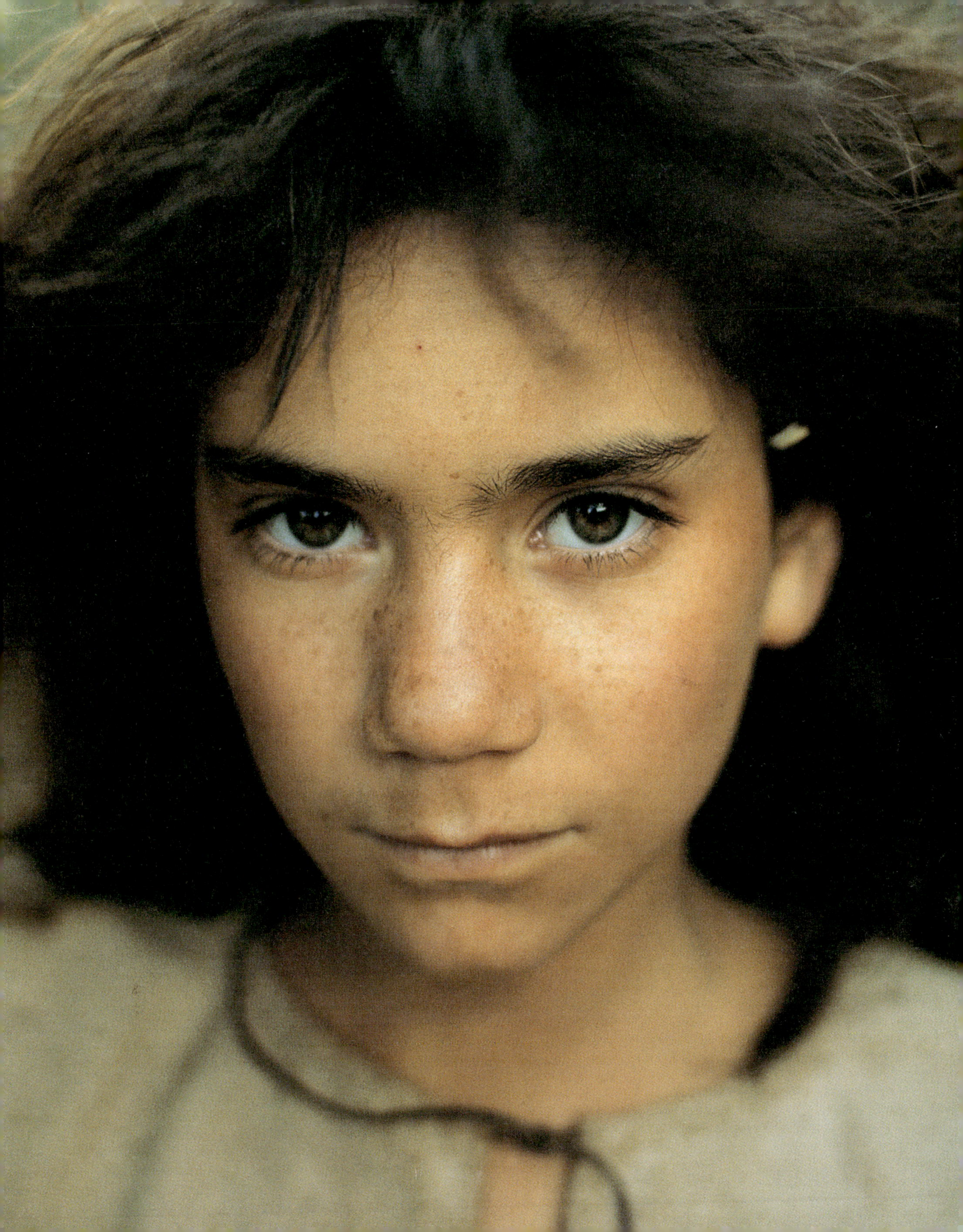

Große Augen macht die junge Frau aber erst recht bei seiner nächsten Bemerkung. Was hat dieser merkwürdige Schwede gerade gesagt?

»Übrigens hab ich Ronjas Papa im Film gespielt. Kennst du den?«

Die junge Frau ist sprachlos. Das ist der Papa von Ronja Räubertochter? Wirklich? Dann streckt sie die Hand aus, nimmt den verblüfften Börje Ahlstedt an die Hand, steuert mit ihm auf das Hotelfoyer zu und sagt mit glänzenden Augen: »Heute Abend mache ich es dir umsonst.«

Ronja Räubertochter erzählt eine Romeo-und-Julia-Geschichte über die Kraft der Liebe in einer Welt voller Hass und Feindschaft. In einer dunklen, stürmischen Nacht kommt die kleine Ronja zur Welt. Sie wächst heran, ohne sich Gedanken über die Einnahmequellen der Räuberbande zu machen, bis sie eines Tages dem rothaarigen Birk begegnet, Sohn des ältesten Erzrivalen ihres Vaters. Am Ende siegt die Liebe der beiden jungen Leute über die Sturheit, Dummheit und die Rachegelüste der Erwachsenen.

Astrid Lindgren war 72 Jahre alt, als sie *Ronja Räubertochter* in Angriff nahm. Zwei Jahre dauerte die Arbeit an dem Buch, und später sollte die Autorin erzählen, wie sie oft über ihren alten Schulatlas gebeugt saß und ihren Zeigefinger immer weiter in Richtung Norden über die Landkarte fahren ließ. Schließlich sollten die Namen der Personen und Schauplätze echt und uralt klingen.

Danach setzte sie sich wie üblich im Morgengrauen mit einem Kissen im Rücken in ihrem Bett hin (»Ich habe immer gutes Sitzfleisch gehabt«) und stenografierte die Geschichte in ihre Kladde. »Dann hab ich die erste Version gelesen und gedacht: Wie kann ich so etwas Schlechtes schreiben!« Aber das dachte sie immer.

Der schwedische Schriftsteller Göran Tunström hat berichtet, wie er erst 450 Seiten schreibt und »dann fängt die richtige Arbeit an; dann streiche ich den Text auf 280 Seiten zusammen«. Auch Astrid Lindgren war zeitlebens ihrem eigenen Text gegenüber eine unbarmherzige Lektorin. Ob deshalb die Zusammenarbeit mit Olle Hellbom so gut geklappt hat? In den vergangenen zwölf Jahren hatten Olle Hellbom und Astrid Lindgren zehn Filme und drei Fernsehserien geschaffen, eine beeindruckende Produktion. Aber nun kam eine Nachricht, die für alle ein Schock war. Olle Hellbom war unheilbar krank. Als er endlich ins Krankenhaus kam, hatte der Krebs schon von seinem geschwächten Körper Besitz ergriffen.

»**FÜR MICH GIBT ES** keinen Unterschied zwischen Buch und Film«, sagte Astrid Lindgren in einem deutschen Interview 1992. »Die Kinder lesen das Buch und sehen den Film. Sie sehen so viele schreckliche Dinge im Fernsehen, deshalb glaube ich, dass sie meine Filme brauchen.«

Irgendwie war es typisch, dass der Mann, der einen Großteil seiner Kindheit im Krankenbett verbringen musste, nun um jeden Preis die Weißkittel vermeiden wollte. Als in seiner Kindheit eine Mittelohrentzündung das gesamte Lymphsystem angriff, biss der kleine Olle die Zähne zusammen und flüchtete sich in Tagträume und Fantasiewelten. Damals hatte Olle Hellbom gelernt, körperliche Beschwerden zu ignorieren. Zwar hatten ihm in den vergangenen Jahren fürchterliche Magenschmerzen zu schaffen gemacht, die hatte Olle Hellbom aber ebenso gekonnt verdrängt wie den Stress, den er nicht an sich herankommen ließ. Außerdem liebte er doch seine Arbeit über alles.

Sein Kollege Mats Arehn meint, Olle Hellbom habe größeren Einfluss auf den schwedischen Film ausgeübt als das Schwedische Filminstitut. Der Produzent Waldemar Bergendahl von SVENSK FILMINDUSTRI behauptet, »Ole und Astrid waren zwei Seelen, ein Gedanke«, und Inger Marie Opperud von der Tageszeitung *Expressen* sagt: »Die beiden waren aus dem gleichen Holz geschnitzt. Beide waren von Traurigkeit geprägt. Astrid darüber, wie sie behandelt worden war, als sie so jung schwanger wurde, und Olle, weil er so früh das Dasein durchschaut hatte; er wusste, wie das Böse aussah. Beide waren intelligente, belesene und sehr nachdenkliche Menschen – und beiden fiel das Erwachsenwerden schwer. Pippi ist nicht die Einzige, die nicht ›groß‹ werden will, das gilt für Olle und Astrid genauso. Auffallend oft handeln die Geschichten von großen Sprüngen und Abgründen.«

Den letzten, mächtigen Sprung hat Olle Hellbom nicht mehr miterleben dürfen.

Wie üblich hatte er mit Astrid Lindgren zusammengesessen und Drehbuchideen besprochen. Das Buch war noch nicht erschienen, aber Astrid hatte ihn ihr Manuskript lesen lassen, bei dem ihre schnörkeligen Anmerkungen wie kleine Männchen am Rand tanzten. Die einleitende Beschreibung wird Olle Hellbom in wohligen Schauder versetzt haben:

»Um die Räuberburg fliegen kreischend Wilddruden. Aus dem Burgturm erklingt wortloser Gesang. Wie eine mittelalterliche Volksweise soll er klingen. Ab und zu wird er von Kindbettstöhnen unterbrochen (nur Stöhnen, kein Schreien).«

Es war typisch Astrid Lindgren, dass sie mit wenigen Worten eine Stimmung erzeugen konnte und es dann großzügig dem Regisseur überließ, diese in Bilder und Töne zu verwandeln. Die Schlussszene – als Ronja und Birk ihren Frühlingsschrei ausstoßen – hätte Olle Hell-

DAS MODELL FÜR DIE RÄUBERBURG

war die Bischofsburg von Hapsal aus dem 13. Jahrhundert.

Hapsal liegt in Estland und war zur Zarenzeit ein beliebter Kurort. Hier, wo bereits Tschaikowsky den Sonnenuntergang bewunderte und seine Sechste Symphonie schrieb, kam die Illustratorin Ilon Wikland zur Welt und zweifellos trägt ihre Mattisburg Züge der Bischofsburg ihrer Heimatstadt. »Aber zunächst habe ich ganz woanders gesucht«, erzählt Ilon Wikland. »Ich ließ mich von meinem Schwiegersohn durch die Schweiz kutschieren. Da gibt es ja recht viele Burgen. Missmutig reiste ich nach Hause und beschloss, die Burg aus der Fantasie zu zeichnen. Später hieß es, es sei die Burg von Hapsal. Vielleicht stimmt es.«

FÜR ASTRID LINDGREN war der plötzliche Tod ihres Freundes Olle Hellbom ein harter Schlag. 25 Jahre lang hatten die beiden zusammengearbeitet. In ihrem Nachruf schrieb sie:

> »Wenn jemand stirbt und seinen Platz unter den Menschen aufgibt, entsteht eine Leere, die sich mit der Zeit trotzdem wieder füllt und die man nicht mehr bemerkt. Wie aber kann die schneidende Leere, die Ollebom hinterlässt, jemals wieder gefüllt werden? Viele von uns fragen sich das heute.
>
> Er war ein sonderbarer Mann, aber es schien, als wüsste er das selbst gar nicht. Einem Menschen, der so wenig ichbezogen war wie er, bin ich nie begegnet. Er machte überhaupt kein Aufhebens um seine Person, war völlig bescheiden in Bezug auf seinen eigenen Einsatz, aber immer bereit andere zu loben. ›Glänzend‹, sagte er, wenn man ihm ein Arbeitsergebnis vorlegte. Das war sein Lieblingswort und da ging man umher und fühlte sich glänzend. Bis man allmählich einsah, wenn jemand diese Bezeichnung verdiente, dann Olle selbst. Für seine Kreativität, seinen Erfindungsreichtum, sein Können, sein gutes Urteil, seine Klugheit und seinen Humor. Außerdem war er ein guter Mensch und das ist noch besser.«

bom bestimmt Freude bereitet. Im Drehbuch ist nachzulesen, wie Astrid Lindgren ihrem Regisseur das Vertrauen schenkte, alles nach seinen Vorstellungen zu gestalten: »Sie kommen angestürzt und sehen die unglaubliche Aussicht, während der Frühling in ihnen hochsteigt. Und dann ein enormes Schlussbild.«

Olle Hellboms Schlussbild sollte jedoch anders aussehen. 1982 hatte ihm den ganzen Frühling über sein Magen zu schaffen gemacht. Daneben musste er sich um die Finanzierung kümmern, das Filmteam zusammenstellen und vor allem ein Waldgebiet finden, das von Forstmaschinen und Energiebetrieben noch unberührt war.

»Das ist gar nicht so einfach. Aber es sieht aus, als wäre das Glück auf unserer Seite. Wir können uns an einer staatlichen Bestandsaufnahme orientieren«, sagte Olle Hellbom in seinem letzten Interview am 12. April. Darin erzählte er auch, dass er gerade dabei sei, aus künstlichen Flechten Gestrüpp zu produzieren, das man an verschiedenen Stellen im Film herunterhängen lassen könnte.

Am 5. Juni war Olle Hellbom plötzlich tot. Er wurde 56 Jahre alt.

»Er fehlt mir so sehr, dass es mir ins Herz schneidet«, schreit Mattis verzweifelt am Sterbebett von Glatzen-Per, und man hatte den Eindruck, als würde ganz Filmschweden in diesen Schrei mit einstimmen.

Astrid Lindgren hatte den Satz aus einem Brief, den die verzweifelte Schwester der Fotografin Anna Riwkin nach deren Tod schrieb: »Sie fehlt mir so, sie fehlt mir so, dass es mir ins Herz schneidet.« Jetzt herrschte völlige Leere und ohrenbetäubende Stille.

Die erste Reaktion war, dass man das Projekt *Ronja* nun für immer aufgeben musste. *Ronja Räubertochter* war Olle Hellboms Film und niemandes sonst. Den Film jemand anderem in die Hand zu geben, wäre blanker Hohn, geradezu Frevel gewesen.

Aber man hatte bereits zu viel Geld in das Projekt investiert. So kam es, dass der Produzent Waldemar Bergendahl eines Tages das Büro der beiden Entertainer Hasse & Tage anrief und fragte, ob nicht Hasse Alfredsson die Regie übernehmen könnte.

»Nee, Hasse hat keine Zeit, das weiß ich«, antwortete die Sekretärin. »Aber warum fragst du nicht Tage?«

Mit Tage Danielsson empfing Astrid Lindgren in ihrem Wohnzimmer im Herbst 1982 also nicht die erste Wahl, nicht einmal die zweite Wahl für die Regie. Aber daraus machte sich Tage Danielsson nichts. In den fünfziger Jahren waren sich die beiden manchmal beim Schwedischen Rundfunk begegnet, wo er Unterhaltungschef war und Astrid

Lindgren in der beliebten Radiosendung »Zwanzig Fragen« mitwirkte. In *Ferien auf Saltkrokan – Glückliche Heimkehr* hatte er den Knurrhahn gespielt. Beim ersten Treffen hatte er jede Menge Fragen an Astrid Lindgren: »Wie groß ist eigentlich ein Rumpelwicht?« »Ist er nur lieb oder kann er auch böse sein?« »Wie sehen die Gesichter der Wilddruden aus?« Das Buch hatte er schon fünfmal gelesen.

Zu diesem Zeitpunkt wusste noch niemand, dass auch Tage Danielsson nicht mehr lange zu leben hatte. Eines Abends, als er sie nach Hause in die Dalagatan brachte, erzählte er Astrid Lindgren im Auto davon.

»Also, ich habe ein kleines Krebsgeschwür ... genau wie Olle. Malignes Melanom. Die Ärzte meinen, die Überlebenschancen liegen bei 14 Prozent.«

»Armer kleiner Kerl«, sagte Astrid.

»Aber ich will einer von den 14 Prozent sein«, antwortete Tage.

Vor dem Tod fürchtete er sich nicht. Sorge bereitete ihm nur, der harten, anstrengenden Filmarbeit nicht gewachsen zu sein. Astrid Lindgren strich ihm über die Wange und tröstete ihn mit ihrer üblichen Gelassenheit: »Das wird schon gut gehen, wart's ab.«

Als der Winter kam, flüchtete Tage Danielsson mit seiner Familie vor der Kälte und der Infektionsgefahr in sein Haus auf Korsika. Im Gepäck hatte er die Rohfassung des Drehbuchs. *Ronja* nahm also am Mittelmeer endgültig Form an, weit weg von Torfmoos und Tannenwäldern. Nach Weihnachten fuhr die Familie wieder nach Hause, während Tage allein an der Schreibmaschine zurückblieb. Kaum war er wieder in Schweden, erreichte ihn die Nachricht, dass eine korsische Separatistengruppe sein Haus in die Luft gesprengt hatte. Dem Angriff war er nur um wenige Tage entkommen.

In Schweden standen nun zeitraubende Vorbereitungen auf dem Programm. »Elende Stromleitungen«, brummelte Tage Danielsson, als er mit Waldemar Bergendahl über das Fjäll flog, um einen unberührten Wald mit einem Berg und einem Horizont zu finden, der noch nicht durch die modernen technischen Errungenschaften zerstört worden war. Man hatte bei Fremdenverkehrsämtern recherchiert, herumtelefoniert, Fotos angeguckt. Gesucht wurde per Auto, Flugzeug, Hubschrauber, sogar mit dem Fesselballon. Endlich stieß man in Dalsland auf ein Naturreservat, das von Telefondrähten noch unbehelligt war und in dem der 146 Meter hohe Berg Sörknatten über dem Tannenwald und dem See Åminnen aufragte.

»**SIE MALT DIE SCHWEDISCHEN WEIHNACHTEN** so, dass man den Duft der Pfefferkuchen geradezu riechen kann«, schrieb ein Rezensent über die Illustratorin Ilon Wikland. Kein schlechtes Lob für ein estländisches Mädchen, das von ihrer Mutter, die Künstlerin war, verlassen wurde und im Krieg als Vierzehnjährige in einem überladenen Fischerboot über die Ostsee fliehen musste. Mit drei Jahren hatte die kleine Ilon ihrer Mutter zu Hause in Hapsal beim Stoffdruck geholfen. Jetzt wurde sie in einem fremden Land mit Gelbsucht und Filzstiften ins Bett gesteckt, verliebte sich dann in einen Marineoffizier und sprach auf der Suche nach Aufträgen beim Verlag Rabén & Sjögren vor. »Ich war schwanger und arm«, erzählt Ilon Wikland. »Da saß eine nette Kinderbuchlektorin, die selbst etwas namens **Pippi Langstrumpf** geschrieben hatte. Astrid war schon ein wenig bekannt. Aber noch nicht die Ikone wie jetzt, sonst wäre ich wohl durchgedreht. Ich bekam einen Stapel Papier mit nach Hause und den Auftrag zu zeichnen.« Es war das Originalmanuskript von **Mio, mein Mio**. »Ich bekam 150 Kronen für eine Seite. Das war unterirdisch schlecht bezahlt. Außerdem verschwanden die Originale oft aus der Druckerei oder kamen verschmiert zurück.«

Bei Ausstellungen hängt Ilon Wikland ihre Werke immer niedriger auf, als es üblich ist. »Damit die Kinder sie besser angucken können. Dann höre ich heimlich zu, wie Kinder, die noch nicht einmal lesen können, ihren Eltern Vorträge halten.«

FILMTRICKS ... *Die Mattisburg auf dem Gipfel des Sörknatten bestand in Wirklichkeit aus zwei Teilen: Ein Modell der oberen Burghälfte wurde dicht vor der Kamera aufgestellt, während auf dem Berg das Untere der Burg aus Kunststoff nachgebaut wurde. In der »Unterwelt« (in Wahrheit das Studio von* Svensk Filmindustri *in Gröndal) verkörperten Schauspieler unter Tage Danielssons kritischen, aber wohlwollenden Blicken die Rumpelwichte. Übergroße Requisiten, Skier, Stöcke und Stiefel, ließen die Rumpelwichte schrumpfen.*

Die Schönheit der Natur ließ einem den Atem stocken. Allerdings befürchtete Waldemar Bergendahl, die ganze Aktion würde zu teuer werden. Die Filmleute würden jeden Tag Boot fahren und sich als Bergsteiger betätigen müssen. Die Burg müsste per Helikopter durch die Luft transportiert werden. Denn das gewaltige Bauwerk auf dem Gipfel Sörknatten aufzubauen, war selbst für hartgesottene alte Filmhasen eine große Herausforderung.

Aber warum sollte man eine ganze Burg aus Fels bauen, wenn man in einer optischen Täuschung wohnen konnte?

Die Lösung war, die Burg zweizuteilen. Die untere Hälfte der Burg baute man aus gespritztem Polyurethanschaum, insgesamt 2000 Quadratmeter, die aus der Ferne aussahen wie bleischwerer Granit, aber in Wirklichkeit leicht wie Balsaholz waren. Der obere Teil, die Brüstung, bestand aus einem Modell, das man auf einem Pfahl befestigte, der 76 Meter vor der Kamera stand. Wenn man durch die Kamera guckte, verschmolzen die beiden Teile und sahen aus wie aus einem Guss. Die Aufnahmen vom Burghof drehte man einige Kilometer weiter nördlich, im alten Steinbruch im Berg Bläsen in Fröskog. Der Hof wurde aus waschechtem Granit, modernen Telefonmasten und künstlichen Steinen nachgebaut.

Ja, *Ronja Räubertochter* war eine groß angelegte Schummelei.

Für die Gestaltung der Kostüme und des Geschirrs ließ man sich vom berühmten Teppich von Bayeux inspirieren, jenem historischen Wandtepppich, der den Kreuzzug von Wilhelm dem Eroberer nach England im Jahre 1066 abbildet. Unter Aufsicht von Experten des Historischen Museums wurden die Kostüme angefertigt. Bei dem Lachs, den Ronja und Birk aus dem Fluss angeln, handelt es sich in Wahrheit um norwegischen Importlachs. Den Bierkrug, den Mattis an die Wand wirft, hatte man vorher so präpariert, dass er in hübsche Scherben zerfiel. Die Tränen, die Mattis an Glatzen-Pers Sterbebett vergießt, sind aus Glyzerin. Für den Regen war die örtliche Feuerwehr zuständig, für den Sturm Hubschrauber, und die Sauna der Räuber war ein Militärzelt mit einem benzinbetriebenen Heißluftaggregat, das man unter einer Decke aus Kunstschnee verbarg. Das mittelalterliche Fladenbrot briet man in einer modernen Bratpfanne (dazu mischt man Weizenkleie, Gerstenmehl, Salz und Wasser, knetet alles durch, formt den Teig zu platten Fladen und brät diese zehn Minuten von jeder Seite).

Die Innenaufnahmen entstanden in Oslo in den Studios der NORSK

DER BEKANNTE SCHAUSPIELER *Börje Ahlstedt hat Shakespeare, Ibsen und unter Ingmar Bergmans Regie gespielt, aber für die meisten Leute ist und bleibt er Ronjas Papa. »Und ich bin auf die Rolle sehr stolz. Alle Kinder sollten so erzogen werden wie Ronja, mit Werten wie Freiheit, Freundschaft und Leben in der Natur.«*

Films. Die Bärengrotte lag direkt neben der Tankstelle am kleinen Studio von Svensk Filmindustri in Gröndal. Der Höllenschlund, den man auf einem Dach an Brommas Flugplatz aus Kunststoff nachbaute, war einem gespaltenen Felsen im Dalsland nachempfunden. Hier konnten Ronja und Birk ohne Risiko über den Schlund springen. Ein Spiegel zauberte elegant die hässlichen Fassaden weg.

Auch diesmal wurden die jungen Darsteller aus einer Flut von Bewerbungen ausgewählt. Auf die Anzeige »Wollt ihr Ronja & Birk werden?« hatten sich Tausende von Kindern bei Svensk Filmindustri gemeldet. Nachher bemerkte Tage Danielsson lakonisch: »Wir konnten leider nicht alle nehmen, weil es sonst auf der Leinwand so ein Gedränge gegeben hätte.«

Warum fiel die Wahl auf Hanna Zetterberg und Dan Håfström?

Tage Danielsson erzählte gern, wie es um ihn geschehen war, als Hanna einen alten Schlager von Evert Taube sang. Hanna hatte gerade die dritte Klasse der Eriksdalsskolan im Stockholmer Stadtteil Södermalm beendet und ein Schuljahr lang am Kindertheater Vår Teater gespielt. Eine Freundin hatte ihr den Tipp gegeben, sich zu bewerben. Beim Casting hielt sie sich zwar an der Hand ihrer Mama fest, aber sie strahlte Geborgenheit und Neugier aus und zog damit die Aufmerksamkeit der Filmleute auf sich.

Anders als in Astrid Lindgrens Beschreibung hatte sie keine Locken, sondern eher strähniges Haar. So hatte Ilon Wikland Ronja ursprünglich auch zeichnen wollen. »Ich wollte, dass Ronja wie ein samisches Mädchen aussehen sollte«, erinnert sich die Illustratorin. »Aber Astrid war fest entschlossen: ›Ronja ist groß und schön und hat festes, lockiges Haar!‹«

Börje Ahlstedt hat vor allem die ungeheure Integrität dieser kleinen Person überrascht (die auch ein Grund ist, weshalb Hanna Zetterberg heute nicht mehr über ihre Vergangenheit als ›Astridkind‹ sprechen möchte): »Das Mädchen war so unglaublich reif. Und dann diese Rehaugen. Was für Augen!«

Einen geeigneten Birk aufzutreiben war dagegen ein echt harter Brocken.

150 Bewerber hatte man zu Probeaufnahmen eingeladen, aber einen Birk fand man trotzdem nicht. Je mehr Zeit verstrich, desto verzweifelter wurde das Filmteam. Eines Tages spazierte ein Assistent von Tage Danielsson an einem Spielplatz vorbei und sah einen rothaarigen Wildfang mit einem Freund an den Schaukeln herumturnen. Schnell zog er seine Visitenkarte aus der Tasche, schrieb ein paar Zeilen auf

ASTRID LINDGREN widmete ihr allererstes Märchen der angehenden Schauspielerin Viveca Lindfors. Ihr Vater Torsten war der Vorsteher des Büros am Stockholmer Kungsbroplan, das 1927 die 19-jährige Astrid Lindgren als Privatsekretärin angestellt hatte. Zunächst war sie ihm zu jung. Torsten Lindfors hatte nämlich keine guten Erfahrungen mit 19-jährigen Backfischen gemacht, die sein Büro nur als Zwischenstation auf dem Weg zu größeren Aufgaben betrachteten. Kurz zuvor hatte eine dunkelhaarige Schönheit ihren Job bei ihm gekündigt: Zarah Leander.

die Rückseite, und sagte zu dem Jungen: »Wir möchten gern, dass du in einem Film mitspielst. Erzähl das deinen Eltern und sag ihnen bitte, sie mögen mich mal anrufen.«

Dan Håfström, der damals elf Jahre alt war, erinnert sich noch, dass seine Eltern ziemlich überrascht waren. Weil sein Vater aber Künstler war und seine Mutter Choreografin, hatten seine Eltern keine Berührungsängste mit dem Kulturbetrieb. »Aus unserer Familie hatte noch nie jemand geschauspielert«, erzählt Dan. »Ich auch nicht, außer mal bei einer Schulaufführung. Aber alle fanden, dass es sich lustig und spannend anhörte. *Ronja Räubertochter* war außerdem eines der ersten Bücher, das ich ganz alleine gelesen habe. Ich saß in einem Zug von Skåne nach Stockholm und es ist immer noch eines der größten Leseerlebnisse meines Lebens. Nun hatte ich Gerüchte gehört, dass es verfilmt werden sollte, und ich hatte mich schon darauf gefreut, denn ich wollte wirklich den Film sehen. Aber dass ich Birk spielen würde, wäre mir nicht im Traum eingefallen.«

Schon bei den Probeaufnahmen durfte »Birk« »Ronja« treffen. »Es hat sofort geklappt«, erinnert sich Dan Håfström. »Wir haben uns supergut verstanden und hatten einen Riesenspaß zusammen.«

GLATZEN-PER *auf dem Gipfel des Sörknatten. Allan Edwall musste jeden Morgen um vier Uhr aufstehen, um sich unter den Händen der Maskenbildnerin in den glatzköpfigen Räuber zu verwandeln. Außerdem musste er nach seiner vorigen Filmrolle (in Hasse Alfredssons* Pettersson & Brendel, *für die er ordentlich zugelegt hatte) gehörig abnehmen.*

VORBILD *für die gruseligen Wilddruden waren die Harpyen aus der griechischen Mythologie.*

Ihr heiseres Krächzen bekamen die Wilddruden, indem der Tontechniker Christer Furubrand seine eigene Stimme aufnahm und sie in schnellerem Tempo abspielte.

Anschließend wurden die jungen Stars stolz der Presse vorgeführt, wobei sie wohlerzogen auf kluge wie dumme Fragen Antwort gaben. »Ist es schwirig, sich in Dan zu verlieben?«, fragte ein Journalist. Hanna runzelte die Stirn, überlegte einen Moment und antwortete: »Ich mach es eben, so gut ich kann.«

Bei Drehbeginn am 15. August 1983 trafen die jungen Darsteller auf die Schauspielprofis Per Oscarsson, Med Reventberg und Allan Edwall sowie auf Lena Nyman und Börje Ahlstedt, die Ronjas Eltern spielen sollten und 16 Jahre zuvor schon in Vilgot Sjömans Film *Ich bin neugierig (gelb)* durch freizügige Sexszenen für Aufruhr gesorgt hatten.

»Erstaunlicherweise hat kein Journalist diese Parallele gezogen«, erinnert sich Börje Ahlstedt. »Dafür sind wir natürlich dankbar.«

Als Tage Danielsson bei Lena Nyman wegen der Rolle anfragte, mochte die Schauspielerin gar nicht zugeben, dass sie *Ronja Räubertochter* nie gelesen hatte: »Dann hab ich es mit großer Begeisterung gelesen. Ich habe Märchen schon immer geliebt. Allerdings glaube ich, dass mich eher Tage als Astrid für die Rolle haben wollte. Sie richtete sich nach seinen Wünschen und vertraute seinem Urteil. Und dann war sie so lieb und hat so schöne Sachen gesagt. Dass ich Ronjas Mama *war* und so. So ein Lob zählt mehr als fünf Filmpreise.«

Lena Nyman, die als Elfjährige schon in *Rasmus und der Vagabund* als eines der Heimkinder zu sehen war, hatte acht Jahre später ihren Durchbruch in Vilgot Sjömans Skandalfilm *491*. Inzwischen war sie um die vierzig und genoss es, bei den Dreharbeiten das Osloer Nachtleben unsicher zu machen. »Wir waren auch in Wahrheit eine Räuberbande, das kann ich euch flüstern. Und ich hatte über alle das Sagen!«

Ihr Kollege Börje Ahlstedt hatte beim Casting nicht alle Karten auf den Tisch gelegt: »Als Tage mich fragte, ob ich reiten kann, habe ich gelogen. [...] In Wirklichkeit hatte ich noch nie im Leben auf einem Pferd gesessen. Also habe ich etwas taktisch gesagt: ›Aber vielleicht sollte ich trotzdem Lektionen nehmen. Zur Auffrischung also, meine ich.‹ Ich wurde sofort auf einen 14-tägigen Kurs geschickt, in ein Reitlager für kleine Mädchen. Als ich diese Tiere zu Gesicht bekam, hatte ich panische Angst. Aber die Mädchen halfen mir beim Ausmisten, Striegeln und unter dem Pferd herumzukriechen. Das war ja eigentlich nicht so schwirig. Als ich aber nach meiner Rückkehr all diese Elitereiter im Team sah, da war es aus mit meinem Selbstbewusstsein.«

Zum Glück war da ja noch Ricky Bruch. Lena Nyman seufzt noch zwanzig Jahre später: »Ja, der Ricky, der Ricky!«, und Börje Ahlstedt sagt: »Ricky Bruch, ja ... Der war ein merkwürdiger Typ, das kann man wohl sagen.« Der mächtige Diskuswerfer hatte die Rolle des stummen Labbas bekommen, einer unglaublich starken, bärtigen Räuberbestie, die sich mit den Borka-Räubern prügelte, als wären sie Pappfiguren.

Kein Wunder, dass den sportinteressierten »Birk« nicht so sehr die Zusammenarbeit mit den großen schwedischen Schauspielern beeindruckt hat, wenn es einen olympischen Bronzemedaillenträger im Team gab. »Ricky war ja ein Held. Damals hatte er gerade sein Comeback. Stellte am laufenden Band schwedische Rekorde auf. In den Pausen erzählte er Geschichten von den Meisterschaften, das fand ich toll.«

Und Lena Nyman sagt mit einem Seufzer: »Er war zwei Meter groß und hatte 130 Kilo Muskeln, aber ich glaube nicht, dass ich jemals einen so sensiblen, poetischen Menschen getroffen habe.«

Und einen so schlechten Reiter.

»Wenn zwölf Räuber in den Wald reiten sollten, taten das nur elf. Der zwölfte blieb stehen. Das war Ricky, der auf Gunnar saß, einem riesigen Nordschweden, den man extra für ihn hat kommen lassen. Die beiden haben sich nicht so gut verstanden.« Tage Danielsson sagte einmal treffend, »wenn Ricky um sein Leben ritt, stand Gunnar still«.

Die Dreharbeiten waren zwar anstrengend, aber dafür sehr witzig. Sie begannen mit einem rasanten Start: Gleich zu Anfang drehte man die Szene, in der die Kinder in den reißenden Fluss fallen und in Richtung Wasserfall treiben. Weil es im Dalsland keine reißenden Flüsse gibt, musste das Filmteam an den Blåsjö in Jämtland ausweichen. Dort legte sich Tage Danielsson mit einer Rettungsleine um den Bauch, seiner weißen Regisseursmütze und Gummistiefeln auf einen Felsen am Ristafall, während sich unter Wasser Froschmänner zwischen scharfen Steinen und herausragenden Baumstämmen postierten. Eiskalter Regen fiel vom Himmel.

Dan Håfström sagt, es war »heftig in der Stromschnelle, nur sechs Grad ungefähr«, während in den Zeitungen nachzulesen ist, dass Birk an dem Tag erkältet war und nie ins Wasser steigen musste.

Dafür musste sich Ronja in die wirbelnden Wassermassen begeben. Sie trug einen blauen Taucheranzug, watete in den Strom hinein und wurde sofort von den Wirbeln mitgerissen. Einige Augenblicke lang sah es kritisch aus. Ein Froschmann, der ihr zu Hilfe kommen wollte,

ALS ELITESPORTLER PFIFF RICKY BRUCH aus dem letzten Loch, aber für die Rolle des bärenstarken Labbas in *Ronja Räubertochter* reichten seine Kräfte allemal.

»Birk« erzählt, wie die Szene gedreht wurde, in der er mit Ronja im Wettstreit über den Höllenschlund springt: »Ricky bekam den Auftrag, mich über den Abgrund zu schleudern. Auf der anderen Seite lag eine kleine Matratze, auf der ich landen sollte. Er hat sie haargenau getroffen.«

Als in Oslo die Innenaufnahmen entstanden, verfrachtete man das gesamte Filmteam auf einen Schleppkahn im Osloer Hafen – alle außer Ricky Bruch. Weil der Hüne nicht durch die Schiffstür passte, wurde er in einem Hotel einquartiert.

PFERDESTÄRKEN UNTERWEGS. *Börje Ahlstedt gibt vor, auf einem Pferd zu reiten, steht aber in Wirklichkeit festgeschnallt auf dem Pick-up des Filmteams. Das war vielleicht auch besser so. »Als Reiter gab ich keine gute Figur ab«, gibt Börje Ahlstedt ehrlich zu. »Man musste mich in ein Reitlager für kleine Mädchen schicken.«*

geriet selbst in eine schwierige Lage. Die Rettungsleinen hatten die Angewohnheit, sich an Steinen und Stöcken zu verheddern. Am besten kamen die beiden 14-jährigen Doubles für Ronja und Birk zurecht, die mit Perücken zum Einsatz kamen, wenn die Kamera auf Abstand war.

Bei den Nahaufnahmen befestigte der Kameramann Rune Ericson einen Birkenzweig an der Kamera und watete mit der Strömung durch das Wasser. Dadurch sah es aus, als ob Ronja und Birk auf einem Birkenstamm auf den Wasserfall zubrausten. Damit der Tontechniker anschließend den passenden Ton aufnehmen konnte, mussten Hanna und Dan ihren Text in eine mit Wasser gefüllte Schale hineinsprechen.

Auch für andere Szenen musste das Filmteam durch Schweden reisen. Im Ort Fjällbacka in Bohuslän fand man eine perfekte Wolfsklamm. Hier testet Ronja ihren Frühlingsschrei, durch dessen Vibration Steinblöcke in die Schlucht purzeln. Ein Haus, das im Hintergrund zu sehen war, musste mit Tarnnetzen bedeckt werden. Und dann war da noch das Studio in Oslo, in dem alle Innenaufnahmen gedreht wurden. Die neugeborene Ronja war in Wahrheit ein norwegisches Baby, die kleine Ina Storström, das man direkt von der Wöchnerinnenstation geholt hatte.

»Ich hatte ihr meinen Arm um die Schultern gelegt, ging mit ihr ein Stück zur Seite und analysierte die psychologischen Probleme ihrer Rolleninterpretation«, scherzte Tage Danielsson. Geprobt wurde allerdings mit einer Puppe. Die kleine Ina sollte so sparsam wie möglich zum Einsatz kommen. Also nahm Lena Nyman zärtlich die Puppe in ihre Arme und sang ihr das Wiegenlied vom Wolf vor.

Doch das Zentrum, um das alles rotierte, war Dalsland. Dort thronte die Mattisburg, griffen die Wilddruden an, und eine Räuberbande mit Rasierverbot zog mehr oder weniger wendig durch die Gegend. Der Choreograf Ivo Cramér hatte die nicht ganz einfache Aufgabe, die Herren dazu zu bringen, sich graziös zu Drehleier, Krummhorn und Holzflöte zu bewegen. Auch in diesem Fall waren Ilon Wiklands Illustrationen die Vorlage für die Figuren. Sie erinnert sich noch, wie sie zum ersten Mal das Manuskript las und begriff, dass Astrid Lindgren ihr wieder eine harte Nuss zu knacken gegeben hatte.

»Zwölf Räuber!, dachte ich. Wie in aller Welt sollte ich zwölf Räuber zeichnen? Am Ende fand ich sie auf dem Postamt oder in der Schlange vom Systembolag, dem Alkoholladen. Das lief nicht ganz reibungslos ab. Du ahnst ja nicht, wie liebestoll Kerle werden können, wenn eine Frau sie lange anguckt …«

Auch die kleinen naseweisen Rumpelwichte waren für die Regie ein harter Brocken. Ilon Wikland hatte nur eine sehr knappe Beschreibung von Astrid Lindgren bekommen: »Astrid sagte: ›Jaaa … jedenfalls tragen sie keine Kleider.‹ Mit solchen Anhaltspunkten muss man manchmal klarkommen. Allerdings war mir klar, dass sie schon sehr bekloppt sein mussten. Später erzählte Astrid von einer alten Frau aus dem Armenhaus damals, die den ganzen Tag im Bett saß und sagte: ›Wiesu tun sie su.‹« (Später stellte sich heraus, dass in diesem Satz eine tiefe Tragik steckte. Die alte Frau durchlebte nämlich immer wieder den Moment, in dem ihre Kinder bei einem Brand ums Leben gekommen waren.)

Ursprünglich hatte man vor, die Rumpelwichte mit Puppen darzustellen oder die Rollen mit Kleinwüchsigen zu besetzen. Dann entschied man sich, die Rumpelwichte von ausgewachsenen Darstellern spielen zu lassen. Man behalf sich mit einer Trickaufnahme, bei der Ronja und die Wichte in unterschiedlicher Entfernung zur Kamera standen. Für die Szene, in der Ronja mit dem Fuß im Bau der Rumpel-

DER KRIMINOLOGE *Harry Söderman von der Hochschule in Stockholm wurde Ende der dreißiger Jahre Astrid Lindgrens Arbeitgeber. »Ist das die Stenografin?«, rief er barsch, als Astrid Lindgren an seine Tür klopfte. »Ja, das ist sie!«, schrie sie ebenso barsch zurück, und das war der Beginn einer lebenslangen Freundschaft. Außer dass er sie politisch beeinflusste (Söderman war überzeugter Antifaschist), legte er zweifellos den Grundstein für die Figur des Kalle Blomquist. Als der Meisterdetektiv zehn Jahre später vor seinen Freunden über Indizienketten doziert, hat ihm Astrid Lindgren Harry Södermans Worte in den Mund gelegt.*

SÜDLICH VON LAXARBY IM DALSLAND kam es zum absolut chaotischsten Teil der Dreharbeiten für *Ronja Räubertochter*. Eines Tages wurden zwei Busladungen Fünf- bis Sechsjährige herangekarrt, die in haarige Kostüme gesteckt wurden und als Augen batteriebetriebene Lampen bekamen. Das waren die Graugnome, ein flüsterndes, schleichendes Gesindel, das nicht nur Ronja zu Tode erschreckte. In den Drehpausen stibitzten sie Bananen, und ein besonders ausgelassenes Exemplar biss dem Beleuchter Ragnar Waaranperä ins Bein.

wichte hängen bleibt, bastelte man Skier, Stiefel und Skistock in vierfacher Größe.

Als größte Schwierigkeit erwies sich der Nebel. Zuerst versprühten die Nebelmaschinen dichte Rauchschwaden zwischen den Baumstämmen, doch als die Kamera angeschaltet wurde, kam Wind auf und machte alles zunichte. Die Teammitglieder standen herum wie bestellt und nicht abgeholt und sahen mit ihrem Mundschutz total albern aus.

Jeder Drehtag folgte einem bestimmten Ritual. Bereits um vier Uhr morgens wurde der arme Allan Edwall in die Maske gefahren, wo er sich in Glatzen-Per verwandelte. Als seine Kollegen eintrudelten, hatte er schon drei Stunden im Schminkstuhl verbracht. Nun sammelte man sich um die Regieassistentin Catti Edfeldt, die laut den Abschnitt vorlas, der an diesem Tag gedreht werden sollte.

»Wir trugen den lieben langen Tag eine kleine Astrid Lindgren unter unserer Steppjacke, wie Tage es ausdrückte. Das war wie ein symbolischer Tritt in den Hintern«, erzählt Catti Edfeldt.

Aus alter Gewohnheit stattete Astrid Lindgren den Dreharbeiten einen Besuch ab, diesmal allerdings ohne Sahnetorte. Mittlerweile legte sie noch stärkeren Wert darauf, sich nicht einzumischen, sondern den Film seinen eigenen Lauf nehmen zu lassen. Zwar hatte nie jemand ihren Sinn für Bilder und Stimmungen in Frage gestellt, aber sie war klug genug zu wissen, dass zu viele Köche den Brei verderben können. Wenn Tage Danielsson sich an einem schwierigen Rumpelwichtproblem die Zähne ausbiss, gab sie ihm übers Telefon Anweisungen, die exakt und vage zugleich waren.

»Astrids Instruktionen«, schrieb Tage Danielsson einmal, »sind oft eine fantastische Beschreibung einer Szene und dann ein kurzes: ›Mach es! Zeig es!‹«

Mit den Jahren schien Astrid Lindgrens Integrität noch zu wachsen. Wenn sie in Frieden gelassen werden wollte – und das wollte sie immer öfter –, konnte sie recht zugeknöpft sein. Kam ihr jemand zu nahe, reagierte sie mit Schärfe, Schmeicheleien verabscheute sie wie die Pest. Bo Strömstedt, der Mann ihrer Biografin Margareta Strömstedt, erzählt zu gern die Geschichte, wie Astrid von einer rotwangigen aufgeregten Bewunderin überfallen wurde, die über die Begegnung mit der großen Schriftstellerin fast in Trance geriet:

»Oh, es ist so fantastisch, dass ich Ihre Hand drücken darf!«

»Dann drück sie ruhig noch einmal.«

HIER WIRD GESCHUMMELT! *Zuerst übten Ronja und Birk, wie man ein ganz normales Stück Holz aus der Stromschnelle an Land angelt. Als die Kamera lief, hing ein echter Lachs an der Angel – ein Direktimport aus Norwegen.*

Astrid Lindgren war wie immer sehr daran gelegen, das ganze Team zu unterstützen. Sie spürte ihre ungeheure Macht, wusste, dass sie jede x-beliebige Person mit einem Bleistiftstrich zunichte machen konnte.

Wie im Fall von Birk.

Dan Håfström ist heute, zwanzig Jahre später, der Meinung, dass er als Typ ganz gut im Film funktioniert. Aber es hat auch kritische Stimmen gegeben. Gegen Ronjas überzeugenden Zorn, ihr Pathos und ausgelassenes Frühlingsglück wirkte Birk steif und künstlich. »Der Junge war keine so eindeutige Wahl«, sagt Börje Ahlstedt. »Es war nicht so einfach für ihn. Aber ich glaube, es gab einen bestimmten Grund, warum Tage ihn haben wollte.« Börje Ahlstedt spielt damit auf das Syndrom an, das man in Filmkreisen »Ich will einen Schauspieler, der mir ähnelt« nennen könnte. »Guckt euch den Jungen doch mal an«, sagt ein Mitglied des Filmteams. »Wem gleicht er? An wen als Kind erinnert er?« Zwei rothaarige Seelen in einem schwedischen Urwald. Zwei Birks, einen 11-jährigen und einen 55-jährigen, der bald sterben wird. Ob das der Grund war, warum Tage Danielsson sich mehr oder weniger unbewusst für den jungen Håfström entschied?

Und wie sah Astrid Lindgren die Sache? Als der Junge vom Spielplatz ins Studio kam, nahm sie ihn wie gewohnt mit offenen Armen auf, setzte ihn sich auf den Schoß und rief: »Wer hätte das gedacht, dass Tage einen rothaarigen Birk findet? Das hätte ich mir im Traum nicht wünschen können!«

Bei den Dreharbeiten kam es zu einem leichten Konflikt, als der Tontechniker Christer Furubrand sich in Ronjas und Birks Text einmischen wollte. Furubrand fand, dass der Text zu altertümlich klang, zu verstaubt und konstruiert. Aber Tage Danielsson blieb eisern. Er wollte sich streng an das Drehbuch halten.

Dan Håfström weiß noch, dass es immer etwas ganz Besonderes war, wenn Astrid Lindgren am Drehort erschien. »Einmal gab es eine riesige Pressekonferenz, die Fotografen hingen in den Bäumen, aber mitten im Gewimmel habe ich wirklich ein Gefühl für sie gekriegt. Später, als Tage gestorben war, bekam ich einen Brief von ihr. Einen sehr schönen Brief.«

Machte sich Tage Danielssons Krankheit bemerkbar?

»Gar nicht. Bevor ich von seinem Tod hörte, hatte ich keine Ahnung, dass er krank war. Aber klar, es war schwer für mich, so etwas zu merken. Im Nachhinein erinnere ich mich, wie warmherzig und

---

DASS HANNA ZETTERBERG nach *Ronja Räubertochter* eine politische Karriere in der Linkspartei einschlug, ist sicherlich kein Zufall. Denn liegt in Ronjas und Birks Kampf gegen die Vorurteile ihrer Eltern nicht etwas Radikales, Aufrührerisches, fast Revolutionäres?

Das Naturkind Ronja steht der Anarchistin Pippi zweifellos näher als dem Unternehmer Michel oder der höchst bürgerlichen Tochter Tjorven. Interessant ist, dass auch Astrid Lindgren zu diesem Zeitpunkt als viel politischer galt als früher. Sowohl mit Tage Danielsson als auch Olle Hellbom — einem hingebungsvollen Sozialdemokraten der alten Schule, zu dessen Bekanntenkreis in Vällingby auch der Staatsminister Olof Palme gehörte — konnte sie alles diskutieren, nicht zuletzt die schwedische Politik. 1976 hatte Astrid Lindgren ihr satirisches Märchen von Pomperipossa veröffentlicht, mit dem sie den schwedischen Spitzensteuersatz kritisierte, und in der Tat ließen die 102 Prozent Steuern, die man der Schriftstellerin aufgebrummt hatte, den Finanzminister Gunnar Sträng wie einen Strauchdieb der Borkasippe aussehen. Wenn sie aber auf ihr Engagement angesprochen wurde, sagte sie: »Du lieber Gott, Politiker, das wäre das Schlimmste, was mir passieren könnte. Ich will schließlich leben!«

gut er war, wie er sich für uns besonders viel Zeit genommen hat, während er gleichzeitig sehr auf seine Arbeit konzentriert war. Vielleicht hab ich unwillkürlich gespürt, dass da noch etwas anderes im Spiel war, dass er kämpfte, um alles rechtzeitig fertig zu bekommen«, erzählt Dan Håfström.

Börje Ahlstedt nimmt Tage Danielsson in Schutz, als wäre der rothaarige Regisseur seine private Mattisburg. »Tage war ein intelligenter Mann und ein guter Mensch. Man konnte zu ihm hingehen und sagen: ›Ich bin mit der Szene, die wir eben gedreht haben, nicht zufrieden. Können wir die noch einmal machen?‹ Und er antwortete: ›Natürlich!‹ Er gehörte zu den Regisseuren, die einem das Gefühl geben, begabt zu sein. Das und vieles mehr hat er mit Ingmar Bergman gemeinsam. Beide verbindet eine wunderbare Empathie, ihre Mitmenschlichkeit und ihr Humanismus.«

Was hat Börje Ahlstedt von Tage Danielssons Krankheit mitbekommen?

»Nichts. Bis Tage eines Abends Allan Edwall und mich zu sich bat und zu uns sagte, dass wir sein ›Erbe übernehmen sollten‹. Er meinte, wir sollten in seinem Sinne Märchen erzählen, wenn es ihn nicht mehr gab. Er sagte, dass es nicht einmal sicher war, ob er den Film beenden könnte. Aber dank seiner unglaublichen Weisheit hielt er bis zum Schluss durch.«

Und es sollte ein Schluss werden, über den alle noch lange sprachen. Auf der schönsten Buschwindröschenwiese überhaupt, auf der wunderschönen Insel Hallands Väderö, drehte man am 13. Juni 1984 die allerletzte Szene. Tage Danielsson notierte in sein Arbeitsbuch: »Um 16.15 war die letzte Szene im Kasten. Das gesamte Team stieß zum Abschluss einen Frühlingsschrei aus, dass die Elche in Ohnmacht fielen, der See Blåsjö sich 12 Meter tief senkte und die Dachse ihren Bau mit Topfdeckeln schützten.«

»Am letzten Tag legten Hanna und ich uns ins Bett und riefen Tage«, erinnert sich Dan Håfström. »Wir haben ihm gesagt, wie traurig wir waren, dass der Spaß vorbei war. Er kam rein, setzte sich zu uns, strich uns über den Kopf und tröstete uns. Es dauerte eine ganze Weile, bis er merkte, dass wir den Platz und unsere Perücken getauscht hatten.«

Der Film war eigentlich 2 Stunden 20 Minuten lang, wurde aber auf zwei Stunden zusammengeschnitten. Trotzdem war die Länge ein Rekord, und auch das Budget von 18 Millionen gehörte bei SVENSK FILMINDUSTRI zur absoluten Ausnahme. Deshalb waren die

NÄCHSTE DOPPELSEITE: *Noch heute kann man über den Höllenschlund springen. Der liegt aber in Wirklichkeit nicht beim Sörknatten, auf dem die Mattisburg thronte, sondern ein Stück weiter nördlich. Er ist außerdem nur einen Meter breit und 2,5 Meter tief. Hier wurde Birk-Darsteller Dan Håfström vom bärenstarken Ricky Bruch über den Schlund geschleudert – und landete auf einer Matratze.*

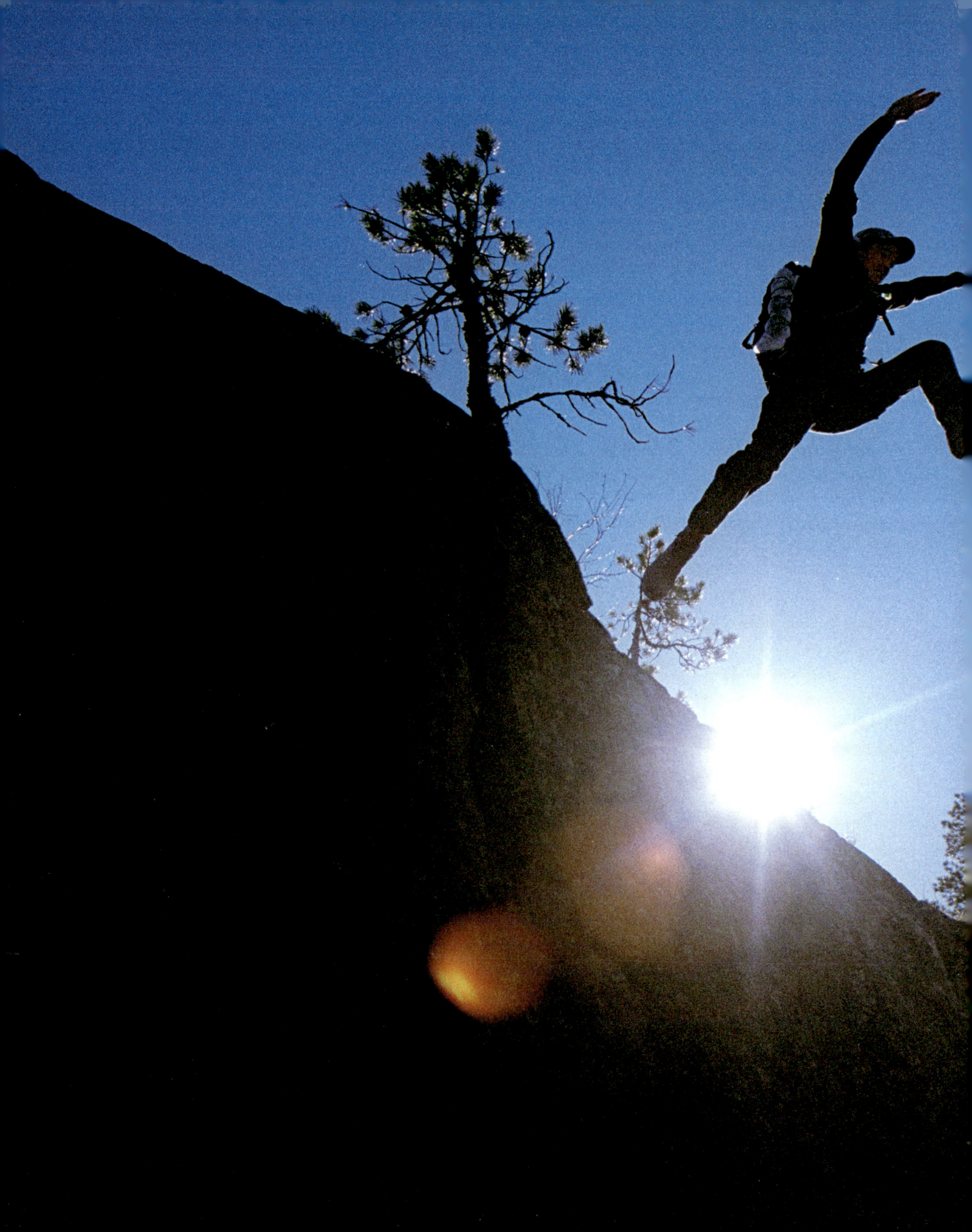

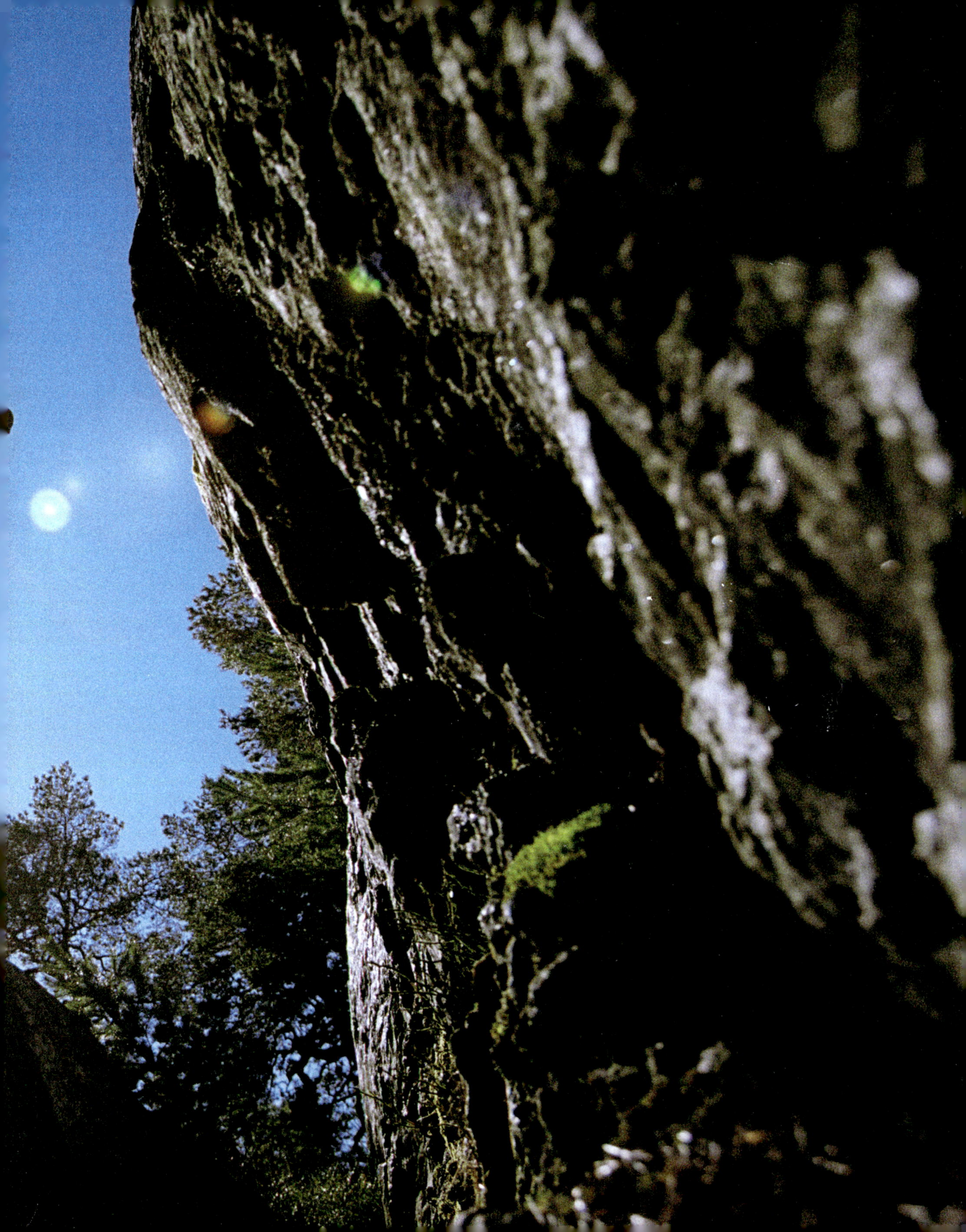

MIT ENTSETZEN, aber auch mit Zustimmung reagierten die Schweden, als der Jugendverband der Linkspartei im März 1997 in seiner Zeitschrift *Rote Presse* ein durchgestrichenes ganzseitiges Foto des vor kurzem verstorbenen Prinzen Bertil veröffentlichte, tituliert mit: »Einer weniger! Noch dreizehn übrig!« Hanna »Ronja« Zetterberg gehörte zu denen, die in die Schusslinie gerieten – und das Bild in Schutz nahmen: »Ich verstehe, warum die Zeitung es veröffentlicht hat.« Im Juli 1998 gab es einen neuen Skandal: Die Feier zum 50. Geburtstag der Parteivorsitzenden Gudrun Schyman war teilweise aus der Parteikasse bezahlt worden. Hanna Zetterberg kritisierte: »Schyman hat ja schon Geschenke bekommen. Und für 5000 Kronen kann man viele Wahlplakate kriegen.«

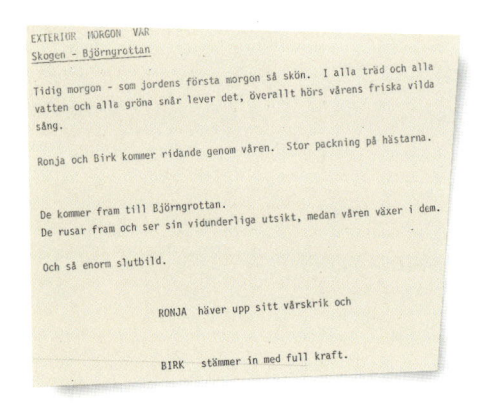

MIT Ronjas und Birks Frühlingsschrei endet *Ronja Räubertochter*. Auch in Wirklichkeit stieß man zum Abschluss der Dreharbeiten auf der Insel Hallands Väderö einen Jubelschrei voller Erleichterung und Lebenslust aus.

Erwartungen beinahe ebenso groß wie die Angst vor einem Reinfall. Die Rezensionen nach der Kinopremiere Weihnachten 1984 waren fast ausnahmslos überwältigend. Kein Wunder also, dass *Ronja Räubertochter* im Frühling 1985 einen Silbernen Bären von der Berlinale mit nach Hause nehmen konnte.

Kurz vor seinem Tod am 13. Oktober 1985 absolvierte Tage Danielsson einen letzten Auftritt in seiner Heimatstadt Linköping bei den »Tagen der Geisteswissenschaft«. Als er durch die Glastür den Saal betrat, schreckten die Besucher fast zurück. Sein Körper war stark abgemagert, sein Gesicht bleich und ausgezehrt, die Wangen eingesunken. Plötzlich sah man ihm seine Krankheit an und sein Gesicht war vom Tod gezeichnet, was er während der Dreharbeiten so gut verborgen hatte. Wie gewohnt war sein Vortrag eine großartige Mischung aus warmherzigem Humor, genialen Wortspielen und viel Mitgefühl für alle tapfer kämpfenden Wesen, ob es nun Umweltschützer, Rumpelwichte oder Borkaräuber waren.

Auch dies war eine starke Schlussszene.

Lange Zeit später kann sich Dan Håfström noch an die kluge Art erinnern, wie Tage Danielsson dem Elfjährigen in dieser Zeit half zu reifen. »Diese Energie bei den Dreharbeiten, das erleben zu dürfen … Das war für mich eine tolle Zeit, eine enorme Erfahrung. Vor allem hab ich gelernt, mich in der Gesellschaft von Erwachsenen zu bewegen. Hanna und ich waren ja die einzigen Kinder. Die Tage waren lang, die Arbeit anstrengend. Die Dreharbeiten waren nicht gerade auf Kinder zugeschnitten.

Gleichzeitig habe ich die ganze Zeit gemerkt, dass die Filmarbeit nur eine spaßige Sache ist, eine gute Erfahrung, nichts weiter. Dass ich weiter als Schauspieler arbeite, stand nie zur Debatte. Ich habe immer den Ball flach gehalten und bin gut damit gefahren. Inzwischen passiert es sehr selten, dass mich Leute als Birk erkennen. Wenn Ronja im Fernsehen läuft, gucke ich ein bisschen, aber nicht mehr. Das ist einfach so.«

Für seine Filmgage hat er sich eine Gitarre gekauft. Nach dem Gymnasium bewarb er sich auf der Hochschule für Journalistik und wurde angenommen. Heute arbeitet Dan Håfström als Journalist. Dafür steht sein Halbbruder Mikael Håfström im Rampenlicht. Er hat unter anderem bei den Jan-Guillou-Verfilmungen *Vendetta* und *Evil* Regie geführt; letzterer wurde 2004 als bester ausländischer Film für den Oscar nominiert wurde.

Begegnen sich »Birk« und »Ronja« ab und zu?

»Ja, das kommt vor. Sie ist echt clever, das hat man damals schon gemerkt. Als sie plötzlich auf dem politischen Parkett auftauchte, hat es mich zwar überrascht, aber nicht wirklich gewundert.«

Hanna Zetterberg weiß noch, dass sie nach den Dreharbeiten in der Schule den Anschluss erst wiederfinden musste, vor allem in Erdkunde, aber das gab sich schnell wieder. Ihre Zielstrebigkeit und Genauigkeit hatte sie damals schon, genau wie ihren Ehrgeiz, etwas Großes zu schaffen und die Welt wenigstens ein Stückchen zum Besseren zu verändern. Ronjas Zorn und Energie hätten von ihr stammen können. Als sie 1994 als Abgeordnete der Linkspartei in den Reichstag gewählt wurde, war das für viele Leute eine Überraschung. Aber wer Hanna kannte, war kaum erstaunt.

»Für mich war es keine Überraschung, dass sie politisch aktiv wurde. Und dass sie sich links orientierte, war eigentlich logisch, meine ich. Ich habe selbst viele Briefe aus Kuba bekommen. Sie verglichen den bärtigen Mattis mit Fidel Castro und fanden, dass Ronja die Freiheit verkörpert«, sagt Börje Ahlstedt, der Hanna immer mal wieder in der Kneipe *Den Andalusiska Hunden* im Stockholmer Stadtviertel Kungsholmen begegnet, wenn er vor der Vorstellung zu Abend isst und sie mit ihren Kollegen ein Bier trinken geht.

Am Ende der ersten Legislaturperiode nahm Hanna Zetterberg ein Studium der Wirtschaftsgeschichte auf. »So merkwürdig ist es wohl nicht, wenn eine 24-Jährige, die nicht sonderlich viel studiert hat, mehr lernen will«, sagte sie. Als die Linkspartei im Januar 2003 über die Nachfolge der scheidenden Parteivorsitzenden Gudrun Schyman diskutierte, fiel Hanna Zetterbergs Name erneut. Auch Börje Ahlstedt äußerte sich damals dazu: »Hanna ist ein wunderbarer, freier, intelligenter und fähiger Mensch. Sie hat die Qualitäten, die ihr für den Parteivorsitz gut zustatten kommen.« Und fügte scherzhaft hinzu: »Ob man nun Politiker ist oder Schauspieler, ist im Grunde dasselbe.«

Versucht man heute mit Hanna Zetterberg in Kontakt zu treten, dankt sie freundlich, lehnt aber ab, über den Film zu reden. Das Kapitel ist beendet. Statt des Frühlingsschreis ist bei ihr zu Hause nun Babygejuchze zu hören. Ihr Interesse an Themen wie Umweltschutz, Gleichberechtigung und Demokratie, die auch Ronja ein Anliegen sind, hat Hanna trotzdem nicht verloren.

Obwohl zwei Jahrzehnte vergangen sind, geht das Märchen von *Ronja* weiter. In Finnland kam *Ronja* als Ballettaufführung, in Dänemark als

DIE CHEMIE STIMMTE sofort zwischen Dan Håfström und Hanna Zetterberg. Noch heute begegnen sie sich auf Stockholms Straßen. Er wurde Journalist, sie ging in die Politik.

EIN BESEELTES QUARTETT *auf dem Gipfel des Sörknatten. Die gemeinsame Lebensphilosophie von Astrid Lindgren und Tage Danielsson bestand aus der Kombination von Vernunft, Gefühl, Humanismus und Freiheitsdrang. Und das übertrug sich auf die junge Hanna Zetterberg und Dan Håfström. Manchmal ist es von Vorteil, Räubern in die Hände zu fallen ...*

Musical und in Schweden als Theaterstück auf die Bühne. In Dalsland kann man im Sommer auf Ronjas Spuren wandern und die atemberaubende Aussicht vom Sörknatten genießen. Ab und zu fragen Kinder: »Wann kommen die Rumpelwichte raus?«

Lena Nyman sagt, dass sie ständig kleinen Kindern begegnet, die sich ihr schüchtern nähern und fragen, ob sie Lovis ist. »Sie erkennen mich an der Stimme wieder. Aber dann sehen sie sehr verwirrt aus. In ihren Augen sehe ich ja aus wie die Oma von Ronjas Mama.«

Börje Ahlstedt erzählt, dass er noch so oft einen König Lear oder einen Peer Gynt spielen kann, die tiefsten Spuren hinterlässt immer seine Arbeit für Kinder: die Stimme vom Mumintroll im Weihnachtsprogramm, Barbapapa, der Räuberhäuptling Mattis ... »In einem U-Bahn-Aufgang stand eine Gruppe junger Mädchen und tuschelte. Ich dachte: Mein lieber Scholli, habe ich so eine Ausstrahlung? Dann sagte die eine: ›Ja, du hast recht, das ist Barbapapa!‹«

War da noch was? Wie ist eigentlich die Geschichte mit dem Freudenmädchen im Moskauer Hotel zu Ende gegangen?

Börje Ahlstedt krault sich den Bart und sagt gedehnt: »Jaaa ... sie und ich wollten gerade losgehen, als jemand in der Reisegesellschaft uns entdeckte und rief: ›Hey, hallo, wo willst du denn hin, Börje?!‹«

Sogleich erwachte in Ronjas Papa das schlechte Gewissen, er hielt inne, bedankte sich artig für die Einladung, ging zurück an den Tresen und machte über die ganze Angelegenheit Scherze ...

... während er sich insgeheim wünschte, der neugierige Herr möge zum Donnerdrummel fahren.

RONJA RÄUBERTOCHTER
Regie: Tage Danielsson
Produzent: Waldemar Bergendahl
Drehbuch: Astrid Lindgren
Premiere: 14. Dezember 1984
Besetzung: Ronja (Hanna Zetterberg), Birk (Dan Håfström), Mattis (Börje Ahlstedt), Lovis (Lena Nyman), Borka (Per Oscarsson), Undis (Med Reventberg), Glatzen-Per (Allan Edwall), Räuber (Tommy Körberg, Ricky Bruch u.a.)
Musik: Björn Isfält
Drehorte: Sörknatten in Dalsland, Blåsjön in Jämtland, Bohuslän, Skåne, Stockholm, Oslo
Handlung: In der Nacht, in der Ronja zur Welt kommt, schlägt ein Blitz in die Mattisburg ein und zerteilt sie. In die andere Hälfte zieht die rivalisierende Räuberbande um den Häuptling Borka, dessen Sohn Birk Ronjas Freund wird, nachdem sie gemeinsam viele Gefahren gemeistert haben: an der Wolfsklamm, am Höllenschlund, am Fluss, mit den Wilddruden und Graugnomen. Am Ende schließen die beiden rivalisierenden Räuberbanden Frieden.

Nangijala – *Die Brüder Löwenherz*

Nachdem sie Jonathan Löwenherz mit ihrem tödlichen Feuer verbrannt hatte, wurde Katla ins alte Gefängnis auf der Stockholmer Halbinsel Långholmen eingesperrt. Hier fristete sie, zusammengeknüllt in einer Ecke in der Tischlerwerkstatt, in den kommenden Jahren ihr Dasein. So kann es einem gehen, wenn man nicht artig ist.

Was mit einem Feuerschlucker in der Schnauze, Schaum vor dem Mund, Druckluft in den Gedärmen und Schaumgummi im Körper wie ein Höllenmonster anmutet, stammte in Wahrheit aus den Londoner Pinewood Studios, in denen Katla im Herbst 1976 unter großer Geheimniskrämerei das Licht der Welt erblickte.

Drei stattliche Kerle hatten in ihrem Inneren Platz: einer in jedem Vorderbein und ein dritter an der Kommandozentrale, die aussah wie das Armaturenbrett eines Hubschraubers. Katlas Hinterteil bewegte sich auf Rädern. Ihr Rücken war mit 32 Kunststoffstacheln versehen, und wenn man die Hebel richtig bediente, dann konnte sie ihren Schwanz wie einen Peitschenknall aufschlagen lassen.

Für Olle Hellbom war die erste Begegnung mit dem Monster ein Schock. Zwar war die Figur gut gemacht und funktionierte technisch absolut einwandfrei, aber sie hatte größere Ähnlichkeit mit einer

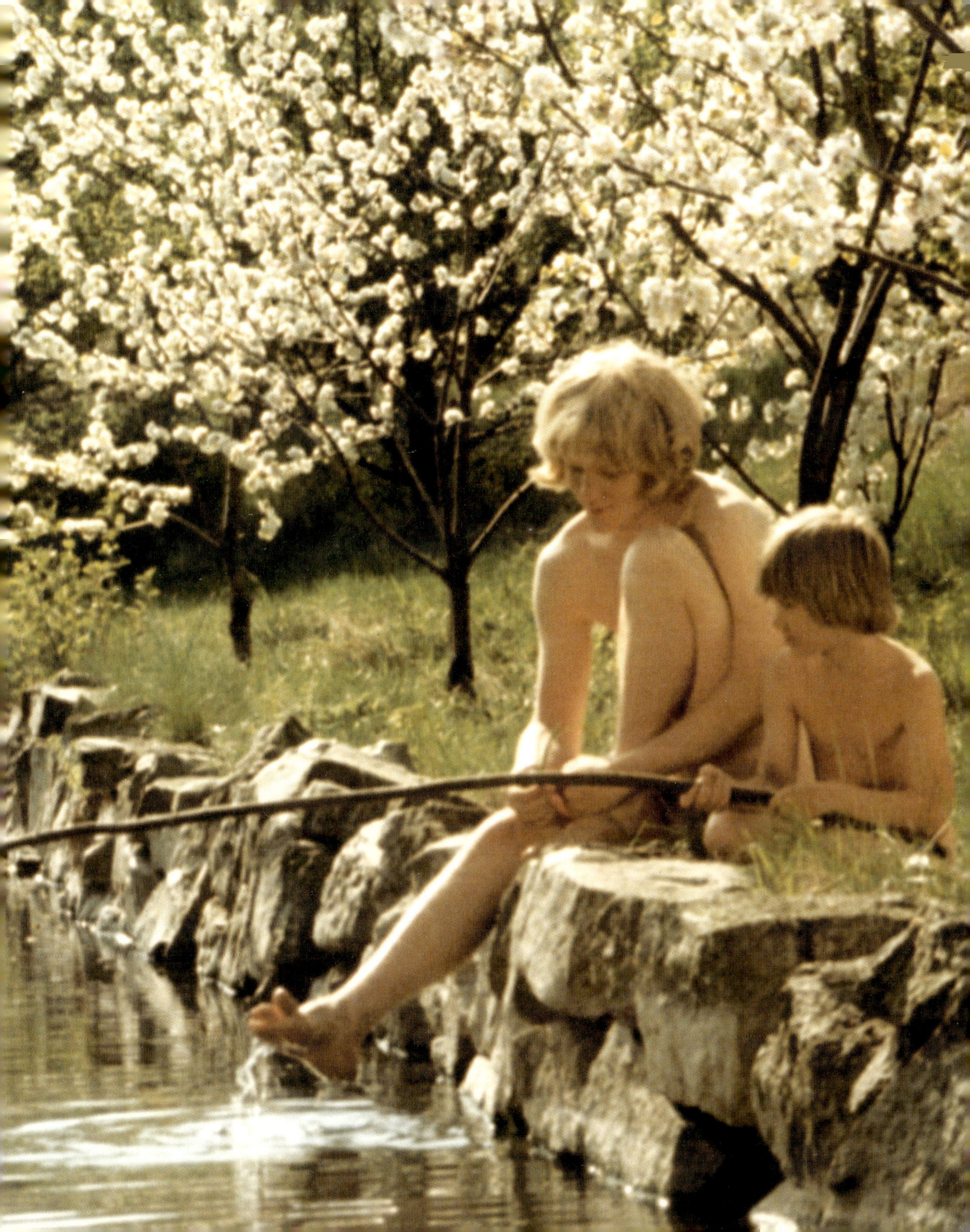

AUF DER SUCHE nach dem verlorenen Ton. Ein einsamer Tontechniker versucht mittelalterliches Hufgetrappel für die dramatische Schlusssequenz einzufangen, die in der Nähe von Drakemölla bei Brösarp in Österlen gedreht wurde.

OLLE HELLBOM hatte das Gefühl, in eine Schublade gepresst zu werden, erzählt die Journalistin Inger Marie Opperud. »Mit *Die Brüder Löwenherz* wollte er beweisen, dass er auch etwas anderes konnte, etwas, das in Richtung Tarkowskij und Bergman ging.« Ingmar Bergmans Produktionsfirma Cinegraph war an den Filmrechten für *Die Brüder Löwenherz* interessiert und wollte Kjell Grede Regie führen lassen. Aber Astrid Lindgren sagte Nein. Ihr Leben lang war sie die Loyalität in Person. Sie ließ nur wenige Menschen nah an sich heran, aber wenn sie es einmal gemacht hatte, dann hielt sie unumstößlich zu ihnen.

Blindschleiche, die an Elefantiasis litt, als mit einem gefährlichen Ungeheuer. »Katla sah viel zu nett aus«, erinnert sich Hellboms Tochter Tove. »Deshalb bekamen der Requisiteur Lasse Westfeld und ich den Auftrag, den Drachen mit Tapetenkleister einzuschmieren. Damit das Viech gruseliger aussah, kamen wir auf die Idee, Rosshaar anzukleben. Weil wir nicht viel Geld hatten, rief Lasse im Schlachthaus an und sagte Bescheid, dass wir den Schwanz von einem Pferd bräuchten. Dann machten wir uns mit unserem VW-Bus auf den Weg. Er ging rein und kam mit einem Schwanz zurück, an dem noch die ganze Schwarte hing. Er war noch so warm, dass er dampfte, und das Fleischstück war bestimmt 15 Zentimeter breit. Sie hatten es einfach abgehauen. »Donk«, machte es, als er das Teil ins Auto warf. Und wie es gestunken hat!«

Als die frisch gestylte Katla dann ans Tageslicht gerollt wurde, hingen zwar ihre Kiefer ein wenig auseinander, aber Olle Hellbom war zufrieden. Endlich war der schwierigste Darsteller von *Die Brüder Löwenherz* am Drehort angekommen. Obwohl Katla in Wirklichkeit nur vier Meter groß war, sah sie im Film dank der Trickaufnahmen wie ein 35 Meter großes Ungetüm aus. Katlas Kiefer wurden geölt und das Abenteuer konnte beginnen.

Und was für ein Abenteuer! Dass *Die Brüder Löwenherz* Astrid Lindgrens Lieblingsgeschichte war, ist kein Geheimnis. Seit *Mio, mein Mio* hatte sie der Stoff der Rittersagen nicht mehr losgelassen. »Ich wollte ganz einfach eine spannende Geschichte aus der Zeit der Lagerfeuer erzählen«, lautete Astrid Lindgrens knappe Antwort, wenn sie nach den Hintergründen für *Die Brüder Löwenherz* gefragt wurde. Im Klartext hieß das nichts anderes als: »Das ist mein Geheimnis und jetzt tu mir den Gefallen und bohr nicht weiter.« Über *Ronja Räubertochter* sagte sie später nur: »Ich hatte einfach Lust, mich mal eine Zeit lang im Wald aufzuhalten.«

Die wahren Beweggründe drangen erst nach und nach ans Licht.

So wissen wir von Astrid Lindgrens langjähriger Freundin Elsa Olenius, wie die beiden an einem Wintertag 1972 auf einer Zugfahrt durch Värmland am See Fryken vorbeikamen. Einst war dies die Landschaft Selma Lagerlöfs, heute ist sie zur Pilgerstätte für englische Fußballfans geworden, die sehen wollen, wo ihr Nationaltrainer Sven-Göran Eriksson seine Karriere begann. An diesem Morgen jedoch, als der Schneerauch wie Nebel über dem Eis stand, war es Astrid Lindgrens ureigene Landschaft.

»Ich merkte, wie Astrid mit einem Mal ganz still wurde, wie abwesend«, erzählte Elsa Olenius. »Sie hat gar nicht mehr reagiert, wenn man sie ansprach. Da war mir klar, dass etwas in ihr gärte.«

Astrid Lindgren selbst hat ihre Vision so beschrieben: »Es war so ein fantastischer Morgen mit rosa Licht über dem See, ja, es war einfach überirdisch schön, und da hatte ich ein so starkes Erlebnis, eine Art Vision vom ersten Morgengrauen der Menschheit, dass ich fast zu zittern begann. Gleichzeitig spürte ich, wie sich etwas entzündete. Daraus wird vielleicht etwas, dachte ich.«

Danach statteten ihr morgens um fünf Uhr in ihrem roten Bootsmannshäuschen in Furusund die beiden Brüder Löwenherz einen Besuch ab. Wie üblich saß Astrid Lindgren in ihrem Bett, mit dem Stenoblock auf dem Schoß. Am Anfang hatte sie eher Jonathan, den Älteren, im Blick, aber mit der Zeit trat der kleine Krümel immer mehr aus dem Schatten seines Bruders hervor und nahm mehr Platz in Anspruch. »Ich habe lange geglaubt, Jonathan sei die Hauptperson. Aber so wurde es nicht. Die Figuren haben sich selbstständig gemacht und Dinge getan, die ich nicht erwartet hatte. Das passiert mir oft. Zum Beispiel, als Jonathan stirbt und Krümel allein auf der Küchenbank zurücklässt. Das hätte ich nicht gedacht!«

Da war er wieder, der Tod, der in Astrid Lindgrens Kindheit kein seltener Gast war und der die fröhlichen, verspielten Erinnerungen überschattet. Die erste Erinnerung war die der Dreijährigen, als ihr toter Großvater Jonas Petter auf der Veranda von Näs aufgebahrt

ASTRID LINDGRENS WOHNUNG in der Dalagatan 46 ist seit ihrem Tod noch unverändert. Zurzeit wird überlegt, wie man die Wohnung der Öffentlichkeit zugänglich machen kann. Das Namensschild »A. Lindgren« ist immer noch an der Tür, auf dem Arbeitstisch thront noch die Schreibmaschine. Ganz hinten in der Vierzimmerwohnung liegt das kleine Schlafzimmer mit einem Bücherregal über dem Bett. Neben dem Kopfende steht ein zerlesenes Exemplar der Bibel.

Im Lehnstuhl am Fenster, hinter dem der Vasapark liegt, hat Astrid Lindgrens Tochter Karin Nyman Platz genommen. In dieser Wohnung fiel ihr der Name Pippi Langstrumpf ein, hier bat sie auch ihre Mutter, von dem fliegenden Mann zu erzählen, aus dem später Karlsson vom Dach wurde. Wie ihre Mutter sollte auch Karin Nyman mit Wörtern arbeiten – sie wurde Übersetzerin.

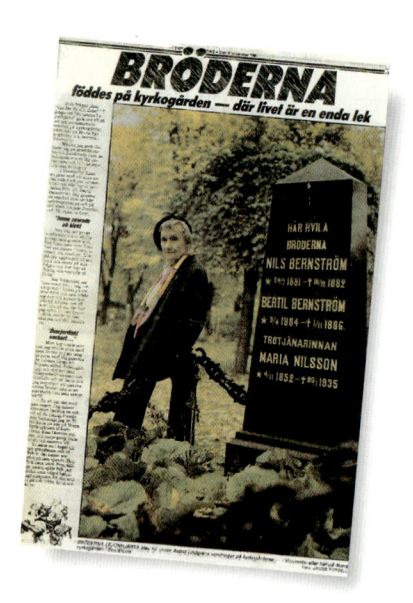

AUF DEM STOCKHOLMER FRIEDHOF *Norra kyrkogården fiel Astrid Lindgren ein Grabstein ins Auge, der eines der Mosaiksteinchen der Geschichte der Brüder Löwenherz wurde. Sie entdeckte ihn mit ihrer Freundin Elsa Olenius bei ihrem selbsterfundenen Spiel »einer nach dem anderen bis sieben Grabsteine«.*

worden war. Selbst die Kleinsten durften sich ein letztes Mal von ihm verabschieden. Astrid Lindgren hat erzählt, wie sie dem Großvater ihre Hand auf die Stirn legte und ihr auffiel, dass sich der Körper im Sarg nicht mehr warm und lebendig anfühlte, sondern kalt wie Eis.

Von ihrer Großmutter Lovisa stammte die Geschichte, wie diese als Siebenjährige ihren eigenen Vater leblos über dem Holzzaun hängend gefunden hat. Ihre Mutter Hanna erzählte gelegentlich, wie ihr geliebter Vater bei einem Schlaganfall am Küchenherd zusammenbrach.

Ob wir Hanna auch die Idee zur Feuersbrunst verdanken, mit der das Buch beginnt? Sie konnte anschaulich die Geschichte erzählen, wie sich in ihrer Kindheit ein Feuer in einem Kornspeicher ausbreitete und das gesamte Gebäude verschlang, während ihr Vater ohnmächtig zuschauen musste. Auch im Armenhaus lebten viele Kinder in ständiger Gegenwart des Todes, denn die bedauernswerten Kleinen waren meistens elternlos, schwach und lungenkrank. Als Kind schenkte Astrid Lindgren einem todkranken Mädchen ihre Lieblingspuppe, worauf die Puppe mit ins Grab durfte.

Andere Inspirationsquellen für *Die Brüder Löwenherz* sind bekannter. Zum Beispiel, als Astrid Lindgren bei der Pressekonferenz für den ersten *Michel*-Film beobachtet, wie der kleine Jan Ohlsson bei seinem älteren Bruder Dick auf den Schoß klettert, weil ihm der ganze Rummel zu viel wird. »Er stand auf einem Tisch und hat seine Sache so gut gemacht, so kluge Antworten gegeben. Dann verkrümelte er sich und krabbelte seinem großen Bruder auf den Schoß, der sich vorbeugte und dem Kleinen einen Kuss auf die Wange gab«, erinnert sich Astrid Lindgren.

Ein andermal fällt ihr Blick beim Spaziergang über den Friedhof von Vimmerby auf ein schwarzes Metallkreuz, dessen Inschrift lautet: »Hier ruhen die kleinen Brüder Johan Magnus und Achates Phalén. Gestorben 1860.«

Weniger bekannt ist die Geschichte, wie Astrid Lindgren und Elsa Olenius als Erwachsene auf dem Friedhof Norra kyrkogården spielen und eines Tages über einen Grabstein fallen, auf dem etwas Ähnliches steht: »Hier ruhen die Brüder Nils Bernström 24.7.1881–10.12.1882, Bertil Bernström 9.4.1884–1.11.1884«.

Ja, richtig gelesen, spielen! Für Astrid Lindgren waren Friedhöfe eine Quelle der Inspiration, ein Ort zum Nachdenken und ein Platz für verrückte Einfälle. »Elsa und ich spielten etwas, das wir ›einer nach dem anderen bis sieben Grabsteine‹ nennen. Den Namen auf dem siebten Grabstein durfte man behalten. Elsa bekam immer feine, adelige Namen, ich dagegen weitaus einfachere.«

Dann wurde sie plötzlich ernst: »Ich denke oft darüber nach, wie Kinder Angst vor dem Tod haben, aber keinen Trost bekommen. Ich habe mit Leukämie-Ärzten gesprochen, die mir bestätigt haben, dass es nichts Schlimmeres gibt als die Angst, verlassen zu werden.«

Astrid Lindgren wusste, wovon sie sprach. Als Erstes starb der Chefredakteur, von dem sie ein Kind bekam. 1952 verlor sie ihren Mann Sture, der mit nur 54 Jahren an inneren Blutungen starb. Und schließlich ereilte das Schicksal ihren Sohn Lars, der 1986 den Kampf gegen den Krebs verlor.

Der Literaturnobelpreisträger Harry Martinson sagte bei ihrer einzigen Begegnung zu Astrid Lindgren: »Der Tod ist eine Unverschämtheit dem Menschen gegenüber.« Viele Schriftsteller meinen, ihre Arbeit und ihre Kreativität seien in Wahrheit ein lautstarker Protest gegen die Tatsache unserer Vergänglichkeit. Die Angst vor dem Tod sei der Antriebsmotor für unseren Wunsch, etwas Bleibendes zu hinterlassen, ob wir nun schreiben, reisen, gestalten, malen oder Geschichten erzählen.

Die Brüder Löwenherz wurde im Laufe der Jahre das meistinterpretierte Buch von Astrid Lindgren. Auf Fragen nach der »inneren Wahrheit« des Buches hat die Schriftstellerin eher ausweichend geantwortet.

Was hat es zum Beispiel mit dem Heckenrosental auf sich, das im Film Dornrosental heißt? Seit sie auf der Kuhweide von Näs den blühenden Heckenrosenstrauch entdeckte, hatte Astrid Lindgren den Duft von Heckenrosen zu ihrem Lieblingsduft erkoren: »In diesem Augenblick habe ich Seligkeit verspürt.« Um einen Rosenbusch geht es auch in einer anderen Geschichte, die ebenfalls das Thema Geschwister im Jenseits behandelt, nämlich *Allerliebste Schwester*. Das Mädchen Barbro kriecht in ein Loch, das hinter dem Busch in die Erde führt, um im Jenseits mit ihrer Zwillingsschwester Ylva-li zu spielen.

Und die Kirschblüten? Sie müssen eine Huldigung an die Herzkirschenbäume der Großmutter sein, »die unter der Last der gelbroten Früchte fast zusammenbrachen, wobei ihresgleichen allenfalls im Paradies zu finden sind, aber nirgendwo sonst. Alljährlich ließ man an einem Julisonntag rund zwei Dutzend Enkelkinder auf den Baum los. Wie ein Schwarm Krähen saßen wir auf unserem Ast und erbarmungslos wie Krähen machten wir uns über die Kirschen her.«

Und was ist mit Katla und der Schlange? Seit den dreißiger Jahren waren für Astrid Lindgren, die damals als Schreibkraft für den Krimi-

IM MÄRCHEN *Allerliebste Schwester* kommt eine unterirdische Fantasiefigur vor, eine Zwillingsschwester von Barbro, namens Ylva-li. Astrid Lindgrens Biografin Margareta Strömstedt glaubt, dass das wunderschöne weibliche Fantasiewesen Ylajali aus Knut Hamsuns *Hunger* dafür die Inspirationsquelle war. Als Astrid Lindgren 1926 neu in Stockholm war, las sie am liebsten Hamsuns Bücher.

IHREN ERSTEN INTERNATIONALEN PREIS, die H.-C.-Andersen-Medaille, sollte Astrid Lindgren in Venedig in Empfang nehmen. Ihre Freundin Elly Jannes begleitete sie auf dieser Reise. Nach der feierlichen Preisverleihung ging man in ein Restaurant. Der Kellner fragte, was die Damen gern als Vorspeise hätten. »Hummer«, antworteten beide. Und als Hauptspeise? »Hummer, bitte.« Der Kellner guckte etwas merkwürdig, ließ sich aber nichts anmerken. Als es ans Dessert kam, sammelte er neue Kraft, um die Speisekarte herunterzubeten. Astrid Lindgren unterbrach ihn mit den Worten: »Als Nachtisch, finden wir, wäre Hummer sehr gut.«

nologen und entschiedenen Nazigegner Harry Söderman arbeitete, Bolschewismus und Nationalsozialismus zwei Dinosaurier, die drauf und dran waren, über die Menschheit herzufallen. »Ich habe Hitler von Anfang an gehasst. Ein Wunder, dass ich vor lauter Hass nicht gestorben bin.«

Und Nangijala? Wie bei *Pippi Langstrumpf* verdanken wir den Namen dem Einfall eines Kindes. Astrid Lindgren hat erzählt, wie es dazu kam: »Ein mir lieber kleiner Olle, dessen Wortschatz kaum zehn Wörter umfasst, hat sich ein eigenes Wort ausgedacht: Nan-gi. Außer ihm weiß niemand in der ganzen weiten Welt, was es bedeutet, aber es scheint etwas sehr Lustiges zu sein, denn immer, wenn er es ausgesprochen hat, quiekt er vor Lachen. Nan-gi? Was oder wer um alles in der Welt ist Nan-gi, das möchte man doch zu gern wissen. Nan-gi?«

Das war der Anfang.

Der Rest ist Schweigen, wie Shakespeare sagen würde. Geschickt entzieht sich Astrid Lindgren der Analyse, indem sie verdunkelt, vereinfacht und falsche Spuren auslegt.

Staffan Götestam, der den Jonathan Löwenherz spielt, meint, Astrid Lindgren war es leid, dass so viel in ihre Werke hineingedeutet wurde: »Sie hatte großen Respekt vor Leuten, die wissenschaftliche Arbeiten über sie schreiben wollten, aber sie hat sie auch belächelt. Die Wahrheit liegt ja bekanntlich im Auge des Betrachters. Ihre Bücher haben aber tatsächlich ein gemeinsames Thema. Immer geht es um ein Kind, das sich selbst ermächtigt. Was alle Besserwisser aufregt.«

Staffan Götestam erinnert sich, dass Astrid Lindgren von einem immer wiederkehrenden Traum erzählt hat: Sie ist allein zu Hause, es klopft an der Tür, draußen steht ein kleines Kind, das hungrig ist und friert, sie gibt dem Kind etwas zu essen, badet es und bringt es dann zu Bett.

Einsamkeit und Geborgenheit sind Themen, die sich am deutlichsten bei *Nils Karlsson-Däumling* wiederfinden. Darin muss der Held übrigens auch eine unsichtbare Grenze übertreten, indem er den geheimnisvollen Nagel berührt und »Killevips« sagt, um in eine andere Welt einzutauchen. Auch in *Die Brüder Löwenherz* geht es um einen schwachen, kleinen Kerl, den ein Stärkerer, in diesem Fall sein großer Bruder, unter seine Fittiche nimmt.

Die Brüder Löwenherz sollten Olle Hellboms letzter großer Film werden, und in der Tat hat man den Eindruck, der Regisseur habe sich noch einmal selbst übertroffen.

DIE TATSACHE, dass Olle Hellbom sein Leben lang »nur« Kinderfilme gedreht hat, hat man oft belächelt. Das konnte ihn ungeheuer aufregen. »Die machen sich gar keine Vorstellung, wie schwierig diese Kunst ist!« Als auf Hasse Alfredssons Hof in Tomelilla *Die Brüder Löwenherz* gedreht wurde, sah sich Hellboms Sohn Jan um und fragte: »Sag mal, Papa, wird dies nicht eine schrecklich teure Produktion?« Darauf rieb sich Olle Hellbom die Hände und sagte lächelnd: »Ist mir scheißegal. Mit mir hat die SF so viel Geld verdient, jetzt mach ich, was ich will.«

1976 begann die Jagd nach zwei jungen Darstellern, die reiten konnten, gegen ein Monster kämpfen und am Ende auch noch sterben mussten – und das in einer Filmproduktion, deren Budget so groß war wie bei keinem schwedischen Kinderfilm zuvor. Krümel war am einfachsten zu finden.

Lars Söderdahl hatte zwei Jahre zuvor den Lillebror in *Karlsson vom Dach* gespielt. Inzwischen war er elf Jahre alt, antwortete immer noch »Schauspieler« auf die Frage nach seinem Traumberuf, liebte Pommes frites und hasste Mathe, bewunderte die Brüder Cartwright aus *Bonanza* und konnte alle wichtigen Szenen der Marx-Brothers-Filme nachspielen. Olle Hellbom hatte nie vergessen, mit welch unglaublicher Leichtigkeit der Neunjährige vor der Kamera agiert hatte. Jetzt sollte Lars Söderdahl einen ganz anderen Typ als Lillebror spielen, reifer und nachdenklicher. Auch das war für ihn ein Kinderspiel.

Mit seinem großen Bruder gestaltete sich die Sache weitaus schwieriger.

Olle Hellbom war die ganze Zeit davon ausgegangen, dass Jonathan Löwenherz von einem Dreizehnjährigen gespielt werden sollte, aber keiner der Bewerber fand vor seinem geschulten Kamerablick Erbarmen. Sie kamen ihm so ungeschickt, klein und unreif vor.

»Anscheinend hatte er schon mit allerhand Bewerbern Probeaufnahmen gemacht, als jemand den Geistesblitz besaß, Janne Waldekranz und mich herzuholen. Zum Schluss waren nur noch wir beide übrig. Aber SF konnte sich nicht entscheiden. Angeblich haben sie sogar Astrid Lindgren angerufen und um Rat gebeten. Vor der Entscheidung hatte mir jemand meine blonden Haare glatt geföhnt und ich sah wirklich aus wie ein junger Gott. Sie zeigte auf mich und sagte: ›Ich finde ihn am geeignetsten.‹« Das erzählt Staffan Götestam, der bei der Gelegenheit schon 23 Jahre alt ist und sich einen kleinen Namen als junger, vielversprechender Schauspieler an Stockholmer Privatbühnen gemacht hat. Einmal war er zusammen mit Gunn Wållgren aufgetreten, die das internationale Publikum aus Ingmar Bergmans *Fanny und Alexander* kennt und die in *Die Brüder Löwenherz* als Taubenfrau Sophia zu sehen ist.

»In einer Szene sollte sie mir eine richtige Ohrfeige geben. Ich sagte: ›Du brauchst ja nicht richtig zuzuschlagen, wir können ja nur so tun als ob.‹ Sie guckte mich wütend an und sagte: ›Wenn du ein echter Schauspieler werden willst, musst du eine Ohrfeige schon aushalten!‹« Nun jedenfalls sollte Staffan Götestam einen Aufstand im Kirschtal anführen, was von vornherein den Bach runterzugehen drohte.

DREI MELDUNGEN aus *Wimmerby Tidning* vom Juni 1925 könnten Szenen aus *Michel aus Lönneberga*, *Die Brüder Löwenherz* und *Pippi Langstrumpf* inspiriert haben.

In ein und derselben Nummer findet sich eine Meldung über einen Fünfjährigen, der, so heißt es, gestorben sei, nachdem ihn andere Kinder eine Stange hochgezogen und ihn dort eine Weile hängen lassen hatten; daneben wird über zwei Brüder berichtet, die bei einer Feuersbrunst ums Leben gekommen waren, sowie über die Verhaftung eines mutmaßlichen Doppelmörders. Er hieß Settergren – so wie zwanzig Jahre später Tommy und Annika.

Ob Astrid Lindgren diese Meldungen verfasst hat, ist unklar, weil kein Autor angegeben ist, aber zu den Aufgaben der damals 17-jährigen Volontärin gehörte es, solche Kurzmeldungen zu schreiben.

»WAS FÜR WUNDERSAME KINDER ich bekommen habe«, pflegte Astrid Lindgrens Vater Samuel August zu sagen. »Alle arbeiten mit Wörtern.« Damit hatte er zweifelsohne recht. Ihr großer Bruder Gunnar (1906–74) saß für den Bauernverband im Reichstag und schrieb Satiren über das politische Leben in Svitjod. Ihre Schwester Ingegerd (1916–1997) wurde Journalistin, ebenso Stina (1911–2002), die auch als Übersetzerin tätig war (zum Beispiel für die *Fünf-Freunde*-Bände). Lange Zeit galt sie, und nicht etwa ihre Schwester Astrid, als größte Geschichtenerzählerin in der Familie Ericsson!

ALS ASTRID LINDGREN Krümels Küche im Film sah, war sie selber überrascht. Unbewusst hatte sie genau die alte Küche vom Kuhknecht und Kristin auf Näs beschrieben. »Ich hatte nie daran gedacht. Aber da ist ja die Tür zur Kammer und da der Herd. Ich habe sie in den zweiten Stock verlegt, aber es *ist* Kristins Küche.«

»**KATLAS FEUER**« entflammt die Wacholderbüsche bei Brösarp, wohin man den letzten Kampf verlegt hatte. Hinter den Kulissen stand die freiwillige Feuerwehr in den Startlöchern. In den Boden hatte man lose Wacholderzweige gesteckt und angezündet. Als der böse Tengil in Flammen aufgeht, verbirgt sich unter dem Ritterkostüm der Stuntman Johan Thorén.

Fragt man den Produzenten Waldemar Bergendahl nach seinen Erinnerungen an die Dreharbeiten zu *Die Brüder Löwenherz*, dann fasst er sich an den Kopf und murmelt: »Staffan Götestam, Staffan Götestam ... mein Gott, was hatten wir für Probleme mit dem Jungen ...«

Olle Hellbom musste entsetzt mit ansehen, wie sich sein Darsteller in die Dreharbeiten einmischte, den Kameramännern Hinweise gab und zu allem seinen Senf dazugab: zu Licht, Ton und Dialog. Außerdem war er, als die Kamera lief, kein glaubwürdiger Jonathan Löwenherz. Er war steif und überspannt und sprach zu laut, hochtrabend und gekünstelt.

»Ich muss oberanstrengend gewesen sein«, erinnert sich Staffan Götestam selbst. »Es war meine Sturm-und-Drang-Zeit. Ich war ein junger, wütender Mann – der im Innern natürlich nur unsicher und nervös war. Meine große Sorge war, dass ich so selbstkritisch war. Ich wurde ein Betrachter, was für einen Schauspieler ja eine Todsünde ist, anstatt einfach präsent zu sein. Ich wollte abends die Muster sehen, aber Olle war dagegen. Ich hatte panische Angst, dass Leute wie Allan und Gunn mich nicht gut finden würden.«

Interessanterweise hat Lars Söderdahl ähnliche Erinnerungen:

»Ich war zwar erst elf Jahre alt, aber trotzdem der Meinung, dass ich Dialoge verändern und mich in die Regie einmischen konnte. Mit einem Typen, der als Techniker arbeitete, hab ich mich oft angelegt. Er fand, dass ich eine richtige Diva war. Und mein Verhältnis zu Allan

Edwall war ziemlich schlecht. Er hatte mir eine Krone oder so versprochen, wenn ich eine Szene gleich in der ersten Einstellung hinbekam. Das tat ich. Aber als ich das versprochene Geld haben wollte, rückte er es nicht raus. Da habe ich seine Pfeife geschnappt und gesagt: ›Die kriegst du erst wieder, wenn du bezahlt hast.‹ Das war eher als Spaß gemeint, aber er wurde ernsthaft sauer. Und ich war sauer auf ihn. Wo er mir doch was vorgeschwindelt hatte! Dann waren wir für den Rest der Dreharbeiten verfeindet.

Olle Hellbom dagegen mochte ich. Er sprach mit mir wie zu einem Erwachsenen. Trotzdem kam es zwischen uns zu Auseinandersetzungen. Zum Beispiel, als mein Pferd durchging und ich danach nicht gleich wieder in den Sattel wollte, da wurde Olle wütend.

In der Schlussszene sollte ich mit Jonathan zusammen an einem Steilhang sitzen. Der Berg war total hoch und ich traute mich einfach nicht so nahe an die Kante. ›Aber das ist ja total gefährlich! Was ist, wenn ich runterfalle?!‹ Olle schlug vor, mir eine Leine umzubinden. Aber ich wollte trotzdem nicht: ›Was, wenn die Leine abgeht? Oder ich ausrutsche?‹«

Es gab auch andere Probleme. Wie sollte man ein ganzes Tal voll blühender Kirschbäume finden? Bekanntermaßen wachsen Kirschen nur selten in großer Anzahl am selben Ort. Olle Hellboms Tochter Tove bekam den Auftrag herauszufinden, ob man kurzfristig, binnen höchstens einer Woche, falsche Kirschbäume mit Plastikblüten herstellen könne. »Ich bastelte einen Baum, der okay war«, erinnert sich Tove Hellbom. »Dann haben wir sieben, acht Stück hergestellt, die wir auf einen Laster luden, durch die Gegend fuhren und einpflanzten. Danach brachte man sie zu verschiedenen Orten, bis sie vor Abnutzung und Altersschwäche in sich zusammenfielen.« Einmal wurde sogar laut darüber nachgedacht, nach Washington zu fahren, weil jemand gehört hatte, dass die Kirschbäume dort dichter stehen als in Schweden.

Die Lösung lag viel näher: in Kivik im östlichen Skåne. »Erkennt jemand auf der Leinwand einen Unterschied zwischen Äpfeln und Kirschen?«, fragte Olle Hellbom und schob die Antwort gleich nach: »Nein!« Daraufhin verfrachtete man das gesamte Team nach Brösarps backar, wo die beiden Brüder Löwenherz an einem sonnigen Maitag in einer langen, opulenten Aufnahme durch die wunderschöne Landschaft reiten. »Und ich hab nie«, sagt Staffan Götestam, »jemanden sagen hören, dass man im Bild Apfelbäume sieht.«

KAMERAMANN bei *Die Brüder Löwenherz* war Rune Ericson, dem Olle Hellbom jeden Abend ein Glas Whiskey servierte, wobei die beiden die Aufnahmen des kommenden Tages durchgingen. Ericson hatte bereits in Hellboms Debütfilm *Dödarhultarn* die Kamera geführt. In dem preisgekrönten Film über den småländischen Holzkünstler hatte er das fehlende Zoom-Objektiv kompensiert, indem er die geschnitzten Figuren auf einem Drehtisch aufstellte. Danach arbeitete er dreißig Jahre lang für SANDREWS, den größten Konkurrenten von SVENSK FILMINDUSTRI. Gerade hatte er sich selbstständig gemacht, als das Telefon klingelte und Olle Hellbom am Apparat war. »Ich wage zu behaupten, dass ich Olles visuellen Stil verändert habe«, meint Rune Ericson. »Damit will ich nichts Schlechtes über die vorherigen Kameramänner sagen, aber sie haben es sich sehr leicht gemacht: Totale oder Nahaufnahme. Jetzt brachte ich ihn dazu, von Pausen und der Dramaturgie zu profitieren. Es ging darum, Einzelheiten in den Bildern zu verfolgen, um Kamerabewegungen, die Blicken folgten, und so weiter.«

DASS Die Brüder Löwenherz von den Zensurbehörden erst für Zuschauer ab 11 Jahren freigegeben wurde, war ein harter Schlag für SVENSK FILMINDUSTRI. Nach einer langen Debatte, in die sich auch Astrid Lindgren mit klugen Äußerungen in der Presse eingemischt hatte, wurde die schwedische Zensurgesetzgebung geändert. Es war eine Ironie des Schicksals, dass das neue »Lex Löwenherz« ausgerechnet für Die Brüder Löwenherz nicht galt. Aber Eltern schmuggelten ihre Kinder trotzdem ins Kino.

SO VIELE falsche Kirschblüten brauchte man für Die Brüder Löwenherz, dass in ganz Schweden nicht genügend aufzutreiben waren. Deshalb wurden Angestellte von SVENSK FILMINDUSTRI in zwei VW-Bussen zum Einkaufen in die Bundesrepublik geschickt, um künstliche Blüten zu besorgen.

Das Drachenmodell hatte man also in London anfertigen lassen, aber von den dortigen Experten bekam Olle Hellbom auch Tipps, wie man am Hintergrund herumtricksen konnte: Man malte ihn einfach auf Glas!

Tove Hellbom erinnert sich, dass diese Technik unter anderem in einer Anfangsszene des Films zum Einsatz kam, als Jonathan und Krümel zum Tal der Dornenrosen reiten. »Sie bleiben vor einer schönen Landschaft stehen und zeigen auf eine tolle Aussicht. Wenn man genau hinguckt, erkennt man, dass der Hintergrund auf Glas gemalt ist.«

Die einleitenden Szenen mit der Feuersbrunst drehte man in den Studios von SVENSK FILMINDUSTRI auf Långholmen. Das Studio war klein, dreckig und zugemüllt. Aber das hinderte das Team nicht daran, schnell Krümels Krankenlager, den Matthishof und den Tunnel, durch den Allan Edwall kriecht, nachzubauen.

Die Straßenszenen, die in Tengils Stadt spielen, fand man im Freilichtmuseum »Den gamle by« im dänischen Århus. Olle Hellbom und sein Team waren extra mit einem gemieteten Kleinflugzeug hingeflogen, um den Ort auszukundschaften. Die ländliche Idylle mit ihren mittelalterlichen weiß gekalkten Strohdachhäusern musste dagegen nachgebaut werden. Die Bühnenbildnerin hatte sich von Ilon Wiklands Zeichnungen inspirieren lassen, krempelte die Ärmel auf und legte sich ordentlich ins Zeug. Drei Wochen lang mietete sich das Filmteam in Tomelilla auf dem Hof von Hasse Alfredsson ein. »Sie haben auf unserem Hof ein Haus gebaut, aus Strohballen und Zement. Das war ziemlich schwer, kann man sagen. Danach mussten wir es losspachteln und wegschaffen«, erzählt der Entertainer.

Staffan Götestam erinnert sich, wie ärgerlich Olle Hellbom wegen der grobschlächtigen, bleischweren Häuser war. »Die Häuser bestanden aus Strohballen, die mit Sand vollgespritzt wurden. Als wir filmen wollten, konnte man die Wände nicht mehr bewegen. Dazu brauchte man einen Traktor. Olle war stinksauer. Die Bühnenbildnerin sagte: ›Aber so hat man damals gebaut.‹ Woraufhin er brüllte: ›Dies ist Film, hier bauen wir Kulissen!‹« Mit den Kostümen gab es ebenfalls Ärger. Man hatte sie nach allen Regeln der Kunst angefertigt, nach alten Maßen und Vorlagen genäht. Olle Hellbom starrte entgeistert auf die eleganten Näharbeiten und befahl: ›Mach sie schmutzig! Fahr mit dem Auto drüber! Geh einmal mit dem Gasolbrenner drüber!‹ Denn die Kleidung war alles andere als wahrheitsgetreu. Die sauberen Kleider passten ganz einfach nicht in eine Zeit, in der die Straßen voller Lehm,

Pferdemist und Abfallhaufen waren und in der rußiger Rauch aus den Schornsteinen qualmte. »Zu delikat, zu gekünstelt, zu feminin«, wie Staffan Götestam es später ausdrückt. »Außerdem hatten sie für Tengils Soldaten alberne Plastikhelme gießen lassen. Olle gefiel das überhaupt nicht. Er ließ schnell P-O Södergren kommen, einen alten Filmhasen, der alles über Filmtricks wusste. Vieles war sehr schlecht vorbereitet, aber P-O hatte sofort eine Lösung parat: der Felsblock, der auf ein Minimodell von Katla fallen würde, die hohen Palisaden, die in Wirklichkeit bloß kleine Modelle waren. Und dann der schreckliche Sumpf. Ich erinnere mich, dass er ganz einfach einen Schlauch in die Lehmmatsche steckte und Luft reinblies. Die Luftblasen waren zwar klein, sahen im Film aber gigantisch aus.«

Aber wie sollte Olle Hellbom das Problem mit Staffan Götestam lösen?

Seine Kinderdarsteller hatte er früher immer im Griff gehabt, weil er Vater, Lehrer und Kumpel zugleich war: »Du kommst da rein und dann passiert etwas Schlimmes: Ein Räuber kommt und du kauerst dich hin und kriegst ein bisschen Angst.« Bei den erwachsenen Schauspielern verließ er sich auf ihr eigenes handwerkliches Können. Allan Edwall traute er sich nicht einmal Regieanweisungen zu geben, erst recht nicht, wenn Edwall einen Kater hatte und äußerst reizbar war. Tommy Johnson kannte er seit *Saltkrokan*, aber auch ihm begegnete er mit großem Respekt. Er ließ die reifen Schauspieler einfach selber ihre Rolle gestalten.

»Und das soll ein richtiger Regisseur wohl auch machen«, meint Staffan Götestam. »Schließlich will er keine ferngesteuerten Puppen, sondern das, was wir Professionalität nennen. Olles Stärke lag nicht in der Personenregie, das ist wahr. Er wollte Schauspieler, die ihre Sache selbst in die Hand nehmen, und die bekam er auch. Tommy Johnson war ein guter Raufbold. Allan Edwall und Gunn Wållgren sind fantastisch, während ich ... ja, ich bin vielleicht irgendwo dazwischen gelandet. Ich war keine selbstständige Theatermaschinerie. Fühlte mich etwas freischwebend.«

Olle Hellbom konnte manchmal richtig bockig sein. Oft saß er halbe Nächte mit seiner Ballantines-Flasche auf und grübelte. Schlief dann bis zwölf. Er genoss großen Respekt. Aber er war auch ein großer Pädagoge. Eines Abends nahm er sich »das Problem Götestam« zur Seite, setzte ihn auf einen Stuhl, und dann wurde bis spät in die Nacht ein Gespräch mit ihm geführt. »Olle sagte mir, ein richtiger Schauspieler kümmere sich einen Dreck um Bildausschnitte, die

DIE KRITIK, *Die Brüder Löwenherz* seien für Kinder zu furchterregend, wies Astrid Lindgren mit einem Hinweis auf alte Volksmärchen zurück und fügte hinzu, dass Kinder sich gerne gruseln – jedenfalls, wenn es gut gemacht ist. Außerdem veröffentlichte sie einen Artikel mit der Überschrift: »Was ich mit *Die Brüder Löwenherz* nicht gemeint habe.« Nicht gemeint, schrieb sie, war die Geschichte als Kommentar zur weltpolitischen Lage. »Katla ist nicht die Atombombe, Tengil ist nicht Stalin und Jonatan ist nicht der christliche Erlöser. Ich wollte ganz einfach ein Märchen erzählen. Meine Bücher haben keine andere Bedeutung, als dem Kind in mir Freude zu machen. Wenn ich eine tiefere Botschaft habe, dann die, dass meine Leser Unterdrücker verabscheuen sollen.«

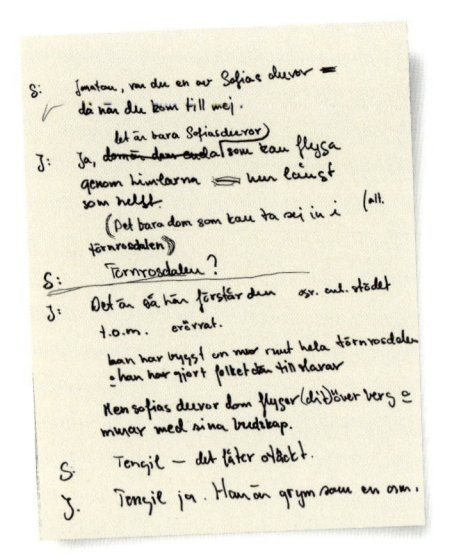

ASTRID LINDGREN wurde von Olle Hellbom zum Nachsitzen verdonnert. Er fand, dass das Drehbuch unzureichend erklärte, wie Sofias Tauben durch verschiedene Welten bis an Krümels Krankenbett fliegen konnten. Schnell fügte Astrid Lindgren einige erklärende Dialoge hinzu.

TOMMY JOHNSON, der in der Rolle als Tengils Soldat Hubert zu sehen ist, hatte bereits 1959 in Olle Hellboms **Raggare (Die Hemmungslosen)** mitgewirkt. In *Saltkrokan* spielte er außerdem den Lehrer der Kinder, Björn Sjöblom. Sjöblom heißt auch die alte Dame, der in der Fernsehserie das Schreinerhaus gehört – und ebenso die Eheleute auf Norröra, bei denen das Filmteam freitags die Sauna benutzen durfte.

Beleuchtung und die Länge einer Szene«, erinnert sich Staffan Götestam. »Das ist die Aufgabe des Regisseurs. Er hatte mein drittes Auge wohl bemerkt, meinen 360-Grad-Blick, meinen Mangel an Präsenz. Da nahm ich zum ersten Mal wahr, dass er mich unterstützen wollte, dass ich okay war, so wie ich war, dass ich mich endlich entspannen konnte. Mir war ja klar, dass ich etwas anstrengend war, aber durch dieses Gespräch habe ich einen enormen Reifeschritt gemacht.

Außerdem kam Astrid nach Tomelilla, mit ihrer Handtasche am Arm. Alle waren äußerst andächtig. Ich dachte nur: Oje, wie soll das denn gehen? Weiß sie überhaupt, wer ich bin?! Es stellte sich heraus, dass sie eine nette alte Dame war, lustig und mit dem Schalk im Nacken. Und sie sagte, sie fand, ich sei ein guter Jonathan.

Da war alles klar. Als ich nach der Sommerpause zurückkam, war ich ehrgeizig, hatte meine Dialoge gelernt, hielt die Klappe, machte meinen Job und machte ihn gut. Ganz einfach ein neuer Götestam. Jetzt zeig ich's ihnen!, habe ich gedacht. Und es ist ja ein guter Film geworden.«

War es ihm nie peinlich, in knallengen Trikots rumzulaufen oder nackt am See zu angeln? »Nee, das war kein Problem. Ich hatte ja schon früher nackt auf einem Pferd gesessen. Und bei Jonathan Löwenherz war ich noch 15 Kilo leichter, ich brauchte mich also für meinen Körper nicht zu schämen.«

Und wie war es, einen 13-Jährigen zu spielen?

»Auch nicht schwierig. Und mein Verhältnis zu Lars war super. Wir lebten wirklich wie Brüder. Er schlief in meinem Bett. So klein er war, hat er mich doch oft sicherer gemacht.«

Lars Söderdahl bestätigt das: »Ich habe mit mehreren Jungs Probeaufnahmen gemacht, aber am besten lief es, als Staffan auftauchte. Wir mochten uns wirklich gern.«

Zur Vorbereitung der beiden jungen Darsteller gehörte, dass sie den ganzen Frühling über Reitunterricht nehmen mussten. Staffan Götestam landete in den Händen eines alten barschen Reitlehrers, der schon in der ersten Stunde Aufsitzen und Galopp anordnete. »Aber das Pferd, das die Rolle bekam, war lieb und gefügig. Ein steinalter Gaul, ehrlich gesagt. Der Bühnenarbeiter Rolf Sohlman fragte verächtlich: ›Findest du wirklich, dass das ein Pferd für einen Prinzen ist?‹«

Die Pferde sind auch für den enormen logischen Purzelbaum des Films verantwortlich. Weil zum Teil auf Island gedreht wurde – in das die Einfuhr fremder Pferde verboten ist, um den Bestand der einheimischen Rasse nicht zu gefährden –, war man gezwungen, die Reittiere auszutauschen. In einer Szene ist das Pferd in einer Sekunde ein Halbblut, vermutlich ein abgehalfterter Traber, um sich im nächsten Schnitt in ein zotteliges kleines Islandpferd zu verwandeln, das knapp zwei Drittel so hoch ist. Und wer genau hinguckt, kann einen weiteren Fehler entdecken: Kurz vor der großen Schlachtszene taucht unvermittelt ein kleines Mädchen in einem roten T-Shirt im Bild auf!

Kopfzerbrechen verursachten auch die Tauben. Man hatte Brieftauben besorgt, die allerdings sofort nach Hause fliegen würden, sobald man sie freiließ. Ein Experte wurde zu Rate gezogen. Er konnte Abhilfe schaffen, indem er die Vögel die ersten zwei Tage in totaler Dunkelheit verbringen ließ. Als sie dann freigelassen wurden, flogen sie an den ersten Ort zurück, den sie nach ihrer Freilassung sahen: zu Sofias weißem Haus im Tal der Dornenrosen.

»In einer Szene sollten die Tauben im Schwarm auf Sofia landen«, erinnert sich Staffan Götestam, »aber die Mistdinger landeten nicht.«

Eine alte Arriflex-Kamera löste das Problem. Zuerst lockte man die Tauben mit Brotkrumen an, die sich eine nach der anderen auf Sofia niederließen. Dann jagte man den ganzen Schwarm weg – und ließ nachher die Szene rückwärts ablaufen!

Um die Dramatik in manchen Szenen zu verstärken, kopierte man Wolkenaufnahmen hinein, die man auf Island gedreht hatte. Die Kleider wurden noch schmutziger gemacht. Und Staffan Götestams rötliche Haare verbarg man unter einer Perücke mit Pagenfrisur.

Unter der Perücke war es heiß und sie war ein unangenehmer Hemmschuh, aber diesmal beschwerte sich Götestam nicht. Manchmal langweilte er sich aber und überredete das Team, dass er vor der Aufnahme Klappe übernehmen oder als Statist für eine der 250 Soldatenrollen einspringen durfte. In einer Szene sieht man ihn einen Speer werfen, sein charakteristisches rotes Haar unter einem Kunststoffhelm verborgen.

Insgesamt wurden die Dreharbeiten im Laufe der Zeit richtig harmonisch. Staffan Götestam war gereift, die Bühnenbildnerin hatte man verbannt, Island war erledigt, die Tauben hatte man erfolgreich hinters Licht geführt. Und Katla schlug mit dem Schwanz, genau wie sie sollte. Als Vorbild dazu diente die Statue von St. Göran und dem Drachen, die in der Stockholmer Altstadt in der Storkyrkan und in der Köpmangatan zu sehen ist, genau bei dem Haus, wo Jan Guillou in seinen Krimis die Killermaschine Carl Hamilton angesiedelt hat. Die Engländer bauten das Modell von Katla nach Zeichnungen von Ilon

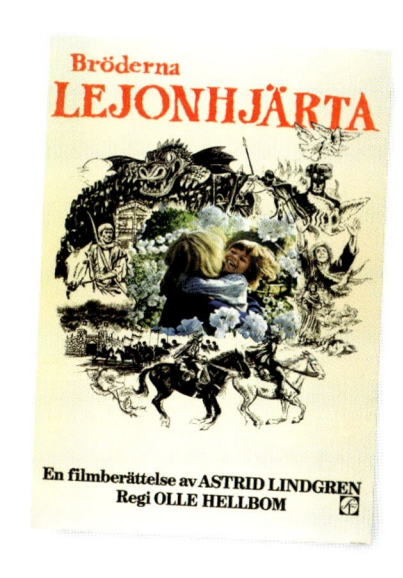

DIE BRÜDER LÖWENHERZ
Regie: Olle Hellbom
Produzent: Olle Nordemar
Drehbuch: Astrid Lindgren
Premiere: 23. September 1977
Besetzung: Lars Söderdahl (Krümel Löwenherz), Staffan Götestam (Jonatan), Allan Edwall (Mattias), Gunn Wållgren (Sofia), Folke Hjort (Jossi), Per Oscarsson (Orvar), Georg Årlin (Tengil)
Musik: Björn Isfält
Drehorte: Studio von Svenska Ord in Tomelilla; Studio von Långholmen in Stockholm; Österlen, Århus (Dänemark) und Island.
Handlung: Als er seinen schwer kranken Bruder Krümel bei einer Feuersbrunst durch einen Sprung aus dem Fenster rettet, kommt Jonathan ums Leben. Nach Krümels Tod treffen sich die beiden Brüder im Kirschtal im Land Nangijala wieder. Im Dornrosental werden die Bewohner vom schwarzen Ritter Tengil und seinem Drachen Katla unterdrückt. Bei der entscheidenden Schlacht macht Jonathan Katla unschädlich, stirbt aber. Krümel nimmt ihn auf seine Schultern und springt mit ihm ins Land Nangilima.

DAS MONSTER KATLA *war Olle Hellbom anfangs nicht furchterregend genug. Er gab die Order, es nach allen Regeln der Kunst dreckig zu machen und ihm ein böseres Aussehen zu geben. Unter anderem klebte man Katla schwarze Haare von einem abgeschnittenen Pferdeschweif an.*

Wikland, kleideten ein Stahlskelett mit Schaumgummi aus und füllten das Innere mit elektronischem Hokuspokus, das einem kleineren Raumschiff hätte Ehre machen können. Auf die Frage eines Kindes beim Kinostart im September 1977, ob Katla tatsächlich Feuer spucken konnte, antwortete Astrid Lindgren verschmitzt: »Beim Film wird viel geschwindelt.«

Katlas eigentümlichen Schrei, der einem durch Mark und Bein geht, hatte man immer wieder durchs Mischpult geschickt, bis Olle Hellbom mit dem besonderen Klang von Mordlust und Wahnsinn zufrieden war. »Im Herbst bewacht sie draußen die Pilzgebiete«, scherzte er bei der Pressevorführung mit den Journalisten.

Im Nachhinein hätte er Katla vielleicht lieber den Kritikern des Films auf den Hals hetzen sollen. Von ihnen gab es nämlich mehr als erwartet. Die Filmkritiker sparten mit Lob und nannten *Die Brüder Löwenherz* »schwammig und pseudoreligiös«. Der Stein kam so richtig ins Rollen, als zehn Göteborger Studenten der Literaturwissenschaften in einem Zeitungsartikel die Geschichte als »gefährlich und verlogen« bezeichneten.

Unter Beschuss stand vor allem die Schlussszene, in der Krümel den todgeweihten Jonathan auf seine mageren Schultern hebt und mit ihm in den Abgrund springt. »Es ist verantwortungslos und brutal, Selbstmord als letzten Ausweg zu benennen«, schreiben die Studierenden, womit es ihnen gelang, eine Debatte wiederzubeleben, die man seit den Tagen des jungen Werther wohl nicht mehr erlebt hatte.

Nun mischten sich alle in die Debatte ein: Kinderärzte, Psychologen, Pastoren und selbsternannte Experten, die sich entweder darüber ereiferten, wie leichtsinnig das Buch *Die Brüder Löwenherz* mit dem Tod umging, oder – ganz im Gegenteil – ihre Zustimmung für eine Geschichte äußerten, die den Mut besitzt, eine der schwierigsten Fragen der Menschheit zu erörtern.

Zum Ärger von SVENSK FILMINDUSTRI wurde eine Altersgrenze von elf Jahren für »Die Brüder Löwenherz« eingeführt, was eine kleine Katastrophe war für einen Film, der als großer Familienfilm und potenzieller Kassenschlager in der Vorweihnachtszeit in die Kinos kam.

»Dabei enthält er ja weder Blut noch Gewalt!«, versuchte Olle Hellbom sich zu wehren. Außerdem hatte er ganz bewusst gewisse Szenen abgemildert. Ein Kollege fand, man hätte die Mutter in mehreren Szenen dabeihaben sollen, aber Olle sagte: »Nein, das geht nicht, man kann keine Mutter zeigen, die ihre Kinder verliert. Das ist nicht okay, das wird emotional zu schwer.« Er löste das Problem, indem man sie nur einmal singen hört und einige Male von hinten sieht.

Die Prüfstelle ließ sich nicht erweichen. Es half nicht einmal, dass der amtierende Kulturminister, Jan-Erik Wikström, seine Stimme zur Verteidigung des Films erhob. Oder dass die schwedischen Filmkritiker später im Herbst eine Kehrtwendung machten und *Die Brüder Löwenherz* zum »Film des Jahres« ernannten. Oder dass SVENSK FILMINDUSTRI stolz mitteilen ließ, *Die Brüder Löwenherz* seien der erste schwedische Kinderfilm, der nach China verkauft worden war (zweifellos ein Land mit einer gewissen Vorliebe für grollende Drachen).

Astrid Lindgren mischte sich in einer für sie typischen Art und Weise in die Debatte ein: »Ich halte es wie der Bauer, der kein Heu kaufen durfte: ›Ich sage nur – am schlimmsten ist es für die Kühe.‹«

Die Autorin wandte sich auch gegen den irrwitzigen Vorwurf, mit ihrem Buch würde sie Kinder zum Selbstmord animieren. Zu ihrer Verteidigung zitierte sie aus den vielen Briefen, die sie bekommen hatte: »Liebe Tante Astrid, jetzt hab ich keine Angst mehr vor dem Tod.« Ein Mann schrieb ihr und erzählte, wie er seinen Vater verloren hatte und wie er und seine Frau sich *Die Brüder Löwenherz* gegenseitig laut vorgelesen hatten: »Du beschreibst so wunderbar, wie es ist und was ich lernen muss. Wenn es so weit ist, hoffe ich, dass ich einem kleinen Krümel ein Jonathan sein kann.«

NACH DEN DREHARBEITEN landete Katla zunächst im alten Gefängnis von Långholmen, bis sie dann in einen Requisitenbestand nach Roslagen wanderte. Der wurde später aufgekauft und gehört nun zum Bestand der westschwedischen Filmmetropole Trollhättan. Hier finden sich auch die Helme und Schwerter von Tengils Soldaten. Trollhättan wird mittlerweile Trollywood genannt und ist bevorzugter Drehort des dänischen Regisseurs Lars von Trier. Wer weiß, ob nicht Pippis Goldmünzen und Michels »Müsse« irgendwann in einem seiner Filme auftauchen?

DREHBÜCHER schrieb Olle Hellbom lieber im Liegen als im Sitzen. Sein Sohn Jan erzählt: »Er hörte Radio, sah fern, und wenn der Abend vorbei war, hatte er in seinem Block zehn Seiten voll geschrieben.«

DIE KRIMIAUTORIN Karin Alvtegen ist die Enkelin von Astrid Lindgrens Bruder Gunnar. Bei Lasse Hallströms *Bullerbü*-Verfilmungen war sie für die Requisiten zuständig.

WAS HAT Astrid Lindgren eigentlich selber als Kind gelesen? Eines ihrer Lieblingsbücher war *Eine kleine Prinzessin*, das sie bestimmt fünfundzwanzig Mal aus der Bibliothek auslieh und durchpflügte. Sie erinnert sich auch an *Griseldis* von Hedwig Courths-Mahler, *Die heilige Genoveva* und *Der trojanische Krieg* sowie zwei Bücher, die ihr Bruder bestellt hatte, *Der König der Haudegen* und *Der Mann mit den Eisenfäusten*. »Das waren zwei herrlich schaurige Bücher!« Die Märchen von Elsa Beskow lernte sie wiederum erst im Erwachsenenalter kennen, als sie sie ihrer Tochter Karin vorlas.

Nach einem Treffen einer Gruppe von Kinderpsychologen, die darauf beharrten, ihre eigenen Kinder niemals den Schluss der Geschichte lesen oder sehen zu lassen, klingelte bei Astrid Lindgren das Telefon. Am Apparat war Lena Wisborg, die einige Jahre zuvor Klein-Ida gespielt hat. Sie sagte: »Vielen Dank, dass du für *Die Brüder Löwenherz* so einen glücklichen Schluss geschrieben hast.«

Erst als die Regierung eingriff und eine Gesetzesänderung in Angriff nahm, zeigte sich ein Lichtstreif am Horizont. Die Altersgrenze von elf Jahren wurde abgeschafft. Entweder war ein Film für Kinder erlaubt oder für Kinder verboten – einen Mittelweg gab es nicht. »Lex Löwenherz« nannte man den neuen Paragrafen, der absurderweise für *Die Brüder Löwenherz* nicht galt. Der Film hatte bereits die Prüfstelle passiert und das Gesetz sollte nach dem Willen der Bürokraten nur für zukünftige Werke gelten.

Vielleicht haben *Die Brüder Löwenherz* aber doch ungeahnte Spuren hinterlassen? 1985 tauchte acht Jahre nach dem Kinostart Lars »Krümel« Söderdahl plötzlich aus der Versenkung auf. In der Hand hielt er eine zerlesene Bibel und sah auch selbst völlig zerschlissen aus. »Krümel« war nun 21 Jahre alt, machte Zivildienst und hatte die Schauspielerei völlig an den Nagel gehängt. Nun wollte er Missionar werden und besuchte deshalb die Bibelschule von *Livets Ord* in Uppsala.

Zu Astrid Lindgrens achtzigstem Geburtstag 1987 hatte Staffan Götestam ihr zu Ehren zu einem großen Fest ins Theater *Göta Lejon* geladen. Alle waren da: Hasse Alfredsson, ausländische Botschafter, alte »Astridkinder« und der Staatsminister Ingvar Carlsson, der ihr ein neues Gesetz zur Tierhaltung überreichte und die Anekdote zum Besten gab, dass russische Kinder immer glaubten, er habe unter seinem Jackett seinen Propeller versteckt. Plötzlich tauchte ein erwachsener Krümel im Gewimmel auf. Er trug eine große Brille, blinzelte im Scheinwerferlicht und machte einen verhärmten Eindruck. Er wich den Blicken aus, sein Gang war gebeugt.

»Ich bekam einen Schock«, erinnert sich Staffan Götestam. »Lars war ja der liebste kleine Kerl der Welt gewesen und hatte ein solches Talent, dass es krachte. Eine Einstellung – und die Sache war im Kasten. Und unser Verhältnis zueinander – ja, es ist kein Scherz, wenn ich sage, wir waren auch privat wie Brüder. Dass er in meinem Bett schlief, war kein Einfall von Olle Hellbom, um uns zusammenzuschweißen. Das ergab sich einfach so. Er brauchte mich und ich brauchte ihn.«

Nach der Feier kam heraus, dass Lars Söderdahl gerade *Livets Ord* verlassen hatte. Die Bibelschule, die ihn anfangs mit ihrem Enthusiasmus und ihren charismatischen Gottesdiensten gelockt hatte, hatte mit der Zeit ihr wahres Gesicht gezeigt. Lars fühlte sich überfahren, verwirrt und seelisch missbraucht. Die kompromisslose Religiosität von *Livets Ord* machte ihm Angst. Die Treffen erinnerten ihn an die dreißiger Jahre in Deutschland, wo ein anderer Führer auch beinahe gottgleich auf dem Podium gestanden und die Massen dazu gebracht hatte, ihn unkritisch zu verehren.

Um in aller Öffentlichkeit seinen eigenen Schmerz, seine Angst, Zweifel und Unzulänglichkeiten bloßzulegen, dazu braucht man schon den Mut eines Löwenherz. So wie Krümel und Jonathan vom Verräter Jossi verführt worden waren, hatte auch Lars sich verführen lassen.

Fast 15 Jahre später ist seine Stimme kräftiger, der Rücken gerade und sein altes Lächeln zurückgekehrt. Lars Söderdahl sitzt in seiner frisch abbezahlten Wohnung in Malmö und sagt, dass er heutzutage den Glauben und die Prominenz als etwas sieht, das sich seiner bemächtigt habe – mit einer Kraft, die niemand richtig vorhersehen konnte.

»Ich stamme aus einer Familie, die weder gläubig ist noch mit Schauspielerei zu tun hat. Bis ich 18 war, war Religion mir total fremd. Ich hing keiner Ideologie an. Ich war nicht mal konfirmiert. Heute, ja, heute bin ich zwar Mitglied in der Pfingstbewegung, aber ich gehe selten in die Kirche. Kann sein, dass ich mal einen Gottesdienst besuche, aber ich stehe auf und gehe, wenn die Botschaft der von *Livets Ord* zu nahe kommt.«

Heute arbeitet Lars Söderdahl bei der Post. Jeden Morgen ist er um sechs Uhr dreißig an Ort und Stelle, um Werbesendungen zu sortieren und auszuteilen. »Das ist eine ziemlich schwere Arbeit. Ich hebe Stapel und bewege Stahlkörbe.«

Ob er es manchmal bereut, nicht Schauspieler geworden zu sein?

»Nee … nee, das bereue ich nicht. Es ist schwer zu erklären, aber ich hatte immer das Gefühl, nur auf einer Bananenschale in die Branche hineingerutscht zu sein. Es war nichts, das ich aus eigener Kraft geleistet habe. Ich war einfach eines Tages da. Und vielleicht fiel mir der Ausstieg deshalb so leicht.«

Wann hat er seinen letzten Film gemacht?

»Mit neunzehn, als ich ein Jahr lang auf eine Theaterschule ging. Einer der Lehrer wollte einen Film über die Geschichte von Tyresö machen, den Wasserkreislauf und so, ja, ich weiß, es klingt komisch,

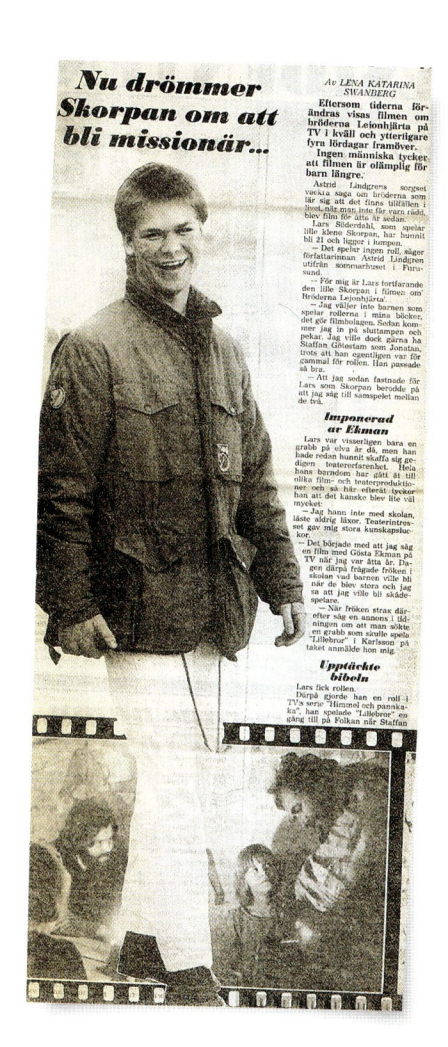

LARS SÖDERDAHL *alias Krümel feierte 1985 ein überraschendes Comeback. Er wollte Missionar werden und besuchte die Bibelschule einer christlich fundamentalistischen Sekte.*

ZWEIMAL *hat Ilon Wikland heimlich Astrid Lindgren in ihre Illustrationen geschmuggelt. Im Bilderbuch* **Na klar, Lotta kann Rad fahren** *taucht ein netter Schornsteinfeger mit spitzer Nase und äußerst bekannten Gesichtszügen auf. »Natürlich ist es Astrid. Aber ich glaube nicht, dass es ihr selbst klar war.« Auch für die alte Frau mit ihrer mystischen Brille in* **Nein, ich will noch nicht ins Bett!** *war Astrid Lindgren das Vorbild.*

DIE GRÖSSTE BANDBREITE *bei seinen Rollen in den Astrid-Lindgren-Verfilmungen hatte wohl Georg Årlin (1916–92). Er spielte den Kaffee trinkenden, Briefmarken sammelnden Pastor in* **Michel aus Lönneberga** *und den schwarzen Ritter Tengil in* **Die Brüder Löwenherz.**

DIE TAUBEN VON NANGIJALA *stellten sich als dickköpfige Darsteller heraus. Sie wollten alles andere, als im Schwarm angeflogen zu kommen und sich auf Sofias Schultern zu setzen. Man löste das Problem, indem man sie erst mit Brotkrumen anlockte, und als sie dann alle nacheinander auf Sofias Schultern Platz nahmen, wieder verjagte. Dann wurde der Film rückwärts abgespielt.*

aber meine damalige Freundin und ich erklärten uns bereit, ein Liebespaar zu spielen. Dann hatte ich zwar beim Zivildienst eine Theatergruppe, aber mit dem Film war Schluss. Ich habe keine Lust mehr, auf der Bühne oder vor der Kamera zu stehen.«

Wie oft wird er als Lillebror oder Krümel wiedererkannt?

»Ziemlich oft. Nicht zuletzt auf der Arbeit wissen viele, wer ich bin. Manchmal fragt mich jemand nach dem Film und zitiert Dialoge, an die ich mich selber nicht mehr erinnern kann.«

Lars Söderdahl sagt, dass es viele, viele Jahre her ist, seit er *Die Brüder Löwenherz* sah. Er hat kein Verlangen danach, es ist eine abgeschlossene Sache. Er hat sich nie das Video besorgt und besitzt nicht einmal mehr seine von Astrid Lindgren signierte Buchausgabe. Vermutlich ist die beim Umzug der Eltern auf Gotland gelandet. Er weiß es nicht so genau. Vermisst hat er sie bislang nicht.

»Aber eine Sache ist interessant. Als ich in Lund Hebräisch studiert habe, stieß ich plötzlich auf das Wort ›Katla‹. Es wird natürlich anders geschrieben, aber die Bedeutung ist ›Sie tötet‹. Ich frage mich, ob Astrid davon wusste oder ob es Zufall war. Sie ist ja zweifellos ein sehr intelligenter und gebildeter Mensch.«

Er spricht von ihr, als wäre sie noch am Leben?

»Na ja, sie war ja so ein … konkreter Mensch. Es ist ein merkwürdiges Gefühl, dass sie nicht mehr da ist. Der Tod ist eine sonderbare

Sache ... Ich glaube an ein Leben nach dem Tod. Aber nur Gott selbst weiß, was er vorhat und was passieren wird. Ich kann nur spekulieren. Und brauche nichts zu verstehen.«

Staffan Götestam hat in vieler Hinsicht eine entgegengesetzte Karriere eingeschlagen. Er kommt aus einer freikirchlichen Familie und hat sich in seiner Jugend mit Fragen nach Gottes Existenz, dem Preis der Sünde und der Realität des Todes herumgeschlagen. Aber *Die Brüder Löwenherz* haben anscheinend eher dazu beigetragen, dass er definitiv die Religion hinter sich gelassen hat.

»In meiner Kindheit waren Verbote an der Tagesordnung: nicht ins Kino zu gehen, kein Fußball spielen zu dürfen ... Meine Familie war in der Örebro-Mission aktiv und der Schritt zum Laestadianismus war damals nicht groß. Als Junge dachte ich oft an den Tod. Sah mich in einem schwarzen Sarg liegen. Zu Hause sprach man davon, wie herrlich es sei, zu Gott zu kommen, zu goldgepflasterten Straßen und Harfe zu spielen. Aber das war für mich kein Trost.«

Staffan Götestam grübelt manchmal darüber nach, ob er den jungen Lars Söderdahl angestiftet hat, sich mit geistigen Themen auseinander zu setzen. Im Filmteam wurde zweifellos viel über die Botschaft des Films gesprochen, darüber, wie das Ende, der Sprung nach Nangilima, eigentlich zu verstehen sei. Olle Hellbom kämpfte lange am Schneidetisch damit. Er war nicht religiös und wollte kein Ende, an das er selbst nicht glauben konnte. Das Ergebnis ist ein offener, rätselhafter Schluss. Der Zuschauer sieht nie den starken Lichtschein, angesichts dessen Krümel ausruft: »Ja, Jonathan, ich sehe das Licht. *Ich sehe das Licht!*« Stattdessen hört man das Geklapper von Pferdehufen und sieht einen Grabstein (der übrigens wegen der internationalen Vermarktung in verschiedenen Sprachen hergestellt wurde).

Selbst hat Staffan Götestam jedoch die Grübelei hinter sich gelassen. Das war nicht schwierig. Die Rolle des Jonathan Löwenherz brachte einen nicht zu verachtenden Ruhm und die unterschiedlichsten Liebeserklärungen mit sich. »Das liegt an der engen Hose ... Angehörige beiderlei Geschlechts haben mich fleißig umschwärmt. Damals war ich fast so berühmt wie ein Rockstar. Auf Partys war ich nie gern. Ich war ein ehrgeiziger junger Mann, der nächtelang aufsaß und schrieb und sich in der Theaterwelt einen Namen machen wollte.«

Das hat er auch geschafft. Von seinen verwuschelten Haaren, bei deren Anblick Astrid Lindgren und Teenie-Girls in Verzückung gerieten, ist nur noch ein widerspenstiger Kranz um eine blanke Glatze

STAFFAN GÖTESTAM *begegnete als junger Mann dem Theaterchef Olle Kinch und fragte:* »Du hast nicht zufällig einen Job für mich?« *Daraufhin zeigte Kinch auf das Folkteater und sagte:* »Doch, aber zuerst muss ich das da kaufen.« »Plötzlich habe ich mit Stars wie Jan Malmsjö, Tor Isedal und Zarah Leander gearbeitet – übrigens die einzige Person, der ich begegnet bin, die mir erzählt hat, dass sie mit Hitler zu Abend gegessen hat. Olle lotste mich zum Kindertheater und eines Tages sagte ich zu ihm: ›Ich könnte Astrid Lindgren vielleicht fragen, ob wir *Karlsson vom Dach* machen dürfen.‹ Olle Kinch starrte mich ungläubig an. Astrid Lindgren war ein Nationalmonument, fast eine Gottheit ... Wenn ich ihr Einverständnis bekam, konnte ich mit einer höchst vielversprechenden Zukunft im Stockholmer Theaterleben rechnen. Astrid und ich haben sehr gut zusammengearbeitet. Ich erinnere mich an einen Abend, als ich sie in meinem alten klapprigen Saab nach Hause fuhr und sie plötzlich fragte, ob ich nicht ein Musical aus *Pippi Langstrumpf* machen wollte. ›Ich habe nur eine Bedingung‹, sagte Astrid. ›Was denn?‹ ›Dass Siw Malmkvist die Hauptrolle spielt.‹«

DIE HÖHLE, *in der Per Oscarsson auf Katlas Feuer wartet, hatte Olle Hellbom an einem seiner Lieblingsplätze gefunden, beim Steinbruch von Stenhamra auf den Mälarinseln. Auch Pippi klettert in diesem Steinbruch herum.*

DEM SCHAUSPIELER GÖTHE GREFBO *(1921–91) sind zeitlebens die großen Hauptrollen durch die Lappen gegangen. Dafür wurde er zu einem von Olle Hellboms Lieblingsdarstellern. In* Pippi Langstrumpf *spielt er den schusseligen Polizisten Klang, in* Michel bringt die Welt in Ordnung *den Krakstorper, der mit Lina schäkert, und in* Die Brüder Löwenherz *einen von Tengils bösartigen Bewachern.*

DIE SCHLUSSSZENE *von* Die Brüder Löwenherz *zeigt einen Grabstein mit den Namen der Brüder und dem Relief einer weißen Taube. Die Idee dazu stammte von Olle Hellbom, aber er zögerte lange, Astrid Lindgren davon zu erzählen. »Ich hatte Angst vor ihrer Reaktion. Aber als sie davon erfuhr, war sie bestürzt. Es stellte sich heraus, dass sie selbst einen Grabstein in ihr Drehbuchexemplar gezeichnet hatte.«*

RECHTS: *Pferde spielten in* Die Brüder Löwenherz *eine wichtige Rolle. Lars Söderdahl war so klein, dass er beim Aufsitzen Hilfe brauchte. Staffan Götestam hatte es leichter, aber er erinnert sich trotzdem mit Schrecken daran, wie das Pferd bereits in der ersten Reitstunde in den Galopp fiel.*

geblieben. Heutzutage sieht Jonathan Löwenherz ein wenig aus wie Charlie Rivel. Aber seine Macht ist größer als je zuvor. Wenn Staffan Götestam aus seiner Schreibstube auf Storholmen, nördlich des Stockholmer Stadtteils Lidingö, blickt, dann tut er das als erfolgreichster Theaterdirektor des Landes. Ihm gehören das *Göta Lejon* und das *Maxim*. Rund 25 Astrid-Lindgren-Produktionen hat er auf dem Buckel.

Seinen Erfolg verdankt er nicht zuletzt der Arbeit an *Die Brüder Löwenherz*. Astrid Lindgren hatte den rothaarigen Kerl auf Anhieb ins Herz geschlossen, ihn unter ihre Fittiche genommen und ihn unterstützt. Da haben wir sie wieder: die Geschichte vom einsamen Kind auf der Treppe. Staffan Götestam erzählt: »Astrid und ich sind für die Bühnenfassung der *Brüder Löwenherz* 1989 zusammen nach Moskau gefahren. Ich weiß noch, wie die Taxifahrer große Augen machten und Astrid atemlos fragten, ob sie tatsächlich die Verfasserin von *Karlsson vom Dach* wäre. Nach der Vorstellung blieb Astrid lange auf ihrem Platz sitzen und sagte dann: ›Das ist ja eine richtig schaurige Geschichte!‹«

Erneut war es die Unbarmherzigkeit des Todes, die sie gefangen nahm. Sie flößte der Autorin keine Angst ein, sondern machte sie eher wütend. Schließlich wollte Astrid Lindgren so gerne leben. Mit ihren Schwestern sprach sie darüber, ob der Tod nicht einfach so sei wie eine Familienfeier auf Näs, bei der man zusammensitzt und Geschichten erzählt. Das wäre doch wohl die beste Fortsetzung für ein lustiges Leben?

Astrid Lindgren war ein recht gottesfürchtiges Kind gewesen und hatte in der Sonntagsschule Unterricht von den drei netten Lehrern Karlsson, Johansson und Svensson bekommen (die laut ihrem Bruder Gunnar eigentlich der Vater, der Sohn und der Heilige Geist hießen). So stand für sie fest, dass das Gebet »Ein reines Herz« an der Holzschuppenecke begann und am Graben hinter dem Waschhaus aufhörte. Fast pantheistisch war das Gebet ein Teil der Natur.

»Als ich dies aber zufällig und als allgemein bekannte Tatsache meinem Bruder Gunnar gegenüber erwähnte, rief er bestürzt aus: ›Ja, bist du denn ganz und gar verrückt? ›Ein reines Herz‹ geht doch hinterm Kuhstall lang!‹ Noch heute ist mir unbegreiflich, dass er ›Ein reines Herz‹ auf einem so trivialen Platz wie hinter der Jauchegrube ansiedeln konnte.«

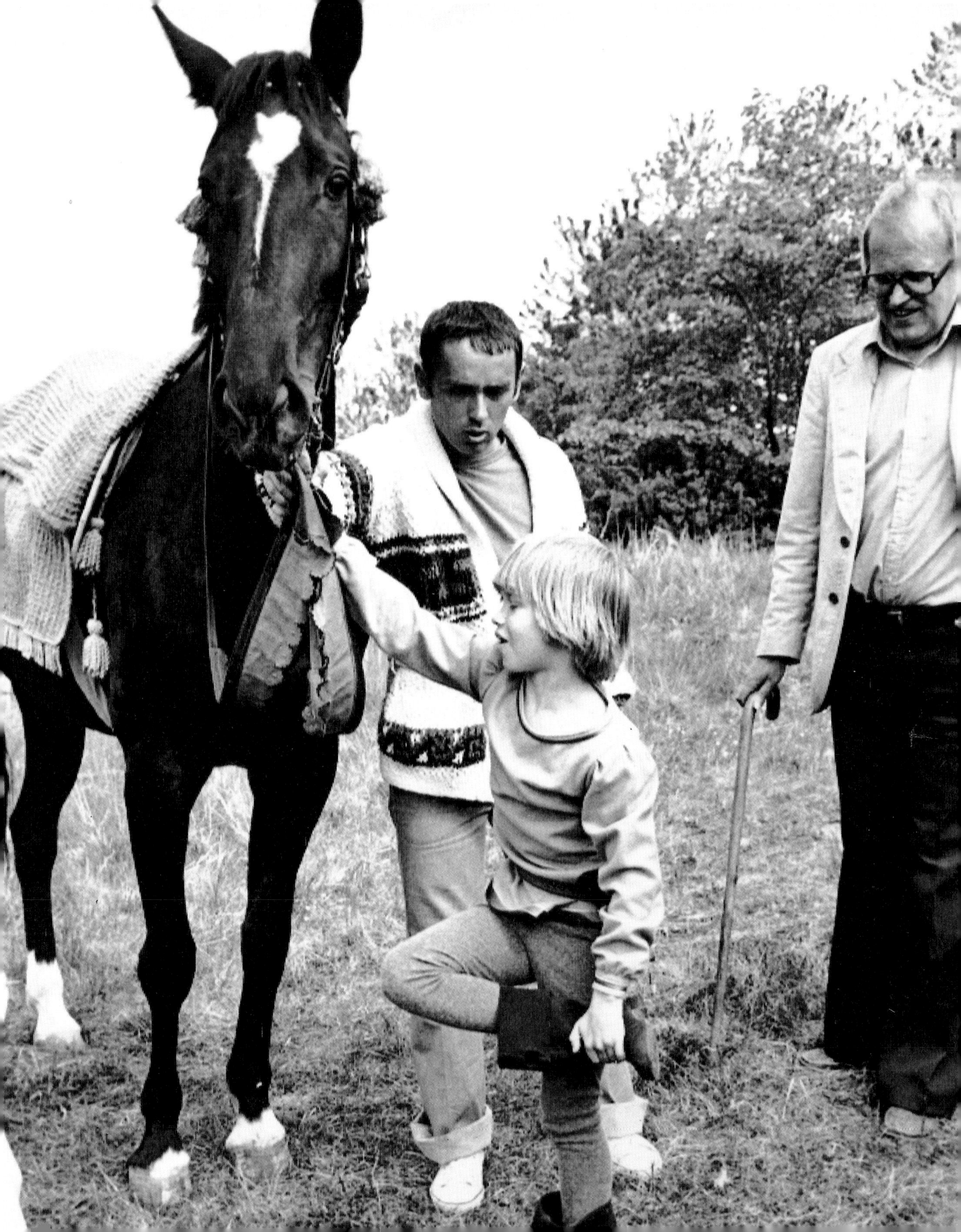

BESONDERS BÖSARTIG *sah Katla wirklich nicht aus. Erst recht nicht als knapp einen Meter hohes Modell im Studio, hier mit kleinen streichholzgroßen Modellen von Krümel und Jonathan. Auf der Leinwand machte sie sich besser, auch wenn der Feuer speiende Drache nicht gerade zu Olle Hellboms gelungensten Darstellern gehörte.*

INGMAR BERGMAN *machte sich Hoffnungen, bei* **Lotta aus der Krachmacherstraße** *Regie zu führen. Staffan Götestam erinnert sich, wie Astrid Lindgren dies ausschlug: »Zum einen wollte sie ihrem alten Waffenbruder Olle Hellbom gegenüber loyal sein, zum anderen hatte sie panische Angst vor Regisseuren, die eigene Interpretationen ihres Werkes liefern wollten. Als Bergmans Name fiel, schauderte ihr bei dem Gedanken daran, welche Dämonen nun aus den Schatten hervortreten würden: ›Brrr, ich kann mir* **den** *Geisterwind schon vorstellen!‹«*

Auf die Frage eines Journalisten, ob sie an Gott glaube, antwortete sie 1977 ausweichend: »Ich glaube an Gott, wenn ich ihn wirklich brauche.« Aber glaubte sie im Innern an ein Nangijala im Jenseits, einen Himmel, ein Paradies, eine Heimstätte der Seelen? Hatte sie etwas von dem Glauben ihres Großvaters Jonas Petter geerbt – des Totschlägers, der in der Festung einsaß, aber erlöst worden war und sein Leben lang innerlich von der himmlischen Seligkeit überzeugt war?

Staffan Götestam glaubt nicht daran. »Astrid hat nie auf die Frage geantwortet, ob sie an Gott glaubt. Aber ich glaube sicher, dass sie weder an Gott noch an Nangijala geglaubt hat.«

Sie war also Atheistin?

»Ja. Oder nein, besser gesagt. Nicht Atheistin … da kommt es einem vor, als würde sie Gott verneinen, das wäre Blasphemie. Nein, nicht Atheistin. Aber über *Die Brüder Löwenherz* konnte sie sagen: ›Das hab ich niemandem erzählt, aber dieser kleine Krümel … damit er eine einzige Sekunde Lebenswillen hat, wenn er da mit seinen Hustenanfällen liegt … dann erfindet er Nangijala. Seine Fieberfantasien sind ein Trost für ihn.‹ Einmal hat sie zu mir gesagt: ›Leb, als ob du ewig wärest, aber sei jederzeit bereit zu sterben.‹«

Er fährt sich mit seiner Hand durchs Haar, wandert mit dem Blick einen Augenblick lang zum Bücherregal, wo sich Literatur über Filmgeschichte und die Garbo mit den persönlichen Widmungsexemplaren von Astrid Lindgren drängt, und stößt einen tiefen Seufzer aus. »Jonathan Löwenherz« sieht plötzlich aus wie ein trauriger Clown.

»Das war traurig ... Ich bin noch in der letzten Zeit bei ihr zu Besuch gewesen, als Astrid langsam im Dunkeln verschwand. Das war ein schwerer Anblick. Dieses Gehirn, das in all den Jahren so gefunkelt hat ... mit einem Mal war es nicht mehr da.«

Aber vielleicht gibt es für Astrid und »Jonathan« trotz ihrer Zweifel eines Tages ein Wiedersehen in Nangijala?

Die Kieswege auf dem Friedhof von Vimmerby sind so sauber geharkt, wie nur Friedhofswege es sein können. Die Sonne scheint wie eine Lötlampe auf das Kirchendach. In der Ferne lässt sich der Kirchpark erahnen, in dem Samuel August aus Sevedstorp am ersten April 1903 unter einer Trauersche im Schneegestöber um die Hand von Hanna aus Hult angehalten hat. Nun liegen die beiden Liebenden hier, unter demselben Stein.

Daneben steht eine Kiste voller Kinderzeichnungen. Der Grabstein ist gewöhnlicher Granit aus Småland, den man von den Wiesen auf Näs geholt hat. Vermutlich hat ihn Samuel August einst ausgegraben.

Der Totengräber Alf Henningson kommt, streicht sich mit grober Hand die verschwitzten Haarsträhnen aus dem Gesicht, grüßt freundlich, streicht zärtlich über den Stiel der Harke und sagt:

»Ja, hier liegt sie jetzt. Astrid. Ich habe selbst während der Trauerfeier das Loch ausgehoben. Die Urne liegt in 75 Zentimeter Tiefe. Sie ruht genau bei ihrem Vater und ihrer Mutter auf dem Schoß.«

Nicht weit davon liegt ihre Spielkameradin Anne-Marie Fries, Madita, »meine guteste Freundin«. Noch näher liegt ein anderes Grab, unansehnlicher, kleiner, karger, irgendwie düsterer, obwohl die Schatten des Baumes erst gegen Abend hierher reichen, wenn Vimmerby wie ein sonniger Kindheitstraum unten im Tal liegt.

Die Inschrift auf dem schwarzen Eisenkreuz lautet: »Hier ruhen die kleinen Brüder Johan Magnus und Achates Phalén. Gestorben 1860.«

HAT ASTRID LINDGREN an Gott geglaubt? Diese Debatte erhielt im Frühling 2004 neuen Aufwind, als der Autor Arne Reberg behauptete, Astrid Lindgren wäre Christin. Die Lindgren-Expertin Lena Törnqvist kritisierte die vielen Fehler im Buch, wie zum Beispiel, dass Reberg behauptete, er wäre in seiner Jugend von **Madita** und **Michel** beeinflusst worden, obwohl die Bücher erst Jahrzehnte später geschrieben wurden. Sie meint, Astrid Lindgren sei eine Agnostikerin, also der Ansicht gewesen, dass man über Gottes Existenz nichts wissen könne.

Astrid Lindgrens Tochter Karin betonte, dass ihre Mutter großen Respekt vor Christen gehabt habe, aber selber nicht gläubig war. Karin Nyman war über die Botschaft des Buches empört: »Es ist kränkend zu behaupten, dass sie einen Glauben gehabt und ihn verneint hätte. Wenn sie einen Glauben gehabt hätte, dann wäre sie bestimmt froh darüber gewesen und hätte nicht damit hinter dem Berg gehalten.«

NÄCHSTE DOPPELSEITE: »*Auf Wiedersehen, Astrid!*« *Von nah und fern kommen die Besucher in Scharen zu Astrid Lindgrens letzter Ruhestätte auf dem Friedhof von Vimmerby. Die beste Geschichtenerzählerin der Welt starb am 28. Januar 2002. Sie teilt sich die Grabstätte mit ihren geliebten Eltern Samuel August und Hanna aus Hult.*

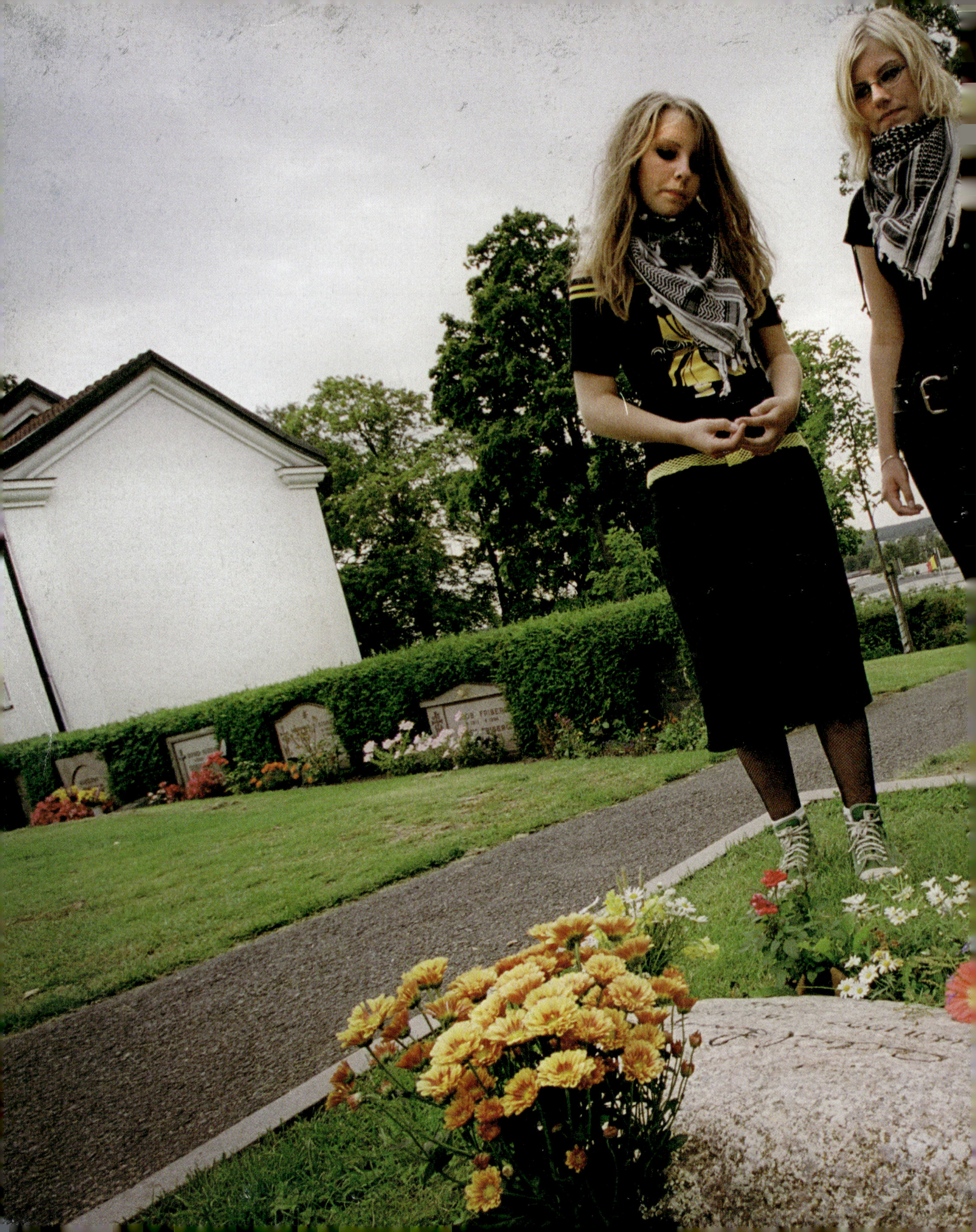

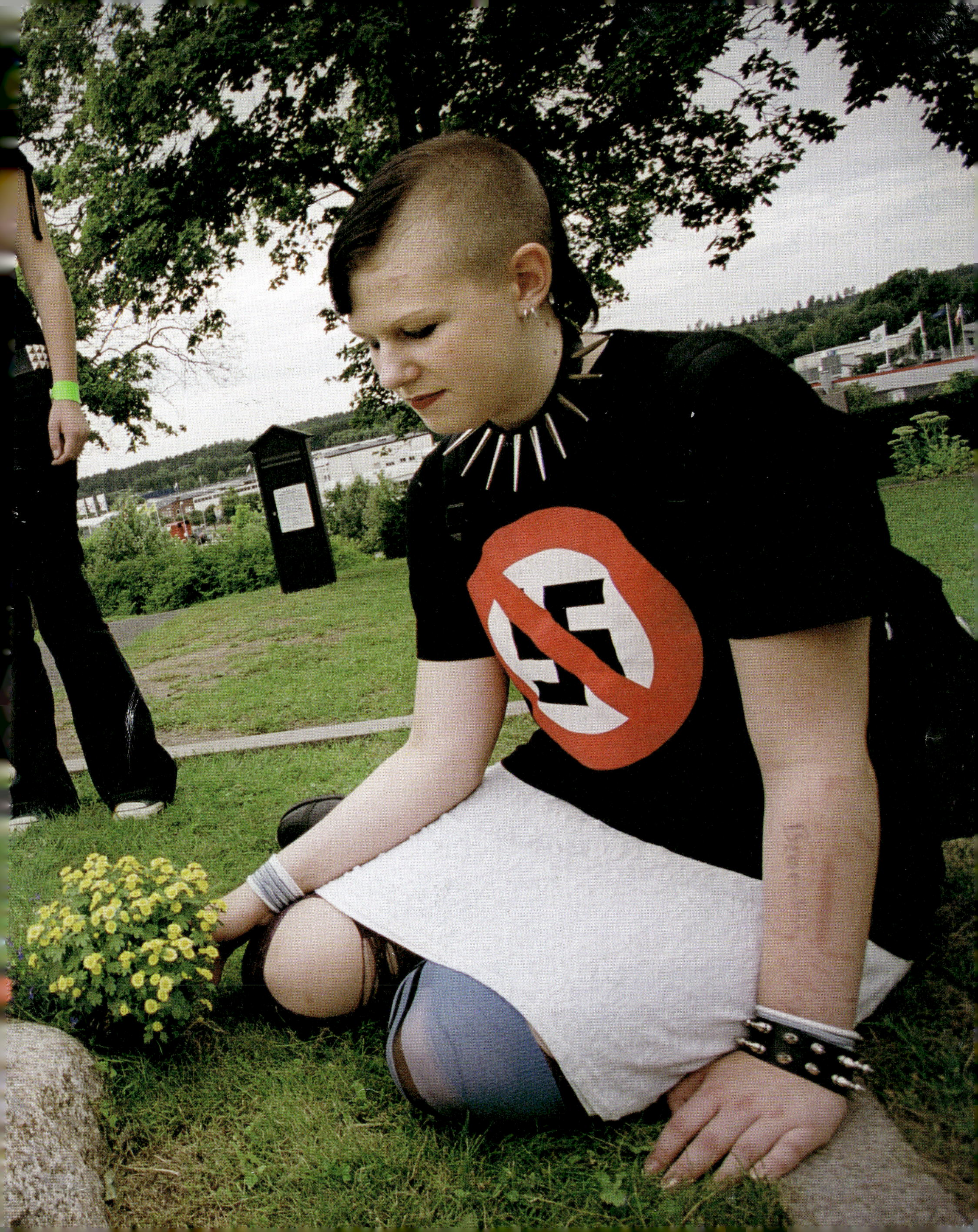

Bildregister

Alle Zeitungsausschnitte stammen aus der Tageszeitung Expressen.

Aktuelle Fotos:
© Robban Andersson, S. 9, 16–17, 33, 48, 55, 58–59, 68 ganz unten, 74, 78–79, 100, 114, 132–133, 135, 154–155, 160, 163, 179, 190–191, 199, 215, 220–221.

Archivaufnahmen:
Ein Wiedersehen auf Bullerbü © 1960 AB Svensk Filmindustri,
S. 10, 18, 23 links, 32, 53 rechts
Wir Kinder aus Bullerbü © 1986 AB Svensk Filmindustri. Standfotos: Åke Ottosson, Denise Grünstein,
S. 27, 30, 31, 35
Rasmus und der Vagabund © 1955 AB Svensk Filmindustri, S. 24
Ferien auf Saltkrokan –
Der verwunschene Prinz © 1964 AB Svensk Filmindustri, S. 40, 49, 56
Ferien auf Saltkrokan – Glückliche Heimkehr © 1967 AB Svensk Filmindustri. Standfotos: Bo-Erik Gyberg, S. 50

Hier kommt Pippi Langstrumpf © 1973 AB Svensk Filmindustri, S. 72
Pippi in Taka-Tuka-Land © 1970 AB Svensk Filmindustri, S. 88
Pippi außer Rand und Band © 1970 AB Svensk Filmindustri. Standfotos: Bo-Erik Gyberg, S. 95, 98
Michel bringt die Welt in Ordnung © 1973 AB Svensk Filmindustri. Standfotos: Lars Erik Svantesson, S. 118
Michel in der Suppenschüssel © 1971 AB Svensk Filmindustri, S. 116, 128
Karlsson auf dem Dach © 1974 AB Svensk Filmindustri. Standfotos: Jan Borgfelt, S. 142 ganz unten, 145, 146, 149
Madita © 1979 AB Svensk Filmindustri, S. 165, 169, 171
Ronja Räubertochter © 1984 AB Svensk Filmindustri. Standfotos: Joakim Strömholm, Denise Grünstein, S. 178 ganz unten, 182, 187, 192, 195
Die Brüder Löwenherz © 1977. AB Svensk Filmindustri, S. 197, 208, 209, 214
Sven Oredson © Pressens Bild, S. 37
Hasse Persson © Pressens Bild, S. 53 links, 93

Jan Holmlund © Pressens Bild, S. 54, 107, 121, 129
Jacob Forsell © Pressens Bild, S. 65, 94, 104, 122
Hans Jansson © Pressens Bild, S. 80
Bengt Almquist © Pressens Bild, S. 85, 90
Jan Collsiöö © Pressens Bild, S. 101
Jan Delden © Pressens Bild, S. 66, 173
Jonny Graan © Pressens Bild, S. 113
Olle Kraurd © Pressens Bild, S. 120
Lars Nyberg © Pressens Bild, S. 124
Bosse Emanuelsson © Pressens Bild, S. 127
Tommy Berglind © Pressens Bild, S. 142 ganz oben
Sam Stadener © Pressens Bild, S. 158
Peter Claesson © Pressens Bild, S. 194
© Pressens Bild, S. 27, 139
Harry Dittmer © Tiofoto, S. 43
Dick Pettersson © UNT, S. 166
© Björn Berg/BUS 2004, S. 117
© Ilon Wikland/BUS 2004, S. 136
© Sandrews, S. 13
© Rune Ericson, S. 178 ganz oben, 181, 184, 198, 210, 218
© Astrid Lindgren, S. 12, 68 ganz oben, 69, 157, 159

© Tove Hellbom, S. 45, 82, 204
© Ingrid Niklasson, S. 110
© Lena Fries-Gedin, S. 151, 161

Trotz intensiver Recherchen konnten nicht alle Rechteinhaber gefunden werden. Eventuelle Rechteinhaber mögen sich an den Verlag Forum in Stockholm wenden.

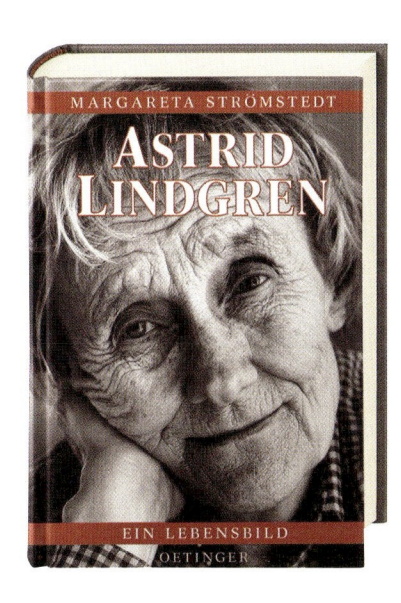

Astrid Lindgren aus der Nähe

Margareta Strömstedt
Astrid Lindgren – Ein Lebensbild
384 Seiten
ISBN 3-7891-4717-6

Rund 30 Jahre lang hat Margareta Strömstedt, Freundin von Astrid Lindgren, Journalistin und selbst Kinderbuchautorin, zahllose intensive Gespräche mit Astrid Lindgren geführt. Ihre ausführliche Biographie zeichnet den Weg der Autorin vom Mädchen in Vimmerby bis zur berühmten Erzählerin nach – respektvoll, kenntnisreich und sehr persönlich.

Mit vielen Fotos und Illustrationen.

»*Ein ehrliches und einzigartiges Lebensbild.*« *(Evangelische Zeitung)*

Weitere Informationen unter: www.astrid-lindgren.de und www.oetinger.de

Oetinger

Astrid Lindgren
Ihre schönsten Kinder- und Jugendbücher

- Britt-Mari erleichtert ihr Herz
- Die Brüder Löwenherz
- Das entschwundene Land
- Erzählungen
- Ferien auf Saltkrokan
- Im Wald sind keine Räuber
- Kalle Blomquist (Gesamtausgabe)
- Kalle Blomquist – Meisterdetektiv
- Kalle Blomquist lebt gefährlich
- Kalle Blomquist, Eva-Lotta und Rasmus
- Karlsson vom Dach (Gesamtausgabe)
- Karlsson vom Dach
- Karlsson fliegt wieder
- Der beste Karlsson der Welt
- Kati in Amerika
- Kati in Italien
- Kati in Paris
- Kerstin und ich
- Die Kinder aus Bullerbü (Gesamtausgabe)
- Wir Kinder aus Bullerbü
- Mehr von uns Kindern aus Bullerbü
- Immer lustig in Bullerbü
- Die Kinder aus der Krachmacherstraße
- Kindertheaterstücke
- Klingt meine Linde
- Lotta zieht um
- Lottas Merkbuch
- Madita (Gesamtausgabe)
- Madita
- Madita und Pims
- Madita und Lisabet aus Birkenlund
- Als Lisabet sich eine Erbse in die Nase steckte
- Wie gut, dass es Weihnachtsferien gibt, sagte Madita
- Märchen
- Immer dieser Michel (Gesamtausgabe)
- Michel in der Suppenschüssel
- Michel muss mehr Männchen machen
- Michel bringt die Welt in Ordnung
- Michel und Klein-Ida aus Lönneberga
- Als Klein-Ida auch mal Unfug machen wollte
- Michels Unfug Nummer 325
- Nur nicht knausern, sagte Michel aus Lönneberga
- Mio, mein Mio
- Pelle zieht aus und andere Weihnachtsgeschichten
- Pippi Langstrumpf (Gesamtausgabe)
- Pippi Langstrumpf
- Pippi Langstrumpf geht an Bord
- Pippi in Taka-Tuka-Land
- Rasmus, Pontus und der Schwertschlucker
- Rasmus und der Landstreicher
- Ronja Räubertochter
- Sammelaugust und andere Kinder

Weitere Informationen zu den Tonträgern und Büchern unter:
www.astrid-lindgren.de, www.oetinger-audio.de und www.oetinger.de

Oetinger